广视角 · 全方位 · 多品种

皮书系列

皮书系列

皮书系列

皮书系列

皮书系列

皮书系列

皮书系列为“十二五”国家重点图书出版规划项目

皮书系列

皮书系列

皮书系列

权威·前沿·原创

新媒体蓝皮书

BLUE BOOK OF NEW MEDIA

中国新媒体发展报告 No.3（2012）

ANNUAL REPORT ON DEVELOPMENT OF NEW MEDIA IN CHINA (2012)

主　编／尹韵公

副主编／吴信训

执行主编／刘瑞生

社会科学文献出版社

SOCIAL SCIENCES ACADEMIC PRESS (CHINA)

图书在版编目（CIP）数据

中国新媒体发展报告．No. 3，2012/尹韵公主编．—北京：社会科学文献出版社，2012. 7

（新媒体蓝皮书）

ISBN 978 - 7 - 5097 - 3610 - 4

Ⅰ. ①中… Ⅱ. ①尹… Ⅲ. ①传播媒介 - 发展 - 研究报告 - 中国 - 2012 Ⅳ. ①G219. 2

中国版本图书馆 CIP 数据核字（2012）第 162950 号

新媒体蓝皮书

中国新媒体发展报告 No.3（2012）

主　　编 / 尹韵公
副 主 编 / 吴信训
执行主编 / 刘瑞生

出 版 人 / 谢寿光
出 版 者 / 社会科学文献出版社
地　　址 / 北京市西城区北三环中路甲 29 号院 3 号楼华龙大厦
邮政编码 / 100029

责任部门 / 皮书出版中心（010）59367127　　责任编辑 / 姚冬梅
电子信箱 / pishubu@ ssap. cn　　责任校对 / 张立生
项目统筹 / 邓泳红　姚冬梅　　责任印制 / 岳　阳
经　　销 / 社会科学文献出版社市场营销中心（010）59367081　59367089
读者服务 / 读者服务中心（010）59367028

印　　装 / 北京季蜂印刷有限公司
开　　本 / 787mm × 1092mm　1/16　　印　　张 / 25
版　　次 / 2012 年 7 月第 1 版　　字　　数 / 428 千字
印　　次 / 2012 年 7 月第 1 次印刷
书　　号 / ISBN 978 - 7 - 5097 - 3610 - 4
定　　价 / 69. 00 元

新媒体蓝皮书撰写课题组

组　　长　尹韵公

副 组 长　吴信训

课题组成员　（以姓氏笔画为序）

王　文	王凤翔	王文博	王建磊	向　芬
刘瑞生	刘鹏飞	江　凌	许　雯	许薇薇
孙翠翠	李　珠	李大元	李卫东	李未柠
李艳程	李爱玲	杨　宾	杨斌艳	杨瑞明
吴小坤	余　红	闵大洪	宋　超	张　丹
张　逸	陈志群	罗　昕	周世禄	官建文
赵振宇	钟　瑛	济　生	贺　涛	秦　雯
贾金玺	党生翠	殷　乐	高　虹	高红波
唐胜宏	彭　兰	韩　福	雷　霞	窦含章

协编单位： 上海市社会科学创新研究基地/吴信训工作室·上海大学文化繁荣与新媒体发展研究基地

数据支持： 北京缔元信

主要编撰者简介

尹韵公 现任中国社会科学院中国特色社会主义理论体系研究中心主任，研究员，博士生导师，享受政府特殊津贴。1998 年至 2012 年 2 月任中国社会科学院新闻与传播研究所所长，长期关注网络新媒体并发表《论网络文化》等多篇具有较大影响力的论文。其他兼职有：国务院学位委员会新闻学科评议组成员兼召集人，国家社科规划办新闻学科评审组评委，中央实施马克思主义理论研究和建设工程新闻学科首席专家，中央“四个一批”人才工程首批入选人才，中央“四个一批”人才工程新闻界评审专家，教育部高校哲学社会科学重点教材评审组评委，中国新闻史学会第一副会长，中国新闻文化促进会第一副会长，《中国大百科全书·新闻出版卷》（第二版）副主编，国务院应急办公室专家组成员，北京大学、清华大学、中国人民大学、武汉大学、上海交通大学等三十余所大学的兼职教授、研究员、客座教授。

吴信训 上海大学中国艺术产业研究院院长，教授、博士、博士生导师。上海市社会科学创新研究基地（文化繁荣与新媒体发展研究方向）及上海发展战略研究所吴信训工作室首席专家（领军人物），上海市高校人文社会科学重点研究基地·上海大学影视与传媒产业研究基地主任，全国“十佳”广播电视理论工作者，享受政府特殊津贴，中国传媒经济与管理学会常务副会长兼秘书长，中国社会科学院新闻与传播研究所《新闻与传播研究》特约副主编。

刘瑞生 中国社会科学院新闻与传播研究所副研究员、《新闻与传播研究》副主编。

摘　要

2011 年以来，新媒体的成长进入到一个极为特殊的阶段。

一方面，在信息经济和新技术革命的推动下，新媒体的网络化、全球化、全民化、移动化、社会化、融合化发展态势更为显见，新媒体用户持续增长、普及程度进一步提高，新媒体应用不断推陈出新、社会化水平日益提升，新媒体在全面而深刻地影响着人类的社会生活，成为推动社会发展的新力量。

另一方面，发展速度快、社会渗透性强的新媒体迅速催生出庞大的虚拟空间，在与现实社会的紧密融合中，亦在一些领域产生了激烈冲突，并且引发了诸多前所未见的矛盾与问题，给全球各国带来了严峻的挑战，新媒体治理成为世界普遍难题。

作为世界新媒体发展最快、用户最多、应用最丰富的国家，中国也拥有最庞大和最为复杂的新媒体虚拟空间，形成了独具中国特色的新媒体传播生态。尤其是处于社会发展的关键期，新媒体与中国社会的融合和冲突效应都日益凸显。

在“双刃剑”功效尤其是负面效应日益凸显的新媒体成长阶段，由新媒体所引发的社会问题和危机事件在全球日呈高发和频发态势，网络安全成为最重要的安全问题。这对于正同步经历急剧社会转型和传媒转型的中国而言，如何在善用新媒体的同时消解其风险，当务之急是在从国家战略制高点的高度大力推进新媒体发展战略的同时，努力探索具有中国特色的新媒体治理之道。

Abstract

Since 2011, the growth of new media has entered into a very special stage.

On the one hand, under the impetus of the information economy and the new technological revolution, there is the more obvious trend of Network, globalization, national, mobile, socialization, integration in the new media development. The users of new media continues to grow and further enhance the popularity. The application of new media continues to introduce new and the social level of new media is rising. As a new force in promoting social development. The new media has a profound impact on human social life.

On the other hand, with the rapid development and the strong social penetration, the new media rapidly spawned a huge virtual space, which conflicted with the reality of society. The virtual space has led to many contradictions and problems of unprecedented. The new media has posed a serious challenge to the countries around the world. Now the governance of the new media has become general problem in the world.

With the rapid development, the largest user and the most abundant applications in new media, China also has the largest and most complex virtual space. China has formed a unique new media ecology. Especially in the critical period of social development, the new media and social integration and conflict effects are becoming increasingly prominent.

In the current growth stage of the new media, "Double-edged sword" effect, especially the negative effects become increasingly prominent. Social problems and crises in caused by the new media in the world has the trend of high incidence and frequent. Network security has become the most important security issues. China is synchronization experienced a sharp social transformation and the media in transition. How to make the best use of new media, but digestion of the risks is one of the most important issue in China. China should vigorously promote the development of new media strategy and explore the new media governance with Chinese characteristics.

目录

𝔹Ⅰ 总报告

𝔹Ⅱ 热点篇

BⅢ 网络媒体篇

BⅣ 移动与电子媒体篇

BⅤ 借鉴篇

皮书数据库阅读使用指南

CONTENTS

𝔹 I General Report

𝔹 II Hot Topics

B III Internet Media

BⅣ Mobile and Electronic Media

BⅤ Learning from Foreign New Media

总 报 告

General Report

B.1

成长中的新媒体：虚拟和现实社会的冲突与融合

尹韵公 刘瑞生*

摘 要：2011年以来，中国新媒体发展态势强劲，互联网和手机用户数量持续增长，新的应用和传播形态不断涌现。新媒体不仅进一步变革着大众传播格局，而且快速向政治、经济、文化等诸多领域渗透，成为一种高度社会化的媒介。具备强大传播功能的新媒体日益深刻地影响着社会发展，其“双刃剑”效应进一步凸显。快速、开放发展的新媒体极大拓展了人类空间，虚拟与现实的社会冲突成为世界性新问题，各国在大力发展新媒体的同时也在不断加强新媒体治理。如何趋利避害，化新媒体风险为国家发展机遇，是当前中国最重要的问题之一。

关键词：新媒体 传播革命 虚拟社会 国家发展

* 尹韵公，中国社会科学院中国特色社会主义理论体系研究中心主任、研究员、博士生导师；刘瑞生，中国社会科学院新闻与传播研究所副研究员。

2011年以来，新媒体的成长进入到一个极为特殊的阶段。

一方面，在信息经济和新技术革命的推动下，新媒体的网络化、全球化、全民化、移动化、社会化、融合化发展态势更为显见，新媒体用户持续增长、普及程度进一步提高，新媒体应用不断推陈出新、社会化水平日益提升，新媒体在全面而深刻地影响着人类的社会生活，成为推动社会发展的新力量。

另一方面，发展速度快、社会渗透性强的新媒体迅速催生出庞大的虚拟空间，在与现实社会的紧密融合中，亦在一些领域产生了激烈冲突，并且引发了诸多前所未见的矛盾与问题，给全球各国带来了严峻的挑战，新媒体治理成为世界普遍难题。

作为世界新媒体发展最快、用户最多、应用最丰富的国家，中国也拥有最庞大和最为复杂的新媒体虚拟空间，形成了独具中国特色的新媒体传播生态。尤其是处于社会发展的关键期，新媒体与中国社会的融合和冲突效应都比较显著。

在“双刃剑”功效尤其是负面效应日益凸显的新媒体成长阶段，由新媒体所引发的社会问题和危机事件在全球日呈高发和频发态势，网络安全成为最重要的安全问题。这对于正同步经历急剧社会转型和传媒转型的中国而言，如何在善用新媒体的同时消解其风险，当务之急是在从国家战略制高点的高度大力推进新媒体发展战略的同时，努力探索具有中国特色的新媒体治理之道。

一　发展态势：新媒体成为推进中国社会成长的新力量

基于网络而兴的新媒体已经成为人类有史以来发展最快、影响深广的最强势媒体。2011年以来，中国新媒体用户持续增长、应用不断丰富，网络化和社会化程度不断提高，新媒体已经成为中国社会文化生活的中心和推进中国社会成长的新力量。

1. 网络化水平不断提高，用户持续增长，中国日益被新媒体连通

作为当前社会领域中最热的词之一，新媒体虽然发展迅猛并形成了蔚为壮观的新媒体景观，但是目前对于新媒体并无统一的概念。一般而言，新媒体是指报刊、广播、电视等传统媒体之后新兴的传媒形态。不过，新媒体的热兴实际上却始于互联网。21世纪以来，互联网迅速发展，中国社会的网络化程度不断提高，

基于网络的新媒体不仅掀起了大众传播领域革命，而且对人类社会产生着广泛而深刻的影响。所以新媒体在广义上可以说是指网络媒体。①

经过初始阶段的超常规高速发展后，近几年来，随着网络技术、网络基础设施、网络资源、网络用户等持续稳定增长，中国社会的网络化程度日益提高。尤其是2011年以来，随着广播电视网、互联网、电信网三大网络的日趋融合，新媒体以及大众传播的网络化发展态势更为明显。据中国互联网络信息中心（CNNIC）估算，截至2012年3月，中国网民数量达到5.27亿人，互联网普及率近40%。此外，2012年4月，中国手机用户数量则突破10亿户，达到10.3亿户，手机网民已经超过3.5亿人。作为世界新媒体用户第一大国，随着移动互联网的发展，中国社会网络化水平不断提高，新媒体已经成为连通中国社会的重要平台。

2. 移动化发展趋势明显，应用日益丰富，新媒体成为中国社会的“中心”

中国具有全球最大、最开放、最活跃的新媒体市场，自1994年开通互联网以来，所有源生于西方国家的新媒体应用几乎都在中国落地并勃兴。

综观中国新媒体，无论是基于新的信息网络技术而生的新媒体应用，还是革新于传统媒体的新媒介形态，从网络论坛、电子邮件、即时通信、搜索引擎到播客、维客、社交网站、博客、微博客、轻博客，以及网络广播、网络电视、网络游戏、网络音乐、网络文学、网络电影、网络视频、网络广告、网络电话、网络报纸、网络杂志、手机短信、手机彩信、手机报、手机电视、电子书、电子报等，都在中国获得蓬勃发展。至今中国已经拥有最丰富的新媒体应用（见表1）。

---

① 本报告中的新媒体采用广义和开放性的指称，包括了新兴媒体和新型媒体。一般而言，新媒体有狭义和广义两种说法。狭义新媒体仅指区别于传统媒体的新型传媒，主要包括被称为第四媒体的传统互联网（基于电脑为终端的计算机信息网络产生的各种传播媒介）和第五媒体的移动互联网（基于手机等移动通信工具为终端的移动通信网络出现的新传播媒介）。广义的新媒体则包括大量的新兴媒体，指依托于互联网、移动通信、数字技术等新电子信息技术而兴起的媒介形式，既包括网络媒体，也包括传统媒体运用新技术以及和新媒体融合而产生或发展出来的新媒体形式，例如电子书、电子纸、数字报、IPTV等。但是由于网络自身的融合以及由此而产生的媒介融合，无论是传统媒体还是新兴媒体，都出现了网络化的发展态势，因此新媒体可以统称为网络媒体。关于新媒体的定义，请参见尹韵公、刘瑞生《新媒体发展的全球视野与中国特色——2009年中国新媒体发展态势与前沿问题》，尹韵公主编《中国新媒体发展报告（2010）》，社会科学文献出版社，2010，第2~3页。

表1　2010～2011年各类网络应用使用率

单位：万户，%

应　用	2010年		2011年		用户年增长率
	用户规模	使用率	用户规模	使用率	
即时通信	35258	77.1	41510	80.9	17.7
搜索引擎	37453	81.9	40740	79.4	8.8
网络音乐	36218	79.2	38585	75.2	6.5
网络新闻	35304	77.2	36687	71.5	3.9
网络视频	28398	62.1	32531	63.4	14.6
网络游戏	30410	66.5	32428	63.2	6.6
博客/个人空间	29450	64.4	31864	62.1	8.2
微　博	6311	13.8	24988	48.7	296.0
电子邮件	24969	54.6	24577	47.9	-1.6
社交网站	23505	51.4	24424	47.6	3.9
网络文学	19481	42.6	20267	39.5	4.0
网络购物	16051	35.1	19395	37.8	20.8
网上支付	13719	30.0	16676	32.5	21.6
网上银行	13948	30.5	16624	32.4	19.2
论坛/BBS	14817	32.4	14469	28.2	-2.3
团　购	1875	4.1	6465	12.6	244.8
旅行预订	3613	7.9	4207	8.2	16.5
网络炒股	7088	15.5	4002	7.8	-43.5

资料来源：中国互联网络信息中心（CNNIC）。

随着中国三网融合的推进和3G发展进入规模化，移动互联网及应用成为热点。2011年，中国电信、中国移动和中国联通三家基础电信企业共完成3G专用设施投资近1000亿元，3G基站规模达到80万个，其中TD[①]基站超过22万个，3G网络已覆盖全国所有城市和县城以及部分乡镇，3G用户增长超过7000万户，达到1.2亿户。在3G的强势推进下，中国移动互联网发展迅猛，基于移动互联

① TD就是我国自主研发的TD-SCDMA（Time Division-Synchronous Code Division Multiple Access，时分同步码分多址接入）。该项通信技术也属于一种无线通信的技术标准，它是由中国第一次提出并在此无线传输技术（RTT）的基础上与国际合作，完成了TD-SCDMA标准，成为CDMA TDD标准的一员的。在与欧洲、美国各自提出的3G标准的竞争中，中国提出的TD-SCDMA已正式成为全球3G标准之一，标志着中国在移动通信领域已经进入世界领先之列。

网的应用日益丰富，使用率不断增长。除了微博的进一步火热，微信①、米聊②、歪歪语音③等新应用亦开始流行。

随着新媒体应用的丰富和使用率的增长，新媒体对社会的渗透性越来越强，成为高度社会化的媒介（见表2）。值得关注的是，每一种新媒体应用都有着庞大的用户群，并催生出新的文化形态。应用丰富多样的新媒体已经成为当前社会生活的“中心”，呈现并重构着当代中国的文化乃至传播生态。

表2　2010～2011年移动互联网应用渗透率比较

应用	2010年使用率(%)	2011年使用率(%)	使用率增长(个百分点)
手机即时通信	67.7	83.1	15.4
手机搜索	56.6	62.1	5.5
手机网络新闻	59.9	60.9	1.0
手机网络音乐	46.2	45.7	-0.5
手机网络文学	41.1	44.2	3.1
手机社交网站	36.6	42.3	5.7
手机微博	15.5	38.5	23.2
手机网络游戏	25.8	30.2	4.4
手机在线发帖回帖	27.4	29.7	2.3
手机邮件	22.0	24.1	2.1
手机网络视频	21.9	22.5	0.6
手机在线支付	8.4	8.6	0.2
手机网上银行	7.1	8.2	1.1
手机网络购物	4.9	6.6	1.7
手机旅行预订	3.7	4.0	0.3
手机团购	—	2.9	—

资料来源：中国互联网络信息中心（CNNIC）。

① 微信是腾讯公司于2011年1月21日推出的一款通过网络快速发送语音短信、视频、图片和文字，支持多人群聊的手机聊天软件。用户可以通过微信与好友进行形式上更加丰富的类似于短信、彩信等方式的联系。微信软件本身完全免费，使用任何功能都不会收取费用，使用微信时产生的上网流量费由网络运营商收取。2012年3月29日，微信注册用户超过1亿。

② 米聊是小米科技出品的一款支持跨手机操作系统平台、跨通信运营商的手机端免费即时通信工具，通过手机网络（Wi-Fi、3G、GPRS），可以跟你的米聊联系人进行实时的语音对讲、信息沟通和收发图片。

③ 歪歪语音是广州多玩信息技术有限公司研发的一款基于Internet团队语音通信平台，功能强大、音质清晰、安全稳定、不占资源、适应游戏玩家的免费语音软件。在网络上通常用YY表示。在2011年10月，数万名中小商户通过新型移动互联网通信方式YY进行组织和串联，建立“反淘宝联盟”，抗议淘宝提高技术服务年费。此行动的成功，使得YY一举成名。

3. 社会融合化程度加深，功能不断拓展，新媒体成为推动社会成长的新力量

2011 年，新媒体应用的发展有四个显著特点。

第一是社交功能进一步强化。即时通信超越搜索引擎、网络音乐和网络新闻而成为互联网第一大应用，用户数量比 2010 年增长 17.7%，达到 4.15 亿人。在移动互联网应用中，手机即时通信使用率最高达到 83.1%，年增长 15.4 个百分点。此外，与社交相关的微博热兴，社交网站用户数量小幅度增加。

第二是思想表达和参政议政功能提升明显。微博用户由 2010 年底的 6311 万人猛增至 2.499 亿人，使用率增长近 300%。虽然论坛/BBS 用户略有下降，但手机在线发帖回帖使用呈上升态势。这表明，新媒体的表达渠道在拓展，思想表达和参政议政的移动化将成为一种社会政治常态。

第三是新媒体的商务应用发展迅猛。与电子商务相关的网络购物、网上支付、网上银行、网络团购等新媒体应用均增长明显，虚拟经济行为的日益主流化表明新媒体的社会化应用日臻成熟。

第四是新媒体的文化、娱乐功能稳定拓展。网络新闻是网民获取信息的主渠道，网络视频、网络音乐、网络游戏仍然稳步发展，尤其是智能手机、平板电脑的终端革命，使得网络阅读、网页游戏进一步发展，新媒体成为文化、娱乐型平台。

这四个特点表明，不断拓展功能的新媒体与社会的融合在深化，已经成为全面推动中国社会成长的新力量。

二 传播转型：虚拟和现实社会的冲突与融合

2011 年以来，新媒体在世界政治、经济、军事、文化等诸多领域有着极为“抢眼”的表现，成为世界格局中的重要变革因素。新媒体革命源于其媒介属性的根本性改变。新媒体不仅超越了传统媒体，而且突破了传媒和通信工具角色，成为促引全球发生革命性变革的高度社会化媒体。[①] 媒介属性的转变则引发颠覆

① 尹韵公、刘瑞生：《中国新媒体的本土化与社会化——2010 年中国新媒体发展特征、传播影响与热点解析》，载尹韵公主编《中国新媒体发展报告（2011）》，社会科学文献出版社，2011，第 8 页。

性的传播转型。

日呈网络化、全球化、全民化、移动化、社会化、融合化发展态势的新媒体迅速催生出庞大的虚拟空间，在与现实社会的紧密融合中，亦在一些领域产生了激烈冲突，并且引发了诸多前所未见的矛盾与问题，给全球各国带来了严峻的挑战。认识中国新媒体，必须要从全球的角度深入分析新媒体的传播转型，以及由此而引发的虚拟和现实社会的冲突与融合。

1. 空前庞大的网络化虚拟空间冲击现实社会秩序，新媒体引发全球治理问题

互联网产生于美国。美国出于军事目的在1969年发明了阿帕网——互联网的雏形。之后，互联网作为一种新的通信联络方式在发达国家发展起来，并逐渐放开至商用领域，在2000年之后进入快速发展阶段，12年间迅速催生出一个庞大的虚拟空间。

全球互联网站数量2001年为3140万个，2009～2010年因受经济危机影响，全球网站数量出现下降。① 值得关注的是，2011年以来，全球互联网站数量再次进入高速发展期，从2011年4月的3.13亿个猛增至2012年4月的6.78亿个，全球平均每10人就拥有一个网站（见图1）。

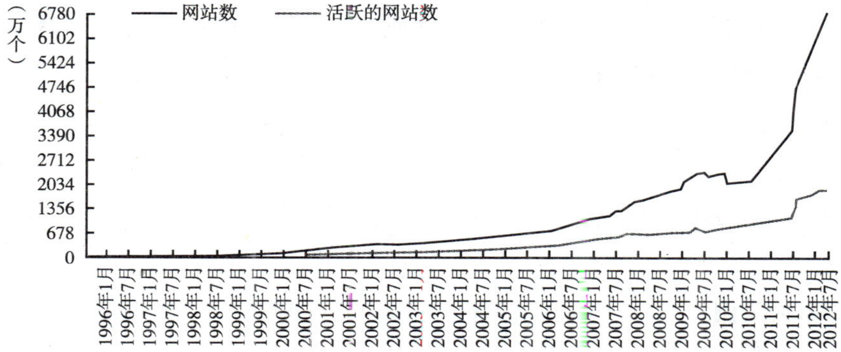

图1　1996～2012年全球网站数量

资料来源：Netcraft，2011年4月。

① Netcraft：April 2012 Web Server Survey，http：//news.netcraft.com/archives/web_server_survey.html. Netcraft是一家英国网络服务公司，多年来致力于网络安全服务以及网络数据的调查和研究。

近7亿个网站所形成的这个新媒体虚拟空间，可谓规模空前。由于虚拟空间与现实空间之间有着很大的差异，但又深刻影响世界，其重要性不言而喻，而由谁来主导和治理网络空间以及如何治理网络空间就成为当前一个非常重要的问题。

近一两年，西方国家纷纷推出网络空间战略，激烈争夺治网权，以占据新媒体空间这个重要的制高点。2011年5月16日和7月14日，美国政府相继出台了《网络空间国际战略》和《网络空间行动战略》。这是美国政府“第一次针对网络空间制定的全盘计划”。美国网络司令部也于2011年10月全面运行。德国制定了《德国网络安全战略》，英国发布了《国家网络安全战略》。网络空间的权力争夺将改变全球政治格局。

新媒体虚拟空间发展迅猛，现实社会的治理规则难以适用于网络空间，所以网络空间频频引发国与国、政府与个体、公民与公民之间的冲突，严重冲击着现实社会秩序。网络空间的权力分配，虚拟空间对现实社会的冲击，使得网络空间日益成为全球治理中最重要的问题。

2. 全球化传播，冲击世界格局和传播秩序

通过覆盖全球和无缝对接的新媒体基本上已可实现全球化传播。在传统媒体时代，尽管广播网和电视网已经革命性地延展了媒介传播范围，但由于容易受技术、设施、网络标准和传播政策等限制，它们实际上还都属于区域性媒体，而新媒体则轻而易举地打破了各种传播壁垒。当前全球每百人中网民数量已超过30人、手机用户达到87户，发展中国家每百人中手机用户也达到79户，借助覆盖全球的多种网络和极为丰富多样的传播方式，互联网已连通全球成为真正的全球性媒体。

以微博为例，作为一个真正具备全球影响的新媒体，Twitter推出了英语、西班牙语、日语、德语、法语、意大利语和韩语等多个语种。为吸引中国用户，2011年9月，Twitter还专门推出了简体和繁体中文语种服务。在Twitter的各国访问用户构成中，来自美国的用户只占24.7%，而美国以外国家和地区的用户所占比例则超过75%。

由于新媒体的全球化传播彻底打破了国界，基于网络的军事、政治、经济交往行动可以延伸到世界任何地区，可以针对每一个具体的用户，所以新媒体成为冲击世界格局和传播秩序的力量。在全球化的新媒体传播格局中，相对于中国等发展中国家，美国等西方国家的新媒体发展历史久，在资本、技术、标准、规则和经验等方面拥有绝对优势，谷歌、雅虎、MSN、YouTube、Facebook、Twitter等几大巨头基本垄断了搜索引擎、门户、即时通信、视频、社交、微博等不同领域的全球互联网市场。美国等新媒体强势国家继续延续甚至发展其传播霸权，对新媒体弱势国家进行渗透。

3. 全民化、自由化传播，自媒体成为社会风险因素

在传播主体方面，新媒体打破了传统媒体时代政府、传媒机构垄断的传播主体格局，极大突出了公民个体在传播中的主体地位。新媒体用户不再是单向地接收信息，而是可以自主生产传播内容并传递信息，产生了所谓的“自媒体”。

以微博为代表的新传播方式把传播成本降到了最低，最大化降低了用户的表达和技术门槛。目前全球人口数量超过 70 亿人，而互联网用户超过 24 亿人，手机用户近 60 亿人，全民化自主传播，为每个人提供了影响他人、影响社会的平台。新媒体“意见领袖”群体的崛起以及阿桑奇的维基解密网站就是此种传播转型的典型。

这种自媒体形式的传播给公民带来了更大的权力和极大的自由，但是由于缺乏规制，也引发了自由过度的问题，网络谣言泛滥、新媒体侵犯他人隐私、诽谤等问题泛滥。例如，2010 年 5 月，美国皮尤中心发布的一项调查表明，有 32%的美国青少年曾经有过被人在网络散布谣言、未经允许公布私人电子邮件、收到威胁性信息、未经允许上载令人难堪照片等欺凌和骚扰的经历。自媒体传播在一定程度上的无序性，大大增加了现代社会的风险性。

4. 融合化传播的超功能媒体，重构大众传媒格局

新媒体具有超强的融合性，表现在网络、传播形式和内容等方面。在网络融合的促推下，各种传播媒介有被网络“整合收编”的趋势。微博其实就是此种融合大势下出现的传播方式。基于数字的文字、图片、视频传播内容也日益呈现融合传播趋势。此外，2011 年，网络阅读终端如电子书、电子纸、数字报也开始转向网络。如此，新媒体已经成为具有超功能的融合性媒体，在这种融合化传播态势下，不仅新应用层出不穷，而且“旧”媒体也开始获得新生。在这种态势下，报网融合、媒介融合成为大众传媒领域的热点，标志着新闻业的重构。

5. 移动化传播的无门槛媒体，信息安全和意识形态安全问题凸现

近几年，互联网移动化发展态势明显，其发展速度业已超过传统互联网。由于手机用户基数庞大，随着2G网络在全球的普及和3G乃至4G的快速推进，移动互联网发展将进入暴增期。2011年，全球3G的覆盖面积达到45%，全球159个经济体拥有3G服务，3G活跃用户已经增长至12亿人。2008～2011年，世界手机宽带用户数量每年增长超过45%。此外，2011年被称为全球智能手机“统治元年”。美国市场研究公司Canalys发布的报告显示，2011年全球智能手机的出货量首次超过PC机，智能手机对于移动网络终端大众市场的主导，表明互联网发展已经进入移动时代。未来几年，移动互联网发展空间巨大，新媒体的移动化发展，信息传播门槛的大大降低，意识形态安全和信息安全问题将凸现。

例如美国广播理事会在2011年推出的《应对创新与融合的影响——2012～2016年战略规划》中提出要加强对中国的传播，特别强调要扩大互联网、社会化媒体以及手机的使用。[①] 美国广播理事会专门设立了新媒体办公室。2012财年预算中，美国之音将在数字媒体转换和新媒体开发方面再增380万美元投资。针对中国等国家手机用户的激增，美国之音已建立20个手机多媒体网站。西方对华意识形态战已转向新媒体。

移动化传播所引发的信息安全成为新问题。一方面，全球公民各种各样个人隐私几乎全部被集聚于移动互联网的服务器中，随时都有被泄露的危险；另一方面，由于新媒体信息内容并不分级，不分男女老幼都面对同样的信息，尤其是移动信息泛滥的淫秽、暴力以及低俗的不健康内容会对青少年产生极大危害。

6. 社会化传播的组织性和政治动员性媒体，影响社会稳定和政治秩序

2011年以来，作为社会化媒体，新媒体的组织性和政治动员性功能在多个国家的诸多事件中彰显威力。在极大提高公民政治参与的同时，由于新媒体这种新的组织和动员方式成本低、效能强，而且难以防范，不少国家均出现了新媒体引发社会运动和政治对抗的事件。

2011年1月的突尼斯剧变中，相当数量的Twitter用户在事件中表现活跃，每秒钟就有6条关于突尼斯抗议活动的Twitter信息，很多年轻人透过微博网站进行串联，上街游行、示威，微博充分表现出对政治稳定的极强破坏性。

微博强大的社会动员功能不仅见于发展中国家，在西方国家同样也掀起

① Broadcasting Board of Governors：“Impact through Innovation and Integration—BBG Strategic Plan 2012－2016”，2011.11.

“风浪”。始于2011年9月17日，在美国金融中心纽约，由数百人发起的小规模的“占领华尔街”抗议活动，之后快速扩散至各主要资本主义国家，演变成一场几乎席卷全球的广泛社会运动。这场运动最大的特点就是普通民众通过微博、社交网站、网络社区等新社会化媒体进行组织、扩散，并转化为现实政治行动，充分体现了新媒体的政治动员特点。

除了发端于美国的声势浩大的“占领华尔街”运动，微博新媒体的这种破坏性政治功能也见于一向以政治稳定著称的英国。2011年8月6日晚，英国首都伦敦北部发生骚乱，后蔓延至利物浦等大城市，骚乱持续4晚，致死4人，1200多人被警方逮捕。在这场英国“二战”后最大的社会动荡中，以年轻人为主的参加者就是利用Facebook、Twitter以及“黑莓信使”等社交网站和通信服务煽动暴力，使骚乱迅速升级扩大。

三　成长特征：具有中国特色的新媒体生态

自开通互联网以来，中国是世界上新媒体发展最快的国家。从1994年至今，中国大力发展互联网和通信基础设施，开放地不断引入新技术、新应用，扶持培植新媒体资本市场，已经成为世界新媒体用户最多、应用最丰富、市场最活跃的国家。与此同时，中国也拥有最庞大和最为复杂的新媒体虚拟空间，形成了独具中国特色的新媒体生态，有六个方面很值得重视。

1. 中国拥有全球最开放、最复杂和应用最丰富的新媒体传播空间

中国的新媒体发展全球最快。以互联网为例，全球平均每百人网民数量2000年为6.4人，到2011年达到34.7人，增长率超过400%。2011年，发达国家每百人网民数量达到73.8人，是2000年的3倍；发展中国家互联网普及速度更快，每百人网民数量从2000年的2.0人猛增至2011年的26.3人，增长超过12倍。

作为互联网的后发国家，中国互联网的普及速度不仅远远超过发达国家，也超过发展中国家。中国互联网每百人网民数量在2000年只有1.7人，而到了2011年则达到38.3人，增长21倍多。1999年中国网站数量只有1.5万个。2000年，在门户网站的推动下，新闻网站、论坛社区网站、商业网站、学术网站、个人网站等各种类型的网站如雨后春笋般出现在公众面前，中国网站数量增至

26.5 万个。到 2009 年中国有超过 320 万个网站。2010 年，由于受西方金融危机的影响和政府相关部门加强了对不良网站的治理，中国网站数量降至 190 万个，但是 2011 年中国网站继续发展，总数超过 230 万个。截至 2011 年 12 月底，中国网页数量为 866 亿个，比 2010 年同期增长 44.3%。

中国也拥有最为丰富的新媒体应用，这些应用技术最初多引自海外，但是在进入中国后，日渐本土化，形成了独具中国特色的新媒体传播景观。

纵观中国新媒体，尽管由于发展过快带来了一些新问题，也存在一些不适应新媒体环境的风险，但是新媒体与社会的融合度在加强，新媒体已经成为全面推动中国政治、经济、文化大发展的动力因素。

2. 新媒体高度向社会渗透，新媒体经济迈上新台阶

2011 年以来，新媒体向中国社会领域继续高度渗透。最有代表性的就是农村通信服务水平逐步提高。2011 年 1～11 月，农村地区新增宽带用户 789 万户，累计达到 3265 万户，占中国全部宽带用户的 22%。100% 的行政村和 94.5% 的 20 户以上自然村通电话，99.7% 的乡镇通宽带，100% 的乡镇、95% 的行政村通互联网。政府、企事业单位、学校、医疗卫生机构、社区开始全面接入互联网。新媒体正在快速连通中国社会。

在这种发展态势下，中国新媒体经济不断迈上新台阶。例如，2011 年，中国物联网产业市场规模达到 2500 亿元，较 2010 年同比增长 25%。移动数据和互联网业务发展迅猛，2011 年实现电信业务总量超过 1 万亿元，同比增长 15.6%，其中移动数据及互联网增幅超过 50%。艾瑞咨询统计数据显示，2011 年中国移动互联网市场规模达 393.1 亿元，同比增长 97.5%。其中，移动电子商务爆发式增长，在整体移动互联网市场规模中的占比增至 30.5%。

网络广告是所有媒体中广告增长速度最快的媒体。互联网产业迈上新台阶。“十二五”期间，互联网服务业收入年均增长超过 25%，突破 6000 亿元。

互联网企业是中国最为活跃的企业。例如阿里巴巴集团宣布，除去阿里巴巴 B2B 公司，集团 2011 年营收达 28 亿美元，集团所有部门的平均利润率超 40%。

3. 具有中国特色的微博传播开启新媒体政治和社会治理新时代

经过了 2010 年的“虚火”后，2011 年以来，中国微博发展可以说进入实热阶段。主要表现在以下几个方面。

第一，用户量暴增，中国已经成为微博用户世界第一大国。据中国互联网络信息中心（CNNIC）统计，到 2011 年 12 月，中国微博用户总数达到 2.499 亿人，成为微博用户世界第一大国。

第二，微博网站数量多，中国拥有多个微博品牌。不像 Twitter 在全球一枝独大，中国除了新浪微博、腾讯微博、搜狐、网易等门户微博产品外，还有人民网、新华网、凤凰网等 50 余家网站提供微博服务，数目众多的微博品牌正反映了中国新媒体市场的极大活跃和自由竞争度。

第三，微博的传播功能增强，长微博逐渐成为微博的重要传播方式。各微博服务网站都不断开发出新的应用，并开发出针对智能手机和平板电脑的客户端。尤其值得注意的是长微博的推出解决了微博的表达深度缺陷。

第四，政府积极开启微博，开启中国新媒体政治和社会治理新时代。2011 年，越来越多的政府部门开通微博，可以称为“政务微博发展年”。人民网舆情监测室发布的《2011 年新浪政务微博报告》统计显示，截至 2011 年 10 月 31 日，通过新浪微博认证的有 18132 个党政机构和公务人员。党政部门开始积极运用微博提高执政能力和社会治理效率。作为一种新型的媒介工具，微博可以为任何用户所使用，既为普通公众的参与政治提供了便利渠道，也为党政部门更好地为人民服务提供了机遇。微博实际上大大降低了政府管理成本，促使政府信息发布更加透明快速，促使政府与民众的沟通对话更加主动，能起到提高工作效率、解决具体问题、提升政府形象的积极作用。

第五，微博空间治理成为新课题，中国探索有本土特色微博治理之道。作为一种新型媒介工具，微博传播对于社会发展有着明显的积极作用，但其负面效应同样也很显著。法规建设远远落后于技术发展，中国微博发展快，用户增长迅速，自然容易滋生一些新的问题。据上海交通大学舆情研究实验室统计，2011 年，微博谣言数量比 2010 年增长了 8 倍多。在加强微博治理成为全球趋势的情况下，中国也开始探索具有本土特色的微博治理。北京市于 2011 年 12 月 16 日正式公布施行《北京市微博客发展管理若干规定》，这既是中国微博发展管理的第一个法规，也是世界上第一个地方政府颁布的微博专门管理规定。

4. 新媒体舆论格局日趋多元，应对舆情成为大课题

随着新媒体应用的日趋丰富和影响日盛，新媒体的舆论格局日趋多元和复杂，网络舆情深刻影响大众情绪和社会心理，左右社会事件的走势，从某种意义上说，新媒体舆情成为社会稳定的制高点。

在新媒体舆论格局中，主流媒体的引导能力有一定提高。中国传媒大学网络舆情（口碑）研究所发布的《2011 中国网络舆情指数年度报告》显示，2011 年网络舆情引爆能力排行榜的前 15 名中，有 13 家是主流媒体，其中新华社/新华网、《新京报》、《京华时报》成为网络舆情引爆能力最为突出的三大媒体。但是值得注意的是，进入排行榜的两个商业网站——新浪微博和天涯论坛对于负面事件的舆论引导能力很强，其首报负面事件的比例高达 75.6% 和 95.8%，说明自媒体对于突发事件的舆论影响极为强大。最为典型的是“7·23 甬温线特别重大铁路交通事故”，短短一周内，新浪微博和腾讯微博对于此事的相关讨论各自达到了 3 亿多条，共计近 7 亿条信息。

2011 年，党政部门应对新媒体舆情危机逐渐机制化，应对能力逐渐提高。从 2011 年下半年的数据来看，71.9% 的热点事件得到了处置，党政部门在当天或 1 天之内即作出回应的热点话题占比从 49.2% 上升至 50.4%。当然仍有一部分党政部门面对突发事件反应滞后，错过了化解舆情危机的最佳时机。

互联网舆情在部分上可以说是现实社会的“镜像”。中国是一个复杂的大国，它存在的种种问题都必然会在互联网上得到真实呈现。但是，由于处于特殊转型期，加之新媒体的技术、资本主导的特性，当前网络舆论中的“网络水军”、粉丝经济等现象值得警惕。

5. 主流媒体顺应新媒体转型，新闻网站推进市场化改制和传播移动化

2011 年以来，我国重点新闻网站的市场化改革在深入。2012 年 4 月 27 日，人民网在 A 股市场上市，在中国网络媒体的发展史上写下了重要的一笔。此外，新华网、千龙网、北方网、东方网、大众网、浙江在线、华声在线、四川在线等数十家新闻网站也在积极筹划上市，具有国企性质的新闻媒体也可以借力资本市场以加快发展。新闻网站的上市之举从机制、理念层次上反映了主流媒体的新媒体转型战略。此外，随着移动互联网时代的到来，各新闻网站近年来都开始在移动化布局上发力，在内容制作、传播渠道、接收终端三大方面采取各种措施策略。

不仅新闻网站，中国共产党党刊除了开办网站进行刊物的电子化宣传外，目前已开始尝试加强移动化传播。例如，2011 年 3 月，北京市委机关刊物《前线》就推出了手机报，以顺应新媒体发展大势，探索新的传播方式，提高党刊的传播效果。党刊如何在新媒体大发展的背景下探索新的传播方式，是当前一个很重要的问题。如何积极利用新媒体，充分发挥新媒体的作用，党刊还应更有作为。

6. 三网融合重塑广电传媒，网络音乐和网络视频发展势头正劲，中国大广电战略迎来发展机遇

数字音乐、网络视频的发展势头相对良好。例如，2011 年，全球唱片公司的数字音乐收入增长 8%，达到 52 亿美元。2011 年，中国无线音乐的用户达 6.86 亿人。网络音乐和网络视频在中国互联网应用中排在前五位，成为诸多互联网巨头和新锐企业激烈争夺的热点。网络视频和网络音乐实际上不仅与经济紧密相关，还是新媒体文化的重要内容，是信息时代文化的制高点。在这方面，我国传统广播电视在资源和网络方面仍然具有优势。

目前，我国广电有线网络已进入 99% 的城镇居民家庭，是城镇地区入户率最高的信息传输网络。我国 6 亿多人口每天依托电视机收看各类广播电视节目，并有越来越多的乡村居民依托广电网实现了看电视和上网。三网融合对中国广播、电影、电视等媒体的发展产生了重要的影响。中国广电媒体正在经历一场“被”新媒体重塑的革命性变革。我国应从国家战略的高度推进大广电战略，这是确保国家信息和文化安全，关系执政党命运、民族兴衰和国家长治久安的一个重大工程。

四　应对策略：中国特色的新媒体发展战略和治理之道

（一）坚持走有中国特色的新媒体发展之路，把发展新媒体作为重要国家战略

1. 新媒体是关乎国家前途的全局性制高点，我国要高度重视新媒体发展战略

2011 年以来，党中央和政府高度重视新媒体发展。《国民经济和社会发展第十二个五年规划纲要》和《国务院关于加快培育和发展战略性新兴产业的决定》中都把互联网等新媒体作为战略新兴产业。工业和信息化部也发布了《互联网行业“十二五”发展规划》。

2012 年 5 月，国家常务会议研究部署推进信息化发展、保障信息安全工作。会议指出，世界各国信息化快速发展，信息技术的研发和应用正在催生新的经济增长点，以互联网为代表的信息技术在全球范围内带来了日益广泛、深刻的影响。加快推进信息化建设，建立健全信息安全保障体系，对于调整经济结构、转

变发展方式、保障和改善民生、维护国家安全具有重大意义。会议讨论通过《关于大力推进信息化发展和切实保障信息安全的若干意见》，提出实施“宽带中国”工程，加快部署下一代互联网，推动产业化。在继112个国家将宽带上升到国家战略之后，中国成为第113个国家，中国的宽带发展现状与中国作为全球第二大经济体不相称的局面有望改变。

新媒体的发展特点充分表明，新媒体越来越成为一个关乎国家全局的制高点。我国对于新媒体发展要有战略的高度，再重视也不为过。

2. 新媒体空间安全是最重要的国家安全问题，我国要掌握网络空间发展的主动权

新媒体网络空间可以说是当前各国必争的战略空间，我国应该充分认识网络空间的重要性，并探索旨在维护国家空间安全的战略。

2012年2月27日，澳大利亚战略政策研究所（ASPI，Australian Strategic Policy Institute）举行社交网络和国家安全论坛。多位专家认为社交媒体不仅在人们的日常生活中占据重要的地位，而且在国家安全方面的重要性也日益凸显。政府对于社交媒体也需要一套理论、策略、手段及技巧，才能做好这项工作。

这方面我们可以适当借鉴俄罗斯的经验。针对西方国家竞相制定网络空间战略，俄罗斯近年来极为重视网络空间战略的重要性。其国防部2012年初公布《俄罗斯联邦武装力量信息空间活动概观》，指出：“各种信息系统、计算机网络和电子媒体的高速发展在千年之交催生了全球信息空间，它成为继陆、海、空、天之后第五大被发达国家用来完成军事任务的空间。鉴于信息系统的脆弱性，具有跨国破坏性的网络武器被迅速开发和扩散，这使得网络战的重要性急剧提高。”同时它还提出了俄罗斯应对西方网络战的基本原则和实施措施。

3. 要前瞻性地充分认识网络高度社会化的风险，建设发展与规范治理并重，走有中国特色的新媒体发展之路

高度网络化既促进社会的发展，但也会带来巨大的风险。据工业和信息化部预计，到2015年，中国网民数将超过8亿人，其中农村网民超过2亿人。中国社会未来几年会进一步快速网络化，对此，党和政府要主导新媒体发展，坚持建设发展与规范治理并重。

（二）主动发展移动互联网，积极适应新媒体移动化转向

1. 高度重视新媒体的移动化趋势

近一两年，互联网移动化发展态势明显，其发展速度已经超过传统互联网。随着2G网络在全球的普及和3G乃至4G的快速推进，移动互联网发展将进入暴增期。与全球相比，我国移动互联网发展晚、起点低，但增速快。2008年，我国手机上网用户为1.17亿人，而到2011年12月则达到3.56亿人，3年增长超过200%。有机构预计，2013年中国移动互联网用户将超过7亿人。较之传统互联网，移动互联网行业和技术门槛低，应用更为多样，传播功能更为强大。

移动互联网具有极大的经济价值，已成为影响国家发展的战略产业。有关机构预计，2013年中国移动公司的移动互联网产值将超过1000亿元。目前，各国尤其是发达国家都在移动互联网行业发力。兴于移动互联网时代的苹果公司于2011年2月超越传统手机生产商诺基亚，成为全球第一大手机生产商，其市值超过5000亿美元。

2. 从国家发展的高度重视移动互联网战略

在国民经济发展和信息化建设及其他相关规划中进一步突出移动互联网战略的地位。我国政府要主导移动互联网的健康有序发展，鼓励企业大力研发核心技术，建立自己的标准，在与西方公司的竞争中尽快占据移动互联网制高点。目前，西方国家在市场、技术、标准等方面占有绝对优势。在全球格局中，移动互联网发展具有极大的不平衡性，西方发达国家无论是在资本、技术上，还是在应用软件和市场占有及标准方面都拥有绝对优势。目前，我国要通过政策支持、资金资助、税收优惠等办法大力鼓励企业研发移动互联网的核心技术，尽快改变核心技术受制于西方公司的局面，尽快建立并推行自己的行业标准。

3. 大力发展3G乃至4G，把握移动互联网发展主动权

4G是未来网络发展大趋势，我国在移动互联网发展方面应该超越常规的短期利益，才能在全球竞争中掌握主导权。例如，巴西电信管理局2011年4月宣布开始进行2.5GHz频段电信服务的运营招标工作，标志着巴西在全国范围内建设4G网络，在建设信息化国家的道路上开始加速。4G网络从大城市到小城市，2019年实现所有城镇网络4G化，再以行政命令的形式把农村网和

4G网络捆绑在一起招标。此工作一旦顺利实施，巴西在4G推广方面就能领先不少发达国家。尽管巴西推广4G也面临很多困难，但这种前瞻性值得我们借鉴。

（三）探索中国的新媒体治理之道，要积极应用新媒体服务社会

1. 虚拟社会治理成为世界性问题，提高互联网管理水平是全球共同趋势

由于基于互联网的新媒体是一种技术主导发展的传媒形态，技术发展速度远远超过了法规的更新，所以无论是美国、英国等发达国家，还是俄罗斯、印度等发展中国家，都在不断加强微博管理。尽管具体做法不同，但根据具体国情、社情强化互联网治理，不断提高互联网管理水平是全球共同趋势。

例如，2012年4月，在反思“伦敦骚乱”等由互联网、微博等新兴传播方式所引发的问题之后，英国政府认为原有的法律条款已经不能对新兴媒体进行有效监管，为适应反恐和保障国家安全的需要，英国政府将出台互联网监管法规。新的网络监管法规草案，将允许政府有关部门严格监管互联网，允许情报机构依法监听电话，了解短信和电子邮件的内容。尽管法规草案被拥有“表达自由”传统的英国公众质疑，但英国政府仍表示法规对于调查严重犯罪、打击恐怖主义和保障社会安全方面的极端重要性。

目前，互联网治理不是一个问题，关键是要提高管理水平，管好新媒体是保障用户权利的前提条件。

2. 新媒体传播生态复杂，中国要从虚拟社会治理的角度加强新媒体管理

2011年2月19日，省部级主要领导干部社会管理及其创新专题研讨班在北京举行。胡锦涛总书记在开班式上作重要讲话，对当前要重点抓好的工作提出了八点意见，其中第七点为：“进一步加强和完善信息网络管理，提高对虚拟社会的管理水平，健全网上舆论引导机制。”2月20日，中共中央政治局常委、中央政法委书记周永康在研讨班上发表讲话，进一步明确指出：“在互联网管理方面，要形成党委统一领导、政府严格管理、企业依法运营、行业加强自律、全社会共同监督的综合管理格局，促进健康发展。”这意味着国家将虚拟社会的管理纳入了整个社会管理的框架之中。

网络虚拟社会对现实社会的影响越来越大，中国的新媒体实际上承担的社会责任越来越大，所以我们要超越一般媒体管理的思路来加强新媒体管理。

3. 借鉴他国经验，大力加强有中国特色的新媒体法规建设

在新媒体管理方面，法律是最有力的保障。但是目前我国尚缺少层级高、效力强的专门互联网法规，其他法律中相关互联网的条款修订和补充速度也比较慢，这对于法治国家依法管网来说是很不够的。中国拥有世界最大的新媒体市场，未来发展空间巨大，为了促进新媒体健康有序发展，发挥新媒体在促进社会发展中的积极作用，我们一定要借鉴其他国家的经验，根据本国国情进一步建立有中国特色的互联网法规体系。

4. 党和政府要加强应用新媒体服务社会

作为人类文明的最重要成果，新媒体应该是服务于社会发展的，以为人民服务为宗旨的中国共产党和政府应该加强新媒体应用，以更好地服务于人民，促进社会全面发展。

目前，党的执政方式和政府的服务方式也在经历着新媒体的转型。例如，2012 年 2 月，国际电信联盟和经济合作与发展组织（OECD）联合发布的关于 2011 年移动政府（M-Government）的报告指出，手机正在成为人类有史以来使用最广泛、普及程度最高的技术应用。手机在获取互联网服务中的角色越来越重要。手机通信技术革命和高速宽带与无线网络的增长对全球经济社会发展产生着相当大的冲击。特别是政府正在从电子政府（E-Government）走向移动政府（M-Government）。① 2011 年 10 月，国家互联网信息办召开“积极运用微博客服务社会经验交流会”，提出发挥微博的积极作用，为党和国家工作大局服务。会议指出，要积极推进微博内容建设，增进知名博主对国情、社情、网情的了解，推动党政机关和领导干部积极运用微博。这些具体措施既有利于微博服务社会，又能丰富微博平台上的内容，充分利用微博的传播优势，加大对外宣介中国的力度。2011 年政务微博的大发展实际体现了党和政府用好新媒体以更好服务社会的新观念。

5. 全社会共同净化新媒体空间，消解新媒体政治风险，让新媒体促进中国全面发展的主流作用更为彰显

当前，中国正同步经历社会转型和传媒转型。在改革开放前，中国传媒的发

① ITU & OECD：M-Government：Mobile Technologies for Responsive Governments and Connected Societies，2012. 2.

展水平可以说落后西方国家有将近百年的历史；到今天，中国新媒体发展与西方国家基本达到同步，仅用了二三十年就缩小了百年差距，这种发展速度在新闻传播史上可以说是空前的。在现代政治发展进程中，大众传媒始终是一种开放性风险因素，既有促进民主政治发展的作用，也有扩大政治参与而破坏政治稳定的功能，特别是在社会结构变化过快时，发展愈迅速、政治传播功能愈强，传媒带来的政治风险愈大。当前中国还处于特殊社会发展阶段，中国的新媒体发展所存在的不少问题，都反映了同步经历社会转型和传媒转型的风险，多种国内外力量把开放的互联网作为谋求利益的主要渠道，一些无序的表达和政治参与严重影响了社会秩序，诸多线上纠纷有演变为现实冲突的态势。

2012 年，党的十八大即将召开，这是关系到党和国家发展的重大历史节点，届时，新媒体舆情将更为复杂，虚拟空间对现实的冲突可能加剧。如何在保障用户自由表达等权利的基础上，提高管理水平，消解新媒体风险，是当前中国最重要的问题。

新媒体空间属于每一个用户，新媒体的建设性责任需要用户分担。所有新媒体用户一起来维护，共同净化网络虚拟空间，方能消解新媒体风险，让新媒体在促进中国社会全面发展中的主流作用更为彰显。

New Media in the Growth: the Conflict and Integration between the Virtual World and the Real Society

Yin Yungong　Liu Ruisheng

Abstract: Since 2011, the development of new media trend has been strong. The number of Internet and mobile phone users have grown continually. The new applications and communication pattern have emerged. The new media has become a highly social medium. It is not only further change the pattern of mass communication, and it rapidly penetrated to the political, economic, cultural and other fields. With strong communication, new media increasingly profound impact on social development, and further highlights the "double-edged sword" effect. Rapid opening up and development of new media has greatly expanded human space between virtual and real social conflicts. It become a worldwide problem. Almost all countries in the development of new media at the same time also continue to strengthen the governance of the new media. How to resolve the new media risk and make the new media development be opportunities, is one of the most important issue in current China.

Key Words: New Media; Spread in Transition; Virtual Community; National Development

热 点 篇

Hot Topics

B.2 网络对谣言的自净化作用研究

人民网研究院*

摘　要： 一般认为网络作为多元舆论场，对谣言及虚假信息具有纠错能力和自净化功能。本研究通过案例分析、问卷调查、深度访谈发现，从理论上说网络能够对谣言及虚假信息进行自净化，但现实中受多种因素影响，网络对于谣言及虚假信息只能部分地、有条件地自净化。

关键词： 网络谣言　自净化　辟谣

一　前言

（一）问题的提出

谣言几乎与人类历史同龄，政治谣言、社会谣言、商业谣言……总是与社会

* 人民网研究院是人民网创立的研究机构，研究范围包括媒介、媒体特别是网络媒体及新媒体、网络技术。人民网研究院2011年中标了国家社科基金重大项目，并于2012年4月完成了《中国移动互联网发展报告（2012）》的组织撰写与编辑工作。本研究报告由人民网副总裁、研究院院长官建文指导，研究院研究员唐胜宏、许雯、李艳程调研并执笔。

发展如影相随。互联网出现后，几乎社会上的所有谣言都在互联网上被迅速而广泛地传播，微博的出现、普及更使谣言在互联网上一度泛滥。网络成了谣言滋生地和扩散场，网络谣言危害越来越大，受到越来越多人的关注，如何消除网络谣言成了2011年的热门话题。

在有关网络谣言的讨论中，有一种意见认为，网络作为多元舆论场，对虚假信息，对网络谣言具有纠错能力和自净化功能，网络具有自净化能力。那么，互联网对于虚假信息、谣言，真的能够自净化吗？如果能自净化，是完全能够自净化还是部分自净化？如果是部分自净化，那又是在多大程度上实现自净化，在什么条件下能够自净化，或者什么内容可以自净化，什么内容不能自净化？

（二）概念界定

1. 谣言和传言

《现代汉语词典》对谣言的定义是：没有事实根据的消息。国内有学者认为，谣言是指“没有事实根据的传闻，故意捏造的、口耳相传的消息。有一部分谣言属于诽谤性质的消息，有一部分属于夸大其词的传闻”。① 传言则多指未经证实的信息。

国外学者用限定语“未经证实”来定义谣言。1951年，美国学者彼得森和吉斯特对谣言所下的定义是：“在人们之间私下流传的，对公众感兴趣的事物、事件或问题的未经证实的阐述或诠释。”《韦伯斯特大辞典》认为，谣言是一种缺乏真实根据，或未经证实，公众一时难以辨别真伪的闲话、传闻或舆论。② 可见，国外学者这些将谣言看做是未经证实的消息的解释，与国内学者对传言、传闻的界定相近。

本研究中，谣言的定义沿用国内学者的界定，即没有事实根据的消息。传言则是指辗转流传、未经证实的话。传言可能是谣言，也可能不是。

2. 网络自净化

网络自净化，又称网络自清、网络自净。

① 时蓉华：《社会心理学词典》，四川人民出版社，1988，第243页。

② 巢乃鹏、黄娴：《网络传播中的“谣言”现象研究》，《情报理论与实践》2004年第6期。

本研究认为网络自净化是指各网络参与者在信息传播过程中相互作用相互影响所形成的相互纠错能力和自我净化功能，它是在非强制措施干预下，多元舆论场的自我清洁能力。从严格意义上说，网络自净化指互联网信息传播活动参与者，各自根据自己的见闻、经验、知识、智慧，甚至立场、观点、道德、利益，在网络上进行质疑、讨论、辩驳、证伪，使虚假、错误信息得到澄清，谣言止息。它是开放的网络舆论环境下的群体自我纠错行为。

报纸、杂志、广播、电视针对互联网上的虚假信息进行调查、纠错，这些报道被转发到互联网上，最终促进了网络的“净化”；针对互联网上的某些言论召开新闻发布会，其内容传到网上最终促进网络的“净化”，这是线下对线上干预的网络净化，属于广泛意义上的网络自净化。本研究侧重于狭义的、严格意义的网络净化。

（三）研究方法

1. 案例分析

本研究选取 2011 年影响较大的 50 个典型网络谣言或传播中产生的谣言作为研究案例，追踪其生成、传播、证伪的传播轨迹，从总体上观察网络谣言的传播、自净化特征。所选 50 个案例为 2011 年 1 月 1 日至 12 月 31 日网络舆论热度前 50 位的谣言事件。网络舆论热度从论坛帖文数量、新浪微博讨论条数、媒体报道三个维度综合衡量，三个维度赋予同样的权重。论坛帖文数据依靠人民网舆情监测室全网搜索系统得出。新浪微博数据来自新浪微博搜索引擎检索结果，以不同关键词进行多次检索，取最大数值；单条微博评论及转发数量不列入统计范围。媒体报道数据来自百度新闻搜索，通过时间范围限定，剔除无关检索结果。

2. 问卷调查

本研究在人民网、新浪网、腾讯网、网易网、搜狐网投放调查问卷，主要调查网民传播网络谣言的行为特征和心理动机、对辟谣信息的接受态度和认知程度，了解哪些因素影响了网民的态度和行为，最后造成怎样的结果。此次网络问卷调查为期 30 天，共回收有效问卷 1263 份。答卷者 84.5% 为 26 岁及以上网民，男性占 75.4%，大专以上教育程度的占 78.9%。被调查网民的文化程度和平均年龄都要高于中国网民的平均数，是相对成熟、理性的网民人群。

3. 深度访谈

对新浪微博辟谣小组、辟谣联盟、四月青年①等民间辟谣组织进行深度访谈，了解它们的运作方式、辟谣效果，以及它们对当前谣言传播特征、辟谣工作及网民心态的认识、看法等。

（四）研究步骤

研究小组先期梳理出2011年影响较大的50个典型网络谣言案例，进而对其进行传播轨迹研究和分析，同时展开对民间辟谣组织的深度访谈。在调查问卷设计过程中参考了深度访谈的部分结果。使用50个典型网络谣言案例中排前20位的案例进行认知效果调查。问卷设计还借鉴了卡尔·霍夫兰提出的“说服性效果”模型。最终将案例分析、问卷调查和深度访谈的结果综合进行分析，写出研究报告。

二　网络谣言的传播过程及特征

（一）网络谣言的产生：以故意造谣为主

通过对2011年50个网络谣言典型案例的分析发现，其中47个谣言是由网民或线下民众故意制造的，剩下的3个（占6%）是由于信息在传播中出现畸变，导致信息失实、以讹传讹。故意造谣者以普通网民居多，其中有5个谣言由媒体不实报道引发，且均为境外媒体；两个谣言由具有一定影响力的意见领袖制造，分别为媒体从业人员和作家。

值得注意的是，50个网络谣言典型案例中，有24%即12个谣言为旧闻重传，分为三种情况：

一是“新瓶装旧酒”，通过更换谣言中的时间、地点、人物等要素，照搬旧

① 四月青年前身为Anti-CNN，于2008年揭露外媒歪曲报道“3·14”事件，其后开设新闻打假以进行辟谣。另，2011年辟谣联盟委托四月青年在其域名下开设官方网站，为辟谣联盟除微博外的另一辟谣阵地。

事件经过，或是围绕同一事件、人物主体编造不同的事件内容。例如2009年即有传闻称白岩松自杀，2011年温州动车事故期间，更有网友发帖称白岩松因在节目中发表针对此次事故的不当言论，节目遭停播，白岩松因此愤而辞职。时隔1月，白岩松接受媒体采访时否定了此传闻。

二是同一条谣言多年间反复流传。当周围环境再次满足该谣言传播条件时，谣言便会再次流传。例如自2009年起，每年9月中秋节临近大闸蟹上市之际，"黑心商户避孕药催熟大闸蟹"的谣言便会自网上开始流传。

三是基于一定事实依据的变异型谣言。如浙江海宁癌症村谣言就是基于此前周围村庄因化工污染成为癌症村的事实。2007年媒体曾报道浙江萧山南阳镇坞里村因化工污染成为癌症村。2010年有网友在论坛发帖称浙江台州三门县同样因化工污染成为癌症村，后未得到证实。2011年网友再次发帖称"浙江海宁有个癌症村"，不久之后当地政府相关部门出面辟谣。

（二）网络谣言的传播主渠道：微博、论坛

在50个网络谣言典型案例中，有21个谣言在微博上首发（占比42%），有19个谣言在论坛上首发（占比38%），有6个谣言在传统媒体和网络媒体上首发（占比12%），有3个谣言首先通过人际口头传播（占比6%），有1个谣言首先通过手机短信传播（占比2%），极少量的谣言同时在博客、QQ群、百度贴吧上首发。

三 网络对谣言的自净化过程

案例分析发现，谣言的产生、传播、弥散过程可以分为传染期、暴发期、高峰期和衰减期四个阶段。相对应的，网络自净化的过程分为启动、分解和结束三个阶段，这一过程始自谣言的传染期，针对谣言的质疑声音开始出现，网络自净化功能启动，在谣言衰减期结束时完成（见图1）。下面以"北京暴雨七景图"谣言的自净化为例具体分析。

（一）启动

网络谣言自网上产生（多为网民，亦有网站），接收到此信息并相信的人成

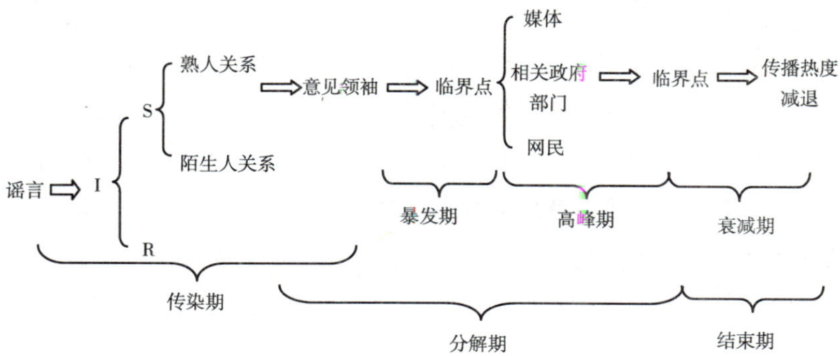

图 1　网络自净化过程

为染病体①，谣言经由染病体的二次传播抵达易感人群和免疫人群，信息通过易感人群社交网络中的朋友关系和陌生人关系进行再次传播，免疫人群或对此消息置之不理，或公开表达自己的质疑。网络自净化功能启动，网络对谣言的自我净化开始。

从 2011 年 6 月出现的“北京暴雨七景图”谣言的传播过程中，我们可以很清楚地看到网络自净化功能运作的全过程。6 月 23 日傍晚，新浪微博有网友将一组暴雨照片汇集起来，并起“陶然碧波”、“安华逐浪”、“白石水帘”、“莲花洞庭”、“大浪垂钓”、“二环看海”、“机场观澜”之类的名字，称之为“北京暴雨七景图”，戏谑说在北京可以“看海”。此时，谣言开始通过微博所搭建的熟人网络和陌生人网络悄然扩散，进入传染期。此时，质疑声音虽微弱，但已出现，网络自净化启动。

（二）分解

谣言经易感人群中的病毒式传播后到达临界点，最终暴发，形成传播强度，引起媒体与相关政府部门的注意。与此同时，网民间质疑与相信的力量互相制衡，具有说服力和影响力的辟谣信息出现，可能来自媒体，也可能来自相关政府部门，或是来自当事人，还可能是具有影响力的网民所发布的证伪证据。谣言此

① 此处借鉴传染病中的 SIR 模型研究谣言的传播，其中谣言传播过程的参与个体被划分为三类：S（易感个体）、I（染病体）、R（免疫个体），分别对应谣言传播过程中未听说过谣言的个体、听说并传播谣言的个体、听说但无兴趣传播或不相信谣言的个体。

时并未停止传播，辟谣信息与谣言赛跑。

6月23日晚间，微博加V用户的转发让这组图片呈现几何级增长，包括央视某主持人在内的众多新浪认证名人微博加入转发队伍，谣言传播进入暴发期。与此同时，网民间的质疑声也开始出现。一位自称是自由航空摄影师的网友在当天晚上9点即上传了一张首都机场晚8点的实景图片，作为信息保留，并称“海口某机场遭遇台风积水的图片，被误传为首都机场，那些以讹传讹的人，请你们睁大眼睛看看，积水在哪儿？你们的良心在哪儿？”虽然这条微博被转发了700余次，但仍不可与造假图片的海量转载量相提并论。23日晚11点49分，辟谣联盟成员“点子正”博客发文，通过张贴往日新闻报道截屏、网友言论截屏、原始图片等多种形式，指出其中三张照片造假：大望路汽车被淹的照片使用了2004年7月莲花桥的照片；水淹过街通道的照片也是2004年的；另外一张首都机场的飞机跑道被淹的照片是借用了海南某机场的照片。当天，“点子正”的博文没有引起重视。7月8日，中央电视台曝光北京暴雨三张图片造假。7月9日，《京华时报》等报纸援引央视新闻内容，报道图片造假，人民网、新华网、网易等纷纷转载央视报道。传统媒体的跟进让辟谣信息得到了快速、广泛的传播。

（三）结束

当辟谣信息的说服效果渐显时，辟谣信息传播效能进一步加强，网络舆论场为辟谣信息所覆盖，多数网民倾向于相信辟谣信息，谣言止息，网络自净化完成。根据案例分析，这一过程多数需要借助传统媒体的帮助才得以完成。在传统媒体或者主流网站不介入辟谣，辟谣信息说服效果无法实现时，谣言会到达弥散临界点，转为小范围传播或停止传播，但谣言在受众心中留下难以逆转的印象。

四　网络自净化的总体效果

目前，很多人认同网络具有自我纠错、自我净化的功能，但并没有形成公认的衡量网络自我净化实际效果的标准。那么谣言在多大程度上被澄清可以视为“自净化”了呢？本研究设定，在网络上传播的谣言，经过网上的质疑、讨论、辩驳、辟谣，有60%以上的接触者明白无误地知道了它们是谣言，就可以判定该谣言基本得到了澄清，实现了网络自净化。

在问卷调查中，我们从 2011 年的 50 件已被证实为网络谣言的事件中（已发布辟谣信息 1 个月以上），选取热度排前 20 位的谣言案例进行谣言认知度调查，看看有多少人已经明白无误地知道了它们是谣言，结果如图 2 所示。

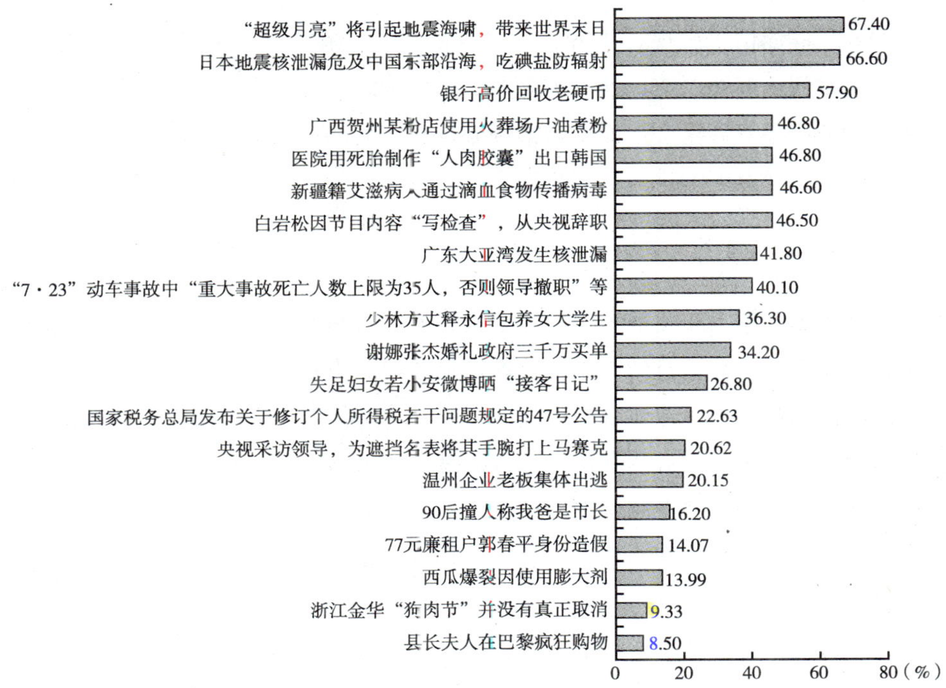

图 2　2011 年 20 件网络谣言事件受众认知度*

＊图中谣言事件的选取以网络舆论热度为选择标准，对一则消息是否为谣言的判定以政府、媒体及相关人士公开辟谣为标准；受众认知度指网民对一则谣言的认知程度，即网民曾接触此条信息并认同其为谣言。根据调查问卷中"据您所知，以下哪些事件是谣言？"一题结果得出。

从图 2 可以看出，在 20 件网络谣言案例中，认知度达到 60% 以上的只有两件，占 10%。认知度在 46% 以上的 5 件案例，多与百姓的生活密切相关（涉及食品安全的有 3 件）；认知度低于 20% 的 5 件案例，多与权力腐败、特殊利益阶层、社会诚信相关，而与百姓的生活没有直接的关联。

从总体上而言，网络谣言自净化的实际效果并不尽如人意，九成的网络谣言都不能在一定时间内实现自我纠错、自我净化。

五　影响网络谣言自净化的因素

通过对网络谣言的自净化过程的分析我们看到，自净化从启动到结束经历了一个质疑、辟谣信息出现、传播、被接受的过程，在这一过程中，涉及辟谣主体、辟谣时间、辟谣渠道、谣言和辟谣信息本身的特性、受众参与传播以及接受辟谣信息的心理等因素。下面结合案例分析和问卷调查的结果，对网络谣言自净化的相关因素及其影响进行分析。

（一）辟谣主体

网络对谣言的自净化通常借由一个具有说服力的辟谣信息来实现。在问卷调查中我们发现，辟谣信息的来源对辟谣信息的影响力和可信度有直接影响，网民对不同的辟谣信息来源主体（以下简称“辟谣主体”）的认知存在明显差异。这种认知差异导致不同的辟谣主体对谣言的澄清效果不同。因此，具有个体差异的辟谣主体，是影响网络自净化的因素之一。

如表 1 所示，根据问卷调查的结果，网民对辟谣主体的信任程度存在差异，信任次序依次为：当事人、媒体、相关政府部门、亲朋好友、专家、辟谣组织。

表 1　网民对辟谣主体的信任次序

辟谣信息来源	点选次数*	点选人数占比(%)	点选排序综合得分**	总排序
当事人	715	58.41	12544	1
媒体	673	54.90	11485	2
相关政府部门	647	52.85	10945	3
亲朋好友	458	37.42	7596	4
专家	418	34.15	6507	5
辟谣组织	353	28.83	5591	6

*本题为全选排序题，题干为“您对辟谣信息来源的信任次序是?”，答题者对所有答案进行点选排序，排序越靠前权分越高。表 2 中，“点选次数”为每一单独选项被答题者点选的次数，点选占比为此项点选次数占所有答题者数的比例；“点选排序综合得分”则加入点选先后次序及其权重分值。全面综合二者，得出总排序。

** “点选排序综合得分”是根据所有填写者对选项的排序情况自动计算得出，它反映了选项的综合排名情况，得分越高表示综合排序越靠前。计算方法为：选项平均综合得分 =（Σ 频数 × 权值）/本题填写人次。权值由选项被排列的位置决定。例如有 3 个选项参与排序，那排在第一个位置的权值为 3，第二个位置权值为 2，第三个位置权值为 1。

根据调查问卷的结果，网民对不同的辟谣主体的特质呈现不同的认知，表2中，从上数第二横栏开始，列出每项特质得分最高的前三项主体，分别以1、2、3表示；左数第二纵栏开始，体现了每种辟谣主体所拥有的突出特质。

表2　不同辟谣主体的受众认知*

辟谣特质 \ 辟谣主体 排序	相关政府部门	媒体	专家	辟谣组织	名人	当事人	亲朋好友
辟谣主体有权威性	1	3	—	—	—	2	—
发布信息较为真实	3	2	—	—	—	1	—
辟谣立场客观中立	—	1	—	2	—	3	—
辟谣动机相对正当	2	1	—	—	—	3	—
针对各种谣言辟谣	2	1	—	3	—	—	—
辟谣逻辑缜密合理	3	1	2	—	—	—	—
正反两面提示论证	3	1	2	—	—	—	—
辟谣时不妄下结论	2	1	3	—	—	—	—
辟谣倾向诉诸理性	3	1	2	—	—	—	—
辟谣倾向诉诸情感	—	2	—	—	—	1	3
注重提示现实危害	1	2	3	—	—	—	—

* 根据调查问卷中“在您的总体印象中，以下几种辟谣主体的辟谣分别具有哪些特质？（请分别单选。若均不符合情况，请在最后一纵栏简要说明）”一题得出。

从表2中可以看出，媒体、相关政府部门、专家、当事人是最为有效的辟谣主体。媒体拥有全部11项辟谣的正向特质，相关政府部门拥有9项辟谣的正向特质，当事人和专家各占5项。

（1）当事人是最受信任的辟谣主体，但是仅有5个方面的正向特质最受肯定，其中发布信息较为真实、辟谣倾向诉诸情感两项特质排名第一。值得注意的是，在发布信息较为真实特质方面紧随其后的分别是媒体和政府相关部门，而这正好与辟谣主体的受信任排序前三名相同，可以看出，发布信息的真实性最为重要，让当事人辟谣最为有效。

（2）媒体拥有辟谣特质的所有正向特质，其中7项特质排第一，但受信任度排第二。从问卷中开放性问题及深访的结果来看，受众表达了对媒体“想信而不敢信”的心理矛盾，原因在于受众认为媒体态度“仍不够专业负责”（随便剪贴就发稿）、提供的信息初始来源还不够可靠（“没有详细追究”）、调查过程不够透明、说理不够深入、反应速度不够快等。少数人还认为媒介机构缺乏独立性。这反映出中国网民对媒体作为辟谣主体有较高期待，但又对其独立性、公正性存有怀疑。

（3）相关政府部门作为辟谣主体拥有9项正向特质，其权威性和注重提示现实危害是最受肯定的特质，但其受信任度排第三。在开放性填答题“您认为当前要减少网络谣言的危害最应该做什么”中，有约75%的答案直接指向了“尽快树立政府公信力”。此外，在对民间辟谣组织的深访中了解到，辟谣工作者急切期待相关政府部门扮演好“良好舆论环境提供者”以及“更高效辟谣者”的角色。

（4）专家拥有的5个正向辟谣特质主要集中在论证层面，受信任度排倒数第三。部分网民在开放性填答题中表示了对专家动机、立场的质疑，认为其“尽管逻辑合理，却未必可信”。

（5）辟谣组织目前主要包括辟谣联盟、果壳网谣言粉碎机，以及新浪、搜狐、网易、腾讯四大商业门户网站的微博辟谣小组。此群体目前尚未被普遍认知，据问卷调查，78%的网民没有听说过这些辟谣组织，有所认知的网民对其信任度为“一般”。其主要特质是客观中立和针对各种谣言辟谣。其受信任度排倒数第二。

（6）名人是此项调查结果中唯一一个没有任何正向辟谣特质的主体，受信任度列最后一名。这里的名人主要指在微博开账户的知名人士及通过网络走红的名人。通过开放性填答题及对数家辟谣组织的深访结果发现，名人被认为曝光率高，但更善于制造和传播谣言，而非真实信息的可靠来源。

（二）辟谣时间

目前普遍认为，危机管理中的时间要素是重中之重，信息公开应遵循时效性原则，人民网舆情监测室曾提出处置突发事件“黄金4小时”法则。在网络环境特别是自媒体中，随着时间的推移，谣言信息的接力传播将造成更广泛、更大程度的破坏力。在以分秒计时的网络传播环境中，任何情况下，及时发现谣言，第一时间公布真相都是必要的，这是减小谣言危害的必要措施，也是实现网络纠错、网络自净化的前提。但是，网民最终是否认可一则信息是谣言与辟谣时间的早晚是什么关系呢？研究中，通过统计分析谣言认知度排前20位案例的辟谣时间，我们得出了辟谣时间与辟谣效果关系的认识，如表3所示。辟谣时间与网民对谣言事件的认知度不具有正相关关系，即辟谣速度的快慢并不直接影响网民是否认可此信息为谣言。例如超过一个月以上才辟谣的两个案例认知度分别排在第7位和第12位。同样是当天辟谣的两条信息，认知度却相差极大等。也就是说，第一时间辟谣，网民也并不一定就完全认识到其为谣言。影响网民认知并接受辟谣信息的应该还有其他更重要的因素。

表3　20个谣言案例的受众认知度与辟谣时间

序号	谣言事件	受众认知度(%)	辟谣时间
1	“超级月亮”将引起地震海啸，带来世界末日	67.4	当天
2	日本地震核泄漏危急中国东部沿海，吃碘盐防辐射	66.6	2天后
3	银行高价回收老硬币	57.9	4天后
4	新疆籍艾滋病人通过滴血食物传播病毒	46.6	6天后
5	医院用死胎制作“人肉胶囊”出口韩国	46.8	2天后
6	广西贺州某粉店使用火葬场尸油煮粉	46.8	3天后
7	白岩松因节目内容“写检查”，从央视辞职	46.5	30天后
8	广东大亚湾发生核泄漏	41.8	无法辨识
9	“7·23”动车事故中“重大事故死亡人数上限为35人，否则领导撤职”等	40.1	无法辨识
10	少林方丈释永信包养女大学生	36.3	无法辨识
11	谢娜张杰婚礼政府三千万买单	34.2	当天
12	失足妇女若小安微博晒“接客日记”	26.8	240天后
13	国家税务总局发布《关于修订个人所得税若干问题规定的47号公告》	22.63	4天后
14	央视采访领导，将领导手腕打上马赛克以遮挡名表	20.62	1天后
15	温州企业老板集体出逃	20.15	无法辨识
16	90后撞人称我爸是市长	16.20	1天后
17	77元廉租户郭春平身份造假	14.07	6天后
18	西瓜爆裂因使用膨大剂	13.99	无法辨识
19	浙江金华“狗肉节”并没有真正取消	9.33	3天后
20	县长夫人在巴黎疯狂购物	8.5	5天后

（三）辟谣渠道

问卷调查发现，超过54%的答卷者认为网络上虚假信息的数量很多或比较多。网民在对网络传言将信将疑时，会首选人民网、新华网等媒体网站进行求证，其次为新浪、搜狐等商业门户网站，再次为直接通过搜索引擎进行信息检索，而较少通过论坛、微博、即时通信、博客、社交网站等渠道对信息进行求证

（见图 3）。具有媒体性质的网站被认为是更为可靠的信源，应该也是更为有效的辟谣渠道。

50 个典型案例中，首发辟谣信息最多的渠道和占比情况如图 4 所示。

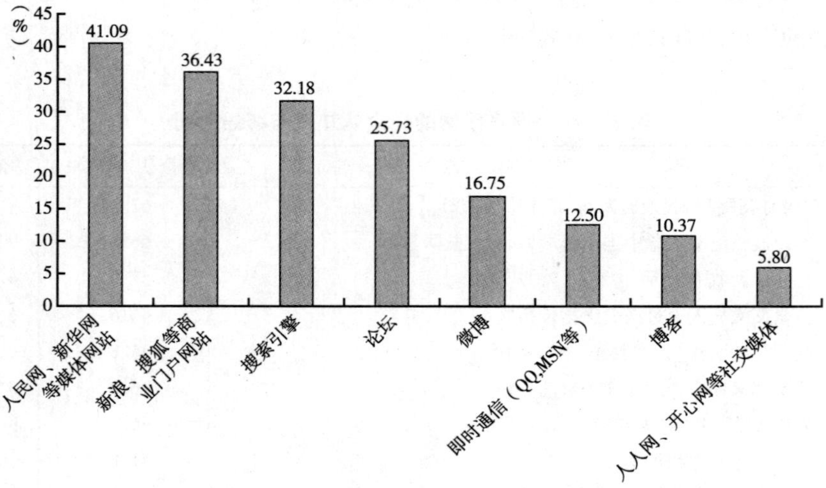

图 3　网民求证消息真假的渠道统计[*]

＊根据调查问卷中“您将信将疑时，一般通过什么渠道来求证消息的真假？（可多选，请排序）”一题得出。

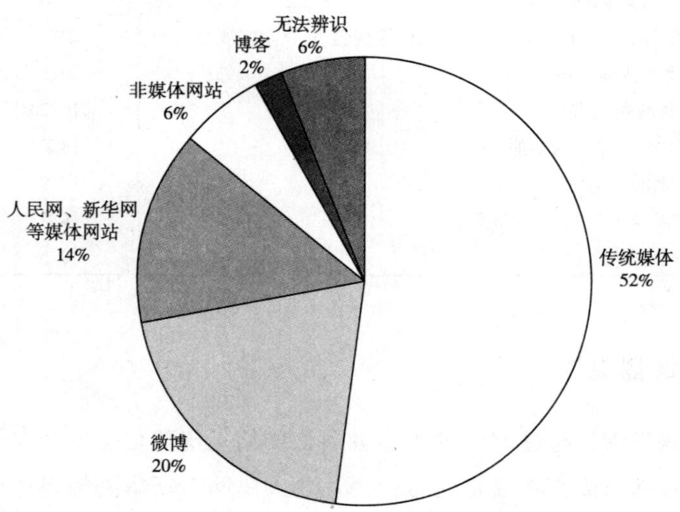

图 4　50 个谣言案例辟谣信息首发渠道统计

在认知度超过30%的11个典型案例中，有7个谣言（占63.6%）是在传统媒体进行公开报道辟谣后，经新闻网站转载达到了较好的澄清效果（见表4）。

表4　辟谣渠道与谣言的受众认知度

谣言事件	受众认知度(%)	辟谣主体	辟谣渠道
“超级月亮”将引起地震海啸，带来世界末日	67.4	新华网	新闻网站
日本地震核泄漏危急中国东部沿海，吃碘盐防辐射	66.6	卫生部、国家发改委、中国盐业总公司	传统媒体－新闻网站
银行高价回收老硬币	57.9	《证券时报》	传统媒体－新闻网站
新疆籍艾滋病人通过滴血食物传播病毒	46.6	卫生部	传统媒体－新闻网站
医院用死胎制作“人肉胶囊”出口韩国	46.8	《环球时报》	传统媒体－新闻网站
广西贺州某粉店使用火葬场尸油煮粉	46.8	广西壮族自治区政法委	传统媒体－新闻网站
白岩松因节目内容“写检查”，从央视辞职	46.5	当事人	传统媒体－新闻网站
广东大亚湾发生核泄漏	41.8	无法辨识	无法辨识
“7·23”动车事故中“重大事故死亡人数上限为35人，否则领导撤职”等	40.1	辟谣联盟、媒体	博客、传统媒体－新闻网站
少林方丈释永信包养女大学生	36.3	当事人	网站(少林寺网站)
谢娜张杰婚礼政府三千万买单	34.2	当事人	微博(迪庆州政府官方账号)

尽管部分网民对媒体辟谣存有“想信而不敢信”的矛盾心理，但在事实上，传统媒体及新闻网站是目前最有力也是最有效的辟谣渠道。超过半数的辟谣信息首先由传统媒体发出，而后通过网络转发实现网络自净化，属于线下对线上干预的网络净化。值得注意的是，50个典型案例中通过微博辟谣的案例占到了20%。一些当事人、相关政府部门（少林寺、迪庆州政府）、辟谣组织直接利用网站、博客、微博辟谣的做法也收到了较好的效果。

（四）信息特征

通过问卷调查发现，网民辨识一则信息是否真实可信的判断标准依次为：事件逻辑合理、文章内容含有专业数据分析及理论解释、有相关图片视频、信源权威可信、有目击证人或相关人士的证实爆料等（见表5）。信息内容本身的合理性、可信度比发布者的权威可信度更易影响网民对信息真实性的判断。

表5　受众对信息真伪的判断标准

增强说服效果的传播因素	点选排序综合得分①
对事件合理性进行逻辑推断	7354
文章中含有专业数据分析、理论解释	5465
拥有相关图片、视频（有图有真相）	4292
发布的人或者机构比较权威可信	4011
有目击证人或相关人士的证实爆料	3589
曾经有过相关经验	2802
凭个人的直觉	2696
信息所写的内容和自己想法接近	2487
网上/周围的大多数人对信息的真实性表示赞同	1855
同条信息内容在网络上大量重复传播	915

注：①根据调查问卷中“您如何判断信息是否真实可信？”一题得出。

传言、谣言和辟谣信息都是信息，网民辨识一则信息是否真实可信的判断标准既影响到网民是否信谣，也影响到网民是否接受辟谣信息。在针对热度排名前20位的谣言案例的认知度调查中，已经知道其为谣言的网民人数最少的案例分别是：90后撞人称我爸是市长、77元廉租户郭春平身份造假、西瓜爆裂因使用膨大剂、浙江金华“狗肉节”并没有真正取消、县长夫人在巴黎疯狂购物5个。这些谣言都对事件情节做了完整表述，均有图片作为佐证，其中三个谣言的信源为现场目击者，一个为媒体，符合上述判断标准，因而这样的谣言容易让人相信，澄清的难度也比较大。

（五）网民心理

谣言传播强度越大，传播范围越广，网民认可程度越高，自净化越难以完成。同理，网络自净化过程中，对谣言进行纠错的辟谣信息被大量、广泛、高强度传播是网络自净化的必要条件，直接影响着网络自净化的效果。这两个过程中，网民作为信息传播的主体和关键节点，其传谣、信谣与否，传播辟谣信息、信任辟谣信息与否，对于网络能否起到自净化作用至关重要，甚至从理论上说，如果网民百分之百地传播辟谣信息、相信辟谣信息，网络自净化就一定能实现。那么，网民传谣信谣、传与不传辟谣信息的实际情况和想法又是怎样的呢？

1. 网民传播谣言的心态和行为特征

调查问卷将信息进行分类，分别设定为涉及食品安全、医疗健康、环境污染、腐败特权、分配不公、司法不公、聚众游行、自然灾害、交通事故、刑事犯罪、教育问题、违反常伦、民族冲突 13 类，请答卷者回答面对这些信息时是看看就算、将信将疑、宁可信其有、先分析判断，还是不知所措，以及是否转发、发表看法、采取自我保护/防卫措施等，以此调查网民对不同类别网络传言的接受态度与采取的实际行动。在对统计数据进行聚类归纳后，得到如表 6 所示调查结果。

表 6　受众对不同类别网络谣言的信息接受态度与信息传播行为*

单位：%

信息类别	显著态度及其占比	显著行为及其占比
食品安全	宁可信其有　55.5	转发/自我保护　62.7
医疗健康	宁可信其有　51.6	转发/自我保护　43.5
环境污染	宁可信其有　46.8	转发/自我保护　52.8
腐败特权	宁可信其有　50.4	转发、评论、发表意见　41.2
分配不公	宁可信其有　44.9	转发、评论、发表意见　37.8
司法不公	宁可信其有　45.3	转发、评论、发表意见　35.1
聚众游行	宁可信其有　39.9	转发、评论、发表意见　29.6
自然灾害	无	不作为　54.54
交通事故	无	不作为　53.65
刑事犯罪	无	不作为　52.40
教育问题	无	不作为　51.23
违反常伦	无	不作为　58.22
民族冲突	无	不作为　58.31

* 根据调查问卷中“对待以下几类信息，您通常情况下的态度是？您会怎么做？（依次单选）”一题得出。

表6中，“显著态度”指的是对待具体类别信息时，问卷答题者中占比最高、最普遍的心理态度。“显著行为”同理。“无显著态度”即指没有任何一种态度特别突出、占比很高，而是各种态度均有，占比较为均衡。“无显著行为”同理。

调查结果显示，涉及食品安全、医疗健康及环境污染的网络传言，与百姓生活品质和切身利益直接相关，过半数的民众不仅“宁可信其有”，而且参与“转发”或“采取自我保护措施”，其中以食品安全相关传言最易被接受，网民更据此采取转发等行动。这可以理解为网民面对潜在危害时作出的积极防御反应，但从另一个角度来看，此类传言若是虚假信息，因其更容易扩散、传播，将有可能在短期内造成群体性恐慌。

对于涉及腐败特权、司法不公、聚众游行及分配不公的网络传言，网民的态度也显著地表现为“宁可信其有”，并且进行转发或发表意见，其中关于腐败特权的信息又是除前面提到的涉及百姓切身利益问题之外，最受关注、网民最易转发并发表评论的一类信息。对谣言认知度的调查结果显示（见图2），与权力腐败、司法不公、特权利益集团相关的谣言，即使经过充分辟谣，仍有相当多网民不认为它是谣言。这反映出现阶段，我国网民对特权腐败、司法不公、分配不公等问题已形成相对固化的认识，存在心理认同和心理定势，不容易改变看法，辟谣效果差。此类谣言容易流传，折射出深层的社会矛盾及社会心态，同时也会反复加深人们对社会不公平的印象。

面对自然灾害、交通事故、刑事犯罪、教育问题、违反常伦、民族宗教冲突等方面的网络传言，网民态度没有明显类别特征——“看看就算”、“将信将疑”、“宁可信其有”、“先行判断”“不知所措”五类态度几近平分秋色；行为方面，六至七成的网民选择不采取任何行动，即不作为。然而，此类传言被某些人利用或处理不当时，也易引发出人意料的社会震荡，如2008年“3·14”事件相关谣言、2009年新疆“7·5”事件相关谣言、2011年“7·23甬温线交通事故”相关谣言等。

在对网民对待13类信息的态度及行为进行调查后，问卷以“若您转发或口头传递网上一些未经证实的消息，主要是出于什么考虑？（可多选，不超过三项）”设问，意在进一步了解网民传播未经证实的传言的心理动因。答卷者回答的结果如表7所示。

表 7　受众传播未经证实的信息的原因

单位：%

网民传播未经证实的传言的心理动因	点选人数占比
认为传闻所涉及的事件本身很重要，应该引起关注	59.91
觉得传闻是无稽之谈，提醒他人不要上当	58.35
对传闻感到愤怒，分享给他人以发泄	25.30
无法确定传闻真伪，转发以求证	21.58
传闻涉及的事件有危害性，令人感到恐慌	21.03
不一定相信传闻，但参与传播看热闹	3.98
认为传闻吸引眼球，转发可以提高人气	3.69
认为转发更多才能促使问题的解决	0.00
转发是一种习惯，转发名人的微博信息更是一种难以克服的习惯	0.00

从表 7 中可以看出，“认为传闻涉及的事件本身很重要”和“提醒他人不要上当”是网民传播网络传言的主要心理动因，基本上是出于积极的动因。但其中反映出有相当比例的情绪性动因（发泄愤怒、感到恐慌）、旁观者心态（提醒、求证）也应引起关注。

2. 网民参与辟谣信息传播的心理动因

问卷调查请答卷者选择影响其是否参与辟谣信息传播的因素，从中可以看出影响网民参与网络自净化的心理动因（见表 8）。

表 8　受众参与辟谣信息传播的因素*

网民参与辟谣信息传播的因素	选中次数	点选人数百分比(%)
提醒他人不要上当	613	50.07
认为辟谣信息所涉及的事件本身很重要，应该引起关注	495	40.48
认为辟谣信息有道理	470	39.01
认为辟谣主体有公信力	383	31.72
认为通过散播不同声音，真相会水落石出	287	23.49
无法确定真伪以求他人进一步证实	192	15.54
此类事件屡次发生，感到恐慌	148	12.03
转发只是一种习惯	37	3.067

* 根据调查问卷中“对待以下几类信息，您通常情况下的态度是？您会怎么做？（依次单选）”一题得出。

从表 8 中可以看出，促使网民参与辟谣信息传播的主要四个动因依次是：提醒他人不要上当；认为辟谣信息所涉及的事件本身很重要，应该引起关注；认为辟谣信息有道理；认为辟谣主体有公信力。这些因素基本都隐含表明网民已经认定辟谣信息重要而可信，所以才参与传播。

值得注意的是，促使网民参与辟谣信息传播的首要的两个动因——提醒他人不要上当和认为辟谣信息所涉及的事件本身很重要，应该引起关注——与前面得出的网民传播未经证实的传言的首要心理动因相吻合，说明被认为重要的、需要提醒人们重视的传言和纠错信息都容易被传播，网民心理重视程度是传谣与信谣的重要因素，也是网络自净化的重要因素。

3. 网民不参与辟谣信息传播的心理动因

如表 9 所示，促使网民不参与辟谣信息传播的主要四个动因依次是：认为辟谣主体缺乏公信力；自己判断确定前不参与传播；认为辟谣无根据无逻辑；真假难辨，等待真相水落石出。这些因素基本都隐含辟谣主体公信力的缺乏和辟谣信息本身的真实性不被认可，阻碍了网络纠错信息的传递，阻碍了网络自净化。如果一条谣言不是由具有公信力的主体来纠错，会增加其自净化的难度。

表 9　受众不参与辟谣信息传播的因素*

网民不参与辟谣信息传播的因素	选中次数	点选人数百分比(%)
认为辟谣主体缺乏公信力	544	44.48
自己判断确定前不参与传播	515	42.05
真假难辨,等待真相水落石出	471	38.52
认为辟谣无根据无逻辑	414	33.81
没有接触到辟谣信息	345	28.35
觉得是无稽之谈,不能轻易转发	310	25.30
不转发、不回复、不谈论只是一种习惯	272	22.26
无法及时接触到辟谣信息,在看到辟谣信息时转发已经没有意义	133	10.89
不容易接触到辟谣信息	115	9.33
辟谣信息不够吸引眼球,转发没意思	52	4.21

* 根据调查问卷中“哪些因素使您没有参加辟谣信息的传播？（可多选，请排序）”一题得出。

此外，有大约 10% 的人因为“没有接触到辟谣信息”或“无法及时接触到辟谣信息，在看到辟谣信息时转发已经没有意义”而没有参与辟谣信息传播，一定程度上也影响到了辟谣效果，说明辟谣信息的传播力度还需加大。

五 结论

第一，理论上，开放的互联网，网民表达自由，网民群体经过充分辩论，证实证伪，谣言及虚假信息能够得到澄清，网络完全能够自净化。但是，在实际上，受各种因素影响，网络对于谣言及虚假信息只能小部分地、有条件地自净化。按照六成以上网民对谣言有认知即为实现网络自净化的标准，从对2011年热度排名前20的网络谣言调查可知，网络只自净化了10%的谣言，而对九成谣言都不能自我纠错、自我净化。

第二，影响网络自净化的因素众多，包括谣言与辟谣信息的“可信度”、辟谣主体、谣言的类型与网民心理等。

有相关图片视频（伪造或移花接木）、号称现场目击者或相关证人爆料、事件看似逻辑合理的谣言最具欺骗性。同样，要消解谣言，就先从怀疑、质疑这些图片视频，质疑其逻辑的合理性，质疑其可信度开始。辟谣信息逻辑合理、有专业数据分析及理论解释、有图片视频真相、信源权威可信、有目击证人证实等，是击败网络谣言的重要因素。

本次调查显示，当事人是最受信任的辟谣主体，其次为媒体和相关政府部门，名人被认为曝光率高，但更善于制造谣言，而非真实信息的可靠来源，受信任度排序最后。对辟谣主体的信任度直接影响到谣言的澄清效果。但值得注意的是，辟谣信息内容本身的合理性、可信度，比发布者的权威可信度更易影响网民对信息真实性的判断。网民心理在网络谣言传播和自净化过程中有着重要影响。当前众多网民对于权力腐败、司法不公、分配不公、为富不仁、社会诚信等问题已形成相对固化的认识，那些触及这些社会积怨、反映社会深层矛盾的谣言，网民“宁可信其有”，往往采取主动行为转发，这也是此类谣言传播快、信者众、净化慢，辟谣效果微小的主要原因。

辟谣速度的快慢直接决定了谣言净化过程的起始，但并不直接影响网民是否认可辟谣信息、谣言是否消解这一结果。

第三，网络澄清谣言的速度远远赶不上传播的速度，自媒体的传谣能力远远大于澄清谣言的能力，现阶段网络自净化尚有赖于传统媒体的大力干预。

网络为所有人提供了传谣的条件，也提供了辟谣的条件。谣言的“传染期”，完全可以成为网络自净化的启动期，只要有人提出质疑、发布真相，网络净化即已开启。但是，“北京暴雨七景图”谣言的澄清过程说明，网络澄清谣言的速度远远赶不上谣言传播的速度，论坛、博客、微博客、SNS 等以 Web 2.0、自媒体为特征的网络形态传播谣言的能力远远大于澄清谣言的能力。这或许因为传谣与辟谣相比还是容易，成本还是相对较低的。

此次调查表明，超过半数的有说服力和影响力的辟谣信息首先由传统媒体发出，而后通过网络转发实现自净化，属于线下对线上干预的网络净化。在我国，传统媒体成为网络自净化的首要推动因素。然而，传统媒体通过调查求证实现纠错毕竟是有限的。目前理论上能够有效辟谣的当事人/机构、现场旁观者、拥有专业知识的专家学者、相关政府部门等受到各种因素的影响，还没能自觉地或义务地发挥网络纠错的作用，使得网络自净化还难以完全实现。

综上所述，网络为谣言净化提供了客观物质条件，但网络净化的能力和程度，仍然受到人的主观因素的重大影响。如果没有人提出质疑、发布真相，净化无从谈起；如果辟谣的人、辟谣信息少于传谣的人和谣言，网络净化肯定只能是部分净化；而如果辟谣信息、辟谣主体不被多数网民接受和认同，网络净化就更不可能完全实现。目前要更好地发挥网络对谣言的净化作用，提高净化效果，需要着力发挥具有辟谣能力的人和组织的主观能动性，壮大网络自净化的主导力量，同时研究网民的社会心理，消除阻碍网络净化的不利因素。社会深层矛盾钝化，公众的社会认同度提高，社会和网络环境的透明度提高，知性与智性网民占比高，网络净化能力则强、净化程度则高，反之则低。

六　对策建议

1. 充分发挥传统媒体探寻真相的能力，推动和促进网络自净化

网络传谣快，净化谣言慢，而传统媒体拥有一支训练有素的职业化、专业化的新闻采编队伍，他们不仅遍布于全国和世界各地，能够快速赶赴新闻现场，而且挖掘真相、辨别真伪的经验丰富、能力很强，通过他们严谨翔实的调查，可以明辨真伪，澄清不实传闻。

《人民日报》从 2011 年 1 月 27 日开始，在第四版开辟《求证》栏目，还原事实真相。栏目在《开栏的话》中说：“网络技术的飞速发展，让人们享受海量信息的便利，也饱尝‘雾里看花’之苦：凭空捏造的信息四处散播，似是而非的观点以讹传讹。这些不实信息，小则引起思想混乱，影响公众认知，大则扰乱社会秩序，造成严重危害……求真务实是党报的品格。帮助公众辨真伪、明是非，是媒体的职责。我们今起开设《求证》栏目，对各类争议新闻、疑点事件进行探寻，力求通过严谨核实与深入调查，澄清事实，还原真相，回应关切，阻击谣传，促进和谐，提升公信力。”截至2012年2月，《求证》栏目共刊出报道62篇，通过调查、举证、刨根、追源，以具体事实、翔实数据形成逻辑清晰的证据链条，澄清事实，还原真相，阻止了一次次以讹传讹。

当然，传统媒体版面、时段有限，有时很难充分、全面、形象地展示具体事实、数据。为弥补此缺陷，传统媒体可与网站互动，利用网站的海量，把传统媒体难以全面展示的证据链全部展现出来。对那些复杂的、需要连续发布才能澄清的不实传闻，还可以报网联动、台网联动，通过连载、连续发布的方式，把充分的事实和详尽的证据链展示出来。

2. 发挥新闻网站和门户网站作用，增强网络自净化的主导力量

新闻网站要向传统媒体学习，利用自有的采编队伍，通过采访、调查，汇集各方数据，还原事实真相，阻击网络谣言。2011年7月28日，在与甬温动车事故有关的谣言满天飞之时，人民网以图配文解说的形式发布《温州动车追尾事故八大谣言解析》，以具体事实说明网上传得沸沸扬扬的八大谣言毫无根据。此报道被网站和博客、微博大量转载、转发，发挥了很好的作用。新浪网推出的“微博辟谣小组”，腾讯和搜狐的“谣言终结者”，网易的“微辟谣”，尽管还存在这样那样的问题，但在阻击网络谣言方面还是产生了一定的作用，应该肯定。

在利用民间智慧辟谣方面，台湾地区辟谣平台“网路追追追”可资借鉴。其辟谣团队由今日新闻网的编辑与网友组成，423名网友组成的情报团是辟谣的主力军，采取等级评定等奖励制度鼓励网友举报疑似假消息、追踪求证待查信息、发布辟谣信息，网友上传的信息经过编辑审核后才会刊出，已经求证的假消息分类以报告形式存入案例库，网友可随时查阅。目前“网路追追追”已有上千则辟谣报告。

除了有更多的辟谣栏目和辟谣组织，各辟谣主体还应加大在论坛、博客、微博、社交网络等网络渠道中的辟谣力度，使网络互动社区也拥有网络自净化的中坚力量。

3. 鼓励各阶层精英进入自媒体成为意见领袖，促进网络舆论场回归理性与智性

以微博为代表的社交网络是以人为中心的传播，网络上的每一个人都是传播的一个节点，每一个节点都能向无数个方向再传播，而其中意见领袖的传播力和影响力都极强。本来，拥有极强传播力与影响力的意见领袖，传谣的能力与辟谣的能力是相等的，但本研究进行的网民调查显示，网络意见领袖（网络名人）没有一项辟谣正向特质，在七类辟谣主体中受信任度排名末位。这说明，目前的网络名人传播能力强而辟谣能力不足。

最近有学者发布了《中国微博意见领袖研究报告》①。据报道，报告按照在2011年50起公共事件中的发言及其影响进行综合评分，从新浪微博5000名微博主中筛选出了得分最高的100个意见领袖。研究者将其分为四类人：媒体人（33人）、学者（26人）、作家（20人）和商界人士（17人），并认为绝大多数意见领袖都是掌握相当经济资本、社会资本和文化资本的社会精英，草根网民、普通网民微乎其微。虽然微博的兴起看似赋予每一个普通人平等发声的机会，但事实上，主导网络舆论的权力仍在少数知识分子和商界人士手中。如果他们能够积极传播辟谣信息，帮助网民正确辨识谣言，将有力促进网络的自净化。但目前来看，这些意见领袖并没有很好地发挥这样的作用。

其实，目前的网络意见领袖的代表面仍然比较窄，从职业与身份上看尚不完全具有社会代表性。目前，政务微博不少，但能称为意见领袖的罕见；党政官员微博正在增多，但真正活跃的微乎其微；郭明义微博粉丝已突破700万，堪称凤毛麟角，那么多先进典型、劳动模范，亿万工人、农民，百万军人，各行各业的精英分子，极少在社交网络露头角。目前在报刊、广播电视以及图书出版业经常露面的学者们、精英们，有多少在网络社区、在网络自媒体中发出光彩？美国主流媒体的专栏作家、评论员，同时也是网络上的意见领袖，而我国主流媒体的许多名编辑、名记者、名评论员甚至没有自己的微博。而在既有的网络意见领袖

---

① 2012年3月9日，在复旦大学举办的“意见领袖与网络舆论”圆桌论坛上，上海社会科学创新研究基地研究员、中山大学传播与设计学院张志安副教授发布了《中国微博意见领袖研究报告》。该报告历时半年，以网络影响力、传统媒体影响力、亲和性、争议性、活跃度五个维度为标准，从5000位候选人中筛选出了综合评分最高的100个意见领袖进行分析，展现了中国微博意见领袖群体的面貌。

中，真正在传统媒体及现实社会中同样也是意见领袖的其实也不多。《中国微博意见领袖研究报告》称综合评分最高的100人中有33人为“媒体人”，但从名单看，前10人只有李承鹏属“媒体人”，前20人中，只有芮成钢在主流媒体任职，全部33位“媒体人”中仅有9人供职于主流媒体。所以，我国现实社会的意见领袖与网络意见领袖的重合度并不高，远没有发挥出其激浊扬清、引导正确认识的作用。

网络对谣言和虚假信息的自净化，有赖于网络舆论场回归理性，而理性的网络舆论场需要众多理性、智性网民的参与，大家各抒己见，百家争鸣，争论、辩论，证伪求实，共同构筑绿色的网络生态环境。

4. 针对不同类型谣言和影响网络自净化的不同因素，采取多种措施消除谣言的危害

网络谣言多种多样，形形色色，有涉及个人的、企事业单位的、政府部门的、国家的，有生活的、经济的、政治的、外交的……在谣言未被确认前，应该允许网民质疑、求证、证实证伪，发挥网络的自净化作用。辟谣，应该分级、分层、分类进行。应积极倡导媒体及相关政府部门及时澄清那些关系国家、民族利益、公共资源、公众安全以及民众切身利益的谣言和虚假信息，肩负起求证、辟谣的责任，把因为谣言蔓延给国家利益、政府公信力以及公众安全、社会稳定造成的危害降到最低限度。

从问卷调查谣言净化的难易程度看，运用科学知识能够澄清的谣言，是最易净化的谣言；涉及食品安全、医疗健康及环境污染等与百姓生活和切身利益密切相关的谣言，虽流传快、传播广，但辟谣信息也传播快，容易被接受和认可，属“可控型谣言”；与政府部门、权力机构、特殊利益阶层相关的谣言，属于“顽固型谣言”，比较难于自净化，需要尽可能透明、公开地处置，越是捂着盖着，越不容易澄清。除了增强信息透明度外，还应着力解决现实问题，潜移默化地改变公众的固化认识。

值得注意的是，涉及自然灾害、交通事故、刑事犯罪、教育问题、违反常伦、民族宗教冲突的谣言，本来比较容易澄清，辟谣和网络自净化的难度都不大，但此类谣言也很容易被某些人与政府失误、官员腐败等联系起来，同样会成为“顽固型谣言”。对于此类“潜伏式谣言”，更应侧重，即时追踪判别，防患于未然。

参考文献

Abelson R. P., Brehm J. W., Hovland Carl. I., McGuire W. J. and Rosenberg M. J. (1960). *Attitude Organization and Change: An Analysis of Consistency Among Attitude Components*. New Haven: Yale University Press.

Hovland, Carl I., Irving L. Janis, and Harold H. Kelley. (1953) *Communication and Persuaction: Psychological Studies of Opinion Change*. New Haven: Yale University Press.

Hovland Carl. I., Lumsdaine A. A. and Sheffield F. D. (1949). *Experiments on Mass Communication*. Princeton: Princeton University Press.

附录　2011 年 50 件网络谣言案例

单位：条

事件/话题	论坛帖文	新浪微博	媒体报道	合计
1. 温州企业老板集体出逃	1340	163869	24500	189709
2. 银行高价回收老硬币	4	93099	219	93322
3. 国家税务总局发布《关于修订个人所得税若干问题规定的 47 号公告》	581	12236	15900	28717
4. 蒙牛收购惠氏	11	606	742	1359
5. 新浪微博未获“微博牌照”	1	448	134	583
6. 吃碘盐防辐射	16801	3748531	2520000	6285332
7. “7·23”动车事故*	50178	3348507	131000	3529685
8. 浙江金华“狗肉节”并未取消	152	371335	264	371751
9. “超级月亮”末世说	7	205885	1980	207872
10. 90 后撞人称我爸是市长	308	52668	417	53393
11. 谢娜张杰婚礼政府三千万买单	96	51072	325	51493
12. 县长夫人在巴黎疯狂购物	21	46816	83	46920
13. 广东大亚湾核泄漏	29	27210	505	27744
14. 77 元廉租户郭春平身份造假	35	19513	1090	20638
15. 滴血传艾	85	20048	20	20153
16. 广西贺州某粉店使用火葬场尸油煮粉	242	16496	1260	17998
17. 西瓜爆裂因使用膨大剂	55	11173	5020	16248

续表

事件/话题	论坛帖文	新浪微博	媒体报道	合计
18. 央视采访领导,为遮挡名表将其手腕打上马赛克	100	15428	209	15737
19. 医院用死胎制作“人肉胶囊”出口韩国	120	12518	572	13210
20. 首都机场航班延误因出现不明飞行物	39	12235	474	12748
21. 无偿献血被红十字以一袋 200 元卖给医院	84	12236	285	12605
22. 成都老太 7 年参加 23 次听证会为“专业听证户”	21	6926	140	7087
23. 阴性艾滋病	232	3703	1460	5395
24. 多地孩子当街被陌生男子抢走	1	4787	50	4838
25. 江苏响水化工厂发生爆炸	24	2047	2300	4371
26. 浙江省文化厅发布“37 首违禁歌曲”	10	1956	133	2099
27. 黑心商户用避孕药快速催长大闸蟹	28	1751	259	2038
28.“北京暴雨七景图”	375	1102	445	1922
29. 多名女子乘坐北京地铁被下迷药	44	1059	406	1509
30. 浙江海宁因环境污染成癌症村	316	293	832	1441
31. 云南绝症男子连杀八名村官	213	463	633	1309
32. 重庆解放碑城管暴力执法致小贩受伤	3	1067	85	1155
33. 福建农大 08 级女生张玲病危,急需“熊猫血”	26	967	154	1147
34. 西北某大学 3 名女生被强奸,校方为封口承诺保研	110	313	541	964
35. 中国刑警学院 95 届缉毒班毕业生已全部牺牲	119	213	613	945
36. 女大学生扮江姐重现受刑场景	1	704	87	792
37.《建国大业》在纽约首映观众为零	141	628	2	771
38. 北京红十字会向医院发放过期血液	1	699	54	754
39. 厦门大学发生爆炸	49	196	488	733
40. 大连后盐桥附近发生持枪抢劫运钞车案 1 人被杀	1	97	613	711
41. 筷子变笋干	15	463	215	693
42. 姚记炒肝临时降价招待拜登	2	483	34	519

续表

事件/话题	论坛帖文	新浪微博	媒体报道	合计
43. 浙江台州女小偷被扒光后游街	34	106	273	413
44. 乌鲁木齐一架飞机被劫持迫降兰州	1	—	257	258
45. 小贩收假钞猝死　水果遭路人围抢	59	86	0	145
46. 歼－10B 战机试飞坠毁，飞行员牺牲	76	649	579	1304
47. 失足妇女若小安微博晒“接客日记”	2769	130379	1180	134328
48. 少林方丈释永信包养女大学生	119	53731	263	54113
49. 央视主持人白岩松辞职	209	24471	813	25493
50. 金庸逝世	9	367	109	485

＊“7·23”动车事故中网络传出“重大事故死亡人数上限为 35 人，否则领导撤职”、“列车事故后当场掩埋活人”、“遗体未经家属同意被集体火化”、“高铁司机培训只有 10 天时间”、“坚持救人特警支队长被处分”、“铁道调度系统拘留两无证程序员”、“港人举旗上街哀悼动车追尾事故遇难者”、“吊下动车车厢时有遇难者遗体掉出”等谣言。

注：①表中所列案例为 2011 年 1～12 月网络舆论热度前 50 位的谣言事件。网络舆论热度从论坛帖文数量、新浪微博讨论条数、媒体报道三个维度综合衡量。②表中论坛帖文数据依靠人民网舆情监测室全网搜索系统得出。③表中新浪微博数据来自新浪微博搜索引擎检索结果，以不同关键词进行多次检索，取最大数值。④表中媒体报道数据来自百度新闻搜索，通过时间范围限定，剔除无关检索结果。

A Study on the Internet's Self-purification of Rumors

Institute of People Daily Online

Abstract: It is generally believed that the Internet, as a public-opinion field of multiple information sources, should have the ability to refute rumors and correct the falsehood on net spontaneously. Employing a series of research methods like case study, survey and in-depth interview, this study finds that such ability of the Internet theoretically exists. However, due to influence of a number of factors, the Interent can only purify rumors and false information partially and conditionally.

Key Words: Internet Rumors; Internet Self-purification; Rumor Refutal

B.3
微博的发展态势、传播特征及治理策略

刘瑞生　许薇薇*

摘　要： 近一两年，微博引发了一场传播“革命”。值得关注的是，微博传播所引发的诸多问题使得微博治理日益成为世界性话题。本文立足于国内外比较的视野，梳理微博客发展和探讨微博传播功能，并为我国提出了微博治理的对策建议。

关键词： 微博　谣言　法规　治理

2010年微博的发展有不少“虚火”。① 而2011年以来，在多方力量的推手作用下，微博在中国发展开始进入实热阶段，并形成了有一定中国特色的微博传播“景观”。当前，中国成为世界微博用户和微博网站数量第一大国，也拥有着最大和最复杂的微博传播空间，微博传播的“双刃剑”效能更为凸显。

由于发展迅猛，微博不仅在中国，同时也在很多国家引起诸如谣言泛滥、灰色粉丝经济、欺诈和侵权等问题，微博治理已成为一个世界性话题。从全球来看，加强微博治理是各国普遍的趋向。目前，中国在微博管理方面也开始探索适合国情和新媒体环境的治理之道。为促进微博等新媒体形态的健康发展，我国很有必要借鉴其他国家的经验做法以提高微博的治理水平。

---

* 刘瑞生，中国社会科学院新闻与传播研究所副研究员；许薇薇，《21世纪报》资深记者，中国社会科学院研究生院新闻系硕士研究生。本文为刘瑞生主持的中国社会科学院新闻与传播研究所重点课题“网络媒体管理与党的执政能力建设”阶段成果。

① 周世禄、刘瑞生、王文博：《微博“热”的冷解析》，见尹韵公主编《中国新媒体发展报告（2011）》，社会科学文献出版社，2011，第159页。

一　全球微博发展特征

1. 微博是顺应网络移动化发展大势而兴的新媒体应用

近几年，移动化成为网络的重要发展方向，微博的火热正是顺应互联网新媒体快速移动化的发展大势。

随着世界第一个微博网站Twitter于2006年诞生于美国，之后芬兰的Jaiku、美国的雅虎Meme、加拿大的Plurk（噗浪）等微博网站纷纷上线，微博发展迅猛。如Twitter的独立用户数量2010年4月达到1亿，2011年1月超过2亿，2011年初超过2.5亿。据统计，2011年9月Twitter，月独立访问用户数量超过了4亿，其全球活跃用户数量已经超过1亿，其中有大约5000万的活跃用户每天都登录Twitter。Twitter的活跃用户中有55%为移动用户。

值得关注的是，在每条微博的字数限制上，微博并非只有Twitter的140字一种模式，雅虎公司推出的Meme的每条微博可以发送不超过2000字的信息。

2. 一枝独秀的Twitter是影响全球的新媒体

尽管中国的几大门户网站的微博服务近两年用户增长很快，但Twitter在全球微博格局中可谓一枝独秀，是真正具有全球影响的新媒体。例如在Twitter的各国访问用户构成中，来自美国的用户只占24.7%，而美国以外国家和地区的用户所占比例则超过75%（见表1）。作为一个真正具备全球影响的新媒体，Twitter推出了英语、西班牙语、日语、德语、法语、意大利语和韩语等多个语种。为吸引中国用户，2011年9月Twitter还专门推出了简体和繁体中文语种服务。

表1　Twitter的各国用户比例（前30位）

单位：%

排　名	国　家	用户比例	排　名	国　家	用户比例
1	美　国	24.7	7	墨西哥	4.0
2	日　本	6.9	8	俄罗斯	3.3
3	印　度	5.6	9	法　国	2.7
4	英　国	5.1	10	加拿大	2.7
5	西班牙	4.2	11	德　国	2.5
6	巴　西	4.0	12	意大利	2.5

续表

排　名	国　家	用户比例	排　名	国　家	用户比例
13	印度尼西亚	2.4	22	巴基斯坦	0.8
14	土耳其	1.9	23	马来西亚	0.8
15	委内瑞拉	1.6	24	尼日利亚	0.8
16	荷　兰	1.5	25	智　利	0.7
17	阿根廷	1.4	26	菲律宾	0.7
18	澳大利亚	1.2	27	南　非	0.7
19	沙特阿拉伯	1.2	28	埃　及	0.6
20	韩　国	1.2	29	希　腊	0.6
21	哥伦比亚	0.9	30	泰　国	0.5

资料来源：http：//www.alexa.com。

3. 社会化新媒体开启新的政治时代

顺应网络移动化发展大势的微博是集大成的新媒体形态，具有极其多样的传播方式，其强大的传播功能不仅表现在新闻信息传播和舆论表达方面，还体现在社会交往和组织动员上。

特别值得关注的是，微博自诞生起便迅速向政治领域渗透，在全球以及中国掀起了一波“微博政治热潮”。美国政府开启微博外交战略，西方政要积极应用微博扩大影响，拓展政治和竞选组织新渠道；各国政府主动运用微博开展电子政务，与公民进行网络互动；社会群体和公民广泛通过微博表达政治诉求，积极参与政治。微博这种新的政治动员方式，不仅在英国“伦敦骚乱”、美国“占领华尔街”等社会运动中功能显著，也在伊朗选举中的“Twitter 革命”、中东北非的“茉莉花革命”等政治颠覆行动中大显“神威”。

在“占领华尔街”运动中，抗议者就是通过 Facebook、Twitter 等社交网站来进行组织和推广的。例如，2011 年 9 月活动爆发，截止到 10 月中旬，在 Twitter 上，每 500 个微博中，就有 1 个与“占领华尔街”有关。通过社交媒体分析公司 Trendrr 的数据显示，美国以外 Twitter 上的帖子数量由 25% 上升到了 47%。[①]

微博等新媒体能够产生巨大的政治影响，主要在于其媒介属性传播功能的根

① 王冲：《当华尔街遭遇社交媒体》，《瞭望中国》总第 150 期。

本性转变。全球化、全民化、融合化、移动化和社会化传播的微博空前地拓展了政治空间，扩大了政治主体范围，丰富了政治参与方式，成为了影响世界政治秩序、推动政治变迁的风险因素，可谓开启了一个新的政治时代。

4. 微博在全球并不像在中国那么热

在中国，微博已经成为新媒体领域一个最火热的议题。但是从在全球的影响来看，微博并不像在中国那么热。

第一，在网站数量方面，全球真正的微博网站数量不多，除了 Twitter 之外，Plurk、Jaiku、Buzz、Meme 等几个微博网站几乎没有什么名气。

第二，在网站排名上，在全球最受欢迎的网站排名中，Twitter 仅列第 15 位，其独立用户数量目前还远落后于 Facebook（9 亿户）和 YouTube（8.8 亿户）。在各国最受欢迎的网站中，与 Facebook 在多国占据榜首相比，Twitter 在美国排第 22 位，在巴西排第 14 位，在日本排第 15 位，在英国排第 21 位，而在德国、意大利、法国等国家均排在第 50 名乃至第 100 名之后。另外，Plurk、Jaiku、Buzz 等微博网站在全球排在 1000 名乃至 10000 名之后。例如，谷歌的 Jaiku 访问量一直不高，2010 年排在全球 14000 位左右，由于看不到商业价值，谷歌于 2011 年 10 月先后关停了 Buzz 和 Jaiku 业务。

二　有中国特色的微博“景观”

1. 中国成为全球微博用户和微博网站第一大国

经过了 2010 年的“虚火”外，2011 年以来，中国微博发展可以说进入实热阶段。主要表现在以下几个方面。

第一，用户量暴增。据中国互联网络信息中心（CNNIC）统计，到 2011 年 12 月，中国微博用户总数达到 2.499 亿户，比 2010 年底的 6311 万户增长了近 300%，成为当前用户数量发展最快的互联网应用。新浪、腾讯等商业网站亦不断更新用户人数纪录，中国已经成为微博用户世界第一大国。

第二，网站数量多。除了新浪微博和腾讯微博这两个中国微博的“超级大国”外，还有搜狐、网易、人民网、新华网、凤凰网等 50 余家网站提供微博服务。目前国内提供微博服务的网站已达 50 多家，这个数量远远超过了世界其他国家的微博网站。

第三，新应用的开发进一步增强了微博的传播功能，长微博逐渐成为微博的重要传播方式。各微博服务网站都不断开发出新的应用，并开发出针对智能手机和平板电脑的客户端，提供用户随时随地上微博的便利。在微博的诸多功能中，尤其值得注意的是长微博的推出。微博在表达上最大的瓶颈就是 140 个字的限制，为了解决这一问题并进一步丰富微博表达功能，2011 年以来，一种长微博工具开始流行起来。这种长微博工具可以把 1 万字以内的文字转化为格式很小的图片发至微博供用户阅读，比较好地解决了微博的功能缺陷，日益为更多的用户所使用。据 2012 年 4 月检索，在新浪微博上发布的长微博超过 200 万条，在腾讯微博和网易微博中的长微博亦均超过百万条，长微博逐渐成为微博的重要传播方式。

2. 有中国特色的微博传播

第三方研究机构惠普实验室社交计算研究组于 2011 年 7 月份发布了一份报告，对新浪微博为代表的中国社交媒体和以 Twitter 为代表的西方社交媒体的用户分享内容进行了对比分析，报告发现中西方的典型微博在传播上有很大的区别，具体表现在以下方面。

第一，在内容方面，新浪微博的热门话题较多来自于娱乐类内容，而 Twitter 的热门话题则较多来自新闻类内容。用户倾向于通过新浪微博来分享笑话、图片、视频等娱乐类内容；Twitter 主流话题跟新闻事件的相关度远高于跟娱乐内容的相关度。

第二，在转发的次数的频率方面，新浪微博上转发内容所占比例高，对热门话题的整体转发微博量约占 62%；而 Twitter 转发微博量仅占 31%。

第三，在意见领袖的构成和发表内容性质方面，排前 100 位的意见领袖中，未经身份认证的用户数量方面，新浪微博要比 Twitter 多。在新浪微博上，意见领袖发表包含图片、视频和链接的微博内容所占比例非常大，而且这类微博很多都嵌入了视频或者提供视频链接；但在 Twitter 上，意见领袖使用链接的微博数仅占 17.6%。①

中外微博传播的差异，反映了基于不同国情的用户在新媒体使用方面的不同。

---

① 新浪网科技频道：《惠普实验室研究报告：新浪微博和 Twitter 区别》，2011 年 7 月 15 日。

3. 政府积极运用微博应对微博问政

在中国，具有强大传播功能的微博自然也迅速向政治领域渗透，掀起一股微博问政热潮。为应对微博问政，2011 年，越来越多的政府部门开通微博，被称为“政务微博元年”。据统计，截至 2011 年 10 月 31 日，通过新浪微博认证的有 18132 个党政机构和公务人员。而在政务微博排行中，平安北京、中国国际救援队、外交小灵通位于前三位。①

作为一种新型的媒介工具，微博可以为任何用户所使用，既为普通公众的参与政治提供了便利渠道，也为党政部门更好地为人民服务提供了机遇。微博实际上可以大大降低政府管理成本，促使政府信息发布更加透明快速，促使政府与民众的沟通对话更加主动，能起到提高工作效率、解决具体问题、提升政府形象的积极作用。

因此，党政部门和官员主动开微博，这是一种进步，反映了党和政府在新媒体环境下执政观念的提升和执政能力的提高。

4. 复杂的微博空间治理成为新课题

作为一种新型媒介工具，微博传播对于社会发展有着明显的积极作用，但其负面效应同样也很显著，这也使得微博空间治理成为复杂的新课题。

中国可以说拥有世界最大、最复杂的微博空间。由于微博在中国发展快，中国微博用户增长迅速，自然容易滋生一些新的问题。法规建设远远落后于技术发展，在微博治理方面我国没有经验，也缺乏法规，治理难度大。

中国互联网自开通以来主要采用用户匿名注册的方式，虽然给了网民极大的自由度，但也引发了诸多问题。在匿名的环境下，不负责任的言论和行为盛行，导致微博谣言、诽谤的泛滥。随着微博的快速发展，网络谣言问题在 2011 年更为凸显。据上海交通大学舆情研究实验室统计，2011 年全年微博谣言数量比 2010 年增长了 8 倍多。②

此外，由于中国处于社会转型期，各种矛盾错综复杂，微博成为利益诉求的重要渠道。尤其是一些无序的表达和线上纠纷的升级已经扰乱了社会秩序。例

① 人民网舆情监测室：《2011 年新浪政务微博报告》，2012 年 12 月 12 日。

② 徐瑞哲：《微博谣言同比增八倍》，2012 年 12 月 21 日《解放日报》。

如，2011 年 11 月，北京警方破获首起因在微博公开威胁他人人身安全并“现场直播”实施过程的案件。微博治理成为新课题。

三 全球微博治理的主要做法和经验

1. 加强微博管理成为共同趋势

尽管在微博发展和传播方面，各国有一定差异，但在微博传播引发的问题方面，世界主要国家却有很大共性，都存在谣言泛滥、信息安全、恶意骚扰、侵权等诸多问题。例如早在 2010 年 1 月，美国广播公司所发表的一篇名为《Twitter 上的七大谣言及半真半假的事实》的文章即指出，即时性和随意性让 Twitter 成了谣言作坊（rumour mill）。[①]再如 2010 年的海地地震期间，Twitter 虽然对于灾情发布、赈灾筹款以及救援安排作出了积极的贡献，但是也因为谣言给公众带来了混乱和困扰。CNN 就报道过 Twitter 上曾盛传美国数家航空公司可免费运送医护人员为当地赈灾，以及 UPS 可向海地免费运送 50 磅以下的包裹的谣言。造谣者还附带公布了海地驻纽约的领事馆的电话号码，导致海地驻纽约的领事馆几乎被骚扰电话打爆。不久，美国国家航空公司发言人表示相关消息只是造谣者一场低劣的闹剧。[②] 此外，2012 年 1 月，Twitter 发言人承认该网站认证的新闻集团董事长兼行政总裁默多克妻子邓文迪的账号“Wendi_ Deng”并非其本人注册。[③] 然而该账号之前发布的一条要求丈夫删除 Twitter 上内容的消息却被当做邓文迪的言论为美联社、英国《卫报》、《每日电讯报》等媒体所引用。英国一家网络认证服务机构创始人透露不少人开设假冒账户的直接目的是非法营销，很多人通过这种方式攫取了高额经济利润，却鲜有人知道他们的真实身份。

由于微博是一种新兴传媒形态，发展快、功能强，所引发的问题很容易造成社会乃至政治秩序的一定混乱，已经是当前社会治理的重要内容，所以无论是美国、英国等发达国家，还是俄罗斯、印度等发展中国家，都在不断加强微博管

---

① KI MAE HEUSSNER：“Enough Already! 7 Twitter Hoaxes and Half-Truths”，ABC 新闻，2010 年 1 月 15 日。

② Brandon Griggs：“Twitter Hoax Spreads Rumors of Airlines' Free Flights to Haiti”，CNN 网站，2010 年 1 月 14 日。

③ GREGORY KATZ，“Wendi Deng Twitter Account Found to Be a Fake”，美联社，2012 年 1 月 3 日。

理。尽管具体做法不同，但根据具体国情、社情强化微博管理是全球共同趋势。

2. 各国高度重视相关法规建设治理微博

近年来包括美国等西方国家在内的不少国家都在加强法规的制定和完善以治理微博，主要体现在两个方面：一是专门针对微博的法规性建设，二是完善防范微博社会问题的其他相关法规。

西方对微博等社交网络进行规制，主要还是以互联网通用法律和法规作为重要依据和现实基础。尽管西方还没有针对微博或社交网络的专门性法规，但是这是因为这些通用法律和法规均适用于社交网络。

美国作为最早对互联网内容进行管理和审查的国家，曾陆续颁布超过130项互联网管理方面的法律法规，目前被认为是拥有互联网法律最多和最重视互联网管理的国家之一。在互联网飞速发展的1996年，美国就出台了《电信法》，明确将互联网世界定性为“与真实世界一样需要进行管控”的领域，它主要涉及保护国家安全、未成年人、知识产权及计算机安全四个方面。①

在反恐方面，美国一直重视打击通过互联网散布威胁国家安全、社会安全的恐怖信息行为，例如“9·11”事件后，美国国会即通过了《美国爱国者法案》，法案规定安全部门有权以反恐为由窃听民众的电话通话内容和互联网通信内容。美国非常重视微博内容监控和审查。据俄罗斯之声报道，美国中央情报局每日对大约500万条推特信息进行人工监控。②

除了名目繁多的互联网法规可直接用于微博管理，美国还很重视其他法规的完善。例如，由于微博等社交网络发动的“占领华尔街”影响很大，美国国会2012年3月专门通过了一项旨在限定类似抗议行动的“H. R. 347”法案（2011年联邦改善限制性建筑和区域法案），被称为“反占领华尔街法”，尽管该法案严重侵犯了美国宪法第一修正案，但仍在国会高票通过，由此可见美国政府对于微博引发现实政治行动的高度防范。

此外，法国政府在对互联网积极推广的同时，也重视以严格的法律进行规范，2006年就专门颁布了《信息社会法案》，强调保护网民的隐私权、著作权以及国家和个人的安全。

① 周小普等：《英美数字媒体内容规制初探》，《国际新闻界》2007年第11期。

② Voice of Russia：《中央情报局监控社交网》，俄罗斯之声网站，2011年11月6日。

据报道，2012年4月，在反思“伦敦骚乱”等由互联网、微博等新兴传播方式所引发的问题之后，英国政府认为原有的法律条款已经不能对新兴媒体进行有效监管，为适应反恐和保障国家安全的需要，英国政府将出台互联网监管法规。新的网络监管法规草案将允许政府有关部门严格监管互联网，允许情报机构依法监听电话，了解短信和电子邮件的内容。尽管法规草案被拥有“表达自由”传统的英国公众质疑，但英国政府仍表示法规对于调查严重犯罪、打击恐怖主义和保障社会安全具有极端重要性。①

3. 严厉打击微博谣言、网络恐怖行动，维护国家安全和社会秩序

印度是一个新媒体发达的发展中国家。近年来，在印度流行的Twitter等社交网络成为恐怖分子、民族分裂分子使用的工具。2008年印度修订的《信息技术法》规定，对在网上散布虚假、欺诈信息的个人处以罚金或最高判处三年有期徒刑，那些利用计算机技术破坏印度领土完整、主权统一、国家安全或对人民实施恐怖行为的个人或团体，将被判处有期徒刑甚至终身监禁。2010年9月，出于国家安全的需要，印度对“黑莓”等即时通信软件进行监控。2011年，印度继续修订《信息技术法》，网络监控直指Facebook和Twitter等社交网络。

谣言盛行是Twitter上的普遍现象。对于微博谣言，西方国家有很多遭法律严惩的案例。例如，2010年1月，一名英国会计师在Twitter上向其粉丝发送了一条恐吓性的消息，成为英国历史上第一位因在Twitter上发表不当言论而被定罪的网民。

4. 多个国家在实践中以多种方式探索实名制

在微博实名制方面，尽管存在一些争议，也有韩国强制推行网络实名制中无法保证用户信息安全拟取消实名措施的教训，但是不少发达国家仍在以各种方式不断探索实名制。从实践来看，各国的网络实名制可以分为“硬性”实名和“软性”实名两种。

实行硬性实名制规定的是韩国。韩国自2005年开始逐步实行网络实名制，旨在打击网上普遍存在的语言暴力、恶意诽谤以及虚假信息传播猖獗等

① 柳洪杰：《英国政府拟监控全民上网及通讯情况　被指涉嫌侵犯隐私权》，2012年4月3日《中国日报》。

现象。该项规定要求公民在网络上发帖、跟帖以及上传照片和动态影像时，需确认居民身份证和本人真实姓名，而韩国开设的身份证号码网上认证系统可以即时验证个人身份。不过，在实名制实行后不久，韩国各大网站就成了黑客攻击的主要目标，不断出现公民隐私泄露事件。2011 年 7 月，韩国 SK 通讯旗下门户网站 Nate 和社交网络“赛我网”（Cyworld）遭到黑客攻击，约 3500 万名用户的信息外泄。受此事件影响，2011 年 8 月，韩国政府决定分阶段废除网络实名制。

由于西方传统比较重视言论自由和个人隐私，尽管法国等国曾有过实名制的相关提案，大多数西方国家至今还没有实行过强制实名制，但也一直在探索软性的网络实名制。

例如，在美国，Twitter 虽未实行实名注册，但“Facebook”和谷歌新推出的“谷歌 +”社交服务，都是实名制的严格执行者。此外，由于在美国手机号与社会保障号是相互捆绑的，而美国的社会保障号记录着用户出生年月、性别、住址、电话、E-mail 地址、驾照号码和以往信用状况等所有个人信息，此举实现了手机的软性实名制。由于手机实名覆盖了美国大部分的移动用户，因此，用户通过手机移动终端登录微博在很大程度上说仍然是实名的。

为控制社交网络犯罪，2011 年 8 月英国政府曾考虑将 Twitter 变成实名制社交网络。德国政府尽管并未要求在微博等社交网站推行实名制管理，但德国内政部长亦曾提出了“网络实名制”的设想，认为全球的网络都应该“清晰、真实、可靠”。日本虽然至今尚未作出推行网络实名制的决定，但普遍采用通过 IP 地址备案和手机实名注册等方式的准实名制。

5. 政府建立专门的互联网监管机构

随着互联网等新媒体的发展，各个国家政府都很重视设立专门的互联网监管机构。Twitter 等社交网络一般都在西方国家主要的互联网监管机构管辖范围内。例如，美国联邦通信委员会（FCC，Federal Communications Commission）是独立的联邦行政机构，成立于 1934 年，直接对国会负责，它的监管对象包括公共电信、广播电视和无限频率等，它和各州政府合作管理互联网。2003 年成立的英国通信办公厅（OFCOM）是英国信息通信业的统一监管机构，全面负责电视、广播、电信和无线通信的监管。在网络管理方面主要规范非法内容。澳大利亚传播和媒体管理局（ACMA，Australian Communications and Media Authority）自

2005 年开始负责该国的互联网管理工作。澳大利亚互联网协会作为行业协会也有效地配合政府监管和保证了互联网有序运作。

6. 不断强化网络运营商的管理责任

网络运营商对于微博管理负有重要责任。例如澳大利亚采取了严格的网络过滤监管。2008 年，澳大利亚开始对网络内容进行等级分类，并进行网络过滤。根据这个审查计划，澳大利亚的网络服务运营商被要求强制性屏蔽那些“拒绝被分类的内容”。

为约束和规范用户的账户访问和服务使用行为，作为国外最大的微博服务运营商，Twitter 网站上公布了其详细的服务条款，注册用户只有同意遵守该条款、接受其约束才能使用 Twitter 服务。

7. 严格规范新闻从业者的微博言论

针对媒体从业者在微博发信息所产生的问题，美国、英国制定了一系列的守则和规定严格管理。如路透社要求记者们要三思而后“帖”，并在《网络报道守则》中对记者使用社会化媒体进行规范。美国《华尔街日报》对于记者如何使用 Twitter 和 SNS 等社会性媒体也有类似的规定，“在网上代表集团工作的时候，必须使用真名”，“不要（在 Twitter、Facebook 上）讨论尚未发表的文章”，“当你把秘密的线人加为关注者之前，要请示编辑”。一些美联社记者在 2011 年“占领华尔街”的营地中遭警察逮捕，一些员工率先通过 Twitter 发布这一消息，不久美联社高层发出内部邮件强调其社交媒体政策：“如果你有重要、独家或突发的消息、照片或视频，你应通过美联社发布，而不是放在社交媒体上。”在这方面，西方不乏一些记者或主持人因为在微博上发表敏感言论而被迫辞职或遭惩罚的案例。

四　借鉴他国经验探索有中国特色的微博治理之道

第一，要从社会治理的高度重视微博治理。在现代政治发展进程中，大众传媒始终是一种开放性风险因素，既有促进民主政治发展的作用，也有扩大政治参与而破坏社会秩序的负面影响。当前中国处于特殊社会发展阶段，国情、社情复杂，传播功能强大的微博社会化媒体所引发的问题往往会严重影响到社会治理，所以当前我们从社会治理的高度重视微博管理，通过加强微博建设和提高治理水平来降低微博的风险性以维护中国的社会稳定。

第二，借鉴他国经验进一步加强法规建设。加强法规建设是世界趋势，特别是中国拥有世界最大的互联网市场，未来发展空间巨大。为了促进互联网健康有序发展，我们一定要借鉴其他国家的经验，根据本国国情进一步制定有中国特色的互联网法规体系。

北京市于2011年12月16日正式公布施行《北京市微博客发展管理若干规定》。这既是中国微博发展管理的第一个法规，也是世界上第一个地方政府颁布的微博专门管理规定。我们要充分鼓励和提倡具有中国特色互联网管理法规体系的探索。

第三，完善微博实名制。从长远和社会效益看，用户身份实名认证是有利于净化微博空间和促进微博健康发展的。我们要进一步完善网络实名制，在尊重用户表达自由权利的基础上，保证网络实名制的操作性和安全性，避免出现用户隐私泄露和信息安全问题。

第四，提高微博运营商的社会责任意识和管理责任。商业网站是推动微博发展的主要力量，同时也担负着重大的社会责任。必须提高微博运营商的社会责任意识，要让它们认识到微博只有担负起社会责任才会健康发展，才会成为推动中国社会进步的力量，微博网站只有打造公众信任的微博品牌，才能赢取长远的经济利益和社会效益。

第五，大力治理微博言论自由过度问题。从各国的微博管理来看，没有一个国家的微博有绝对的言论自由。我们应该尊重微博用户的言论自由权利，但为了保证绝大多数用户的权利，也必须严厉打击那些淫秽色情信息、侵权信息、政治攻击性言论和各类谣言，并大力治理网络水军，这些都是中国微博空间言论自由过度的表现。

第六，规范媒体、媒体人士和意见领袖的微博应用。国外媒体对于媒体从业人员的微博言论有着严格的限定。美国媒体对于记者或评论员在微博发表违规言论处罚严厉，如美国一家著名体育电视台的一位评论员2011年8月25日在Twitter的个人主页上发文讽刺美国总统奥巴马，称其打高尔夫球太多，创造的就业岗位却太少。随后，该电视台以违反网上言论政策为由对其作出严厉处罚。对此，我们可以适当借鉴，规范媒体、媒体人士和意见领袖的微博应用。

The Trend, Characteristics and Governance of Micro-blogging

Liu Ruisheng　Xu Weiwei

Abstract: Micro-blogging has emerged as a revolutionary type of social media. It is noteworthy that micro-blogging has also posed unprecedented challenges in its governance both abroad and in China. With a global vision, this paper explores the trend and characteristics of micro-blogging. Then we proposed some pratical methods for effectively governing the micro-blogging service in China.

Key Words: Micro-blogging; Rumor; Legislation; Governance

𝔹.4

微博舆论形成与互动机制的实证研究

李卫东　贺 涛　赵振宇*

摘　要：本文提出微博舆论形成的过程模型，通过“药家鑫案”事件微博舆论的实证调查分析，探讨了信息碎片、话题、意见领袖及分众粉丝群等因素在微博舆论形成中的作用机制。在此基础上分析微博舆论形成过程中意见领袖之间、意见领袖与普通草根之间，以及普通草根之间的互动机制。

关键词：微博　舆论　意见领袖

基于微博已成为重要的新型舆论场，本文以新浪微博为平台，选取 2011 年舆论热点事件“药家鑫案”作为研究对象，探讨微博平台中舆论的形成机制，以及意见领袖与普通草根间的互动机制。

一　研究设计

（一）抽样方案

本次研究对象为“药家鑫案”事件中的舆论意见领袖。通过收集意见领袖微博的有关信息，探析该事件的舆论形成和发展过程。意见领袖微博信息样本的抽取时间段是事件被曝光直至事件基本解决，具体操作时划分成舆论发展形成、舆论爆发、舆论缓解和舆论平息四个阶段进行样本采集，目标样本总量 300 条。

---

* 李卫东，华中科技大学新闻与信息传播学院硕士生导师；贺涛，华中科技大学新闻与信息传播学院硕士研究生；赵振宇，华中科技大学新闻与信息传播学院博士生导师，教授。本文系教育部人文社会科学研究项目（编号：10YJC860015）的部分研究成果，也是国家社科基金重点项目（编号：11AXW006）的部分研究成果。

（二）意见领袖的识别方法

微博中的意见领袖一般包括公众人物、舆论事件相关机构及舆论事发地用户。其中，公众人物包括明星、媒体工作者以及不同领域的知名人士；舆论事件相关机构主要指热点事件中舆论讨论对象或涉事机构，如郭美美微博炫富事件中所涉及的中国红十字会总会；舆论事件事发地用户因处于事发地点，对事件实况的了解更为详细，一般通过对事件近距离报道引起网民的大量关注。因此，微博中的意见领袖主要包括专家学者、官方媒体、人气草根、明星名人四类。

（1）专家学者。微博平台中充斥着大量无序或噪音信息，用户们需要一种有价值的、可信任的信息来源。专家学者对其专业领域问题的分析具有深刻性和权威性，能够赢得网友们的普遍信任。

（2）官方媒体。权威信息的发布者。网友可以通过关注官方媒体微博获取重大或突发事件的实时消息。

（3）人气草根。一般是普通网民中的精英人士，具有一定的发言权，能反映普通草根们的心声。

（4）明星名人。过于镜头化的公众人物，其个人魅力使得其言论能够得到广大网友们的推崇。明星名人通常利用互联网手段来维持自身的知名度，所以言论中可能带有一定的功利性。

本文主要通过四个维度评价和筛选意见领袖。①微博主的微博数：可体现其活动频率；②微博主的粉丝数：可体现其受关注的程度；③微博主是否是认证用户：可体现其身份权威性和真实性；④微博主发布微博的频率：主要指用户在舆论事件中发布微博的频率。具体的筛选标准如表1所示。

表1　微博中意见领袖的评估标准

微博数	粉丝数	是否认证	发布微博的频率，此项不作硬性标准
>1000	>4000	新浪认证或微博达人认证	>0.5

$$\text{微博主发布微博的频率} = \frac{\text{事件起止时间段内所发布的微博数}}{\text{事件持续天数}} \tag{1}$$

其中，微博主发布微博的频率通过式1中的公式进行计算。由于很多微博主在使用微博频率和传播效果上呈现不对等的情况，此项仅作为附加参考指标。

二　数据分析

研究数据搜集时间是2011年2月1日至10月29日。在此期间共搜集数据样本329条，其中有效数据样本308条。

表2显示，“药家鑫案”事件中的意见领袖样本构成呈现不平衡状态，专家学者所占比重较大，其次是人气草根。

表2　意见领袖样本构成

类　型	样本量(条)	样本百分比(%)	类　型	样本量(条)	样本百分比(%)
专家学者	198	64.3	明星名人	2	0.6
官方媒体	11	3.6	总　　计	308	100
人气草根	97	31.5			

表3显示，“药家鑫案”事件中意见领袖的外部信息源集中于门户网站和其他微博意见领袖，来自论坛帖吧和传统大众媒体的信息较少。

表3　样本信息来源分布

信息源类型	样本量(条)	样本百分比(%)	信息源类型	样本量(条)	样本百分比(%)
原创	243	78.9	传统大众媒体	3	1
门户网站	32	10.4	其他微博意见领袖	28	9.1
论坛帖吧	2	0.6	总　　计	308	100

经过统计发现，与“药家鑫案”事件相关的微博数约有1792206条。其中，4月14～24日“药家鑫案”一审期间达到最大峰值，约362846条；其次是5月14～24日的二审期间，约280895条（见图1）。

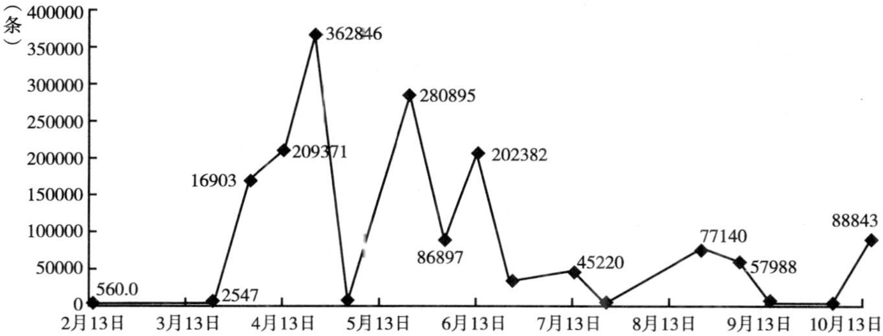

图 1　“药家鑫案”事件相关微博数时间分布

三　微博舆论的形成模式探析

拉扎斯菲尔德的二级传播理论是指意见从媒介到“舆论领袖”到受众，再从受众到媒介。在微博的用户群体构成中，大多数用户是“名人效应”的追随者，单向收听模式是促成信息传播的特有机制。这种不对称的人际关系造成大多数的信息流通是从“名人”流向“草根”。“意见领袖”所发出的信息扩散到分众群体，分众群体再传给自己的粉丝，由此可以形成规模化的传播群体（见图2）。微博舆论的形成模式的影响因素主要包括信息碎片、话题、意见领袖和分众粉丝群四个方面。下面将逐一分析这四个因素在“药家鑫案”舆论形成中的作用机制。

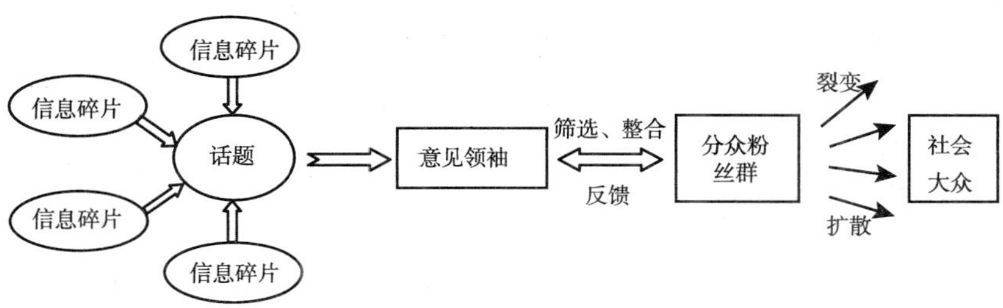

图 2　微博中舆论形成过程模型

（一）信息碎片

本文所指的信息碎片主要是指网络信息碎片。网络信息碎片是指信息在互联网平台中呈现碎片化。这些微型的信息之间缺乏关联，以随机概率出现。在微博平台中，信息碎片的形式主要有三种：①纯文字；②文字和图片；③文字和音视频。

（二）话题

话题的产生有其特定的传播范围、传播环境，需要传者和受众的参与才能形成相应的话题。零碎信息在人为的散播下，经过不断聚合糅杂能够形成不同的话题。微博的本质是一个信息共享、观点交流的过程，信息碎片在经过多次的转发和评论后，能逐渐形成带有主观意识的话题。

若以“药家鑫案”的一审、二审的时间点作为该事件演变的转折点，可将“药家鑫案”舆论演化过程划分为三个阶段：①第一阶段，一审前；②第二阶段，一审开始至二审前；③第三阶段，二审后。

第一阶段微博舆论态度较为一致，表现为“药家鑫必死”、“药家鑫可以死缓”、“客观讨论案件”，其相对比例如图3所示。

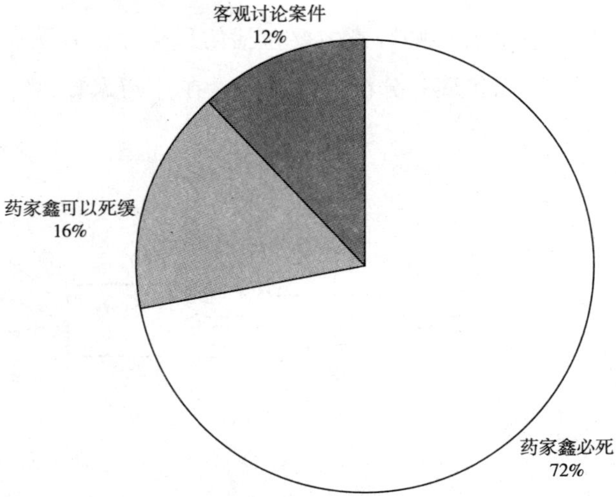

图3 “药家鑫案”事件微博舆论第一阶段样本数据

随着一审的开始，媒体的连续报道让公众们的视线逐渐转移到“药家鑫案”事件中。第二阶段微博舆论中的热点话题开始呈现多样化倾向。在这个阶段关于“药家鑫案件审理公平性”话题的讨论占26%，“原告方辩护律师张显过于追究药家鑫家庭”的讨论占3%，“药家鑫罪有应得”占62%，“对生命权利的探讨”占9%（见图4）。

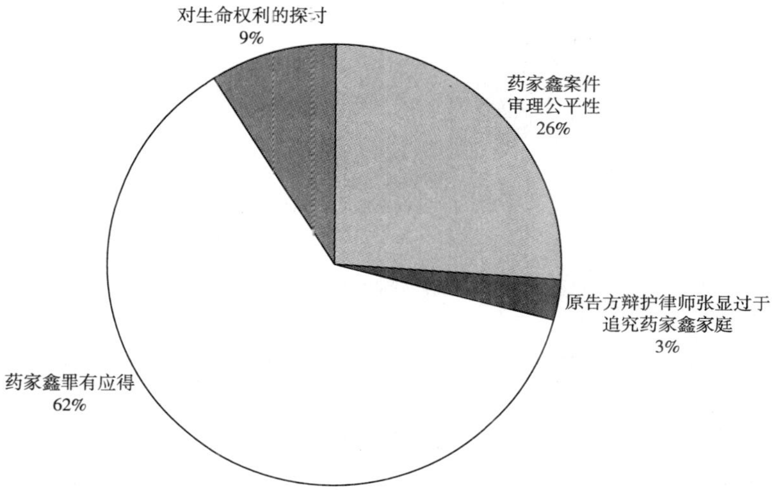

图4 “药家鑫案”事件微博舆论第二阶段样本数据

案件二审结束后，微博中舆论热点话题从“药家鑫是否该判死刑”逐渐转移至对于案件背后社会因素的理性探讨中。第三阶段微博舆论的热点问题中，“对原告方辩护律师张显的抨击”占45%，关注药家鑫父亲的言论占6%，对微博舆论大战和药家鑫案件的反思占24%，对药家鑫及其家人的抨击占25%（见图5）。

（三）意见领袖

微博舆论中，意见领袖充当着议程设置和把关人的作用。公众通过微博散播信息，经过意见领袖的转发和评论行为，引导话题形成舆论热点，随着传统媒体的跟进，通过议题互动形成舆论高潮。

微博平台中能够聚合社会各大阶层的力量。在信息互动过程中，可以削弱大

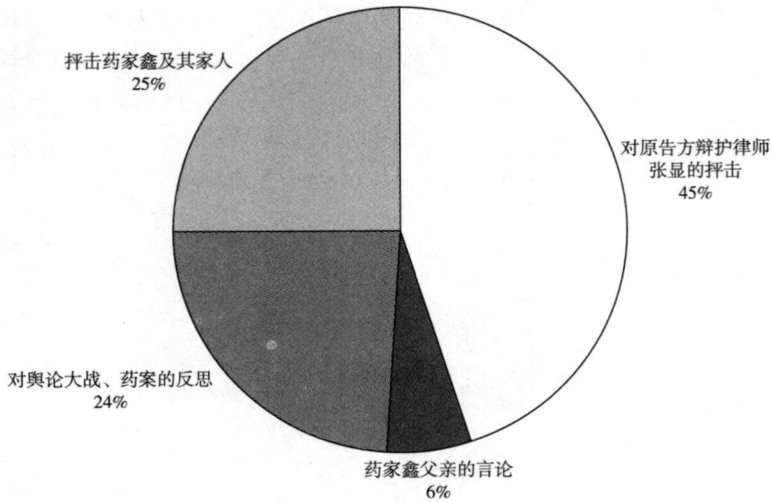

图5 “药家鑫案”事件微博舆论第三阶段样本数据

部分占有现实社会主动话语权的媒体、名人等舆论领袖的垄断地位，提升大众化草根用户的地位。因此，本文所讨论的微博意见领袖对象不仅包括专家学者、明星名人和媒体，也包括大众化的人气草根。

微博舆论中关于“药家鑫案”事件的热点话题主要集中于三个方面：①“药家鑫案”审理的公平性；②关于网民在“药家鑫案”事件中偏激态度的反思；③“药家鑫案”所引发的社会伦理道德的讨论。引发这些话题的信息来自专家学者微博的约占64%，来自人气草根微博的约占32%。对于议题引发者所发表的言论，其他用户能够通过评论或转发的行为来表明自身立场和态度。在这个过程中通常会产生三种不同态度的意见群体：正面群体、反面群体和第三方群体。

每种群体各自有参与意见交流和对话的发言人，即意见领袖。在药家鑫案件二审的讨论中，担任反面群体领袖的是原告方辩护律师张显，正面群体领袖则是人气草根“嘶哑老汉”，第三方群体则是与案件无直接相关的律师、学者和媒体人，如法律教授贺卫方、厦门大学教授易中天以及专栏作家安替。其中，反面群体主要针对于药家鑫不服一审判决上诉的不满、药家鑫对于罪行原因解释的唾弃、法院处理案件速度拖延的愤怒、对于药家鑫杀人的谴责等问题进行讨论；正面群体针对反面群体偏激和不公平看待问题的态度进行反驳；第三方群体更多的是从专业的角度分析案情，审思问题症结所在，以及对社会伦理道德和法律审判是否公平等问题的探讨。三种群体间的对话，在草根们的推动下能够产生大范围的舆情。随着案件的不断变化，话题层出不穷，形成了一波又一波的舆论高潮。由此可以看出，微博舆论中意见群体的多样化能够形成多元化价值观，对事件中问题的解决能够起到积极的作用。

表 4 显示，专家学者意见领袖微博信息被转发和评论的频率更高，舆论事件直接相关者被关注程度较高。官方媒体关于“药家鑫案”事件的微博信息量虽然较少，但被转发和评论数较多，其对舆论的影响不容忽视。

表 4　“药家鑫案”事件中的舆论意见领袖影响力排行

排名	微博主名称	类型	粉丝数（人）	事件相关微博数（条）	平均被转发数（次）	平均被评论数（条）	平均被转发和评论数（条）
1	易中天	专家学者	936050	8	13823	708	14531
2	药家鑫之父药庆卫	人气草根	74386	23	2492	4424	6916
3	兰和律师	人气草根	16723	47	255	1406	1661
4	贺卫方	专家学者	412625	15	917	602	1519
5	《三联生活周刊》	官方媒体	2053070	1	891	393	1284
6	西安张显	专家学者	100996	335	190	477	667
7	李学鹏	专家学者	14145	28	37	43	80
8	谢佑平	专家学者	39082	31	49	32	75
9	嘶哑老汉	人气草根	5159	142	16	41	57
10	路钢律师	人气草根	4329	89	18	36	54

注：以上均为新浪认证用户。

（四）分众粉丝群

微博中信息的传播既包含人与人之间的人际传播，也包含个人与群体之间的分众化传播。各种以文字、图片、视频等形式出现的信息碎片聚合后形成各种纷繁各异的话题。这些话题经过意见领袖的筛选和整合，传递至其背后庞大的粉丝群，同时粉丝的背后又有各自的意见群体，裂变式的广泛传播呈几何级数式的增长，从而形成较大范围的舆论声势。

本文所分析的 308 条微博样本中，被转发总数是 109190 次，被评论总数是 234893 条。从数据中可以看出，信息的传播数量呈几何级数式增长。舆论信息在传播过程中波及多个意见群体，形成较为广泛的传播效应。

通过对四个主要因素在微博舆论形成中的作用机制分析可发现，微博舆论的形成从零碎化的消息到形成话题，通过舆论领袖对话题的造势到分众粉丝群的传播，经过裂变式的扩散传播过程从而形成较大规模的舆论场。

四 微博舆论中不同角色间互动机制的探析

微博中的网民基本上可划分为两类：意见领袖和普通草根用户。本文主要分析这两类用户在舆论演化过程中的互动模式。

（一）意见领袖与意见领袖间的互动机制——对话模式

意见领袖间观点的交流常常表现为一种对话模式，同时这种对话是面向所有粉丝用户，本质上属于一对多的传播方式（见图6）。但这种类似广播式的传播方式可以得到较多的反馈，社会媒体属性较强。其次，意见领袖本身具有较强的分析和判断能力，自身言论需要一定的规范意识，对话过程中大都集中于对事件进行多角度的理性分析。

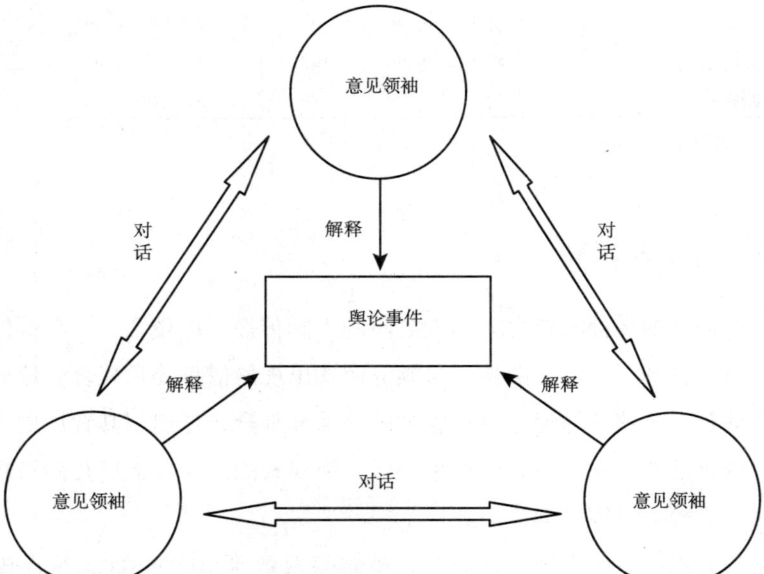

图6 意见领袖间的互动机制

（二）意见领袖与普通草根用户的互动机制——站队行为和提问回答反馈模式

意见领袖间的对话是一种在线的网络直播，草根用户通过这种对话了解事件发展。用户在吸收和思考所接收信息的过程中会形成各自的态度，产生相应的站队行为，同时用户通过转发和评论来体现自己的态度和立场。

草根用户在吸纳他人观点后，可能会发出疑问。意见领袖对于草根用户的反馈难以进行逐个的回复，但是可以对其中较为典型、有利于自身立场的疑问进行分析。

（三）普通草根间的互动机制——群体间信息共享模式

普通草根间的交流大都集中于个人社会关系网络。草根间相互的评论行为属于人际传播，而转发行为则属于信息向群体内传播。对于舆论热点事件，微博的转发行为能使得信息在群体间传递，扩大舆论影响范围。

相比意见领袖，普通草根用户的言论无需过多地遵守一些规范，发表的微博带有较强的主观性和随意性。因此经过普通草根用户的信息传递后，会产生许多噪音信息碎片。

结　语

移动互联网的快速发展，使人们获取信息的成本下降，但未带来信息品质的提升。信息碎片需要经过聚合、整理才能体现其价值。在微博中，大量的噪音信息会分散用户的注意力。意见领袖作为信息的整理者，对舆论的发展起着至关重要的作用。“药家鑫案”事件中，专家学者类意见领袖微博信息被转发和评论的频率最高，舆论事件直接相关者被关注程度较高。官方媒体类意见领袖关于“药家鑫案”事件的微博信息量较少，但被转发和评论数较多。

通过对微博舆论意见领袖的调查发现，微博舆论形成的影响因素主要包括信息碎片、话题、意见领袖及分众粉丝群等。微博中不同角色之间的对话过程，能让事实性的信息碎片不断转化成为意见性的观点集合。意见领袖间一般通过对话进行互动，普通草根用户通过转发和评论来体现自己的态度和立场。草根用户对舆论信息的大量转发能使得信息在群体间传递，扩大舆论效应。

参考文献

谢耘耕、荣婷：《微博舆论生成演变机制和舆论引导策略》，《现代传播（中国传媒大学学报）》2011 年第 5 期。

刘志明、刘鲁：《微博网络舆情中的意见领袖识别及分析》，《系统工程》2011 年第 6 期。

张辉：《浅谈新媒介环境下微博二级传播优势》，《大观周刊》2011 年第 13 期。

彭兰：《碎片化社会背景下的碎片化传播及其价值实现》，《今传媒》2011 年第 10 期。

夏雨禾：《微博互动的结构与机制——基于对新浪微博的实证研究》，《新闻与传播研究》2010 年第 4 期。

Empirical Analysis of Micro-blogging Opinion Formation and Interactive Mechanism

Li Weidong　He Tao　Zhao Zhenyu

Abstract: This paper presents the process model of micro blog opinion formation. The study make a empirical analysis of the public opinion in Micro blog platform about the " 'Yao' case" events, aim at find out the interaction mechanisms of information fragments, topic, opinion leaders and Audience-segmentation of fan base. And on that basis analysis the interactive mechanism among opinion leaders, the interactive mechanism between opinion leaders and Grassroots users, and the interactive mechanism among Grassroots users.

Key Words: Micro Blog; Public Opinion; Opinion Leaders

B.5

微博对新闻报道的影响

周世禄　王文博*

摘　要： 微博带来信息传播方式变革的同时，也给新闻媒体带来了冲击。本文从微博和新闻媒体的传播特点出发，借助实际案例分析微博对新闻报道的影响，并从中寻求二者和谐共生、相互促进的途径。

关键词： 微博　新闻报道　传播特点

微博带来信息传播方式颠覆性的变革，使世界进入一个"人人可以发声"的时代。在不少突发事件中，微博成为了新闻媒体的重要信息源，也不免抢占了信息发布的先机。微博在给新闻报道带来了机遇和便利的同时，也带来了挑战。

一　微博与新闻媒体的关系

截至2011年12月底，我国微博用户数达到2.5亿户，较上一年底增长了296.0%，在全国网民中的占比达到48.7%。① 迅速发展的微博给新闻报道所带来的冲击不容忽视。

尤其是在突发事件中，微博成为新闻媒体的突破口——"7·23甬温动车事故"、"会理悬浮门"、"故宫会所门"等事件中，由于微博的信息披露，促成了新闻媒体突破监管、报道事件；在一些微博源发事件如"郭美美炫富门"、"西门子冰箱门"等，微博更是成为新闻媒体最重要的信息来源。事件中不仅首先

* 周世禄，中国社会科学院网络中心副主任，研究生院硕士生导师；王文博，中国社会科学院研究生院新闻系硕士生。

① 中国互联网络信息中心（CNNIC）：《第28次中国互联网络发展状况统计报告》、《第29次中国互联网络发展状况统计报告》。

是由微博爆料、微博直播，更是以微博作为事件发生、发展的平台，自然也是新闻媒体一手的信息源。不仅如此，新闻媒体也把目光聚焦在一些名人微博和政府、企业的官方微博上，以发掘新闻线索。在王功权微博私奔、“潘币”事件、达·芬奇“产地门”、肯德基老油事件、上海地铁追尾事故等年度舆论热点中，事件所涉及的当事人微博和有关单位的官方微博都是记者获取信息的重要渠道。由此可见，微博的媒体效应在进一步凸显，微博对新闻报道的影响也越发不可忽视。

《中国社会舆情年度报告（2011）》指出，微博是2011年舆情事件的第一大信息源，占比达20%以上，成为第一大舆论场。微博的信息源作用在公信力危机事件中表现尤为突出，据《CIC－奥美公关合作白皮书——微时代危机管理》对于2011年十大公信危机事件的统计，其中有七起原发自微博——由微博爆料或直播，并在事件发展过程中成为重要的信息源。如由以“中国红十字会商业总经理”通过身份认证的“郭美美Baby”微博炫耀奢华生活引发的“郭美美炫富门”，员工微博爆料的“故宫会所门”，官员微博直播引发的“官员微博调情”，微博首发并持续直播的“7·23甬温动车事故”等，都是通过微博首发，引发用户关注，传统媒体跟进，进而形成舆论热点。因此，不能否认微博对新闻报道生产、传播的流程已经产生了一定的影响。

对于微博与其他媒体的关系，总结起来有三点：微博是重要的新闻源，微博是采访工具，微博既是挑战又是机遇。

二　微博与新闻报道的传播特性对比分析

本文参考业界和学界对微博的定义，并综合微博的现实表现，认为微博的媒体属性是基于关注机制进行信息分享的社交网络平台，这个社交网络是人类社会交往的一个虚拟平台，这里所传递和分享的信息也就是传播学中所指的社会信息，即除人的生物和生理信息以外的与人类社会活动有关的一切信息，有公共信息也有个人交流。①

新闻媒体是专业化的媒介组织，运用先进的传播技术和产业化的手段，以社会上一般大众或者是面向特定的受众群体而进行大规模的信息生产和传

① 郭庆光：《传播学教程》，中国人民大学出版社，1999，第4页。

播活动。①

二者的行为主体，一个是自由分散的网民，一个是专业化的组织；行为目的上，一个以分享交流为目的，另一个则是为了满足受众的信息需求；行为发生过程上，一个可以通过 www 网、wap 网、手机短信彩信以及各种移动工具上的微博终端发布，一个则需要特定的终端和权限。因此，虽然二者在最终结果上都是为用户或受众提供了信息，但媒体属性上却有显著区别，本文对二者的传播特点作了分析（见表 1）。

表 1　新闻与微博传播特点比较

项目	新　闻	微　博
传播主体	专业的媒体组织	自由、分散的网民居多
传播文本	一般较为单一，完整叙事，深度和逻辑性要求较高	140 字以内，多媒体文本，碎片式表达
传播立场	相对理性、全面、客观	个人化、情绪化表达是传播的重要动力
传播目的	满足目标受众的信息需求	信息的分享、交流
传播过程	程序化的采写发稿	直接上传，简便快捷
监管力度	较为完备的审核、监管程序	监管困难，事后责任追惩
传播速度	通常以小时、天、周为单位	可以以分、秒计算
反馈途径	渠道不畅，互动少，不及时	交互性强，无中间环节，可实现直接、及时交流
二次传播	一般为线性传播，影响力小	病毒式多对多推送，扩散速度快，意见领袖影响力大

如上所述，在传播主体、文本、发布终端和传播过程上的差异，使得信息在微博上的发布和传播更为容易，“人人都是信息的发布者，都能成为新闻源”；微博在传播速度和二次传播中的特点，加上情绪化的表达方式和监管上的放松，一方面使它在吸引关注、制造舆论热点方面更占优势，另一方面也为虚价信息、恶作剧、谣言的快速传播提供了温床。

新闻报道是由专业化的媒介组织进行的，有固定的发布流程、严格的监管制度，这些使它在传播速度和内容广度上失去先机，另外也使其所传递的信息质量更有保障。

因此，从传播特点上分析，微博对新闻媒体是挑战也是机遇。

---

① 郭庆光：《传播学教程》，中国人民大学出版社，1999，第 111 页。

三　微博对新闻报道的影响

1. 微博引导舆论，削弱新闻报道的议程设置功能

议程设置理论最早由 M. E. 麦克姆斯和 D. L. 肖阐述，核心观点是大众传播媒介在一段时间内对某一话题的反复报道，会强化该话题在公众心目中的重要程度，进而使之成为社会舆论的热点议题。需要指出的是，议程设置功能的实现需要作为整体的大众传媒集团在较长的时间跨度里的一系列报道才能引起足够的注意。① 所以说以往我们对社会热点话题的感知，主要是大众传媒作为把关人作出的集体选择。

微博是一个基于“关注”机制建立起的社交网络平台，依靠名人吸引用户注册是几大微博网站一直倚重的重要策略，这也造就了不少姚晨这样的“微博女王”，粉丝动辄以百万甚至千万计数，这些粉丝不只阅读微博并且乐于转发，使知名博主的观点以病毒裂变的速度迅速遍及整个网络，形成舆论热点。而这种传播速度是传统媒体望尘莫及的。因此在用户达到一定规模后，微博在议程设置上的优势开始显现，如表 2 所示，2011 年十大公信危机事件有七起自微博发起。

表 2　2011 年十大公信危机事件

事件	爆发时间	微博在事件中的作用	微博排名	媒体排名
※郭美美炫富门	6 月	认证微博炫富被爆料引发	1	2
小悦悦事件	11 月	扩大传播,持续热议	2	6
※“7·23”甬温线事故	7 月	微博首发,持续直播	3	1
甘肃幼儿园校车车祸	11 月	扩大传播,持续热议	4	3
※上海地铁追尾	9 月	微博首发,持续直播	5	7
※北京 PM2.5 事件	12 月	微博持续爆料引发	6	9
※官员微博直播调情	6 月	由官员微博直播引发	7	8
※故宫失窃门/会所门等	5 月	由员工微博爆料引发	8	5
门户网站密码泄密事件	12 月	扩大传播,持续热议	9	4
※会理悬浮门	7 月	微博图片爆料引发	10	10

注：有※的事件是由微博引发的。

资料来源：CIC，奥美公关（2012 年 2 月）：《CIC－奥美公关合作白皮书——微时代危机管理》。

---

① 郭庆光：《传播学教程》，中国人民大学出版社，1999，第 214～215 页。

这些事件通常是由微博引发，但需要借力新闻媒体才产生了预期的社会效果。以网络名人罗永浩砸西门子冰箱事件为例，2011 年 9 月 27 日，罗永浩在拥有 160 多万粉丝的微博“@罗永浩可爱多”抱怨西门子冰箱门关不严，随后被转发 3000 多次，并有近 500 个 ID 留言反映自家冰箱也存在类似问题。两天后，西门子家电通过官方微博公开表态，但缺乏诚意，被转发 7000 多次，评论达 3700 多条，绝大多数为批评意见。之后，该事件成为网络热点话题，罗永浩拍摄的西门子冰箱关门会弹开的视频被转发了近 7000 次，评论也达到了 2000 多次，在优酷上这个视频的点击超过了 17 万次。

虽然该事件在网络备受关注，但是经过近两个月的斡旋，消费者所反映的质量问题并没有得到西门子公司的认真对待。罗永浩在 2011 年 11 月 20 日进行了砸冰箱维权，并事先通知新闻媒体。事件进入媒体大规模报道阶段，相关新闻从中国的市场环境、政策制度等分析外资品牌对待中国市场的态度和背后的原因，对西门子和相关部门施压，西门子开始正视此问题。

微博利用其无与伦比的传播速度使事件得到广泛讨论，而这种论述通常会局限于一个范围，要想进行更深层次的探讨、背后根源的追踪以至对现实产生作用，还需要其他媒体的介入，尤其是大众传媒。大众传媒在加强对微博热点话题关注的同时，要发挥其在专业领域的优势，力求以客观、权威和深度立足。

2. 微博抢占先机，成为新闻报道的重要信息源

微博在两年的时间里已经发展成为互联网最热门的应用，用户数近 2.5 亿户，按照第六次人口普查数据全国人口 13.7 亿计算，每 5.5 个人中就有一个微博用户，这使微博有了最为庞大的“记者”队伍。加之收发的便利性，已使微博成为网民收发信息的首选载体之一，尤其是在突发事件中，微博发声之快使专业的新闻媒体望尘莫及。7 月 23 日甬温线动车相撞的消息是在事故发生 4 分钟后通过车厢内乘客“袁小芫”的微博传出的：“D301 在温州出事了，突然紧急停车了，有很强烈的撞击。还撞了两次！全部停电了!!! 我在最后一节车厢。保佑没事!! 现在太恐怖了!!”之后的很多求助、获救信息也都是最早从微博发出来的，成为新闻报道重要的信息源。

不过由于微博缺少把关人的环节，“人人都是信息发布者”在一定程度上为虚假信息和谣言的产生提供了便利条件。突发事件中人们的精神处于高度敏感状态，缺乏对信息的分辨能力，“3·11”日本地震后的“抢盐风潮”就反映了微博对虚假信息的快速扩散和民众心理的脆弱和恐慌。① 此时，新闻媒体应该发挥其优势，尽早识别谣言，及时报道真相，既尽到媒体的社会责任，又提高自身的权威性。

3. 微博成为新闻报道的信息突破口

在甬温动车事故、郭美美事件、宜黄拆迁等事件中对于事故责任的质疑、慈善体制的考问、权力部门的监督，正是由于微博的信息披露，突破了媒体监管，使这些在以往的媒体环境中很难实现的媒体监督得以实现。

据新浪微博 2012 年 2 月公布的官方统计数据，目前新浪微博用户每日发布量超过 1 亿条②。如此庞大的数量给监管造成了困难，以往对博客和 BBS 等自媒体平台的先发后审、先审后发在微博管控中都无法实现了，而关键词拦截在新事件出现前也很难做到准确预测，因此使很多爆料性的信息都能首先出现在微博上，并迅速引起大量关注和转发，成为舆论热点，新闻媒体的介入也就顺理成章了。

四　微博与新闻媒体共生共赢

微博作为一种新兴媒体，对专业新闻媒体的影响与网络新闻当初对传统媒体的冲击相似，由于其所具有的传递信息的特性和用户习惯的改变，在初兴阶段作为进入者对原来的信息环境产生了影响，尤其是给以信息为主要营生的新闻媒体带来了挑战。目前，新闻媒体应该找准定位，与微博相互借力，优势互补，谋求发展。

新闻媒体要充分利用微博平台，积极经营媒体和编辑记者的微博。一方面可以追踪社会热点，寻找信息来源，同时注意核实，在深度和理性上发挥自己的优势；另一方面加强了与受众的互动交流，改变缺乏反馈渠道的状态，又能利用自身的信息优势，担当起网络中的“意见领袖”，提高媒体知名度。

知名媒体和媒体人的入驻也为微博网站吸引了用户。以胡舒立为例，她以财

① 刘伟、赵雪梅：《突发事件的微博传播——以玉树地震和甬温线特大事故为例》，《新闻爱好者》2012 年第 1 期。

② 周文林（2012 年 2 月 29 日）：《新浪微博注册用户突破 3 亿每日发博量超过 1 亿条》http：//news. xinhuanet. com/tech/2012 - 02/29/c_ 122769084. htm。

新传媒总发行人兼总编辑的身份在腾讯微博认证，发表了1000多条微博，以财经类的前沿消息、国际会议的最新情况、高端人物的访谈内容以及财新传媒的最新报道为主，信息含金量高，吸引了不少关注财经领域的人士，目前其听众已超过150万，既为所在媒体进行了品牌营销，也为腾讯微博吸引了用户。

因此，本文认为微博在给新闻媒体带来冲击的同时也带来了机遇，要不断探索二者互利共赢之道，发挥各自的优势，令二者相得益彰。

How the Micro-blogging Impacts News Report and How to Be Win-win

Zhou Shilu Wang Wenbo

Abstract: The micro blog has brought an impact on news media as well as brought information dissemination revolution. Study how micro blog affects the news media with actual cases basing on analyzing the communication characteristics of them, and seek the win-win way.

Key Words: Micro Blog; News Report; Communication Characteristics

B.6

社会化媒体：网络时代的关键转折

彭　兰*

摘　要：社会化媒体应用已成为目前互联网发展的核心。但对于社会化媒体的认识，不应局限于各种具体的应用层面，而应把它作为网络传播模式变革的一个转折点。社会化媒体是基于用户社会关系的内容生产与交换平台。它的核心是人们的关系的聚合。社会化媒体对于传媒业的影响是多元的：从信息的生产角度看，它将推动UGC与专业媒体平分秋色；从信息的消费角度看，它将带来个人门户的兴起与大众门户的式微。

关键词：社会化媒体　UGC　社会网络　意见领袖　自组织　网络传播

随着SNS、微博等在中国的普及，“社会化媒体”一词逐渐进入人们的视野，社会化媒体应用也已成为目前互联网发展的核心。但对于社会化媒体的认识，不应局限于各种具体的应用层面，而应把它作为网络传播模式变革的一个转折点。应该在社会化媒体时代这个大的背景下，来认识网络传播以及整个传媒业正在发生的剧烈变化。

一　从门户时代到社会化媒体时代

尽管社会化媒体（Social Media）已经成为今天炙手可热的一个词，但究竟什么是社会化媒体，无论是业界还是研究界，都没有达成共识。

---

* 彭兰，中国人民大学新闻学院教授、博士生导师，中国人民大学新闻与社会发展研究中心研究员，新媒体研究所所长。本文为国家社科基金特别委托项目“三网融合相关问题研究”（项目编号：10@zh002）研究成果。

对于社会化媒体这样的网络事物，也许来自社会化媒体平台的表述更富于意味。

维基百科英文版中对 Social Media 的定义包含三个层次：[①] ①它是基于互联网或移动通信的应用，它将传播变成一种互动的对话。②它是建立在 Web 2.0 的思想与技术基础上的网络应用，它促成了 UGC（用户生产的内容，User Generated Content）的生产与交换。③社会化媒体是社会性互动（social interaction）的媒介，而社会性互动是社会性传播（social communication）的一个超集[②]。借助随时随地联网且可扩展的通信技术，社会化媒体在很大程度上改变了组织、社群以及个体几者间的沟通方式。

中文的百度百科对于社会化媒体的定义是，一种给予用户极大参与空间的新型在线媒体。[③]

其他研究者关于社会化媒体的定义，则有更多的角度。尽管各定义切入角度不同，但都强调了互动、用户参与和用户生产，并强调了与传统大众传播模式的不同——在维基百科英文版的定义中，主要将“互动”与“传播”这一概念相比较，但从语境上看，之中所指的传播，更多的是大众传播。

Media 既可以译作“媒体”，又可以译作“媒介”，但大多数时候，人们都用的是“社会化媒体”这个表达。在中文中，媒体一词更多的是与大众传播相联系。将 Social Media 称为社会化媒体，也许是一种下意识的习惯，这种下意识说明，我们看重的是这样一种新的传播模式的大众传播效应，尽管社会化媒体的意义绝不限于大众传播。

从目前社会化媒体的传播特点来看，也许我们可以把社会化媒体定义为“基于用户社会关系的内容生产与交换平台”。

对于互联网上哪些应用算作社会化媒体，人们的认识也同样存在着分歧。

在国内，有些研究者总结过社会化媒体覆盖的应用范围，并概括出了社会化媒体的全景图，例如研究机构 CIC 从 2008 年到 2012 年先后发布了四个版本，其 2012 年的最新版本[④]中，被列为社会化媒体应用的有：微博、社交网站（SNS）、

① http://en.wikipedia.org/wiki/Social_media.

② 超集（superset）是集合中的一个概念，在此处，意指社会性互动比社会性传播涉及面更广。

③ http://baike.baidu.com/view/1349672.htm.

④ http://www.seeisee.com/index.php/2012/02/27/p4871.

即时通信、电子商务、视频 & 音乐、论坛、消费评论、分类信息、签到与位置服务（LBS）、社会化电子商务、社交游戏、社会化内容聚合、文档分享、博客、在线百科、在线问答、在线旅游、移动/弹性社交、婚恋交友网络、轻博客、商务社交、企业社交、私密社交等。

论坛、游戏、即时通信、博客、视频分享、问答、维基、SNS、微博、LBS 等作为社会化媒体应用，基本能达成共识，但是电子商务等能否算社会化媒体，却存在一定争议。

笔者认为，无论未来还会出现什么样的新的网络应用形式，抓住社会化媒体的特点，就能对哪些应用属于社会化媒体作出明确判断。

社会化媒体的主要特征有如下两个方面：

一是内容生产与社交的结合。也就是说，社会关系与内容生产两者间是相互融合在一起的，社会关系的需求促进了社会化媒体平台上的内容生产，反过来，这些平台上的内容也成为联结人们关系的纽带。这些内容并非全都具有公共价值，但社会化媒体平台的传播机制可以很快地在无数的信息碎片中将有公共价值的内容筛选出来。

二是社会化媒体平台上的主角是用户，而不是网站的运营者。

从这两个特点来看，电子商务网站大多也符合社会化媒体的特点。尽管商品的基本信息是由网站提供的，但是，有关商品的评论是由用户生产的，而这些评论，不仅促成了购买行为，也成为用户间关系的纽带。而那些不能成功地将电子商务平台营造成社会化媒体平台的经营者，也往往很难成为成功的电子商务经营者。

换一个角度看，今天互联网上的应用，除了各类基于 Web 模式的门户网站和搜索引擎外，其他几乎所有的应用都或多或少具有社会化媒体的属性。

尽管社会化媒体的应用在互联网 1.0 时代已经出现，但在 1.0 时代，整个互联网是以门户网站为核心的。门户模式是对传统大众传播模式的沿袭，在某种意义上，与网络本身的特性是相违背的，门户时代只能算是网络传播的热身阶段。

而今天的 Web 2.0 时代，互联网的重心正在转向社会化媒体。也可以说，互联网关键的变革之一，便在于从门户时代转向社会化媒体时代。社会化媒体真正代表了网络传播对传统大众传播的冲击。

二　关系的聚合——社会化媒体的核心

社会化媒体（Social Media）一词，也常常被译为社交媒体。虽然从英文原义来说，“social”一词的确有“社交”的含义，社会化媒体最早也是强调其社交属性，但是当社会化媒体发展到今天时，我们有必要在更广的视角下来认识“social”一词。

社交在很大程度上强调的是个体与个体间的交往，因此，“社交媒体”这个词更强调的是相关应用在个体的社会关系拓展层面的个别意义。但今天人们对社会化媒体的重视，更多的是因为其在公共信息传播与社会事务中的价值。在“social”后加上“媒体”一词，也表明了这种取向。

社会化媒体的社会价值，并不简单取决于个体间的交往或关系，它更多的是建立在人们的关系的聚合这一基础之上，也就是人们的小社交圈子相互联结，最终组成一个大的社会网络。“社会化媒体”中的“社会化”，其实质在于关系的聚合。正是这种聚合，使得每一个个体更加“社会化”，从而对社会的作用能力加强。如果个体只是在封闭的小圈子中进行社交，他们的言行很难产生广泛的社会效应。

而这种社会化，又是这些平台成为媒体的基础。因为人们的社交活动与社会化需求，推动了内容生产和信息流动，也使得其中具有公共价值的内容最终产生大众传播的效果。

从上述角度看，将“Social Media”译为“社会化媒体”，也许能更好地反映这样一种新的传播模式的长远影响。

但“社交媒体”一词，也并非完全失去它的价值。社交强调人际交往，而“媒体”一词偏向大众传播。这两个看似对立的词放在一起，便传达了一种新的思维：将大众传播建立在人际传播基础架构上。在大众传播媒介出现之前，信息的广而告之的确是靠人际传播的接力，但是大众传播如此发达的今天，我们要再次将大众传播的渠道建立在人际传播网络之上，这既是一个有意思的回归，又是大众传播的一次飞跃。

也有个别研究者将社会化媒体与社交网络混为一谈，这就是一个理解上的偏差了。社交网络是SNS（Social Network Service）的中文简称，有时也被称为社交网站。它只是社会化媒体中的一种。

三　社会化媒体的不同偏向

尽管所有社会化媒体应用都有一些共同特点，但不同的应用，还是会有不同的偏向，这些偏向，既可能源于技术本身的特质，也可能源于商业的动机，或者是用户的选择。理解它们各自的偏向，有助于我们认识社会化媒体的多元性与丰富性，在此基础上更好地理解社会化媒体与传统大众传播模式的差异。

1. “社交偏向”与“媒体偏向”

社会化媒体同时兼有社交与媒体的双重属性，因此，偏社交还是偏媒体，就成为区分不同社会化媒体应用的一个依据，也体现了社会化媒体平台发展的不同思路。

一般来说，人们会认为，即时通信、SNS 等是偏社交的，而博客、微博是偏媒体的。但事实上，一种应用并非只能有一种偏向。在微博平台上，这更为明显。例如，新浪微博是偏媒体的，而腾讯微博却更偏社交。

社会化媒体可以有不同的偏向，但无论最终表现哪个方向的偏向，社交与媒体二者的逻辑关系却是清楚的：社交及社会关系是基础，而媒体的功能是建立在这个基础上的。如果认为偏媒体的是以媒体属性为基础，再将社交嫁接在这个之上，那么这仍然是传统媒体时代的思维。在这种思维之下，恐怕难以真正理解与运用好社会化媒体。

即使是新浪微博这样公认的具有媒体偏向的平台，它的传播机制也是人际关系网络，无论是社交功能相对较弱的早期，还是强化了社交功能的当下。新浪微博改版的重点是增强点对点的交流的功能（如在线聊天），但这是为了产生更大的关系聚合能力，以便在此基础上形成更强的媒体功能。也就是说，它要把媒体功能的强化建立在更稳固的社交平台基础之上。没有社交平台这个“皮”，有再多的媒体优势之“毛”，都无附着之处。

因此，偏向媒体还是偏向社交，只是一种商业定位策略。无论哪种偏向，都需要深入认识社会关系在内容生产中的重要作用。

2. “以人为节点”与“以内容为节点”

从另一个角度说，社会化媒体是一种人与内容的关系的复合，这里面又包含三种关系：人与人的关系、人与内容的关系、内容与内容的关系。

这三种关系在网络传播的1.0时代自然也存在，但大多数情况下，网站建设的出发点是先建立内容与内容的关系——内容之间通过超链接进行关联，从而组成一个有序的内容集合，吸引人们的注意力，在这个基础上形成人与内容的关系。在这个基础上，网站建立社区（如新闻跟帖，当然这种情况下，社会化媒体已经现身），使人们可以针对内容进行互动，从而产生人与人的关系。因此，在网络传播的1.0时代，门户网站是核心，社会化媒体多是其衍生物。门户网站的内容是网络中关键的节点，并且内容节点间的关系是相对静态的，是由网站编辑所决定的。

但社会化媒体的应用大多是以人为节点。首先建立关系网络，在此基础上实现内容的生产与流动。人们以自己的个人空间为核心，以社会关系为渠道，来进行内容的双向交换。即时通信、博客、SNS、微博等都是这样的代表。

当然，也有一些社会化媒体应用是以内容为节点，人们的社会关系是借内容连接起来。如大众点评等点评类网站、豆瓣、维基、社会化书签、电子商务网站等。但这些网站与传统的门户网站不同的是，内容的成长与人们的社会关系的成长是同步的，人的关系会不断改变内容间的关系。

从这个角度看，社会化媒体与传统的门户网站有两个区别。其一，门户网站的内容是一种简单的消费对象，而社会化媒体中的内容是人的社会关系发展的润滑剂与助推力。其二，门户网站之中的内容关联是超链接所带来的机械关联，而社会化媒体中的内容关联是由用户穿针引线形成的意义关联。

3. “差序平台”与“平权平台”

社会化媒体往往被看成是对平民的一次赋权，平民有了这些应用方式，就有了话语权。但这种赋权只是赋予了一种“权利”。从“权力”的角度看，社会化媒体平台上并非永远是人人平等。

有些平台上话语权的差异非常明显，甚至可能比现实空间还要突出，例如博客、微博平台。那些拥有比普通人更强大的话语权的意见领袖，成为这些平台的权力中心，人们理想中的所谓去中心化，只是一个去除某些专业媒体的中心地位而赋予某些个体中心地位的“再中心化”过程。

但也有些平台上，人们的话语权力相对平等，例如即时通信、维基等。

差序的还是平权的平台，取决于平台的技术与人为规则，但更多地取决于人们的现实关系。差序的平台，在很大程度上是现实空间话语权力落差的一种反映。

4. “封闭结构”与“开放结构”

尽管互联网早期就出现的论坛也可以看做是社会化媒体应用，但它与今天的很多社会化媒体应用还是有较大的不同。因为从用户的交流结构来说，它是相对封闭的。人们在一个个边界清晰的封闭圈子里以话题为中心进行交流，这样一种画地为牢的模式，给人们的社会关系的拓展，带来较大的限制。类似的情况也出现在博客这样的应用中。

但SNS、微博等并没有营造出一个个封闭的社区，而是造就了一个个以个体为中心的社会网络的集合，每一个个体都可以根据自己的需要来构建自己的社会网络。这样一种开放结构为个体的社会关系发展提供了更多可能，哪怕其中多数关系只是“弱关系”。在某些目标的驱动下，一些“弱关系”也可能发展成“强关系”。这为个体的社会资本的获得提供了更多的可能性。

从社会化媒体的发展线索来看，封闭结构发展为开放结构，是一种趋势。例如微博普及之后，博客平台也在借鉴其思路，使自己的结构变得更为开放。即使未来仍将有封闭结构的应用存在，它们也会通过与开放结构平台的关联，使自己获得更多的延展空间。

四　社会化媒体的三种传播机制

上述几个角度的分析，实际上都涉及社会化媒体的传播机制，尽管社会化媒体的传播机制还有待我们不断深入认识，但从目前看，如下几种机制的作用已经非常明显。

（一）社会网络的过滤机制——公共信息的凸显与个性化的满足

与门户时代点对面的传播模式不同，社会化媒体平台上，信息的传播更多的是以个人的关系网络（或者说社会网络）为渠道的。人际关系网络不仅承载着人际传播的功能，也承载着群体传播、组织传播和大众传播的功能，其中大众传播的功能尤为突出。

看上去，人际关系网络中并没有传统大众传播机构中的“把关人”，但是，它也存在着一种内在的“把关”。这种把关可以从两个方面体现出来。

其一，具有公共价值的信息的凸显，依靠的是平台上所有用户的“投票”。人们选择发什么或不发什么，评论什么或不评论什么，就是一种基于鼠标与键盘的投票。这种投票不仅直接关系着对信息价值的评判，也直接影响着信息传播的广度与深度。

其二，对于用户个体来说，自己的社会关系圈子，成为了自我定制的信息源，这些信息源成为信息个性化的重要保障。

（二）意见领袖的“权力”机制——社会化媒体议程的民间设置

社会化媒体中存在着复杂的多极传播，在这个传播过程，意见领袖明显存在且作用强大。整体上看，社会化媒体平台中的意见领袖是信息流向与流量的控制者，也是意见走向的引导者，他们是社会化媒体中的“话语权力”中心，在较大程度上对于社会化媒体的议程设置起着主导作用。

如果按照议程设置理论及后来的研究成果，意见领袖影响的不仅是议程设置的第一层级，还涉及议程设置的第二级层次。① 当然，他们代表的是社会化媒体上议程的民间设置而非官方设置。这种设置能力是缘于意见领袖所扮演的下列角色。

强势内容源。一些意见领袖凭借自己独特的资源优势，向人们提供独家的或高质量的信息、知识、见解等。他们作为有分量的内容源，被人们推向“高处”。在“马太效应”的作用下，他们的强势地位得以不断巩固。

信号放大器。有些意见领袖自身原创的内容并不多，也较少发表意见，他们主要是通过转发的方式，促进了一些信息的广泛传播，提高了这些信息的传播效果。

流向调节阀。意见领袖不仅影响到信息传播的强度，也可以影响信息流动的方向。他们的关注（相当于打开阀门）或不关注（相当于关闭阀门），在一定程度上影响着他们的追随者所获得的信息的范围，因此，他们是社会化媒体平台上

---

① 议程设置的第一个层次（Agenda Setting，Level 1），指媒体能影响某些议题或对象（objects）的显著性，而议程设置的第二个层次（Agenda Setting，Level 2），则指媒体影响这些对象的某些属性（attributes）的显著性。参见 David Weaver，Maxwell McCombs，Donald L. Shaw：Agenda-Setting Research：Issues，Attributes，and Influence，pp. 257 – 259，Handbook of Political Communication Research，Lynda Lee Kaid。

信息流向的调节阀。

意见气候营造者。意见领袖对于社会化媒体平台上的意见的形成与传播，作用也是明显的。这不仅因为他们的个人意见更容易影响到相当规模的网民，还因为他们可以凭借自己对于信息流向与流量的控制，在他们周围形成一个强势的“意见气候”，使那些持不同意见的网民逐渐“沉默”下去。

当然，并非所有意见领袖都一定会扮演上述所有的角色。由于个人背景和资源优势的差异，他们起的作用也可能不尽相同。

社会化媒体的议程设置也会受到如政府、平台运营商等其他力量的干预。另外，正如前文所分析，并非在所有的社会化媒体平台上都有非常明显的权力落差。但是如果从整个社会化媒体时代来看，意见领袖所扮演的角色及其影响，将是长远的。

（三）“自组织”的协同机制——社会化媒体自我修正与进化的基础

从系统论的观点来说，“自组织”是指一个系统在内在机制的驱动下，自行从简单向复杂、从粗糙向细致方向发展，不断地提高自身的复杂度和精细度的过程。

自组织存在于自然界和人类社会的各个层面。人类社会的形成与发展，就是一个典型的自组织的进化过程。网络是一个新型的社会系统，社会化媒体也是如此，它们的发展，会在一定意义上反映着人类社会进化的规律。在社会化媒体中，无论是常态的自组织（如稳定的论坛）还是应急性的自组织（如一次人肉搜索的网民协作），都已经出现，而且将不断发展。

自组织的视角，可以让我们对于社会化媒体中出现的混沌现象及其可能的走向有一个新的认识思路。

社会化媒体赋予了每个人发布信息的权利，因此，信息质量良莠不齐的现象难以避免，谣言现象也必然与社会化媒体相生相伴。但这个平台对于谣言并非完全束手无策，网民自发形成的协同工作，可以在一定程度上完成对谣言的辨识与纠正。当然，自组织机制不可能解决一切问题，但是，从近两年微博中的一些辟谣事件来看，网民的内部协作的力量，是不容小视的。

五　社会化媒体如何改变传媒业

社会化媒体时代的全面到来，是传统媒体真正的危机时代的一个开始。社会化媒体对于传媒业的影响是多方位的，但以下两个方面的挑战更为突出。

（一）信息生产模式——UGC与专业媒体平分秋色

社会化媒体是UGC的平台，社会化媒体时代，UGC的力量必然不断上升，最终与专业媒体相抗衡。这将使得未来传媒业的生产模式发生质的变化。

尽管很多研究者与从业者对UGC的碎片化持否定态度，但在某种意义上，网民带来的碎片化的信息，是对由大众媒体垄断带来的信息不平衡状态的一种补充。它们之间也存在着相互参照、相互校正的可能。虽然每个网民只是提供一些零散的“碎片”，但是，当那些关键的碎片拼贴在一起时，当它们与专业媒体所提供的图景组合在一起时，最终呈现的景象，会比仅仅由专业媒体所描绘的景象要更为丰富、立体、真实。

在这样一个形势下，专业媒体需要重新定义自己的“专业优势”，才能找到与UGC平分秋色的理由。

（二）信息消费模式——个人门户兴起、大众门户式微

除了推动UGC、公民新闻的力量不断强大外，社会化媒体还将从另一个方向对专业媒体形成挑战，那就是“个人门户”对人们信息消费模式的影响。

各种新技术的发展使得越来越多的网民有可能以某一个社会化媒体平台（如SNS或微博等）上的“首页”作为自己的“个人门户”，将自己所需要的各种信息、服务嵌入这种个人门户中。这个个人门户既是他们与外界进行双向信息交换的“窗口”，也是他们构建自己社会关系的平台，甚至还可能是网络化生活与工作的基点。每个人获得的信息，都是由其社会关系决定的，因此也是个性化的。一旦这种个人门户形成，他们对于门户网站（特别是其首页）的直接访问会逐渐减少，这也就意味互联网1.0时代的大众门户将逐渐式微。

这样一种以个人门户为中心、以个人的社会网络为传播渠道的传播模式，也不仅是信息消费的模式，它同样会成为一种信息生产的基础模式。它首先将在网络和手机等新媒体平台上实现，但随着媒介融合的深化，这一模式将会影响到整个传媒业。

Social Media: A Key Change in the Internet Era

Peng Lan

Abstract: The development of Internet at present is focusing on the social media applications. One of the most important contributions of social media is its leading to the change of information distribution model. The social media brings people together and makes social relationship a key factor in content generating and transforming. The collaboration of users as a self-organization contributes to the self-revising and evolution of social media. In the new time of social media, UGC will become a strong challenger to the professional generated content, and social media platform may become a personal portal of user on the internet, which may be a threat to the traditonal portal sites.

Key Words: Social Media; UGC; Social Network; Opinion Leader; Self-organization; Internet Communication

B.7

世界政治中的社交媒体与数字行为主义

王 文*

摘　要： 近年来，社交媒体已成为世界成长最快的媒体新种类，对现实世界的政治、社会、经济、外交和军事等产生巨大的影响。最初，各国学术界对社交媒体的积极影响大加赞赏，但随着2011年中东、欧美、俄罗斯等多国发生游行示威，甚至推翻政权的事件发生，人们开始认识到社交媒体的政治及其潜藏在背后的数字行为主义逻辑。本文从2012年世界反思社交媒体的政治冲击开始谈起，分析这些反思的相关内容，并对数字行为主义在中国的意义与趋势提出个人的建议。

关键词： 社交媒体　数字行为主义　世界政治

据著名网络公司comScore发布的《2011年世界社交媒体报告》，全世界网民中有82%（大概12亿用户）在使用社交媒体（又称“社交网络”），是全球范围内用户参与度最高的网络内容分类。用户花在互联网上所有时间的19%在使用社交媒体，几乎每5分钟就要在社交网络中花上1分钟。如此高的使用效率，使基于Web 2.0技术之上的社交媒体在几年间迅速壮大。①

无论是在美国的Facebook、Twitter，还是中国的微博，社交媒体都是成长最快的媒体新种类。这种迅猛成长不仅实质性地改变了互联网虚拟世界的运行规律

---

* 王文，《环球时报》编委，北京大学国际关系学院博士生，兼任首都经济贸易大学人文学院客座教授、中国社会科学院世界社会主义研究中心特约研究员。

① 所谓Web 2.0技术是相对于Web 1.0而言的。Web 1.0的主要特点在于用户只能通过互联网浏览、获取信息，而Web 2.0则更注重用户交流与互动，用户既是互联网内容的浏览者，也是互联网内容的制造者、服务的提供者、信息的传播者、行为的创新者。换句话说，前Web 2.0时代，公司或其他机构是互联网世界的主体，而Web 2.0则使个人成为互联网世界的真正核心。在互联网界，Web 2.0已被公认是“真正的网络革命”，代表着未来。

与组成结构，同样也在深刻影响着现实世界中的政治、社会、经济、军事等方方面面的运作。[①] 最初，各国学术界对社交媒体的积极作用大加赞赏，但随着多国内部的各类突发事件与社交媒体的关联性慢慢被发现，人们开始反思社交媒体对政治的冲击力，并试图挖掘其中的行为主义规律及其解决之道。

一 2012 年：社交媒体进入政治反思期

2011 年接连在世界各地发生的“阿拉伯之春”（颠覆了中东、北非多国政权的民众抗议运动）、“伦敦之夏”（在英国多地发生骚乱）、“华尔街之秋”（起于纽约的“占领”运动波及西方多个大都市）、“莫斯科之冬”（俄罗斯数起反对与支持普京的大游行），大多参与者都是社交媒体的用户。他们利用社交媒体相互鼓动、联络、沟通，寻求彼此之间的理念共识，强化群体之间的价值认知，聚合事件的政治目标，协调街头运动的步骤，最终将社交网络中的想法付诸行为与实践。

逐渐地，人们感觉到，包括推特、微博、脸谱等在内的社交媒体正在成为推动人们高效交流的全天候工具，尤其在政治参与方面，社交媒体的“推特力（Twitteryille）”、“微博力”，点燃了人们参与政治的热情，打破了过去束缚于经济、教育、地域等因素的沟通门槛，改变了政治参与人群的财富、收入、阶层的划分格局，加速了政治理念的交流、商议、串联与合作。[②] 有研究显示，71% 的微博使用者认为，微博提高了他们对政治的关注度。[③] 据皮尤互联网与美国人生活项目（Pew Internet & American Life Project）的数据，网上参与政治的活动比线下要高得多。31% 的社交媒体用户在参与活动时“带有民事或政治目的”，大约有 10% 的网民使用社交媒体进行相关的政治活动，15% 的网民在社交媒体上发

① 关于社交媒体影响力研究的代表作，可参见 Jennifer Aaker & Andy Smith, *The Dragonfly Effect: quick, effective and powerful ways to use social media to drive social change*, San Francisco: Jossey-Bass, 2010; Malcolm Gladwell, Analysis and Innovation: Small Change, *The New Yorker*, Oct. 4, 2010; Alexander Howard, “In Social Media and Politics, Engagement and Influence Trumps Follower Count”, *The Huffington Post*, Mar. 11, 2011; Clay Shirky, “The Political Power of Social Media: Technology, the Public Sphere, and Political Change”, *Foreign Affairs*, January/February, 2011。

② 谢尔·以色列：《微博力》，中国人民大学出版社，2010。

③ 王文：《微博时代，主流意识形态要有所作为》，《求是·红旗文稿》2011 年第 12 期。

表关于政治话题或相关的评论。这个比例在青年网民中更高，34%的青年网民在使用社交网络时带有政治目的，并发布政治内容。①

由此看，在世界各国，社交媒体正在引领一场巨大的“网络问政”革命。如果说过去的网络监督只是从点到面的话语批判，有相当程度的虚拟成分，那么社交媒体所引领的就是借助 Web 2.0 功能的“人与人”之间的行为沟通，使互联网里的话语很容易转化为行动，进而使互联网“去虚拟化”，转变为一个真实世界。一方面，它扩大了民意传播，开放了各国的政务，拓展了政府与民众的沟通渠道，对各国政策制定与官员失责形成了新型的监督与舆论压力，② 推动了许多国家的政治正义，以至在整个世界范围内，政治事态、社会运行、经济交往进入一个参与平民化、权力扁平化的“世界政治 2.0 时代”。③ 另一方面，社交媒体也在加快世界政治运动的节奏与频率。在社交媒体的影响下，原本交易成本高昂的政治参与和社会抗议变得更加快捷、方便和高效，普通个人的信息传播、集会号召、政治动员力量大大增加，政治不确定性的概率急剧提升，激进化的社会活动逐渐增多，甚至跨越了国境线，对外交、国家安全的冲击也凸现出来。在国际关系层面，行为主体、行为空间都在悄然发生拓展，以致使“国际关系”（inter-national relations）变成了“国际网系”（inter-netional relations），在理论与逻辑上也出现了微调。④

对此，除了深入研究社交媒体对世界政治的积极影响之外，西方学者开始对社交媒体暴露的“数字行为主义”进行了密集的反思。尤其是进入 2012 年以来，学理反思与争论的声音越来越多。

2012 年 2 月 23 日，英国皇家国际问题研究所召开了题为“超越界限：全球化世界中的数字行为主义”的研讨会，一致认为在社交网络技术不断发展的带动下，一股以数字平台为媒介的“行为主义”浪潮成为各国领导者面临的严峻挑战。2 月 27 日，澳大利亚战略政策研究所与美国传统基金会联合举办了主题为“社交网络和国家安全”的研讨会。该所国家安全项目主任卡尔·昂格雷尔

① Aaron Smith, Kay L. Schlozman, Sidney Verba & Henry Brady, *The Internet and Civic Engagement*, Pew Internet & American Life Project, Sep 2009.

② 周滨主编《“微博问政”与舆情应对》，人民出版社，2012，第 27 ~ 50 页。

③ 王文：《Web 2.0 时代的社交媒体与世界政治》，《外交评论》2011 年第 6 期。

④ 王文：《国际网系理论：互联网冲击国际关系理论》，2011 年 7 月 21 日《中国社会科学报》。

(Carl Ungerer) 表示，大多数在线社交网络遵循“幂律现象”（也称二八法则，指20%的人做80%的工作，或20%的人购买80%的商品），即仅有少部分网民会发布信息和进行评论，但这部分人对沉默的大多数具有潜在影响、教育和引导作用。与传统战争中抢占唯一的“高地”不同，在网络中，左右两派的声音都是必须争取的“高地”。极左力量是有效的群众动员机器，而极右力量则可用于构建虚拟队伍，达到智取敌人的目的。昂格雷尔呼吁，应明确网络上的“战略高地”定义，这有助于建立一套将社交网络应用于国家安全的制胜理论。同月，美国著名智库布鲁金斯学会约翰·桑顿中国中心和“21世纪国防计划”发表了历时一年完成的题为《网络安全与美中关系》的研究报告。报告着重强调网络威胁的快速性、扩散性与攻击性，在网络世界，“试图穿透网络的这一方比防卫的这一方更有优势”，“史上从来没有哪一种威胁可以像网络领域的威胁这样轻易地扩大其影响”，“对网络安全的忧虑已经很快地移到美中关系的前线”。①

2012年3月16日，美国佐治亚西南州立大学与美国陆军战争学院战略研究所联合举办一场主题为“视觉宣传与网络激进化”（Visall Propaganda and Online Radicalization）的研讨会。会议认为，当前恐怖分子在网络上非常活跃，网络宣传在激进化和恐怖组织招募人员中都起到关键作用。视觉在劝导和影响方面有很大的作用。同月，美国尼古拉·贝格吕昂研究所组织了一场有关“社交网络的兴起及其对管理和执政影响”的研讨会。会议中的多数专家认为，社交媒体是“颠覆性技术”，正在催生某种“进步危机”。因为社交网络的出现和共享网络的逐渐透明使得各个阶层都备受质疑。“那些能够适应这种新的透明度甚至还能加以利用的体制将是幸存者。而那些负隅顽抗并逐步失去民众信任和忠诚的政权将以失败告终。”②

据笔者的国际采访经验，类似主题的非公开探讨在世界各地还有许多。这些研讨会主题均围绕着“社交媒体与数字行为主义”的关系而展开，虽然侧重点不一样，但与会者来自于政治学界、国际关系学界、媒体界、互联网界、经济学

① Kenneth Lieberthal & Peter W. Singer, *Cybersecurity and US-China Relations*, Brookings Press, February 2012.

② 内森·加德尔斯：《社交媒介和协商民主》，西班牙，2012年3月21日《国家报》。

界、安全界、社会学界甚至哲学界，一下子使“社交媒体与数字行为主义”变成了2012年跨学科的热门话题。

二　数字行为主义及其争论

“数字行为主义”（digital activism），又可译为“数字激进主义”，该词组源于2007年创办的DigiActive. org网站。网站创始人玛丽·乔伊斯（Mary Joyce）是一位非常活跃的社会活动者。2008年，她是奥巴马总统竞选“新媒体执行计划”经理人，利用社交媒体的线下行为优势，为奥巴马成功当选，并成为第一位美国“互联网总统”立下功马汗劳。此后，她组建了“超行为主义计划”（Meta-Activism Project）组织，目的是“通过鼓励战略知识共同体，构建数字行为主义的渠道与场所”。在2008年埃及的群体抗议示威、2009年摩尔多瓦、伊朗的“推特革命”等事件上，都有该组织的影子或某种程度的关联性。①

2010年，乔伊斯主编了《数字行为主义解码》一书，开篇就提出，数字行为主义不同于那些仅活跃在互联网世界中的“互联网行为主义”（cyber activism）、“在线行为主义”（online activism）或“E－行为主义”（E-activism），而是“要在现实世界中利用数字技术进行推动社会与政治改变的斗争。这些斗争包括记者报道、博主揭发以及所有希望理解与传递最有效策略的学者、活动家、学生、热心人的参与”②。换句话，数字行为主义的思想核心不是话语，而是实践；活动领域不是互联网上的虚拟世界，而是将互联网作为工具最后作用到现实世界中。在乔伊斯看来，数字行为主义的最大悖论在于，目前还无法提供某种统一的“策略性的知识”，即在取得数字行为主义斗争成功后，是提供特殊的经验，还是一般性的理论。所以，“创造战略性的知识是多么重要。数字行为主义需要提高。今天我们看到的是前进，明天我们可能就会看到替代性的政治结构”。在该书的最后，她像是发布某种宣言那样呼吁道：“在数字世界中，个人

① “Scholars Study Global ‘Digital Activism’ with a New Kind of Online Think Tank”, July 25, 2011 http://www.geekwire.com/2011/scholars-study-global-digital-activism-kind-online-tank/.

② Mary Joyce ed., *Digital Activism Decoded: the New Mechanics of Change*, New York: IDEBATE Press, 2010, Preface.

拥有比过去更多的学习、沟通与合作能力，我们也有能力去创造数字行为主义的未来。这就是我们要创造、改变的世界。”①

尽管在数字行为主义开始流行之前，此类思想就遭到了来自美国本土的严厉批判。有学者将之视为“文化无政府主义的互联网转世”，是混乱、浪漫恐怖主义、异教、色情、艺术破坏、暗杀、烟火制造、犯罪、巫术、广告等突出特征的综合体。② 但客观地讲，数字行为主义的初衷是善意地希望发挥个人的能力，投入于改变世界与社会的努力之中。正如其另一位代表人物维基解密的主要操盘手、《“革命”将被数字化》一书作者赫尔斯·布鲁克（Heather Brooke）所说，数字行为主义是希望能“根据互联网的镜像再建政治结构，而不是再建互联网来适应现在不受欢迎的法律与领导人。我们可以创造最好的全球民主。成亿级的人们为了自己的福祉而奋斗。我们应该加入世界范围内的对话，聚合我们的力量”。③ 然而，2011 年，社交媒体的普及，用户群的剧增，激发了普通民众参与政治的热情，鼓励了越来越多人投身于大规模的集体抗议运动中，人们才恍然间意识到社交媒体不可思议的政治冲击力。

以“占领华尔街”运动为例，最初 Tumblr 微博平台在 2011 年夏季发起“我就是 99% 之一”的活动，号召人们在 9 月 17 日到华尔街游行示威，反对美国政治的权钱交易、两党政争以及社会不公正。起初 Tumblr 创始人只是号召用户提交一张自己的照片，并标明自身的经济现状。出乎意料的是，该活动一经发起就受到热烈响应，上载照片从一开始的 100 张数天之内增加到 3000 张，且仍有上百张的日均申请增量。这种极具感染力的文化大大鼓舞了人们上街抗议的勇气与决心。④ 对此次运动，有人视为是美国式“阿拉伯革命”，有人认为是社会骚乱，但可以肯定的是，利用社交媒体形成的数字行为主义，已成为冲击正常社会秩序的新因素，无论这个社会是采取何种政治制度。这成为刺激西方主流学者反思数字行为主义的现实动力。

---

① Mary Joyce ed. , *Digital Activism Decoded: the New Mechanics of Change*, pp. 209 – 216.

② Hakim Bey, *The Temporary Autonomous Zone*, *Ontological Anarchy*, *Poetic Terrorism*http: //hermetic. com/bey/taz_ cont. html.

③ Heather Brooke, *The Revolution will Be Digitised: Dispatches from the Information War*, London: William Heinemann, 2011.

④ Heather Brooke, Tome Cheshire, Ben Hammersley, *Beyond Borders: Digital Activism in A Globalized World*, Chatham House, Feb. 23, 2012.

在此之前，西方国家的精英津津乐道于利用 Facebook、Twitter 等社交媒体“推翻中东独裁专制政权”的案例，从没想过自己也会成为数字行为主义的受冲击者，但此后他们才渐渐感到社交媒体的政治冲击力是超越社会与政治制度的。因此，到底数字行为主义会带来怎样政权颠覆性的冲击，成了反思与争论的第一大话题。

在数字行为主义者看来，当前的西方民主国家必将在未来面临民众对信息专制者的反抗，主要针对政府、警察、军队及安全服务部门。由于每个人都认为自己参与其中，在关键时刻，只要登录推特或脸谱，发起一些倡议或做出一些东西，就能起到很强大的政治冲击力，甚至轻松扳倒一个政权，改变世界。这是数字行为主义者最有诱惑力、煽动力的思想。在“阿拉伯之春”的骚乱中，执政23 年的突尼斯阿里政权、执政 30 年的埃及穆巴拉克政权、执政 42 年的卡扎菲政权均被推翻，中东、北非多国社会陷入政治与社会动荡，就充分表明了数字行为主义的理念。①

对于这种观点，一些学者也提出了尖锐的批判。他们认为，互联网与数字技术的力量不应被过分“神化”，而忽略了其在现实中带来的血的代价。真正推翻原有政权的并不是政治狂热者的键盘与鼠标，而是各国民众的抗议斗争与血的代价。中东、北非各国抗议者必须走出家门，来到广场游行抗议，甚至冒着遭遇枪击的危险。这不是西方那些动手做工艺品或者纸杯蛋糕，而不必身处险境的“工艺行为主义者”们所能体会的。② 从历史的角度看，虽然各类政治活动的介质推手在变化，但真正动乱的主因还是各类社会矛盾。“社交媒体只是让这种变化来得更快一些而已。”③ 如果说社交媒体有政治影响力的话，那也更多的是正常的，比如，选举进程中的观念普及、平时政府治理中的民众沟通、推动人们了解世界政治等，这些积极作用不能被行为主义的行为掩盖。④

对社交媒体反思与争论的第二大话题是，它对国家安全的价值与作用。在各个国家，社交网络工具都在引起越来越多防务安全研究者的关注与重视，并希望

---

① 王文：《Web 2.0 时代的社交媒体与世界政治》，《外交评论》2011 年第 6 期。

② Heather Brooke，Tome Cheshire，Ben Hammersley，*Beyond Borders：Digital Activism in A Globalized World*，Chatham House，Feb. 23，2012.

③ 方世彤：《社交媒体与政治》，《商业价值》，2011 年 5 月 11 日。

④ 谢尔·以色列：《微博力》，中国人民大学出版社，2010，第 118 ~ 128 页。

在未来的国家安全与外交事务中得到更广泛应用。在这方面，美国国家安全与外交机构对社交媒体的利用最具有代表性与前瞻性。早在2009年11月2日，希拉里在摩洛哥出席的“未来论坛上”，就公开宣布开始实施“公民社会2.0”计划，即训练和帮助各地的地方性非政府组织使用社交媒体及互联网的其他技术，建立自己的成员网络和支持基础，以使他们的抗议更加有效。① 在防务与安全互动方面，美国国务院已开设600个社交媒体账户用于信息发布及公众互动。美国联邦调查局已邀请私人企业机构参与新软件研发，希望利用社交网站对未来趋势和可能存在的威胁进行预测和监控。美国联邦调查局已邀请私人企业机构参与新软件研发，希望利用社交网站对未来趋势和可能存在的威胁进行预测和监控。②

但另一方面，也有人认为，社交网络在国家安全领域的应用并非始终如一、毫无争议。一些国家机构禁止员工使用脸谱、推特或Skype等社交网站。出于对隐私安全与机密性的顾虑，相关部门仍设置了许多限制性规定。美国联邦网络管理委员会还详细列出了政府使用社交网络工具所面临的一系列障碍，主要包括制度障碍（如缺乏采用网络新工具的战略）、安全与隐私顾虑、资源与预算问题、涉及的法律问题与服务条件限制等。总之，有关社交媒体和国家安全的结合仍处在初级研究阶段，还需要通过更多的研究来了解如何利用社交媒体工具统筹战争和外交行为、满足情报工作需求等。

对社交媒体讨论最多的第三个话题是，该采取怎样的措施减少社交媒体的政治负面作用。据市场研究机构Intersperience的研究发现，Facebook、Twitter等社交媒体会让人像吸毒一样欲罢不能。53%的人表示他们在无法上网时会感到心烦意乱，又有40%的人表示在无法上网时有孤独寂寞之感。“社交媒体使人在一定程度上脱离了现实世界，沉湎于虚拟世界。”③ 美国学者安妮·明茨等在其《欺骗之网：社交媒体时代的误传和操纵》一书中指出，社交网站普遍没有足够的编辑人员对用户生成的内容进行把关，用户经常也意识不到他们与好友等分享的内容具有潜在的公共属性，质量很难受到真正的保证。美国坦普尔大学心理学教

① 东鸟：《2020：世界网络大战》，湖南人民出版社，2012，第47页。

② Carl Ungerer, *Social Media and National Security*, Australian Strategic Policy Institute, Feb. 27, 2012.

③ 《研究称社交媒体如毒品让人欲罢不能》，新华网，2011年7月26日。

授弗兰克·法利也指出，社交媒体虽然给每个人都提供了表达意见和声音的全球性平台，但人们并未因传播能力的增强而在发布信息时变得更加谨慎。解决这一问题的最佳策略，也许是让网络用户多一点“自我控制”。[①] 微软资深研究员丹纳·博伊德（Danah Boyd）也公开表示，社交网络社区具有制造恐慌的天赋，使世界变得更加可怕，“超负荷的大量信息让我们变得麻木，很难得会有东西能够突破我们的界限，吸引我们的注意力。此外，注意力经济为恐慌文化提供了成长的沃土”。[②] 她呼吁各大社交媒体应反思一下自家的服务意图是否可能被改变，从而成为传播消极信息的工具。

各国政府机构也开始研究如何治理社交媒体产生的谣言、政治鼓动等办法与措施。2011 年夏秋两季，伦敦、纽约、巴黎、柏林、费城、旧金山、悉尼等不少西方大城市，相继出现了大范围的民众游行、集会或打砸抢烧事件。几乎所有骚乱的参与者也都是社交媒体的忠实用户。这使得美、英等国政府不得不宣布，必须通过关网、切断手机信号等方式维持社会稳定。[③] 对此，美国国防部高级研究项目局自 2011 年夏天开始公开招标启动“战略通信中的社交媒体”研究计划，打算在未来三年中为此投入约 4200 万美元。这项计划旨在开发出具有创新性的技术手段，更有效对社交媒体中出现的欺骗性信息等进行监测、分类和追踪，并在深入分析之后通过有针对性的信息发布阻止谣言等传播。

尽管对社交媒体的未来发展及其治理方式，人们似乎还无法取得共识，但美国尼古拉·贝格吕昂研究所的研究成果认为，至少会经历“破坏阶段，创造阶段，民主、协商和智慧大众阶段，信息中立与货币化阶段，民族与智慧国家阶段”五个阶段。即刚开始就像从印刷品到互联网所产生的“颠覆性技术”，在产生离心的变革力量的同时，也会催生“进步危机”。然后，社交媒体在逐渐扩散实现降低信任度、瓦解权威、削弱各种制度之后进入制度重建阶段。此后，将通过各类重建、协商、调查、教育等方式，推动“懵懂大众”成为“智慧大众”，

① Anne P. Mintz, *Web of Deceit: Misinformation and Manipulation in the Age of Social Media*, New Jersey: Information Today, Inc, 2012.

② 雨暄：《社交媒体让世界变得更恐慌》，凤凰网，2012 年 3 月 12 日。http://tech.ifeng.com/internet/detail_2012_03/12/13128572_0.shtml。

③ 王文：《Web 2.0 时代的社交媒体与世界政治》，《外交评论》2011 年第 6 期。

渐渐地使推动中立、公正和高质量的信息浮现。最后，社交媒体的密集反馈循环打造出更为智慧的城市、社会与国家。①

三 “数字行为主义”在中国

虽然 Facebook、Twitter 等世界著名社交媒体未进入中国，但与其功能一致的微博、开心网等在中国发展迅猛。尤其自 2010 年以来，中国微博用户数量猛增，目前已超过 3 亿户，其中政务微博数量超过 5 万户。现在，微博甚至被认为“正在改变官方和公众话语权整体格局”。针对“微时代”、“微革命”下的政府应对，全国政协委员翟惠生明确表示：“管理得好，微博就是‘威博’，在联系政府和群众中发挥巨大威力；管理不好，微博就变成‘危博’，在政府和群众中埋下危险的种子。”② 可见，虽然在汉语语境中还从未出现过“数字行为主义”一词，但相关的探讨与考量已经展开。

由于特殊的国情，互联网在中国所承载的社会功能远高于他国，比其他沟通工具的作用也更全面。尤其是近十多年来，互联网承载着包括信息传播、情感宣泄、思想碰撞、社会批判、利益表达、民主监督、法律审判、政府治理、国际博弈等在内的各种功能，在中国的“互联网 2.0 时代”，被逐渐扩大，以至于形成超负荷承载与新制度依赖，看似虚拟的空间却助推突发性的社会分裂、政治对抗、对外冲突的局面，进而变成中国崛起“不可承受之轻”。对此，中国必须在观念、政治与国际博弈上重视“数字行为主义”在中国的现实意义与未来走向。

从观念上看，目前中国对于社交媒体政治化、激进化、现实化的重要意义还不够重视。在欧美世界，关于社交媒体的研究专著已上百本，但中国学术界对此的研究却很少，仅有的几本社交媒体的专著也都是从社会、商业、舆情的角度来分析，对其进行反思与批判的就更少了。这与目前微博中时常出现的谣言、谩骂、无序、淫秽、暴戾、狂躁、恐吓、焦灼甚至政治对抗等消极、极端与激进的现象极度不符。随着 Web 2.0 技术越来越多地赋予个人的信息传播权、政治诉求欲、行为动员力等权利，中国传统社会的纵向、等级权力结构将慢慢松绑，“横

---

① 内森·加德尔斯：《社交媒介和协商民主》，西班牙，2012 年 3 月 21 日《国家报》。

② 侯露露、张意轩：《“微时代”政府如何应对》，2012 年 3 月 7 日《人民日报》。

向、平等”的权力新结构在中国现代社会渐渐显现。这意味着政治民主化、社会公民化、权利回归化将成为难以阻挡的发展方向。① 对于世界政治 2.0 时代的这种趋势，中国既需要有远大胸怀顺应时代潮流，也需要有宏伟战略进行平稳有序的体制改革与过渡，这包括培育社会理性、创造政务透明、主动接受监督、疏导公众情绪、彰显体制宽容等，最终防止“数字行为主义”在中国重燃。

在政治上，中国各级政府、组织尤其是官员必须提升与强化“社交媒体意识”，或称“微博意识”。② 从政府治理的角度看，微博使重大、高热事件多发，与党政部门或官员相关的网上热点事件呈增长态势。据不完全统计，2011 年网络热点事件近 2600 个，其中六成多为负面，且微博越来越成为舆论话题的重要来源，“微博爆料→微博内部形成舆情热点→传统媒体跟进→网民围观→网络媒体转载→传统媒体再互动→网民及媒体深度挖掘→爆料频出→当事主体被迫回应”，已成为目前重大舆情事件的基本模式。这种社交媒体“倒逼”当事主体的模式，恰恰是“数字行为主义”的一种表现。长此以往，政府的公信力将会受到重大的打击。③ 因此，这要求党政机关、领导干部应对舆情能力必须不断提高，不断通过微博推动政务工作的公开透明。从个人使用的角度看，微博用户必须时刻注意微博碎片化与核裂变式的传播速度，慎重对待每一条原创或转发的微博，珍惜信息自主权的重要性。毕竟，目前微博中滋生的谣言真伪难辨，非理性情绪宣泄挑动着微博的舆论氛围，如何防止个人被卷入“数字行为主义”的运动，需要每一位微博用户的充分自律。2012 年 5 月 28 日，国内首个微博社区公约在新浪微博“试水”，但未来前景如何现在仍有待考量。

从国际博弈上看，中国必须充分认识到社交媒体对国家安全、外交、国防的重大意义。目前，由于体制与保守的观念，中国军事人员还无法公开使用社交媒体，外交人员对社交媒体的运用也是凤毛麟角，这有悖于当前“外交 2.0”的发展趋势。相反，包括澳大利亚前总理陆克文、伦敦市长鲍里斯·约翰逊、美国前总统小布什胞弟尼尔·布什等在内的多国政要名流都在中国开微博，加强国际沟通，传播本国文化与价值观。尤其是美国驻华大使馆，更是善于运用微博进行公

---

① 王文：《Web 2.0 时代的社交媒体与世界政治》，《外交评论》2011 年第 6 期。

② 陈剑：《要强化国民的网络主权意识》，2011 年 6 月 10 日第 14 版《环球时报》。

③ 佟力强编《2011 网络舆情及突发公共事件：危机管理经典案例》，北京互联网络信息办公室、中国传媒大学网络舆情(口碑)研究所/艾利艾咨询（IRI），内部资料，2012。

共外交，在空气质量、签证、大使形象等方面都获得其应有的对华外交效果。在这方面，中国尤其需要学习与总结，将“数字行为主义”的精神内核充分地运用到日后工作中，争取国际话语权，服务于我国的外交工作与国家软实力建设，捍卫国家利益。另外，国际政治的危机将渐渐超越政府范畴，而过渡到以“非国家为主，以国家为辅”的模式，个人、利益集团、非政府机构、跨国公司、区域共同体、极端组织都有可能会成为主导、促成或影响国际互动、摩擦甚至危机的中心力量。国外互动的空间，包括政治博弈、经济贸易，或者人文交往，从过去海、陆、空等现实三维世界向虚拟世界的四维空间扩展，所有现实世界的构成都平行移植和复制进了虚拟世界中。① 对此，中国安全、外交、国防理念也需要与时俱进，把握互联网时代变化的节奏与关键点，加强对社交媒体数字行为主义的研究与运用，化劣为优，最终推动中国崛起的可持续发展。

Social Media and Digital Activism in the World Politics

Wang Wen

Abstract: In recent years, social media has become the world's fastest growing new media types, which have a huge impact on the real world of political, social, economic, diplomatic and military, etc. Initially, the positive impact of social media greatly appreciated by the international academy, but with Middle East, Europe, Russia and other countries demonstrations in 2011, and even to overthrow the regime of the incident, people began to realize the political potential of social media infigured with the digital activist's logic. Began to talk about the political impact from the reflection of social media around the World in the 2012, the article analyzes the reflection of the digital activism significance as well as the trends in China.

Key Words: Social Media; Digital Activism; World Politics

① 王文：《国际网系理论：互联网冲击国际关系理论》，载 2011 年 7 月 21 日《中国社会科学报》。

B.8

三网融合背景下建设中国广电网的宏观战略思考

济　生*

摘　要： 中国广电网是确保国家信息和文化安全的一项重大工程，关系执政党命运、民族兴衰和国家长治久安。中国广电网要做大、做强、做成、做好、做久，必须明确目标、坚持原则，政府主导、市场运作，确立主体、发展实体，长远规划、稳妥推进。

关键词： 三网融合　中国广电网　网络质量　网播能量

一　从广播到网播，中国广电网建设面临绝佳机遇

中国广播影视正经历一场由广播到网播的革命性变革，三网融合描绘了这场革命性变革的美好前景。笔者指出，中国已经进入第五次文化繁荣周期，建设中国广电网面临绝佳机遇。

（一）从广播到网播是一场革命性变革，三网融合正描绘着这场变革的绚丽前景

数字、网络技术以开放、共享、交互为特点，渗透到人类生活的方方面面，铸造着新的生活方式、社会结构和权力关系，重塑着世界的政治、经济、文化、社会和军事形态，更引发了从广播①到网播②的一场持续、深刻的革命性变革。

---

* 济生，国家广电总局发展研究中心研究人员。

① 本报告中的广播即广而播之，指传统的电台、电视台传播方式。

② 本报告中的网播即网而播之，指网络传播方式，主要是互联网传播、下一代广播电视网（NGB）传播。广播与网播目前都有各自的发展空间，是融合发展的关系，不是谁替代谁的问题，但网播是主流发展方向。

主要体现是：从广播的辐射传播，变为网播的对流传播；从广播的线性传播，变为网播的非线性传播；从广播的一对多传播，变为网播的多对多传播；从广播的权威机构传播，变为网播的民主平台传播；从广播的内容制作商角色，变为网播的内容集成播控商角色；从广播的渠道、内容为王，变为网播的用户选择为王。

三网融合将使中国广播影视的制作、传输、接收、管理、运营等发生革命性变革，为广播影视发展奠定新的、更坚实的基础。通过统一规划、统一建设、统一运营、统一管理，整合各省广电网络，实现由小网向大网、由模拟向数字、由单向向双向、用户由看电视向用电视的转变，最终形成一张全程全网、互联互通、宽带双向、可管可控的下一代中国广电网。使广电网络从层级、分散式运作向集约化、规模化转变，实现网络跨地域、跨城市的互联互通、资源共享；使服务方式从单一形态向全媒体、全业务、全功能转变，不仅提供广播电视等文化产品服务，也提供多样化的信息服务；使服务领域从单一领域向跨行业、跨系统转变，为广大人民群众提供广播电视、数据、通信等全新的服务。

（二）中国文化开始进入第五次繁荣周期，建设中国广电网面临绝佳机遇

唯一延续5000年不断的中华文明，从公元前9世纪有文字记载的历史开始，每隔大约700年，中华文化都会随着国力的强盛而进入一个繁荣周期：春秋战国的百家争鸣，秦汉的大一统文化，唐朝的大国胸襟，明初的远洋交流，到今天中华民族的伟大复兴，都卡在700年左右的这个周期点上。

现居上海、年过九旬的国学大师南怀瑾在台湾讲授《老子》时曾预言：照历史法则的推演，从1987年以后，中华民族的气运与国运开始回转到像康熙、乾隆那样的盛世，而且可以持续两三百年之久。尤其是头100年，中华民族几乎可以说是要雨得雨，要风得风，国力上升，气势如虹。

2010年第二季度，中国GDP超过日本，跃升世界第二。普华永道曾发表报告称，以购买力平价衡量，到2020年，或早至2018年，中国将取代美国成为全球第一大经济体。18世纪和19世纪的工业革命导致全球经济力量从亚洲向西欧和美国转移，这种力量转移现如今又换了方向。[1]

---

① 见《参考消息》2011年1月12日头版相关报道。该报告显示，以市场汇率作为衡量标准，中国将在2030年取代美国成为世界第一大经济体。

虽然世界第二大经济体不等于世界第二大经济强国，世界广播影视大国也不等于世界广播影视强国，但如何在国力跃升的机遇中，在全球化波谲云诡的挑战中，及时、科学地规划广播影视强国蓝图，制定切实可行的广播影视强国战略，在变化的形势中捕捉机遇，在有效的应对中化解挑战，完成由广播影视大国到强国的华丽转身，建设中国广电网成为一个重要抓手和着力点。

二 从国内到国际，中国广电网是建设广播影视强国的最佳依托

网络质量是指人们能够在多大程度上参与网络提供的生活、工作与学习，且这种工作、生活与学习能提升其福利，开发其潜能。[①] 网络质量决定网播能量。[②]

（一）中国广电网是一张有灵魂的红网，是党提高执政能力的最优平台

中国广电网络高举中国特色社会主义旗帜，具有鲜明的意识形态属性和明确的政治功能，坚持党和政府对宣传思想文化阵地的领导，注重社会主义核心价值体系建设，坚持以人为本，全面发展，整合社会，凝聚人心。这是中国广电网络的价值质点。[③] 目前，我国广电有线网络已进入99%的城镇居民家庭，是城镇地区入户率最高的信息传输网络。我国6亿多人口每天依托电视机收看各类广播电视节目，并有越来越多的乡村居民依托广电网实现了看电视和上网。

中国广电网是构建和完善覆盖广泛、技术先进、可管可控的现代传播体系的重要组成部分，是思想文化信息的集散地和社会舆论的传送器，是民意表达、参政议政、舆论监督的新途径，为中华民族的伟大复兴提供源源不断的思想保证、精神动力和舆论支持，促进中央重大战略目标的实现。以广电新媒体为代表的各类网播已成为党、政府、人民的新喉舌和重要的思想文化新阵地。中国广电网凭

---

① 这是笔者对网络质量的界定。

② 网播能量是网络传播能力和影响力的总和。

③ 网络价值质点是网络的价值本质 更是其活力之源。

借其带宽优势和巨大的城镇居民用户群，已成为各级党委、政府宣达政令的重要平台，是为广大人民群众提供公共服务的重要渠道。

（二）中国广电网是一张可持续的绿网，是提供开放业务的最优平台

中国广电网追求社会效益与经济效益的统一，在大幅增加各种文化产品和综合信息服务资源总量、持续提升城乡居民的文化消费的同时，可以带动内容生产、软件开发、信息服务、电子制造等相关产业发展，拉动上万亿元产值，加快经济结构调整和发展方式转变，成为国民经济支柱性产业的重要力量。

宽带用户的增加，为网播产业发展提供了广阔的市场。各级广播电台、电视台发挥音视频资源的强大优势，较早进入了网播市场；通讯社和报社积极整合资源，拓展产业链；门户网站不断成立专门频道，丰富视频内容；专业视频网站想方设法鼓励用户生成内容，创造新的赢利模式；电信公司凭借宽带接入的优势，建立服务网站；其他线下媒体活跃利用专业内容优势，为频道提供节目。

建设中国广电网可以加快形成以视听互动为核心、用户为中心，融网络特色与传统广播电视特色于一体的立体化传播平台。在内容创新方面，积极提供方便用户随时随地通过各种终端享受语音、视频和数据的三位一体服务，并强化用户对中国广电的品牌认知及内容产品的使用体验；在多终端内容集成播控平台建设方面，发挥集中统一管理优势，积极开展整合营销传播，满足PC、手机、IPTV、户外屏幕等不同平台用户和不同传播终端受众的特定需求；在新业务领域拓展方面，积极探索互联网电视解决方案，发展独立手机电视品牌，大力发展新媒体广告业务。

能否担当起历史责任，是检验网络是否可持续的一个重要标准。首先，中国广电网勇担政治责任。它以政治责任为首务，坚持正确的舆论导向，坚持团结鼓劲、正面宣传为主，坚持弘扬社会主义核心价值体系。其次，中国广电网勇担社会责任。它始终坚持社会效益第一，在此前提下，找准两个效益的最佳结合点，实现社会效益和经济效益的协调统一。最后，中国广电网勇担文化责任。它坚持以人为本，准确把握中国人民和世界人民多样化、多层次、多方面文化需求中的主流，自觉抵制庸俗、低俗、恶俗、媚俗之风，用思想精深、制作精良、艺术精

湛的文化产品，引领人们的审美情趣和文化品位；用积极向上、生动活泼、喜闻乐见的文化产品，提高人们的文化素质和文明程度。①

（三）中国广电网是一张可管控的主网，是体现民族精神的最优平台

中国广电网是一张以广播电视节目为主、提供多种信息服务、互联互通的新型广播电视网，是中央可直接掌控的一个最基本、最安全、最可靠、最具广泛影响力的宣传文化阵地，可确保在任何时候、任何情况下，把党和政府的声音及时有效地传达到千家万户，同时保证人们享受丰富的文化服务和便捷的信息服务。

网络使互动、海量、即时的信息可以轻易冲破国家之间的疆界，管控难度很大。随着三网融合的推进，电视机也将成为更加开放的信息终端，如何确保荧屏这块净土的安全，是国家信息和文化安全面临的重大挑战。中国广电网是标准和技术都操之在我、可管可控的国家主权信息网，是建设第三国防——网络边疆②的嫡系部队，是维护网络边疆安全的新的“长城”。这里传播的是主流价值观和激励人们奋发向上的精神产品，展示的是全国人民和全世界人民追求美好生活、建设和谐家园的幸福图景；这里铲除了难以割掉的黄色毒瘤和丛生的毒草，清除了网络引发的社会暴力和罪案；这里及时发现和处理各种虚假信息，排除花样翻新的网络恶搞，扫除各种低俗的网络文化垃圾。

有什么样的民族性格，就有什么样的网络品格。在网络品格的表现上，中国广电网与国际互联网会呈现很大不同。国际互联网体现为合众为一，中国广电网体现为包容共生；国际互联网体现为同而不和，中国广电网体现为和而不同；国际互联网体现为以势压人，中国广电网体现为以道怀人；国际互联网体现为铺张扬厉，中国广电网体现为内敛含蓄。

网络品格反映民族性格，中国广电网是体现民族性格的最优平台。中华民族自强不息、厚德载物，秉承贵和、崇智、向善、含蓄的性格，为人类贡献了独特的东方文化。中国广电网以“为天地立心③、为生民立命④、为往圣继绝

① 此段论证参引了国家广电总局相关领导的讲话。

② 宋鸿兵在《货币战争3：金融高边疆》中说，传统的陆、海、空（包括太空）边疆是第一国防，金融高边疆是第二国防。笔者顺其思路，将网络边疆定义为第三国防。

③ 追求天人合一，人与自然的和谐。

④ 追求人和，建设和谐社会。

学①、为万世开太平②”为民族品牌底色，在新世纪的多元文化交往、交流、交融、交锋中，世界人民可以通过中国广电网随时随处加深了解中华民族以儒做人的修养、以墨尽责的情怀、以法为基的追求、以兵入世的智慧、以道养生的修炼、以禅清心的境界，增进对中华文化的认同、对中国崛起的理解。

（四）中国广电网是一张显国力的大网，是展示国家形象的最优平台

网络已成为国家形象竞争、竞赛、竞技的主战场。目前，以交互传播为特性的网络视听、播客、博客、微博等新媒体形态和互动电视、IPTV、手机电视等新媒体业务不断涌现，视频上传、分享成为全球传播中最受欢迎的新媒体形式，也成为展示国家形象的重要手段。

凝聚力是最大的国力。网罗天下民意，彰显中国实力，是中国广电网的天职。它具有天生的平等性，具有聚合民意、彰显国力的巨大能量。这里是世界各种思想和舆论汇集、交流、碰撞的集散地，是巧实力的最佳载体和投射工具；这里有党的坚强领导，有人民的衷心拥护；这里有主流媒体传达的政令，有各级党委、政府的部署，有普通民众的努力和期盼；这里有对全国、全世界线上、线下媒体意见的整合，有网民四面八方的回应和建议。所有这一切都源源不断地汇集成彰显中国实力的网络洪流，为中华民族的伟大复兴提供源源不断的思想保证、精神动力、舆论支持和文化条件。

中国广电网是中国现代文化传播体系的核心，是覆盖广泛、技术先进的国家文化传播主渠道。它在确保广播电视基本服务的同时，可以提供跨地区、高质量的广播电视新业务，如文化信息资源共享、数字博物馆、数字图书馆、数字出版物、数字影剧院等公共文化服务内容，还可以提供电子政务、电子商务、互动教育、生活资讯等多样化、个性化的综合信息服务，通过综合资讯点播、影视剧点播、播客分享、客户端直播等服务形式，展示中华风采，演绎华夏神韵，形成与我国经济社会发展和国际地位相称的传播能力，增强国际话语权，提升国际舆论引导力。

---

① 继往，弘扬传统文化。

② 开来，建设和谐世界。

三　从整合到运营，中国广电网络才能做大、做强、做成、做好、做久

（一）明确目标，坚持原则，将中国广电网做大

中国广电网建设代表中国广播影视发展战略、管理体制、产业属性、经营方式和技术体制的变革，即以体制机制创新和技术创新为重点，优化配置广电网络资源，加快广电网络经营产业化、市场化步伐，促进广播电视业大发展、大繁荣，为建设广播影视强国奠定新的坚实基础，并发挥主渠道功能，构建成为全国一体、技术先进、传输快捷、覆盖广泛的文化传播渠道，形成全国统一运营的市场主体。

中国广电网建设要兼顾政治性、科学性、规范性和发展性原则。基本原则是统筹兼顾，平衡各种利益关系。网络整合要按照稳定存量、发展增量、行政推动、市场运作的原则，先易后难，分类指导，分步实施。要坚持省市县三级共赢、两个效益共同提高，充分保障基层利益和各方面利益，不能搞强省级、削弱市县；要通过产业发展来巩固阵地，不能搞强产业、削弱事业；要坚持依靠地方党委政府的支持，保证网络整合后，地方党委、政府做到对广电宣传事业的领导和管理不变，对广电安全播出的责任不变，对广电业务发展壮大的支持不变。

（二）政府主导，市场运作，将中国广电网做强

中国广电网建设要直面在思想、技术、业务、体制机制等方面准备不足，在市场开拓、市场服务等方面与电信企业差距很大等严峻挑战。同时，由于缺乏国家投入，有线电视网主要由各地分级建设和管理，主体多元、经营分散，没有形成统一的、有实力的竞争主体，更没有形成集约化、规模化、产业化的发展格局。因此，建设中国广电网要坚持从实际出发，坚持两手抓：以政府有形之手主导，在强有力的行政推动下保障整合进程；以市场无形之手运作，充分利用市场手段最大限度地保护各方利益，调动各方参与整合的积极性。在网络整合方式上，先整合运营，再资产重组。这样做的好处是有利于加快整合进度，有利于统一标准，有利于资产评估，有利于队伍稳定，有利于加快发展，先把蛋糕做大。

在公司组建方式上，以资本为纽带，由国家投入资金，中央与各省（自治区、直辖市）广电网络资产所有者注入全部网络和相关资产，其他广电机构、国有大型企业和机构投入资金，共同组建股份制的中国广播电视网络公司。

（三）规范改制，一体管理，将中国广电网做成

中国广电网建设是个复杂的系统工程，涉及方方面面，要处理好中央与地方，当前与长远，事业与产业，局、台、网之间的关系，充分考虑各方利益，积极稳妥地分步推进。为此，中国广电网建设必须建立统一的规范要求和标准，互联互通的基础网络建设，要形成一个真正的全国广电综合宽带业务网；要实现网络技术、标准的规范统一，确保网络安全运行；要建立一个统一的管理体系，实现从国家到省、地、县必须是条条的统一人事、财务、业务发展、技术支持的一体化管理，最终实现一体化的资本经营。在管理模式上，中国广播电视网络公司应是联合舰队式的小总部、大企业。联合舰队式的中国广电网络公司体现的是分级管理的思路，对各省级公司采用全资子公司或分公司的组织架构，实行垂直管理。要充分发挥各省级公司的作用，做好公司核算。以公司总部为旗舰的联合舰队中，要把做得比较成功的省级公司逐步打造成为主力战舰。

（四）确立主体，形成实体，将中国广电网做好

组建中国广播电视网络公司是国务院推进三网融合确定的目标。作为有线电视网络参与三网融合的市场主体，中国广播电视网络公司负责组织实施全国广电有线网络规划，建设并运营全国广电有线网络内容集成、分发与监控平台，统一运营管理全国广电有线网络，提供广播电视节目和三网融合新业务、新服务，承担国家应急广播体系的相关业务，完成党中央、国务院交办的其他任务。

中国广电网建设要确立各省广电网络公司独立企业法人和市场竞争主体地位，从根本上解决由于管理运营主体分散造成的管理体制不顺、缺乏整体竞争优势和规模优势等问题。网络发展规律要求中国广电网要形成规模效应、互联互通，管理运营体制要实现上下统一。要始终明确，全国一张网不是各省网的简单相加，全省一网也不是各地网络的简单相加，而是改变各自为政的运营模式，形成一个坚强有力、兼顾各方、共同做大、共同增效、共同发展的实体，关键是把

全国广电网变成互联互通的一张双向网，开展增值业务，扩大经营范围，获取更大的社会效益和经济效益。

（五）长远规划，健全法制，将中国广电网做久

网络竞争，是综合实力竞赛的马拉松。要从国际竞争和国家发展战略层面看待中国广电网建设的极端重要性，做好长远发展规划。在算经济账的同时，更要算政治账，做到生于忧患，长远打算，措施到位，运作圆满。

中国广电网络整合改制是确保国家信息和文化安全的一个新的重大工程，关系执政党命运、民族兴衰和国家长治久安。三网融合是国家信息化总体战略的一项重要决策，在实施过程中遇到许多问题，如广电与电信的竞争问题，广电内部的台网关系问题等。要实现三网融合利国利民的目标，必须从法治的高度入手，从促进文化产业发展的角度出发，完善广电和电信领域的相关立法工作，保证中国广电网的持久发展。

四　从投入到扶持，中国广电网建设步伐才能加快

（一）纳入国家项目，加大扶持力度

中国广电网是确保国家信息和文化安全的一个新的重大工程，关系执政党命运、民族兴衰和国家长治久安，事关国家核心利益。应将中国广电网建设纳入国家重要战略性新兴产业、高新技术产业和信息基础设施建设等项目中，给予专项资金扶持，并在网络整合和公司组建、运营中，落实对文化企业的优惠政策，给予一定的技术研发费用。

（二）推进整合试点，加快公司组建

目前，全国已有27个省（自治区、直辖市）完成或基本完成网络整合，全国42个试点城市、地区正加紧推进三网融合，并摸索出许多好的做法，值得认真总结并大力推广。为加大行政推动力度，应尽快转发中国广播电视网络公司组建方案，就网络整合和公司组建，向各地方党委和政府提出明确要求，推广好的做法并及时解决遇到的问题。

（三）解决国家投入，协调资源业务

国家投入的资本金，重点用于建设全国性的内容集成传输平台、信息发布平台、业务支撑平台和安全监管系统，应努力争取尽快足额到位。同时，由于组建后的中国广播电视网络公司是参与三网融合的市场主体，应批准中国广播电视网络公司作为负责互联网运行的互联单位，协调批准必备的电话号码资源、电信业务牌照、互联网出口资源和网间结算标准。同时，从实际出发，充分考虑中西部地区经济基础和网络条件，国家应分期投入建设资金，专项用于加快网络数字化升级改造。

五　结论：中国进入大广电时代

随着中国广电网的建设和中国广播电视网络公司的成立，中国进入大广电时代。

从语义上讲，大广电可理解为肩负大使命的广播电视事业在新世纪奋斗的大目标，也可理解为在整体的视频产业链、产业网络、产业生态中，广播电视所要发挥的大作用、表现的大作为。大广电既是传统媒体和新媒体融合发展的一种境界，也是对这种境界的一种超越。大广电是媒介融合尤其是三网融合的必然趋势。随着传播技术的演变，传播形式的衍生、扩散呈现如下趋势：平面媒体数字化，电子媒体移动化、数字化、融合化，媒体搜索海量化、数据多样化，交互式媒体融合化、普及化等。跨越不同媒介形式、跨越传统产业边界、跨越不同区域的信息传播，向人们提供包括广播影视、音乐、通信、商业、教育等在内的覆盖面极广的全方位资讯和娱乐，是大广电必须承担的历史使命。大广电也是对广电发展格局的一种描述。传统广播电视媒体在未来若干年将继续扮演重要角色，但随着一系列深层次、结构上的调整，传统媒体的重心向传统媒体与新媒体并重的转型将不可避免。大广电所描述的就是以广播电视为核心阵地，通过整合报纸、杂志、互联网、手机等视频资源，传播方式、传播媒介以广播电视为依托不断扩散、衍生而形成的一种无处不在、无时不有的信息传播网络。

（一）坚持以我为主是前提

三网融合是未来若干年中国广播电视行业最大的挑战和机遇。广电要在创新

中实现转型和发展，必须坚持以视频为主、以广播为主、以家庭为主、以大屏为主、以高清和立体为主、以可管可控为主。坚持这六个“以我为主”，重在强调发挥自身优势，并不排斥广电向通信业务的渗透。随着广电体制、实力、能力的增强，广电由一业为主向全面发展已是必然。坚持以我为主可以充分利用我国广播电视网络的内容、带宽资源和用户规模，以较低成本建设国家高性能宽带信息网，使之成为新一代国家信息化的重要基础，有利于我国较快普及信息化，提升和改造传统媒体，发展新兴媒体，带动相关产业，提升国家的核心竞争力，加快我国包括广播影视在内的信息服务业的发展。

（二）做好平台建设是关键

建设并运营全国有线电视网络内容集成、分发与监控平台，是中国广播电视网络公司的首要职能，也是增创广电新优势的着力点。第一是建设好全国广播电视内容分发交换中心，分为全国中心和各省分中心两级，主要负责为各地有线电视网络提供广播电视节目内容和跨地区点播服务，并为基于互联网的 IPTV 提供广播电视节目集成服务。第二是建设全国有线电视内容管理系统，分为中央核心系统和各省分系统，负责对进入有线电视网络的所有内容以及省际节目交换的管理。第三是建设全国有线网络运营支撑系统，包括关键核心技术支撑、全程全网管理、结算支付等系统，负责全国跨地域运营和统一结算支付，全国数字电视用户收视率统计和发布。第四是建设骨干网传输交换系统，负责全国和省际内容的高速传输交换以及运营管理控制信息的传输。第五是建设好相关基地，如有线电视网络传播内容集成基地、文化资源集成基地、数字电视出版物集成基地、互动教育内容集成基地、综合服务基地、信息资讯集成基地等。

（三）提高运营能力是保证

数字化、网络化、融合化发展，使广电、电信、互联网、零售等行业的边界变得越来越模糊。从行业的角度看，中国广电网络作为平台型企业只有更加开放、合作，才能实现共生、共存、共赢。目前，广电运营商、电信运营商、新兴互联网公司、终端制造商等主体间的竞争不断加剧，如何在变革中不断拓展生存空间、创新业务模式、获得合理回报，成为各界广泛关注的问题。中国广电网络必须注重提升创造和分享价值的能力、平台构架能力、标准化能力、网络优化能力、平台与终端的配合能力，同时找准广电网络在物联网、车联网等未来发展中的地位和角色，厘清构建新的商业模式的思路，以牢牢掌握发展的制高点和主动权。

Research on the Strategies of the Construction of China Broadcasting Network System Under the Three-network Convergence Background

Ji Sheng

Abstract: The construction of China broadcasting network system will insure the information and culture security, and it's vital to our states, our government and our nation. If China broadcasting network system aimed at to be a big, strong, well-being and long-term network, we must clarify the target, adhere to principles, and stick to the government instruction, operating by the market. At the same time, we must establish the main part, operating the entity, making the long-term plan and boosting safely.

Key Words: Three-network Convergence; China Broadcasting Network; the Quality of Network; the Network Capability

B.9

2011 年中国网络舆情指数年度报告

中国传媒大学网络舆情（口碑）研究所/艾利艾咨询

摘　要： 本报告基于网络舆情指数体系和 I-Catch 全网动态分析系统，以 IRI 网络舆情 100 典型网站为样本，梳理 2011 年全年网络热点话题，深入研究话题倾向、领域分布等规律，从党政部门回应、网络舆情引爆能力、微博舆情等方面，量化呈现 2011 年网络舆情发展。

关键词： 网络舆情　热点事件　政务微博

一　2011 年网络舆情引爆能力排行榜

2011 年，新华社/新华网、《新京报》、《京华时报》成为网络舆情引爆能力最为突出的三大媒体。新浪微博首报话题数量在下半年略有下滑，在全年网络舆情引爆能力排行榜中位列第四。另一个进入网络舆情引爆能力前 15 名的自媒体为天涯论坛（见图 1）。

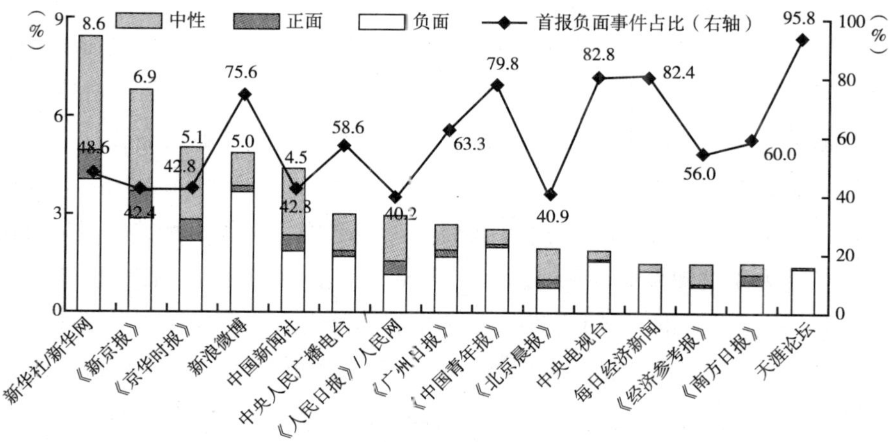

图 1　2011 年网络舆情引爆能力排行榜

资料来源：中国传媒大学网络舆情（口碑）研究所/艾利艾咨询（IRI）。

二　2011 年网络舆情影响力十大事件

2011 年网络舆情影响力十大事件如表 1 所示。

表 1　2011 年网络舆情影响力十大事件

排名	日期	话　　题	地域
1	7 月 23 日	“7・23”甬温线特别重大铁路交通事故	—
2	10 月 13 日	“小悦悦”事件	广东
3	6 月 21 日	“郭美美”事件	—
4	11 月 16 日	甘肃正宁校车事故	甘肃
5	1 月 11 日	药家鑫事件	—
6	—	国际四大“传奇人物”辞世	—
7	3 月 19 日	利比亚战争	—
8	10 月 22 日	PM2.5 空气质量标准讨论	北京
9	3 月 15 日	“抢盐”风波	—
10	—	双汇“瘦肉精”等食品安全系列问题	—

1. “7・23” 甬温线特别重大铁路交通事故

2011 年 7 月 23 日晚 20 时 34 分，北京南至福州的 D301 次列车与杭州至福州南的 D3115 次列车发生追尾事故，事故造成的惨烈伤亡，牵动无数国人的心。铁道部新闻发布会和救援行动，引发广大网民长时间、猛烈质疑，更有网友将事故发生的原因归结为高铁、动车建设和铁道部的腐败等，要求严惩责任人。国家领导人亲临事故现场指挥救援，铁道部相关负责人诚恳向人民群众道歉。经调查，严惩了事故相关责任人，并且把安全运营提到了前所未有的高度。

2. “小悦悦” 事件

2011 年 10 月 13 日，2 岁女童小悦悦（王悦）在广东佛山相继被两车碾轧倒地，18 名路人路过却视而不见，最后一名拾荒阿婆施以援手。后小悦悦因伤势过重于 10 月 21 日辞世。网民强烈谴责肇事者和冷漠路人，宣誓“不做冷漠人”。近年来，社会上频频出现见义勇为被讹诈等失德现象，网民对“道德滑坡”早有热议。小悦悦事件引发舆论大讨论，反映了网民社会良知的集体自省。

3. “郭美美” 事件

2011 年 6 月，拥有大量奢侈品和“中国红十字会商业总经理”头衔的郭美美因微博炫富引发舆论关注。网民对其巨额财产来源的猜疑，将中国红十字会推向舆论的风口浪尖。围绕郭美美和红十字会的关系、郭美美母女背后可能涉及的"内幕"、红十字会财务管理状况等问题，网民进行人肉搜索并展开持久的讨论，网络舆论一时沸腾，谣言亦有出现。尽管调查显示郭美美与红十字会无关，但红十字会公信力受损已成事实。

4. 甘肃正宁校车事故

2011年11月16日，甘肃省庆阳市正宁县发生一起幼儿园校车交通事故，事故造成21人死亡，其中包括19名幼儿以及校车司机和一名随车教师，另有43名儿童受伤。事故伤亡惨重，甘肃省委、省政府迅速作出反应，严惩事故责任人，并就校车安全问题进行了整改。此次校车事故存在惊人的超载现象，在网上引发了关于如何保障校车安全的激烈讨论。

5. 药家鑫事件

2010年10月20日，西安音乐学院学生药家鑫开车将女服务员张妙撞倒后，用随身携带的尖刀对其连刺8刀致死。2011年1~4月该案审理期间，当事人药家鑫被贴上"富二代"、"军二代"的标签，引发了网络尤其是微博上的大讨论，网民对特权的焦虑，使得主流声音一度将药家鑫置于"不死不足平民愤"的"未审先判"的境地。网络舆论对司法公平公正和量刑产生的影响，成为全社会高度关注的话题。2011年6月7日，药家鑫最终被执行静脉注射死刑。

6. 国际四大"传奇人物"辞世

2011年，基地组织首领本·拉登、苹果公司前行政总裁乔布斯、利比亚前最高领导人卡扎菲、朝鲜前最高领导人金正日四位国际知名人物相继辞世，引发了国内网民的普遍关注。相继去世的四位人物，经历传奇，有些还因为政治原因颇受诟病，但都在国际上具有极高的关注度，他们的辞世在世界范围内引发了极大反响。国内网民对四位"传奇人物"的去世心态复杂，褒贬不一，争议颇多。甚至伴随着四位传奇人物去世，网上一度流传出相当有市场的"登上方舟，躲避2012"等戏谑传言。一系列事件显示出中国网民在网络讨论中国际视野逐渐增强，娱乐化心态愈发普遍的现状。

7. 利比亚战争

2011年2月，利比亚局势出现动荡，全国多个地区发生骚乱，国内反对派和以美国为首的北约摩拳擦掌，并最终爆发战争。在2月份利比亚骚乱中，中国前所未有地采取措施实施大规模撤侨。网络社会高度关注侨民的人身安全，微博成为网络“撤侨通道”，网民通过微博关注撤侨进展，关心同胞生命安全，实施网络救援。中国高效、负责的行动，赢得国际赞誉，激发了网民的民族自豪感。

8. PM2.5 空气质量标准讨论

2011 年 10 月，北京天气连日阴霾，空气质量较差，不少网民开始担心北京空气是否“有毒”，并根据美国驻中国大使馆空气质量监测结果，质疑北京市环保局相关数据和空气质量评估结果。由于中国当前的空气质量检测并没有采取 PM2.5 监测指标，网民转而集中关注标准制定问题。在这场涉及环境监测指标和检测数据公开的大讨论中，意见领袖在引导微博话题和观点等方面发挥了推动作用。PM2.5 的讨论，特别是微博意见领袖和广大网民的深度监督和追问，也向今后政府信息公开工作提出了更高、更严格的要求。

9. “抢盐”风波

2011 年 3 月，日本发生里氏 9.0 级大地震，导致福岛核电站发生核泄漏，中国开始热议核辐射的影响。网络谣言乘虚而入，称海盐受到核污染，一时人心惶惶，抢盐风潮开始爆发。这场抢盐风波在传统媒体和微博等新兴媒体中都引发了高度关注，民众集体参演了从“吃碘防辐射”演变成“抢碘盐”，又扩大成“抢盐”，之后全民辟谣，最后又全民“退盐”的社会闹剧。闹剧过后，网络社会对如何同谣言赛跑、如何扑灭网络谣言、培养良性的网络舆论态度进行了反思。

10. 双汇“瘦肉精”等食品安全系列问题

2011 年 3 月 15 日，央视曝出双汇采购使用违禁动物药品“瘦肉精”喂养的猪肉，存在严重卫生安全隐患，双汇成为众矢之的。随后全国范围内又相继曝出牛肉膏、毒豆芽、染色毒馒头、雀巢砷超标、台湾“塑化剂”等一系列食品安全事件，牵动亿万百姓关注。网民针对有毒食品的讨论伴随事件发生不断出现舆情井喷，在谴责揭露食品卫生安全问题的同时，更表达了对相关监管制度的深深担忧。

三　2011 年舆情应对十大优秀案例

2011 年舆情应对十大优秀案例如表 2 所示。

表 2　2011 年舆情应对十大优秀案例

排名	日期	话　　题	地域
1	9 月 27 日	上海地铁 10 号线追尾事故	上海
2	1 月 25 日	微博打拐	—
3	3 月 15 日	“抢盐”风波	—
4	11 月 16 日	甘肃正宁校车事故	甘肃
5	9 月 21	乌坎事件	广东
6	6 月 26 日	四川会理“领导悬浮照”事件	四川
7	10 月 22 日	PM2.5 空气质量标准讨论	北京
8	2 月 25 日	南京“梧桐让路”事件	江苏
9	6 月 20 日	局长微博开房门	江苏
10	9 月 17 日	首都机场 T2 航站楼工地起火	北京

1. 上海地铁 10 号线追尾事故

2011 年 9 月 27 日，上海地铁 10 号线因设备故障转为人工调度，后两列车发生追尾，造成 271 人受伤。事故发生后，微博成为信息首报源头，大量网民通过微博关注事件进展并发表评论。上海地铁官方微博“@上海地铁 shmetro”在事故发生 26 分钟后即在微博上通报事故，随后直播救援情况，并多次向市民致歉，把握舆论导向，遏制谣言传播。事故发生当天晚上，上海市新闻办召开新闻通气会，上海地铁运营方总裁就追尾事故道歉。一系列做法保障了网民的知情权，达到了良性沟通的目的。

2. 微博打拐

2011 年 1 月 25 日，中国社会科学院教授于建嵘通过微博倡导“随手拍照解救乞讨儿童”。该事件经微博网民不断转发，声势壮大，公安部门、各大媒体、各界明星、人大代表以及政协委员等社会力量积极响应配合行动，使事件扩展成为几乎全民参与的解救行动。公安部打拐办主任陈士渠在微博上关注和转发了此事，对“微博打拐”给予了积极回应。《人民日报》时评表示：“这一系列连锁反应，验证了社会力量的强大与智慧，也体现了政府部门对群众力量的认同与支持。”

3. “抢盐”风波

2011 年 3 月，日本大地震引发核泄漏危机，核危机谣言传至亚洲多个国家和地区，变种升级为“海盐变核盐不能再吃”、“碘盐可以预防核辐射”，公众陷入恐慌，开始抢盐。抢盐风潮从浙江蔓延至珠三角，随后席卷安徽、河北、山东等多个省份。

3 月 16 日，浙江省有关领导通过微博和媒体进行辟谣，相关部门开通科普宣传热线，提供咨询，主动给浙江东部沿海地区的手机用户发送短信，报告当日浙江境内辐射水平的监测情况，并对日本核辐射对浙江的影响进行了预判和预测。3 月 17 日，中国盐业总公司紧急开通新浪微博辟谣，配合政府制止抢盐风波。随着各大媒体不断进行辟谣报道，3 月 18 日，抢盐风波逐渐平息，散发谣言者也受到警方的查处。

4. 甘肃正宁校车事故

2011 年 11 月 16 日，甘肃省庆阳市正宁县发生一起交通事故。一辆货运卡车与当地某幼儿园校车迎面相撞，造成 21 人死亡（其中幼儿 19 名），43 人受伤。该校车核载 9 人却挤满 64 人，严重超载，且事故发生时在大雾天气下逆向超速行驶。事故发生后，当地政府立即组织救援，并及时通报事故调查和救援情况，启动问责机制。同时，庆阳市宣布投入 7 亿元，建 155 所公办幼儿园，并决定停止市政府 2012 年公车更新计划，将预算资金全部用于购置标准化校车。一系列措施后，舆情有所缓和。

5. 乌坎事件

2011 年 9 月起，因土地、财务、选举等问题，广东省陆丰市东海镇乌坎村村民多次通过请愿、游行等方式向相关党政部门表示不满，其间有骚乱等情况发生。微博等平台对乌坎事件讨论热烈，负面倾向比较明显。12 月 20 日，中纪委委员、广东省委副书记朱明国在陆丰市干部群众大会宣布，省委、省政府高度重视和关心乌坎村群众的利益诉求，决定成立省工作组，以最大决心、最大诚意、最大努力解决群众的合理诉求，尽快恢复乌坎村正常的生产生活和社会秩序。经多次信息发布并与村民沟通，事件基本得到解决，网络舆论态度也有所转变。

6. 四川会理“领导悬浮照”事件

2011 年 6 月 26 日，有网民曝出四川会理县政府网站上经技术处理过的新闻照片，三位县领导“悬浮”在公路上“视察交流”。照片通过微博迅速传播，引发群众对基层政府造假的质疑和不满。6 月 27 日，会理县政府相关领导和当事人通过媒体和微博等方式先后四次公开向社会道歉，承认工作存在问题，态度坦诚，赢得众多网民的好评。6 月 28 日，会理县政府通过微博推介会理旅游风光，引起众多关注，危机最后转为城市营销，有媒体称，这是“政府危机公关的经典案例”。

7. PM2.5 空气质量标准讨论

2011 年 10 月，北京阴霾天气较多，空气质量堪忧，意见领袖潘石屹引用美国驻华大使馆的空气质量监测结果，在微博上发布空气有毒害的信息，质疑北京环保局的监测结果，引起网民对空气质量标准的讨论。北京市环保局副局长杜少中通过发布微博、参加新浪微访谈等形式多次对相关问题进行回应，与网民就环境问题沟通交流，并邀请潘石屹参观空气质量监测中心，一定程度上化解了网民的焦虑情绪。

8. 南京“梧桐让路”事件

2011 年 2 月，有网民发帖质疑南京市政府为修建地铁砍伐梧桐的行为，导演陆川、主持人孟非等多位名人在微博上呼吁停止砍伐，引发舆论热议。3 月 14 日，南京市政府对“梧桐让路”作出回应，表示要优化地铁设计方案，保护沿途梧桐。15 日，南京市政府宣布将主城区 1000 多棵要迁移的树减至 600 多棵。之后，南京市政府听取民意，表示今后南京的重大工程将试行“绿评”制度，此次“梧桐让路”事件相关的南京地铁三号线工程即为首个试点项目。

9. 局长微博开房门

2011 年 6 月 20 日，江苏溧阳市卫生局局长谢某因不懂微博，与情人误将微博当做私密聊天工具，在微博上调情并相约开房见面。“微博开房”被众多网友围观，引发舆论热潮。6 月 21 日上午，溧阳市纪委介入调查，6 月 22 日，谢某的市卫生局局长等职务被撤。

10. 首都机场 T2 航站楼工地起火

2011 年 9 月 17 日下午 18 时左右，首都机场 T2 航站楼工地冒出浓烟，多位微博用户发布消息称北京首都国际机场 T2 航站楼着火。18 时 52 分，首都机场官方微博证实此事，并表示原因正在调查之中。19 时 27 分，官方微博再次表示，现场已经得到完全控制，无人员伤亡，整体运行秩序正在恢复。随后，官方微博就网民对于事故具体位置等疑问作出了解答。

四　党政部门回应舆情效率提升，过半部门当天回应

2011 年第三、第四季度党政部门回应时长分布，如图 2 所示。

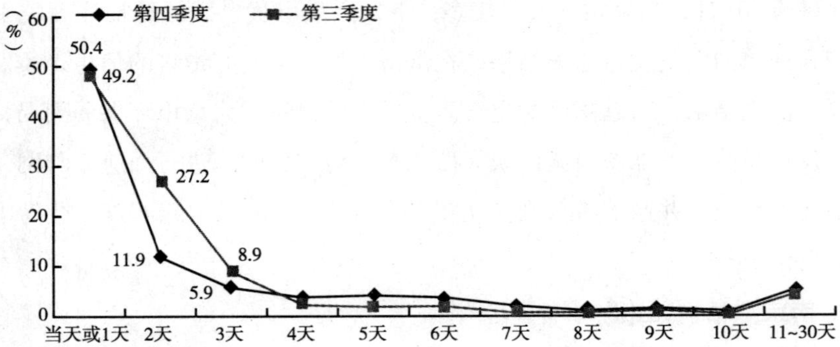

图 2　2011 年第三、第四季度党政部门回应时长分布

资料来源：中国传媒大学网络舆情（口碑）研究所/艾利艾咨询（IRI）。

2011 年，党政部门应对网络舆情危机的机制逐渐成熟，应对能力逐渐提高。从下半年的数据来看，71.9% 的事件得到了处置，第四季度比第三季度进行事件处置的速度有小幅提升，党政部门在当天或 1 天之内即作出回应的热点话题占比从 49.2% 上升至 50.4%。不过，仍有一部分党政部门面对突发事件反应滞后，错过了化解舆情危机的最佳时机。

五　政务微博迅猛发展，新浪政务微博数量增长 15 倍多

1. 微博用户数量增速放缓

根据中国互联网络信息中心（CNNIC）公布的数据，到 2011 年底，微博用户规模已达到 2.5 亿左右，比上年增长将近 3 倍。但与 2011 年上半年微博用户 208.9% 的增速相比，下半年用户数量较上半年仅增长 28.2%，微博用户数量增速放缓。

爆炸式增长的结束，预示着各微博平台与应用多元化发展模式的展开，未来

微博平台对应用性功能的挖掘将逐渐深入，微博鲜明的媒体性质可能向工具性质变化，娱乐性亦会逐渐增强。此外，实名制政策的出台也可能对微博用户产生一定程度的影响，未来微博平台的用户关系将更加趋近真实，有利于舆情热点事件的讨论与解决。

2. 新浪政务微博数量猛增，多地开通微博发布厅

微博在 2011 年成为网络舆论主要阵地之一，在助力网民监督政府工作的同时，也成为政府信息公开化、透明化、党政部门参与民意互动的好帮手。微博越来越成为党政部门执政不可或缺的平台和手段，政务微博在 2011 年发展势头猛烈，功能深化突出。2011 年政务微博数量时间分布，如图 3 所示。

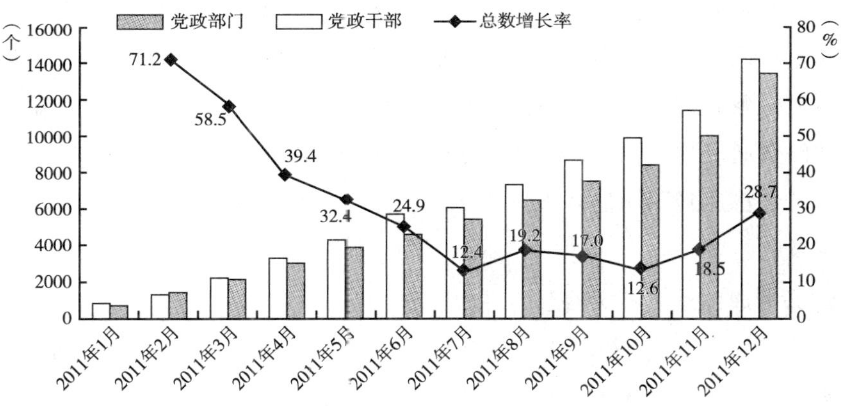

图 3　2011 年政务微博数量时间分布

制图：中国传媒大学网络舆情（口碑）研究所/艾利艾咨询（IRI）。
资料来源：新浪微博。

数据显示，2011 年，经过新浪认证的党政部门和党政干部个人微博总数从 1643 个增长到 27655 个，增长率达 1583. 2%。截止到 2011 年底，经过认证的政府机构和政府官员涉及政府、公安、交通、医疗卫生、市政、司法、工商税务、团委、招商、涉外、旅游等。其中，公安部门认证的新浪微博数量最多，各地公安机关新浪微博总数达 5822 个，公安机关工作人员新浪微博总数达到 3965 个。

从地域上看，广东、北京、河南、江苏、浙江的党政部门和党政干部认证新浪微博数量最多，引领全国政务微博发展趋势。北京、上海、广东等地还开通了微博发布厅，整合同一地域各部门政务微博资源，传达信息，推广宣传，以创新的形式推动政府与网民的沟通。

3. 微博发展为最重要的网络舆论场

2011年，微博在聚合网络舆论方面发挥了巨大的作用，发展成长为中国最重要的网络舆论场。政务微博迅猛发展，传统媒体及记者大规模进驻微博平台，意见领袖通过微博获得话语权，海量微博用户多元化发声，使得国内重大突发事件的曝光及传播发生了几个较大的明显变化。一是微博越来越扮演着比任何媒体都快速的舆情源头的作用。譬如“7·23”甬温线特别重大铁路交通事故、郭美美事件、故宫失窃门事件，都是网民首先在微博中曝光。二是由于微博几何倍的传播扩散速度，致使突发事件可在短短的几个小时内迅速被全国网民关注及热议，而不是像之前的突发事件通常是在第二天经过各大媒体和网民关注、热议之后达到舆情关注最高值。三是在微博上可在短短的几天时间聚合高达数亿条对同一事件的热议信息。最为典型的莫过于“7·23甬温线特别重大铁路交通事故”，在短短的一周时间内，新浪微博和腾讯微博对于此事的相关讨论各自达到了3亿多条，共计近7亿条信息。这是之前任何突发事件都无法企及的。

4. 微博成为澄清不实信息的平台

微博作为社会化媒体时代最重要的聚合平台，其短小精悍、碎片化及无可比拟的速度给网络谣言提供了生存和传播的巨大空间。2011年由微博引发的重大突发事件，均有谣言的身影，譬如“7·23甬温线特别重大铁路交通事故”中的“铁道部第一时间粉碎车头掩埋真相”、“郭美美事件”中“郭美美要逃亡澳大利亚”、“抢盐事件”中的“碘盐可防辐射”等。此外，“金庸去世”、“地铁迷药”等微博谣言也在一定程度上影响了网民的生活。

对此，新浪微博开辟“@微博辟谣”账号，澄清不实信息，对造谣者进行惩罚。同时，也有一些第三方组织或网民自组织、网民个人自觉参与到“辟谣”的行动中来。微博时代的谣言，类型虽各不相同，内容各有区别，但核心问题往往指向对网民的网络素养与政府的网络形象及公信力的拷问，打破谣言，则需要政府、网民、微博平台等多方面的共同努力。党政部门需要基于微博平台加大信息公开的力度，并就有关问题及时与网民进行沟通，进而从根本上消除微博谣言的生存空间。

六　交通运输、司法执法、企业财经领域受关注程度高

2011 年网络舆情热点话题涉及公务员管理、社会民生、反腐倡廉、教育教学等 30 个领域，其中交通运输、司法执法、企业财经领域的热点话题数量较多，成为前三名，占全年热点话题数量比分别为 8.7%、7.9% 和 7.9%。在 30 大类共计 3655 个热点话题中，前五个领域话题占比达 39.4%，前十个领域话题占比则高达 64.6%，热点话题分布领域不均，反映出当下我国网民对上述领域的热切关注和迫切希望（见图 4）。

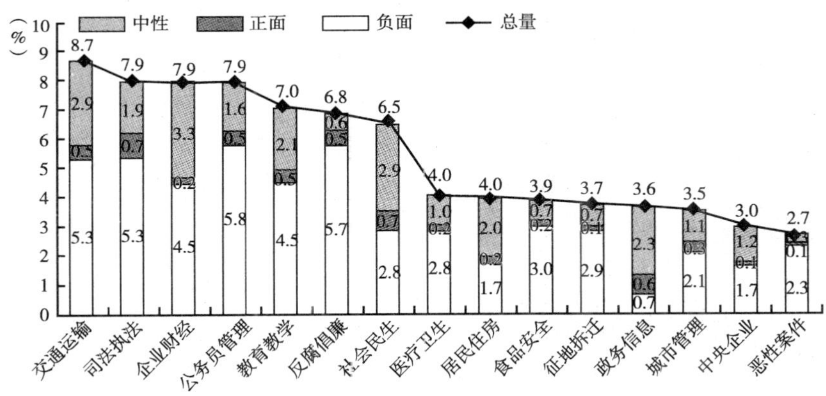

图 4　2011 年网络舆情领域分布

资料来源：中国传媒大学网络舆情（口碑）研究所/艾利艾咨询（IRI）。

从排在前 15 位的热点领域报道倾向和网民观点倾向来看，负面比例明显高于正面和中性，也从侧面反映出，在这些网民热切关注的领域，涉事主体需要恰当回应、及时改进的空间还很大。值得肯定的是在社会民生、政务信息、居民住房等领域，网络舆情正面倾向高于负面评价。

2011 年热点事件高发领域同 2010 年相比，出现了明显转变，2010 年舆情高发的征地拆迁、反腐倡廉等主要涉及突发事件和官民矛盾的领域，在 2011 年虽然仍然是热点领域，但是关注度下降，话题数量降低。企业财经和公务员管理等涉及经济制度、社会管理制度领域的话题明显增多，网民关注也向这些领域转移。

1. 交通运输关注度第一，交通安全备受关注

2011 年网络舆情——交通运输话题倾向分布，如图 5 所示。

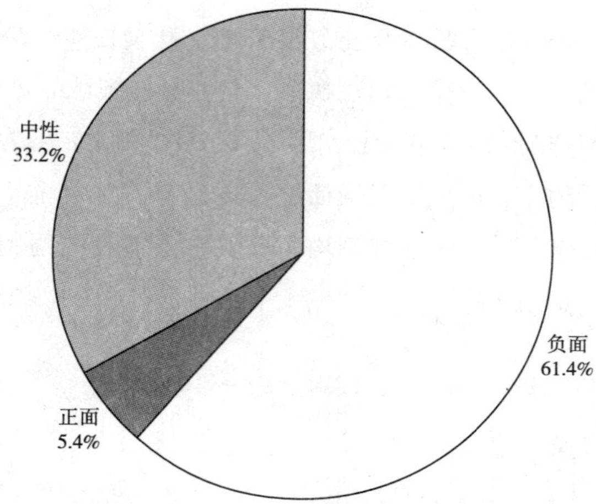

图 5　2011 年网络舆情——交通运输话题倾向分布

资料来源：中国传媒大学网络舆情（口碑）研究所/艾利艾咨询（IRI）。

“7·23 甬温线特别重大铁路交通事故”发生后，举国震惊。整个事件处置过程中，新闻报道量巨大，负面事件频出，网民参与度高。上海地铁追尾事故、甘肃江苏等地的校车事故接连发生，导致国内舆论围绕动车、地铁、校车安全等交通运输话题的热议从未间断。再加上醉驾、超载造成的严重交通事故不断出现在媒体报道中，交通安全首次超过司法执法、公务员管理等热点、敏感领域，成为全年最受关注领域，负面话题占比达到 61.4%。

2. 司法执法仍受关注，执法形象还需改善

2011 年网络舆情——司法执法话题倾向分布，如图 6 所示。

2011 年，药家鑫案、李庄案二审等全国范围内影响重大的案件，以及暴力执法、执法人员言行不当、冤假错案等司法执法领域的话题，一度引发网络持续关注。司法腐败、执法不文明行为也极易成为网民发泄负面情绪的对象，因此尽管 2011 年司法改革的脚步没有停下，且本年度司法执法领域负面事件占比较 2010 年有所下降（2010 年司法执法领域负面话题占比 74.5%），但负面话题量仍超过 2/3，高于全年负面话题占比均值。

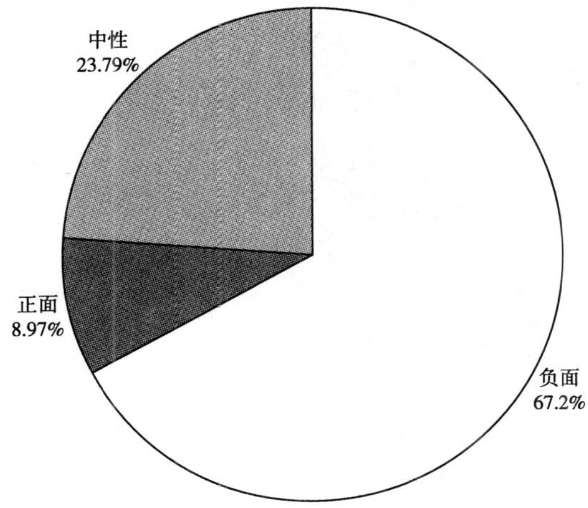

图 6　2011 年网络舆情——司法执法话题倾向分布

资料来源：中国传媒大学网络舆情（口碑）研究所/艾利艾咨询（IRI）。

司法执法领域连续三年受到高度关注，反映出我国司法执法领域问题比较突出，执法水平和执法人员素质需要提升。同时司法执法部门也需要拿出诚意，做好信息公开，主动出击，掌握舆论主导权，改变被动局面。

3. 企业财经领域新闻多发，话题量跃升至第三

2011 年网络舆情——企业财经话题倾向分布，如图 7 所示。

由于涉及行业广泛，热点事件多发，加上国际经济形势动荡，2011 年企业财经领域颇受关注。较 2010 年相比，企业财经领域的关注度在全部领域排名中上升六位，热点话题的新闻量也有较大幅度提升。舆情指数较高的企业财经话题主要集中在国家重大财经政策、上市公司经营、涉及企业质量和信誉的争议等方面，如“达·芬奇家具造假”事件等。此外，财经制度讨论和应对市场变化的措施等新闻占有一定比例，因此中性话题在企业财经领域话题中占比 41.2%。

4. 自媒体关注公务员管理、教育教学等领域

2011 年自媒体网络舆情关注领域分布，如图 8 所示。

在由自媒体引爆的话题中，公务员管理、教育教学和司法执法领域话题数量位列前三。“湖南衡阳司法局正副局长因人事安排冲突互殴”、“内蒙古包头一中

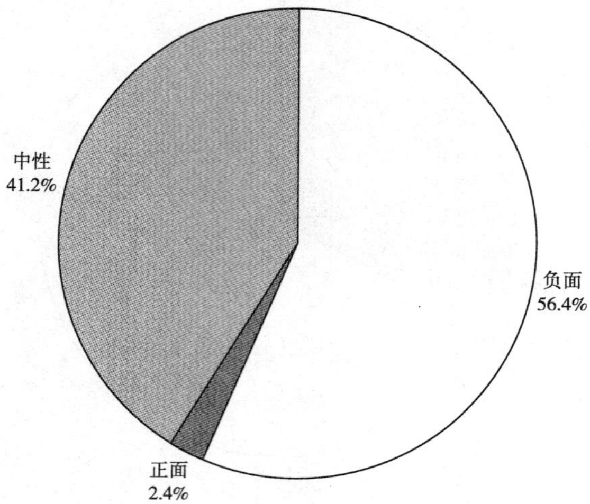

图7　2011年网络舆情——企业财经话题倾向分布

资料来源：中国传媒大学网络舆情（口碑）研究所/艾利艾咨询（IRI）。

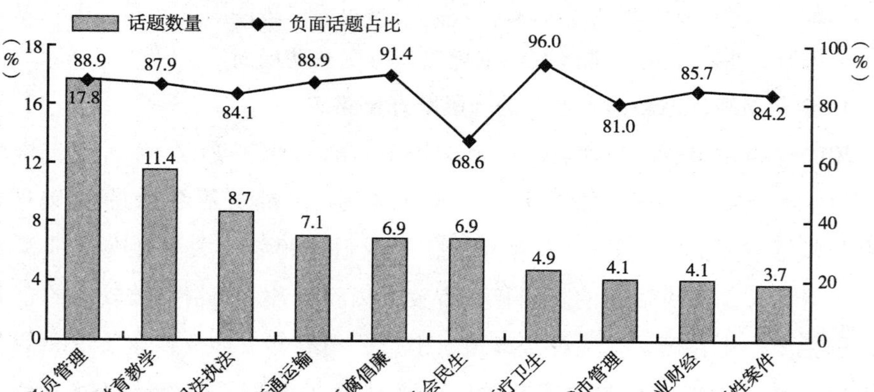

图8　2011年自媒体网络舆情关注领域分布

资料来源：中国传媒大学网络舆情（口碑）研究所/艾利艾咨询（IRI）。

学向优秀生发红校服”等事件引发网民热议。医疗卫生和反腐倡廉领域话题负面占比较高，均超过90%，网民在这些领域的诉求需要党政部门积极面对，做好处置工作。

七 展望

2012 年，党的十八大即将召开，这是关系到党和国家发展的重大历史节点，届时，网络上特别是微博上有关时政的话题将被网民热议。此外，随着国际国内的复杂形势，网络舆情将更为复杂，国际国内诸多政治、经济、社会话题成为网民关注的核心，应对网络舆情成为考验党政干部重要的素养。特别值得注意的是，随着微博等社交网络的发展，社交化网络已成为最重要的舆论场。如何在保障网民自由表达权利的基础上，治理不良和违法信息，提高网络管理水平，是当前中国网络领域最重要的问题。

Annual Report on the Online Public Opinion Index in 2011

IRI of Communication University of China

Abstract: Based on the network public opinion index system and the I-Catch whole network dynamic analysis system, and as sample of 100 typical site for the IRI network public opinion, this report integrate the whole of 2011 the network hot topics.

Key Words: Internet Public Opinion; Hot Events; Administrative Micro-blogging

B.10
2011年中国社交网络舆情发展态势

刘鹏飞*

摘　要： 2011年，以微博、社交网站、视频分享、移动社交应用和电子商务等为代表的社交网络媒体呈现多元化发展趋势。社交网络展现青年人群中的巨大的互动、分享与动员力量，改变了社会舆论格局。重视和善用社交网络，畅通表达渠道和保护个人公共信息，或成为社交网络舆情引导的有效举措。

关键词： 社交网络　舆情　微博　移动互联网

2011年，随着微博、社交网站等社交网络应用逐渐趋于成熟，社交网络日益成为舆论的表达平台，社交网络舆情成为最值得关注的热点。

一　2011年社交网络发展概况

（一）我国社交网络发展态势

据中国互联网络信息中心发布的《第29次中国互联网络发展状况调查统计报告》，截至2011年底，我国社交网站用户数量为2.44亿户，相比2010年底略有增长。据监测，2011年微博持续火爆，各大平台账户注册总量也接近7亿户。①

2011年，我国网民的互联网应用习惯出现显著变化。微博快速崛起，社交

---

* 刘鹏飞，人民网舆情监测室主任分析师，人民在线政务舆情部副主任。主要研究方向为网络舆情、新媒体传播与危机管理。

① 刘鹏飞、周培源：《2011年网络舆情走势与社会舆论格局》，《新闻记者》2012年第1期。

网站稳定发展。新型即时通信、微博等在内的新兴互联网应用迅速扩散，显示出互联网发展创新速度之快。2011年国内移动社交网络有关的热点新闻逐渐增多。目前，米聊、微信和飞聊已经成为不少青年人群的“移动社交新宠”。

（二）三大社交网络形态的现实渗透力

在人人网、开心网等实名制注册的熟人社交网络中，好友关系是对现实关系的一种映射。与此相对，QQ和微博则属于生人社交网络，即使两个人是现实中的陌生人，也可以成好友关系。生人社交网络创造了一种独立于现实社会网络的虚拟社会网络，在突发事件和热点舆情中，更容易形成公共舆论压力。市场研究公司InSites Consulting调查显示，12%受访者表示现实生活形成的印象与社交媒体形成印象不同，说明社交网络在改变用户认知、营造“拟态环境”方面具有巨大作用。

垂直社交网络是根据某一主题构建的SNS网络，其旨在聚集一些有共同兴趣的用户，如豆瓣网小组、新浪微群、QQ群等，用户在现实生活中或认识或陌生，但仍具有较强的社会关系黏性，并可能渗透到现实中。而垂直社交网络也与其他两种SNS同一时间并存。目前，垂直社交网络主要与游戏、电子商务、分类信息等相结合，成为社交网络探究商业模式的有利尝试。随着社交网络的不断推进，各类社交网络功能将走向差异化发展之路。

（三）社交网络发展特征与用户分析

据InSites Consulting 2011年9月15日发布的《2011年全球社交媒体报告》，目前全球有超过10亿人在使用社交网络，占网民人数70%，6亿多用户每天使用。73%西欧人使用社交网络，前三大社交网站是Facebook（96%）、Twitter（80%）和Myspace（70%）。38%互联网用户拥有智能手机，更热衷社交网络应用。Facebook在中国和日本市场渗透率低。另外，75%的中国人知道社交网络，44%的中国人至少使用一家社交网络，社交网络用户多达3.4亿户。在中国，Qzone认知度和Facebook认知度一样高。

据尼尔森在线2012年2月3日报告，美国Facebook用户对“家人”的关注度仅次于朋友，高达87%；在中国，40%的人人网用户关注了同事，比例超过家人。36%的Facebook用户倾向于发布“非常个人的信息”，而人人网这一比例高达61%。中国社交网用户也表现出了更强的开放性，58%的人人网用户表示“愿意接受好友申请”，Facebook仅为26%，另外，人人网用户允许网站获取其地理信息的比例也高出Facebook 10%。尼尔森在线认为，对于中国网民而言，社会化媒体是一个虚拟化程度更高的平台，在涉及个人信息相关的诸多行为上，中国网民更加开放、活跃。

SNS用户会根据自身的需求和价值判断，去“关注”、“分享”、“评论”和“转发”他们认为值得关注的事件，通过网络告知家人、朋友、同学、同事和网友等。而这样高分享率、高转发率和高针对性的精准传播，更能在社交网络上提升舆论关注度、现实影响力和动员力，而其“去中心化”控制、接近“现场直播”的传播速度也是传统媒体所不能比拟的。在这个过程中，网民的力量可能成为主导，成了信息源头，而传统媒体反而变成了“观众”。我们已经进入一个“混合媒体”时代，传统媒体的传播模式也仍旧可行，而社交网络呈上升趋势。

二　2011年社交网络舆情大事件

2011年1月至2012年2月社交网络舆情大事件，如表1所示。

表1　2011年1月至2012年2月社交网络舆情大事件

单位：条

社交网络事件	百度新闻	传统媒体	新浪微博	腾讯微博	人人网	开心网	总计
“7·23”动车事故	80700	8845	4039526	6946200	17700	130000	11222971
林书豪现象	74400	7291	5975871	4563600	161000	147000	10929162
郭美美事件	77900	6304	4816526	4362200	19900	126000	9408830
日本大地震	2570000	15576	4549552	1375100	102000	496000	9108228
佛山“小悦悦”事件	16500	3871	4608652	540000	263000	609000	6041023
中东、北非局势	312500	17672	3438753	1958600	29130	73600	5830255
“微博打拐”	51900	3905	3785390	1200700	11000	22400	5075295
乔布斯逝世	59700	3248	2827096	851300	61900	212000	4015244
韩寒、方舟子论战	14600	2112	2815701	796600	26200	63000	3718213
“hold住姐”走红	11200	1533	2888916	575200	67700	28100	3572649
王立军事件	5900	1779	2352269	688300	12700	25300	3086248
“占领华尔街”	48300	7081	742196	401200	11700	14600	1225077
微博开房门	9880	1570	379857	166800	10900	176000	745007

续表

社交网络事件	百度新闻	传统媒体	新浪微博	腾讯微博	人人网	开心网	总计
英国伦敦骚乱	39000	983	156410	168300	9480	13100	392626
Facebook 上市	21100	1317	208569	103400	15200	14500	364086
大连 PX 事件	7120	839	151095	73300	9470	7110	248934
淘宝商城攻击事件	19400	1277	117919	80300	3380	23200	245476
俄罗斯大选	50500	3285	76610	49100	1380	1690	182565
占领奥巴马主页	24900	176	96829	26800	10700	10300	169705
南京"梧桐让路"	2730	702	110659	11900	4280	3510	133781

注：①舆情热点一般指的是较为具体的事件。对于庞大且笼统的事件，也只选取其中具体事件。搜索工具有人民在线综合管理系统、百度、慧科搜索、新浪和腾讯微博搜索。

②以上各列数据中，新闻、帖文、微博帖子数量均包含原创与转载，SNS 分享帖文不包含帖后评论。通过设置多个关键字、多途径、全文搜索得出统计结果，存在一定的误差。有可能衍生出引用的网络新词，这里也一并计入，但不包含搜索引擎无法抓取的被删除的页面。

③监测时间总跨度：2011 年 1 月至 2012 年 2 月。部分事件是从事件发生时间搜索。其中，20 个热点事件中国际和国内事件分别有 10 个，其中 2012 年的事件有 4 个。

（一）各国政治议程受到社交网络"双刃剑"的影响

在社交媒体的推动下，个人对公共事务的信息创造与消费，合成了空前强大的"微力量"，摆脱了当前代价相对过高的现实公共参与，而可以便捷地拥有强大的信息传播力、活动号召力、政治运作力，各国的政治议程正在一点点被 Web 2.0"双刃剑"的力量改写。①

2011 年中东、北非局势持续动荡，社交网络的作用引起国际社会热切关注。突尼斯、埃及、利比亚、也门、叙利亚、巴林等中东、北非国家先后爆发骚乱、战争、冲突，甚至政权更迭。与此同时，欧、美国家一些不满社会和经济现状的人也从社交网络发展为线下行为。英国、德国、希腊等国均发生局部骚乱，美国出现"占领华尔街"运动，并一度蔓延至欧洲地区，如 2011 年夏季，伦敦、巴黎、柏林、费城、旧金山等不少欧、美大城市，相继出现了类似事件。2011 年 12 月，俄罗斯大选期间，莫斯科等 20 多个城市也出现反对者集会，成为俄历史上网上活动现实化的第一次。路透社形容，社交网站令示威产生"雪球效应"。

① 王文：《微博时代，主流意识形态要有所作为》，《求是·红旗文稿》2011 年第 12 期。

这些活动参与者几乎都是社交网络或智能手机的忠实用户，用新媒体工具相互鼓动、联络和组织，加强群体价值认同，统一运动步骤，聚合政治目标。即使当地主流媒体缺乏报道热情，在社交媒体上却热闹非凡。CNN 认为社交网络等社会化媒体地位愈显重要。Facebook 首席执行官马克·扎克伯格也表示：“我们（社交网络）存在于科技和社会问题的交汇点上。”

（二）大地震和动车事故：社交网络成信息“生命线”

日本大地震和海啸爆发后，当地通信网络出现拥堵，基础设施破坏严重，电话与手机通话、短信服务等都出现瘫痪。在这种情况下，社交网站、微博、QQ、Skype 等互联网通信工具均在灾难中发挥了重要作用。一些社交网络每分钟传递几千条信息，包括紧急电话线路、海啸预警、火车行程更改以及为那些无家可归者提供避难帮助的信息等；当地民众和记者在 Facebook 网站上发布灾难现场所处位置和大量“私人”信息，为人们提供寻亲的便利。

社交网络的救援作用在“7·23”动车事故中的表现也十分突出，微博成为信息中心，就覆盖范围和紧迫性而言，在动员紧急抢救、寻亲中作用也十分明显。珠海市政协委员陈利浩向小伊伊捐款微博转发量近百万，刷新微博转发纪录。另外，浙江政务微博群在救援中的积极行动，新媒体的表现甚至超越传统媒体，发挥了社会舆论功能。

（三）乔布斯逝世：社交网络或使人类重归“部落化”

2011 年末，美国 CNN 网络版对 2011 年的十大科技行业新闻进行了盘点，苹果联合创始人史蒂夫·乔布斯辞世位居首位。乔布斯辞世在全球引发了轩然大波，社交网络中，全球网民有关乔布斯传奇的热议经久不息。《乔布斯传记》11 月出版后立刻成为畅销书。CNN 认为：“乔布斯今年去世后，增速迅猛的科技行业一度止步。乔布斯之后，再无乔布斯。”

乔布斯，苹果，iPhone，iPad，让手机通信工具发生了天翻地覆的变化。按照麦克卢汉的“冷热媒介”理论，智能手机是冷得不能再冷的新媒介，需要人的全身心的参与，随之诞生的 LBS 地理位置服务和“弹性社交”，增加了周围不认识的人相互搭讪的可能。这也许是人类重归部落化“地球村”的一种方式。乔布斯提供一个人们自我延伸和改变世界的工具。上海交通大学媒体与设计学院魏武挥认为，“我们需要像保护环境一样地去保护日益技术化的媒介，使技术不可被滥用”。①

（四）林书豪“一球成名”见证了社交网络传播力量

2011年2月4日之前，纽约尼克斯队队员林书豪的相关报道寥寥无几，他在面临被裁和几乎不为任何人所注意的处境下，在NBA赛场刮起了“Linsanity（林来疯）”。林书豪凭借惊人表现，引领纽约尼克斯豪取7连胜，打破多项联盟纪录，入选全明星新秀赛，登上了美国《时代》杂志等媒体的封面！据了解，当时很多人最先是从社交网络中获悉林书豪的新闻。仅仅两周，他的微博粉丝就超过187万，Twitter粉丝从3万暴涨到44万，Facebook账号85万多个“赞”。YouTube比赛视频浏览量都在120万以上。社交网络Web 2.0传播的特点，使得传统线性传播能在短时间内达到病毒式网状爆发。

三　社交网络“拼图”效应改变社会舆论格局

（一）郭美美事件：社交网络人肉搜索的事实挖掘

2011年的郭美美事件几乎家喻户晓。网友通过社交网络自发展开人肉搜索式调查，流传一张张形式各异、内容相近的人物关系图。郭美美事件虽然没有上各大门户网站，但充分发挥了微博轻快和拼图围观的优势。大量微博网民投身“新闻挖掘机”，微博+天涯充当“人肉龙卷风”，实现了碎片事实挖掘传播和议程设置。搜索高达20万次，关注度达到历史之最。长达65小时的人肉搜索，微博解密速度仍远快于传统媒体。如6月26日郭美美遭遇机场围观之后，航班号、起飞时间、座位号、身份证号码等很快被公开。有专家认为，随着互联网技术、搜索技能的提升和虚拟活动社会性的增强，发起人肉搜索的门槛在降低，成为网友独特的公共参与性娱乐方式。但“人肉搜索”也令民众担忧信息隐私和谣言中伤，让事件的性质发生变化。如何既保护个人隐私，又维护公共群体利益，则是需要深入思考的平衡性问题。②

---

① 魏武挥：《从麦克卢汉到乔布斯：媒介技术与环境保护》，《新闻记者》2011年第11期。

② 李光焱：《一人肉就炸弹 网友深挖“郭美美”关联人》，2011年7月6日第C16版《广州日报》。

（二）大连 PX“散步”：微博缺位下的社交网络动员

2011 年 8 月 14 日，大连上万人走上街头，抗议当地的 PX 化工项目对居民生存环境的威胁。事件起于 8 月 8 日，台风“梅花”抵达大连，福佳大化 PX 项目附近防波堤被海浪冲毁，当地网友担心 PX 储油罐有泄漏风险。8 月 10 日，各大社交网站和网上论坛传出 14 日游行消息，市民收到手机短信和邮件通知游行安排。作为“散步”活动主要信息传递平台的微博受到限制，使得信息渠道转向了更具人际黏性的社交网站。14 日，市民陆续前往市政府门外的人民广场静坐示威和散步。大连市领导当众宣布决定福佳大化停产和搬迁，最终平息了事态。经监测，大连市民在“散步”活动中显露的理性精神、散步后主动清理现场的环保意识和和平对峙的方式受到认可。该事件也因微博受限制的情况下，社交网络传播和动员力量凸显而引起更多关注。

（三）王立军事件：社交网络重构传统新闻传播模式

2012 年 2 月 6 日，重庆副市长王立军进入美国驻成都总领事馆事件，一举引爆国内外社交网络舆论。2 月 9 日晚间，网民分秒必争地刷屏“王立军”。“刷屏 + 搜索 + 截屏”成为一种新的阅读模式。此时，民间口头舆论相对零碎平和，传统媒体经过核实及审查发布权威消息。而社交网络海量信息碎片化，但声势大，透明度高，转移快，互动性强，已完全覆盖了前两者。《华尔街日报》称，互联网和社交网络在中国的流行，使得小道消息能够实时地在全国民众面前散播。21 时 14 分，人民网革新传播意识，通过新闻预告和重大新闻“微博体”的方式，参与了舆论话语建构，增加数万粉丝。

新媒体的崛起与扩张重新建构了传统的阅读方式与传播可能。社会对理性与自由的诉求升温，网络上的意见市场已在悄然转变，专业透彻的分析、理性的公民行动开始取代尖刻的批评调侃，为越来越多的参与者效仿。

四　社交网络舆情应对与引导形式

微博、社交网站、移动互联网的快速兴起，网民信息传播空前便捷，“无处不在、无时不有”成为现实。网民通过信息网络获取信息、表达诉求和公共参与日益强烈。社会热点敏感问题可能在网络上传播、发酵、放大，各种社会思潮借助网络平台碰撞、激荡，导致社会问题网络化，网上问题现实化，甚至一些腐朽文化、淫秽色情和虚假有害信息，都对政府舆情应对提出了挑战。宣传部门不再是唯一的信息渠道，政务新媒体应当积极引导、配合社交网络，通过加强信息互动，才能改善互联网舆论生态。也有专家指出，要建立网络舆论自净与对冲机制，缓冲碎片化和激进化的情绪，全面展示社会真实意见构成，解释公共治理的复杂性，促进官民沟通。

（一）“微博打拐”：政务微博政民互动创新社会管理

2011 年春节期间，中国社会科学院农村发展研究所学者于建嵘在微博上发起“随手拍照解救乞讨儿童”活动，引发网络强烈反响。大量网友参与到“随手拍”活动中，公安部打拐办主任陈士渠通过微博支持。各地公安打拐部门纷纷通过微博挖掘线索，取得了大量成果，官民互动活跃，拉近了关系。但随着“微博打拐”的逐渐深入，该行动也引发了对于隐私保护、“打拐”体制、活动局限等质疑，“随手拍”活动认识趋于理性，网友自发拍照逐渐减少，从关注乞讨儿童转向被拐儿童。“微博打拐”成了政府、社会、公众共同参与的行为。政务微博创新社会管理的积极意义得以展现，网上意见领袖作为社交网络节点的重要作用受到重视，成为 2011 年官民互动的经典案例。2011 年成为“政务微博年”。2012 年，微博在政府信息化布局中的地位将有所提升。① 四川会理县 PS“悬浮照”事件和南京梧桐树事件等越来越多的积极案例，说明更多部门已经觉醒，社会管理方式将更加高效和务实。

（二）“占领奥巴马”：网络流行语的独特生态语境

“占领奥巴马”一词是西方媒体对中国网友争相在美国总统奥巴马 Google + 页面留言现象的称呼。2012 年 2 月 20 ~ 25 日，网友“占领”奥巴马页面，多是玩笑和恶搞，使用了“沙发”、“板凳”、“围观”、“五毛”、

① 人民网舆情监测室：《2011 年新浪政务微博报告》，第 60 页。http://yuqing.people.com.cn/GB/16575758.html。

"河蟹"、"灌水"、"盖楼"的网络术语，导致西方媒体在翻译时出现错误笑料而使事件持续走红网络。据 BBC 翻译："But many simply voiced delight at their freedom to speak：they talked about occupying the furniture and bringing snacks and soft drinks。"该消息也引起西方媒体的极大兴趣。英国 BBC 还配上奥巴马 2009 年访华时在长城上的照片。美联社称，"占领奥巴马"这个用语是受"占领华尔街"一语的启发而产生的。不过，"占领"行动也引起一些人士的担心，称美国要想方设法建立"城墙"保护自己的网站，以避免崩溃的命运。

2011 年网络流行语层出不穷。咆哮体、hold 住体、淘宝体、高铁体、撑腰体、拼爹体、文艺青年体、屌丝体等言简意赅，含义丰富，具有深刻的社会背景，表达了网民的态度和情感倾向。不熟悉社交网络中青年群体文化的人，很可能运用现实生活的逻辑去理解，往往陷入南辕北辙的引导误区。要做好网络舆情引导，必须了解社交网络文化，提升新媒体素养。

（三）道德诚信危机：社交网络修复社会监督链条

2011 年 10 月 13 日，2 岁女孩小悦悦在佛山某街道相继被两车碾轧，7 分钟内 18 名路人视而不见，最后一名拾荒阿姨陈贤妹上前施以援手。这段视频在社交网络和视频分享网站中引发舆论愤怒，成为国人反思"道德危机"的标志性事件。广东当地政府介入舆情处置。《中国新闻周刊》报道称："小悦悦事件折射社交困境：邻里无交流相识不相知。"传统社会的社会关系与监督链条的局部断裂，或许给社交网络以新的社会关系功能思考。

2012 年春节前，韩寒"代笔门"爆发。社交网络上"挺韩派"和"倒韩派"各执一词，成为近年来少见的"口水悬案"。有媒体评论："麦田倒下了，方舟子站起来了；路金波脱身了，韩爸被卷进去了；博客和书被质疑有枪手，拿出手稿也被说作假。"① 随后，出版人路金波、微博女王姚晨、作家宁财神等均发表看法，质疑该事件持续两月，占据大量公众注意力。不少人表示，"早该提起诉讼了"。直至 2 月份王立军事件爆发，"方韩大战"才告一段落。由此可见，

① 潘越飞：《重回微博，老书新出韩寒继续证明自己》，2012 年 1 月 28 日第 A07 版《钱江晚报》。

社交网络舆论监督或许弥补了现实监督局部链条的缺失。在遭遇困境后，当事方和公众最终依然回到法律轨道解决纷争。

（四）社交网络自由表达和隐私保护的平衡把握

2011 年 8 月英国伦敦骚乱中，暴徒通过社交网络和黑莓手机进行组织联络，有官员考虑关闭社交网络。美国《基督教科学箴言报》则称，“因骚乱而怪罪社交媒体的观点是片面的，也没有抓住事情本质”。2011 年 8 月 29 日，英国政府就如何控制社交网络犯罪征集民意后，考虑将 Twitter 变成实名制社交网络。

2011 年下半年，国内不少媒体介绍国外经验称，实名制在于树立网民的责任和自律意识。2011 年 12 月，我国国内大城市也试行微博实名制，一时间众说纷纭。与此同时，“黑客泄密门”爆发，十多家网站数千万用户账号泄露。有媒体称：“互联网从来没有像现在这样让人感到不安全。”而韩国也曾发生大规模信息泄露，引发对实名制的再思考。维护真实诚信的网络舆论环境，拥有广泛的社会共识。实名制基本符合当前的中国网络现实，也不会造成社交网络发展滞缓，总体利大于弊，但需要切实保护个人信息安全和言论自由。对于社交媒体的监管，不能因噎废食。社交媒体若得到合理利用和管理，对社会稳定和人心所向会起到极大的良性作用。①

中共十七届六中全会提出，“加强和改进网络文化建设和管理，加强网上舆论引导”，“加强对社交网络和即时通信工具等的引导和管理”，“依法惩处传播有害信息行为”。与其说是官民互动技术性的改变，不如说是理念上的革新。在经济全球化和信息化的今天，社交网络环境对受众的生活方式、环境认知、思维模式、价值观念等方面产生着重要影响。真正关键的其实不是社交网络工具，而是借助网络汹涌而出的民意。政民沟通不能仅仅停留在技术和风格的转变，还要让民意更加顺畅地表达。政府尤其要重视完善新闻发布及信息公开制度，健全重大突发事件舆论应对机制，适时发挥社交网络的力量，把握舆论主导权。这样，社交网络带来的巨大挑战，就有可能转化为提升执政能力的良机。

---

① 刘鹏飞：《社交媒体推进信息公开》，《网络传播》2012 年第 2 期。

Report on the Trend of China Social Network Public Opinion and Sentiment in 2011

Liu Pengfei

Abstract: In 2011, micro-blogging, social network site, video-sharing site, mobile social networking applications and e-commerce as the representative of the social network media has shown diversity to develop a tendency. Young people have the great interaction, sharing and mobilization strength by SNS, which has bought A change of structure of social opinion, and national political agenda variables. Paying attention to and making good use of social network, opening channel and the protection of personal information, may well be effective measures of guiding social network public opinion.

Key Words: Social Network; Public Opinion and Sentiment; Micro-blogging; Mobile Network

B.11

社会转型风险与网络舆论

——对网络舆论发生机制的实证研究

余红　陈志群*

摘　要： 论文实证研究了中国社会转型风险对网络舆论发生的影响。通过对社会风险指标数据与重大网络舆论爆发数之间相关分析，研究发现，我国社会转型风险、经济转型风险显著影响重大网络舆论事件的发生；政治转型风险在一定程度上也与重大网络舆论事件数相关。社会群体之间关系越紧张、社会群体承受能力越脆弱、社会不安全感越强，则诱发的网络舆论事件数越多。说明我国网络舆论在相当程度上受到社会转型的直接作用和影响，网络舆论是现实社会风险在网络虚拟社会中的一种镜像和释放。

关键词： 网络舆论　社会转型　社会风险

当前网络舆论的高发现象，除了与网络技术的发展、中国网民数量的不断激增等因素有关外，更与社会转型期中国的宏观环境有很大的依存关系[①]。研究网络舆论，就必须考虑其所处环境、时代的影响。本研究目的即在于实证考量社会转型风险与网络舆论之间的关系，从社会结构层面剖析网络舆论发生机制，以期能够发现网络舆论形成规律。

我国学者对网络舆论概念还存在广义网络舆论和狭义网络舆论之辩。本文认为，“网络舆论是在互联网上传播的公众对某一焦点所表现出的有一定影响力的、带倾向性的意见或言论”。[②] 简单地说，网络舆论就是网络舆论主体（网民）

---

* 余红，华中科技大学新闻与信息传播学院传播系主任，教授，博士生导师；陈志群，华中科技大学新闻与信息传播学院硕士研究生。

① 李勇、彭鹏：《社会转型期的中国网络舆论生态环境》，《新闻爱好者》2010 年第 11 期。

② 谭伟：《网络舆论概念及特征》，《湖南社会科学》2003 年第 5 期。

通过互联网表达的社会舆论。①

本研究提出如下研究假设：我国网络舆论的形成受到社会转型的直接作用和影响，网络舆论是社会转型风险在网络虚拟社会中的一种镜像和释放，社会转型风险越大，则发生的重大网络舆论事件数越多。

一　研究设计

本文采用实证研究方法探究社会转型风险对网络舆论的影响。通过中华人民共和国统计局发布的各种统计年鉴获得相关社会转型风险指标的年度数据，采用相关分析作为主要的数据统计方法。

1998 年 1 月的“克林顿拉链门”事件被认为是我国最早的网络舆论事件，自那时起，中国网络舆论逐渐活跃起来②。而社会风险指标数据，如失业率等的数据统计结果大都还停留在 2009 年，因此，本研究所选择的时间跨度从 1998 年到 2009 年。研究涉及两大变量：网络舆论变量和社会转型风险。网络舆论变化趋势通过每年的重大网络舆论事件数来衡量，借鉴钟瑛、余秀才在《1998 ~ 2009 重大网络舆论事件及其传播特征探析》一文中的网络舆论事件筛选标准和数据。社会转型风险的测量借鉴了胡鞍钢③和宋林飞 1995 年④和 1999 年⑤的指标体系。本文在宋林飞指标体系基础上，根据数据的可操作化，对部分指标进行修改，最终的社会风险指标包含四个领域、13 个指标体系（见表 1）。表 2 为胡鞍钢社会转型风险指标体系。

表 1　调整后的宋林飞社会转型风险指标体系

风险领域	风险指标
经济领域	失业率
	通货膨胀率
	贫困发生率
	基尼系数
	城乡收入差距

① 邹军：《试论网络舆论的概念澄清和研究取向》，《新闻大学》2008 年第 2 期。

② 钟瑛、余秀才：《1998 ~ 2009 重大网络舆论事件及其传播特征探析》，《新闻与传播研究》2010 年第 4 期。

③ 胡鞍钢、石磊：《社会转型风险的衡量方法与经验研究（1993 ~ 2004 年）》，《管理世界》2006 年第 6 期。

④ 宋林飞：《社会风险指标体系与社会波动机制》，《社会学研究》1995 年第 6 期。

⑤ 宋林飞：《中国社会风险预警系统的设计与运行》，《东南大学学报》1999 年第 1 期。

续表

风险领域	风险指标
政治领域	干部贪污 干部渎职
社会领域	刑事犯罪率 治安犯罪率 离婚率 劳动争议立案率
自然环境领域	农业自然灾害 环境污染与破坏事故发生率

表 2　胡鞍钢社会转型风险指标体系

风险领域	风险指标
社会紧张	法院一审民事案件收案率 法院一审行政案件收案率 劳动争议立案率 离婚率
社会不安全	刑事犯罪立案率 治安案件立案率 集体劳动争议发生率 交通事故发生率 火灾事故发生率 法定报告传染病发病率 环境污染与破坏事故发生率
社会脆弱	贫困发生率 基尼系数 失业率 通货膨胀率

二　数据分析

（一）经济领域风险与网络舆论

将测量经济领域风险的指标与重大网络舆论事件数作相关分析（见表 3），发现除了 CPI、失业率与网络舆论之间没有显著相关关系外，经济领域其他的风险指标与网络舆论之间均存在显著性的正向相关关系。贫困发生率、基尼系数、城乡收入差距与网络舆论事件数的相关系数皆在0.8～0.923之间，说明贫困发生率越高、基尼系数越高、城乡收入差距越大，则发生的最大网络舆论事件数越多。

表3　经济领域风险与网络舆论的相关关系

类别		失业率	CPI	贫困发生率（人/万人）	基尼系数1	基尼系数2	城乡收入差距
舆论事件数	相关系数	0.498	0.513	0.797*	0.923**	0.856**	0.845**
	p值	0.100	0.088	0.018	0.001	0.007	0.001
	样本数	12	12	8	8	8	12

注：①*表示$p<0.05$，**表示$p<0.01$，***表示$p<0.001$，下同。

②由于我国很少定期公开发布基尼系数相关数据，因此不具有权威的数据来源。本文采用两套数据来源。基尼系数1的数据是国际统计年鉴和我国统计年鉴数据的结合。基尼系数2来源于中国统计局网站上公开发表的一篇文章，网址为 http：//www.stats.gov.cn/tjshujia/zggqgl/t20070411_402398097.htm。

失业率和CPI与网络舆论呈现中度相关，但未通过显著性水平检验。为了更好地看出失业率与网络舆论事件数之间的关系，本文绘制二者的折线图观看各自的变动趋势（见图1）。我们可以发现，失业率的两大拐点（2003年和2007年）也是网络舆论事件数的两大拐点，两者的变动规律具有一定的一致性。同样，CPI与网络舆论事件数升降的变动趋势具有一定的关联性。

整体上来说，经济领域风险越大，则重大网络舆论事件数越多。

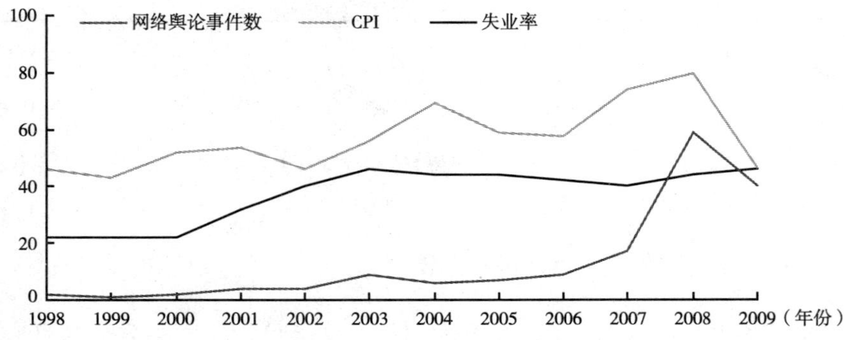

图1　网络舆论事件数、失业率、CPI三者折线情况

（二）政治领域风险与网络舆论

为了探讨政治风险指标与网络舆论的相关关系，本文从《中国法律年鉴》中收集了1999～2009年检察院的相关数据（见表4）。其中，检察院受案数＝贪污贿赂受案数＋渎职侵权受案数；检察院大案数＝贪污贿赂大案数＋渎职侵权大案数。

表4　政治领域风险指标与网络舆论的相关关系

单位：件/万人

类别		检察院受案数	贪污贿赂受案数	渎职侵权受案数	检察院大案数	贪污贿赂大案数	渎职侵权大案数
舆论事件数	相关系数	－0.605*	－0.606*	－0.585	0.499	0.457	0.789*
	p 值	0.048	0.048	0.059	0.118	0.157	0.020
	样本数	11	11	11	11	11	8

年鉴数据显示，自1998年以来，检察院受案数、贪污贿赂受案数、渎职侵权受案数呈现下降趋势，而大案数呈现上升趋势。与网络舆论事件数的相关分析显示，检察院受案数、贪污贿赂受案数、渎职侵权受案数与网络舆论事件数呈现负相关，检察院大案数、贪污贿赂大案数、渎职侵权大案数与网络舆论事件数呈正相关，但只有检察院受案数、贪污贿赂受案数、渎职侵权大案数通过了显著性水平检验。这说明检察院受案数越多，则网络舆论事件数越少；受理的贪污贿赂受案数越多，则网络舆论事件数越少；渎职侵权大案数越多，则网络舆论事件数越多。那么，为什么会出现如此反差呢？

相比普通案件，渎职侵权大案数更容易引起广大社会民众的关注，其社会反响更大。对1998年以来发生的重大网络舆论事件的内容分析表明，诸多的网络舆论事件指涉的群体为官员和公权力，官员腐败和侵权是网络舆论关注的重要议题。① 可见，政治领域风险，尤其是官员的重大渎职侵权行为与网络舆论存在一定的相关性。

---

① 钟瑛、余秀才：《1998～2009重大网络舆论事件及其传播特征探析》，《新闻与传播研究》2010年第4期。

（三）社会领域风险与网络舆论

中国工会统计年鉴数据显示，1998～2008年，我国劳动争议案件增长迅速，增长率高达274%。离婚率在1998～2002年没有很大的波动，但从2003年起离婚率持续攀升。

相关分析显示（见表5）公安机关治安案件受理率、劳动争议案件受理率、离婚率与网络舆论事件数之间存在显著的正向强相关关系，刑事犯罪立案率与网络舆论事件数不存在显著的正相关关系。

整体上，社会领域的风险因素对网络舆论的变动趋势有重要影响作用。

表5　社会领域风险指标与网络舆论的相关关系

类别		刑事犯罪立案率（件/万人）	公安机关治安案件受理率（件/万人）	劳动争议案件受理率（件/十万人）	离婚率（对/万人）
舆论事件数	相关系数	0.502	0.779**	0.949**	0.733*
	p 值	0.096	0.003	0.000	0.025
	样本数	12	12	12	9

（四）自然环境领域风险与网络舆论

农业自然灾害受灾变量用来描述每年的灾难情况，成灾变量表示每年自然灾害的严重程度，环境污染与破坏事故是在工业化、现代化过程中发生的人对自然环境的破坏。数据分析结果（见表6）显示，农业自然环境受灾、成灾与网络舆论之间不存在显著性的相关关系，环境污染与破坏事故次数与网络舆论之间存在显著性的负相关关系，皮尔逊相关系数为-0.740，$p<0.05$。

表6　自然领域风险指标与网络舆论的相关关系

类　别		农业自然灾害受灾（千万顷）	农业自然灾害成灾（千万顷）	环境污染与破坏事故发生率（次/百万人）
舆论事件数	相关系数	-0.384	-0.414	-0.740**
	p 值	0.243	0.235	0.006
	样本数	11	10	12

自然环境领域与网络舆论的相关关系不太显著，可能原因在于环境污染与破坏的发生存在一定的隐性和潜伏性，因此数据的获得与统计较难。很多环境污染与破坏事件都是在发生几年甚至是十几年之后才被发现，这不仅导致了环境污染与破坏发生年份与发现年份不一致的问题，同时很多环境污染与破坏事件很难被及时发现并受到关注。因此，虽然相关分析显示自然灾害和环境污染与破坏事故指标与网络舆论之间不存在显著的相关关系，但是我们需谨慎推断二者之间关系。

（五）社会紧张与网络舆论

“社会紧张”是衡量社会不同群体之间的关系融洽与否的一个指标。社会紧张程度越高，发生纠纷的可能性越大，社会活动的交易成本越高。“社会紧张”程度主要由民事案件立案率、法院一审行政案件立案率、劳动争议立案率以及离婚率构成，分别衡量公众之间、公众与政府部门之间、劳资之间以及家庭成员之间关系的紧张程度。测量社会紧张的四个指标全部与网络舆论事件数呈现显著性相关关系，且都是高度的强相关，说明社会紧张度越高，则诱发的网络舆论事件越多（见表7）。

表7　社会紧张与网络舆论相关关系

类别		法院一审民事案件立案率(件/万人)	法院一审行政案件立案率(件/百万人)	劳动争议立案率(件/10万人)	离婚率(对/万人)
舆论事件数	相关系数	0.830**	0.608*	0.949**	0.733*
	p 值	0.001	0.036	0.000	0.025
	样本数	12	12	12	9

测量社会紧张的四个指标，以劳动争议立案率与网络舆论的相关系数最高，达到0.949，其后依次为法院一审民事案件立案率（0.830），离婚率（0.733）、法院一审行政案件立案率（0.608）。这说明劳资冲突是诱发网络舆论的常因，公众之间不和谐、公众与政府之间不和谐、家庭成员关系不和谐也削弱了人与人之间、公众与政府之间的信任，加剧了民众的社会紧张感。

（六）社会不安全与网络舆论

测量“社会不安全”的 7 个指标中，有 5 个与网络舆论事件数存在显著性相关关系，相关系数由低到高依次为治安案件立案率（0.779）、环境污染与破坏事故发生率（-0.740）、火灾事故发生率（-0.639）、集体劳动争议发生率（0.637）、交通事故发生率（-0.611）（见表8）。刑事犯罪立案率、法定报告传染病发病率与网络舆论事件数不存在显著性关系。

表8 社会不安全与网络舆论相关关系

类别		刑事犯罪立案率（件/万人）	治安案件立案率（件/万人）	集体劳动争议发生率（件/百万人）	交通事故发生率（件/10万人）	火灾事故发生率（件/10万人）	法定报告传染病发病率（件/10万人）	环境污染与破坏事故发生率（次/百万人）
舆论事件数	相关系数	0.502	0.779**	0.637*	-0.611*	-0.639*	0.612	-0.740**
	p 值	0.096	0.003	0.026	0.035	0.025	0.080	0.006
	样本数	12	12	12	12	12	9	12

社会治安状况欠佳、交通事故、火灾、环境污染和集体劳动争议等社会环境因素会引起社会公众人身或财产损失，民众不满情绪经由网络虚拟空间发酵，最终激发网络舆论事件的发生。尤其值得注意的是多年来不断高发的集体劳动争议，由于事件的群体性、对抗性、损害性较强，很容易转化为社会危机事件。

（七）社会脆弱

社会脆弱指容易受伤害的程度，通常与贫困或不平等联系在一起。除了CPI、失业率与网络舆论之间的相关分析没有通过显著性检验，贫困发生率、基尼系数与网络舆论之间均存在显著的相关关系，贫困发生率与网络舆论相关系数为0.797，基尼系数与网络舆论相关系数为0.923（见表9）。说明社会贫富两级分化越严重、贫困率越高，则爆发的网络舆论事件数越多。

表9 社会脆弱与网络舆论相关关系

类别		贫困发生率(人/万人)	基尼系数	失业率	CPI
舆论事件数	相关系数	0.797*	0.923**	0.498	0.513
	p 值	0.018	0.001	0.100	0.088
	样本数	8	8	12	12

三　结论

论文采用宋林飞的社会转型风险指标体系和胡鞍钢的社会转型风险指标体系，检验社会转型风险与网络舆论之间是否存在相关关系。结论是：我国社会转型风险与网络舆论存在显著的相关关系。

1. 多元化、多向度的社会转型风险

中国面临的社会转型是多向度的、浓缩的、急剧的，由此带来的社会转型风险也是多元化、多向度的。本研究发现，社会风险指标中的经济领域、社会领域、政治领域与网络舆论事件数之间存在显著性的相关关系，只有自然环境领域与网络舆论事件数之间不存在显著的相关关系。说明整体上重大网络舆论事件发生数与社会转型风险密切关联，社会转型风险愈大，发生的重大网络舆论事件数越多，验证了本文提出的研究假设。

2. 社会转型风险侧重于经济领域和社会领域

与重大网络舆论事件数显著相关的三类社会风险中，经济领域风险和社会领域风险与网络舆论发生数之间存在高度相关关系。譬如，劳资纠纷、集体劳动争议、贫困率、基尼系数、社会治安、离婚率等，与网络舆论事件数显著相关。与经济领域和社会领域相比，政治领域风险在一定程度得到体现，干部渎职侵权大案要案数越多，网络舆论事件数越多。除此之外，政治领域其余指标与网络舆论事件数不存在显著相关关系。

因此，我国网络舆论发生更多受到经济领域和社会领域转型风险的影响，但不能轻视来自政治领域的影响。随着改革进一步由经济领域推进到政治领域，可以预见政治转型风险与网络舆论发生之间关系会更加显著。

3. 构建和谐网络舆论的路径

本研究实证证明了我国网络舆论的发生受到社会转型风险的影响，网络舆论是现实社会风险在网络虚拟社会中的一种镜像和释放。归根到底，网络舆论的产生是网民长期积聚的社会信念见诸某个焦点事件的行动。我国网络舆论中“仇富”、“仇官”的情绪揭示了“分裂”的中国社会中权贵阶层与底层阶层之间尖锐的对立和冲突。因此，构建和谐网络舆论需要网上、网下同时着力。网上舆论引导固然重要，但不可忽视现实社会的和谐；需要从现实世界着手，减少在经济领域、社会领域和政治领域付出的社会转型代价，遏制社会两极分化趋势，修复不同社会群体之间、公众和政府之间关系。

本文从宏观层面证明了我国网络舆论的产生与社会转型风险之间存在密切的关系，说明网络舆论的产生明显受到社会结构的作用和影响。在不断“分裂”的社会结构之下，网民如何理解他们身处的社会？如何建构网络舆论焦点事件的意义？决定网民表达与否的意见门槛是什么？这是后续研究需要解决的问题。

参考文献

陆学艺、景天魁：《转型中的中国社会》，黑龙江人民出版社，1994。

孙立平：《断裂——20世纪90年代以来的中国社会》，社会科学文献出版社，2003。

徐向红：《现代舆论学》，中国国际广播出版社，1991。

Social Transformation Risk and Online Public Opinion

—Empirical research about the mechanism of online public opinion

Yu Hong　Chen Zhiqun

Abstract: The paper studies the influence of China social transformation risk to online public opinion using empirical research method. Through correlation analysis between the social transformation risk items and numbers of important online public opinion events during 1998 – 2009, we discover that social transformation risk and economic transformation risk significantly affect the occurrence of important online public opinion events; the political transformation risk to some extent is related to the occurrence of important online public opinion events in China. Meanwhile, the more intense of the relationship among social communities, the more fragile of social communities' bearing capacity; the stronger of social unsafe feeling; the more the online public opinion events would be. It refers that online public opinion in China is directly influenced by social transformation, and online public opinion is the mirror of actual social risk on virtual internet society.

Key Words: Online Public Opinion; Social Transformation; Social Risk

B.12

中国网络舆情监测产业发展状况、问题与对策

党生翠*

摘　要： 舆情监测已经逐渐呈现产业化特征。本文试图对网络舆情监测产业的产业特征、发展阶段、存在问题及相关对策进行探究。

关键词： 舆情监测　产业　同质化　规范

一　概述

随着网络舆情的影响日盛，舆情监测也逐渐成为热点，网络舆情监测已初具产业形态。2011 年，舆情监测行业取得了新发展。据在中国政府采购网检索，江苏、甘肃、福建、广西、宁夏、天津、四川、浙江、河北等地的各级政府部门，都购买了网络舆情监测系统。此外，央企也是这个行业的主要客源。本文试图对网络舆情产业的产业特征、发展阶段、存在问题及相关对策进行探究。

网络舆情监测是搜索引擎技术发展到一定阶段的产物。它通过对某一主题相关数据的实时抓取、剔除和分析，对舆情进行动态式观察。网络舆情监控系统是指通过对网络各类信息进行汇集、分类、整合、筛选等技术处理，再形成对网络热点、动态、网民意见等实时统计报表的软件工具。由初期简单的关键字检索和采集到后期实时全网监控舆情信息，并辅以人工智能分析提供相关解决方案，网络舆情监测更加具有个性化和实用性，因此行业规模也越来越大。目前从事全国性舆情监测的机构，主要分为以下几类；第一类是由传统市场调查公司发展的新

* 党生翠，中国社会科学杂志社编辑，博士，研究方向为网络舆论、文化与传播。

业务，特点是技术实力较强，但数据分析和解读不够专业。第二类是主流媒体延伸的新业务。国内最早从事互联网舆情监测的机构——人民日报社网络中心舆情监测室即属于此类，它也是迄今为止最为专业的研究机构之一。第三类是高校研究机构创办的舆情研究所。如中国传媒大学网络舆情（口碑）研究所、中国人民大学舆论研究所等。第四类则是由政府部门内部成立的专业部门。

二　产业特征概括

网络舆情监测产业作为信息产业的一种，具有如下产业特征。

一是知识、智力、技术密集型产业特征明显。从产业构成看，其是由新型的知识、技术、智力型企业组成。从劳动特征看，舆情监测产业的劳动力结构以软件人员、搜索引擎专家等高技术人才为主体，且多为这些专业技术人员的联合与协作。从核心技术来看，基于统计规则的模式识别和内容挖掘，以及搜索引擎基础上的主题监测技术都是高新技术。从其产出看，舆情数据库及决策库等信息含量都高于其他一般行业。舆情监测产业的这些“三密集”特征是其基本属性。

二是高风险，不确定性强。首先，舆情监测产品的科学性具有较大风险性，原因在于网络舆论本身的内生复杂性。网络舆论本身存在蝴蝶效应，微内容短期内就会演变为“舆论风暴”。网络舆论构成复杂，瞬息万变。真实、科学、客观的网络舆情监测需要多学科支撑。其次，舆情监测产品的市场营销也具有极大的风险性。“舆情监测”、“舆情监控”之间没有明确的分水岭，这就增加了产品营销的道德风险，同时也使其行业合法性不断受到拷问。而政策环境的变化也会使得消费者需求产生波动，增加其营销风险。

三是渗透性较高。舆情监测产业的高渗透性首先体现在网络媒体内部。舆情监测产业的高渗透性体现在社会管理、企业治理等宏观层面。许多省、市、县级政府都设立了舆情部门，建立了相关数据库；120 家大型央企实行了新闻发言人制度。舆情监测产业还向股市等商业领域渗透。已有机构开始介入开发专门股市舆情监测软件。通过系统监测网站、论坛、博客、微博等，分析这些信息与金融市场之间的关联，将这些信息按照知识模型体系进行分析与组织，以便为投资者及相关机构提供及时、全面、可资分析利用的信息。

三 产业发展基础分析

网络舆情监测产业的逐渐成形，离不开环境、资源和市场的成熟。

产业发展环境主要有两个方面。一是政治环境。网络热点事件频发，虚拟社会治理渐成社会重要问题。当前我国正处在社会矛盾高发期，在这样的背景下，网络成为公民表达诉求、维护自身权益的重要渠道，网络引发的热点事件频发。如何客观认识网络舆情，急需具有第三方机构身份的权威性意见。人民网《舆情分析师手册》曾提到，"'第三方'这个身份可以让我们更方便地接触官员、专家、媒体人士和网络意见领袖、论坛版主等各个群体，这对于了解各方观点进而作出客观平衡的结论很必要"。二是政策环境。网络舆论增强了弱势群体的力量，提高了民众政治参与的热情。与此同时，党和政府也逐渐开始适应网络环境，并利用它提高管理效率。这首先表现在国家对互联网基础设施的持续巨额投资不断增长的数字上。我国投入了数以十亿计的巨额经费致力于网络建设。其次，互联网公共参与功能被高度重视。目前相当数量的各级党政官员开始正视互联网的舆论表达和公共参与功能，并开始给予正面评价甚至营造良好的政策环境。

网络舆情监测产业发展的资源环境有三：一是网民数量的规模化。根据梅特卡夫定律，网络的价值与网络规模的平方成正比。当网民达到一定数量时，其在意见市场的影响就会指数倍增加。中国互联网普及率达到38.3%，即三个中国人中就有一个是网民。这种数量规模也直接导致了网络舆情的不断涌现。二是互联网技术对社会规则的生产功能。缔元信数据公司总裁秦雯指出，以社会化网络系统（SNS）为代表的新技术，已经开始推动互联网应用产生革命性变化。其主要特征，就是使互联网从文本为核心的架构转型到以人为核心的架构。① 技术的发展降低了人们发布信息的门槛，表达意见的手段更加多元化，并改变了现行规则。技术与规则的融合释放出惊人的能量，提高了传播效果。三是技术与功能的融合对人的地位产生了影响。信息的发展降低了人们发布信息的门槛，表达意见的手段更加多元化，并改变了现行规则。网络舆论也由简单地交换彼此对某一事

① 张欢：《技术创新推动互联网人本世界发展》，缔元信网络数据，2010年10月28日。

件看法的信息功能，转向更为复杂的导向、沟通和监督功能。网络技术的发展，促使政府传统的线性管理思路与方法受到了一定程度的挑战。技术与规则的融合释放出惊人的能量，提高了传播效果。

此外，搜索引擎技术的发展为舆情监测行业的独立奠定了基础。搜索引擎是利用机器自动化地收集网络信息并有序化的一种技术。随着互联网信息的迅速增加，搜索引擎技术从1995年开始逐渐发展起来，搜索引擎技术的发展为舆情监测提供了技术基础。

四　网络舆情监测产业发展历程回顾

舆情监测产业从2005年产生至今，发展经过了两个阶段。

（一）2005～2007年：起步阶段

在此阶段，舆情监测行业经历了从无到有的过程。方正公司舆情产品负责人李崇纲认为，正是政府的采购需求激活了这一市场。2005年，方正研发的第一代“互联网舆情监测系统”正式上市。2007年山西“黑砖窑”事件后，不断涌现的网络舆论热点，在改变中国社会舆论格局的同时，也催生了舆情分析师这一崭新的职业。人民网舆情监测室成立于2008年，是国内最早从事舆情监测、研究的专业机构之一。之后，商业舆情监测时代逐渐开启。

（二）2008年至今：发展壮大阶段

中国网络舆情监测企业经历了从小到大、从粗放到产业化的过程。国内网络舆情监测与研究机构在2008年开始大量出现，舆情分析师也开始大规模走进公众的视野。2011年，对舆情服务机构来说，是客户日趋成熟化的一年。越来越多的政府机构和企业公开招标，增加对舆情工作的投入。舆情监测、舆情分析的认知度和关注度也不断提升。截至2012年3月16日，在Google中输入关键词“专业舆情监测”，相关网页高达280万条。含有“舆情分析师招聘”网页52万条，由此可见，我国舆情分析市场已经逐渐成形。

在此阶段，对该行业发展的整体性判断包括以下几点。

一是行业合法性逐渐确立，大量舆情软件公司和市场咨询公司高速成长。

不仅形成了舆情平台、咨询建议等完整的产物链，舆情研究也为产业的长远发展提供了科研支撑。涉足舆情产业的高校教育和科研院所也不断增加（见表1），如我国主要舆情实验室包括复旦大学舆情研究实验室、中国人民大学新传媒网络舆情实验室、南京大学谷尼舆情分析研究实验室、上海交通大学舆情研究实验室、北京交通大学网络舆情安全研究中心等。与舆情企业之间的合作不断推向深入，如清华大学－优讯舆情实验室、南京大学谷尼舆情分析研究实验室及人大－方正舆情监测研究基地等，逐渐形成了产、学、研一体化的产业链条。

表1　国内较为著名的舆情研究机构

机构名称	所在地	研究重点
上海交通大学舆情研究实验室	上海	公民社会背景下社会各界舆情应对能力的研究
复旦大学舆情研究实验室	上海	网络舆情的生成规律及传播机制的研究
中国传媒大学公关舆情研究所	北京	对社会舆情进行科学的监测和研究，探索并发展公共关系行业新的研究领域
中国传媒大学网络舆情（口碑）研究所（IRI）	北京	中国传媒大学采用新模式、新机制的独立核算的创新型科研机构，是国内专门为政府服务的网络舆情研究和咨询机构。
中国人民大学新传媒网络舆情实验室	北京	搭建官产学研在网络舆情技术领域合作交流的平台
北京交通大学网络舆情安全研究中心	北京	网络舆情产生、传播和导控等方向的研究和自主网络舆论安全关键技术研发
南京大学谷尼舆情分析研究实验室	南京	网络舆情监控；开发面向媒体的新闻线索监控系统和面向企业用户的企业竞争情报系统
华中科技大学舆情信息研究中心	武汉	舆情信息理论、网络舆情与社会安全、高校网络舆情
暨南大学舆情研究中心	广州	独立完成各类民意调查、社会舆情调查，以及品牌监测、广告效果评估等调查研究活动

二是专业化程度不断提高，覆盖范围不断扩大。舆情监测的对象从最初的BBS、门户网站、博客、帖吧、聊天室、搜索引擎，到新近流行的微博，均可实现监测，可监测形态不断多样化。监测内容从文本监测发展到图像、视频监测，监测手段更加人工智能化。

三是分工细化趋势明显。除政府客户外，舆情监测机构亦针对企业客户提供行业细分产品，如房地产行业、食品行业网络舆情报告，并在此基础上为客户提供一对一的服务。

五　舆情监测产业存在的问题

整体而言，舆情监测行业尚处于产业发展初期，缺乏行业通行标准，也没有相关行业协会。产业持续创新能力不足，发展仍具脆弱性。产品单一，服务同质化严重。缺乏有效的产业内融合机制，产业链的延伸度较低。缺乏有效监管网络舆情监测规章制度，主要还是通过行业自律来进行规范的。

首先，存在定位偏差。有效的网络舆情监测要求在舆情爆发前期就准确预测舆论走向。而现阶段的舆情监测行业的主要业务都是发挥“灭火”功能，担当的是消防员功能，而非巡视员的角色。

其次，市场不规范，重复购买现象严重。随着对舆情认知的科学化和管理的规范化，这种重复购买现象将急剧减少，意味着相关市场的萎缩。

最后，第三方机构角色混杂，既是裁判又是运动员。大量商业网站、广告、营销与公关公司等，也纷纷涉足舆情业务。这使得舆情监测主体鱼龙混杂，市场亟待规范。同时，敏感信息掌握在商业公司手中，安全性不能得到保障，产生了大型软件公司的市场权力对于政治权力的消解和把持的隐患。

六　对策及建议

从产业发展角度而言，应进一步巩固行业的合法性，延伸产业链。首先，舆情监测公司应改变以往技术至上主义，加强舆情研究。对公共舆情高度关注是西方政治学、行政学的一个传统，并且已经形成了较为完整的理论体系，这就给网络舆情的研究提供了基础。舆情监测公司应融合自然科学和传播学等社会科学研究手段，提供更加成熟的理论和技术支持。其次，从危机监测向日常咨询转化。危机监测及危机应对削弱了行业合法性，使该行业一度处于灰色地带。只有树立正确的信息服务理念，从“灭火队员”向信息咨询师的定位转换，才能使行业发展具有可持续性。再次，规范采购渠道，注意市场异动。目前，该行业存在进入门槛低、采购市场混乱等弱点。一旦市场被规范，采取政府采购并实现信息共享，就会降低市场需求。因此，应提前做好准备，在拓展服务等方面下工夫。最后，加强自律，规范自身行为。“网络水军”往往扰乱意见市场，制造舆情假象。而一些舆情公司也涉足网络公关。建议在行业进一步发展成熟后，建立相关行业协会，制定行业准则，提高行业规范性。

舆情监测产业不仅是监测软件单一行业的生存和发展，更事关国家稳定和社会公正。因此，行业发展应该放在更加广阔的社会背景下来看。

首先，政府应转变观念，把对舆情监测的认识提升到虚拟社会管理这样的高度上来。同时，加大信息公开力度，实现信息公开、政务公开，普及新闻发言人制度，提升网络问政水平，将舆情监测纳入构建和谐社会的过程中。其次，从根本来看，应建立健全相关法律法规，规范网络舆情监测产业，并防范资本和商业利益对网络舆情的影响。最后，应扶持资质好、规范的专业舆情机构，建立中国网络舆情监测品牌。

Report on Internet Public Opinion Monitoring Industry

Dang Shengcui

Abstract: Public opinion monitoring has brought itself an industry. This paper attempts to make research on industrial trait, development period, remaining problems and suggestions.

Key Words: Public Opinion Monitoring; Industry; Regulation

B.13

全球新媒体的发展动向*

吴信训**

摘　要： 本文概括分析了美国、日本、俄罗斯、印度等主要国家新媒体发展的最新动向，包括社交网络进一步普及，智能手机增长迅猛，移动互联网产业发展态势强劲，网络购物市场规模不断攀高等。

关键词： 社交网络　智能手机　移动互联网　网络购物

本文以美国、日本等发达国家为主要对象，兼顾新兴国家俄罗斯与印度，概括分析了全球新媒体发展中值得关注的动向，以期对我国能提供有益的启示。

一　社交网络渗透普及，智能手机引领风骚

1. 社交网络渗透普及

调研机构 Edison Research 发布的《互联网与多媒体社会行为研究 2011》显示，2011 年，美国互联网普及率达到 88%，其中半数以上（52%）的美国人使用社交网络（见图 1）。其中，社交网络和智能手机共同构成了社交网络普及的主要动力。①

---

* 本文为上海市高校人文社会科学重点研究基地、上海市社会科学创新研究基地（吴信训工作室）“新媒体发展”研究课题成果。吴小坤、龙锦、王雨琼、曹月娟亦对本文有贡献。

** 吴信训，上海市高校人文社科重点研究基地上海大学影视与传媒产业研究基地主任，上海大学中国艺术产业研究院院长、教授、博士生导师。

① 相关数据参见 Tom Webster, *The Social Habit 2011*, *The Edison Research/Arbitron Internet and Multimedia Study 2011*. Edison Research. 2011。

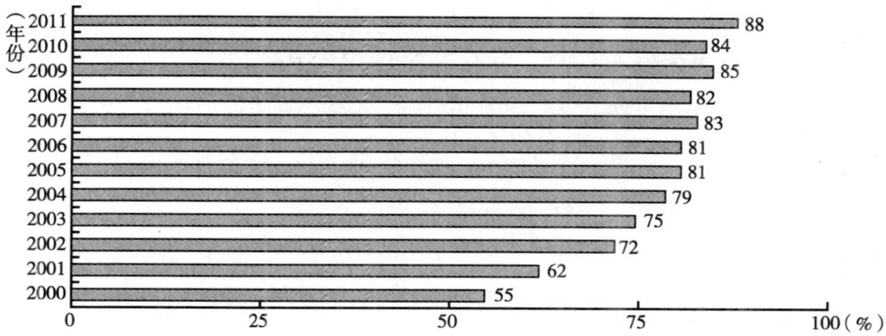

图 1　2000～2011 年美国互联网普及率

资料来源：Edison Research，2011。

尼尔森（NIelsen）的报告显示，美国人 1/4 的上网时间花在社交网站上，是网络游戏的 2 倍多。最流行的社交网站是 Facebook、博客 Blogger、Tumblr、Twitter 和 Linkedin。

美国社交网络用户持续增长，到 2011 年，超过半数的网民在至少一个社交网络上建立账户。2010 年，在美国 12 岁以上互联网用户中，48% 的人拥有一个或多个社交网站账号。2011 年，这个数字已经上升到 52%，其中 51% 的美国人拥有 Facebook 账号（见图 2）。其他社交网站的普及率要远远低于 Facebook。新闻集团旗下的 MySpace 普及率排名第二，为 17%。排名第三的是职业社交网站 Linkedin，为 9%。微博网站 Twitter 为 8%，排在第四。谷歌的 Orkut 虽未能进入排行，但却是巴西的主流社交网站。

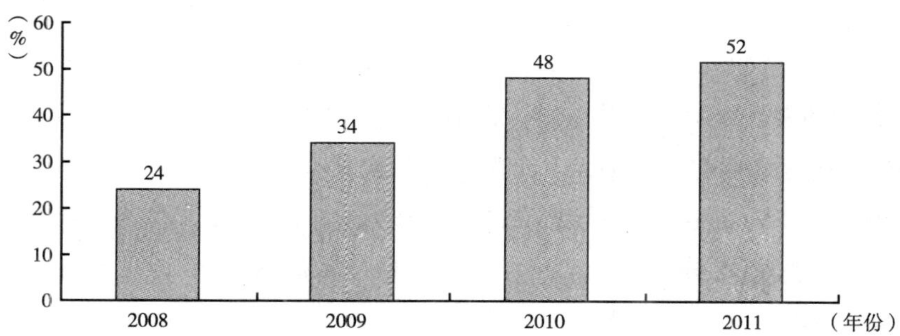

图 2　2008～2011 年美国 12 岁以上社交网站用户注册比率

资料来源：Edison Research，2011。

Edison 的报告还发现，约 2000 万美国人经常通过手机发布 Twitter 信息。30% 的 Twitter 用户每天发布信息。社交网络用户多在 12～24 岁，这个年龄层至少有 75% 的人拥有社交网站账号。但 2011 年，青少年用户比例出现了减少的迹象，其他年龄层的用户比例却在攀升。Facebook 用户分布比较均匀，其中 25～34 岁用户占 22%。Facebook 用户中女性占 52%。

2011 年，约 4600 万美国用户每天多次访问社交网站，较 2009 年增长了 255%。美国用户使用社交媒体的频率显示，使用社交网络已成为美国网络用户和移动用户的重要上网行为，几乎每天上网和每天多次上网的用户占近一半（48%），而从不使用社交网络的仅占 7%。

近年来社交网络发展的一个新现象是社交游戏用户的增多。艾瑞咨询（iResearch）整理 eMarketer 最近发布的数据发现，2010～2013 年，美国社交游戏用户规模逐年上升。数据显示，2010 年，美国社交游戏在互联网和社交网络用户中的渗透率分别为 23.7% 和 39.4%，到 2013 年，其数值将分别达到 30.0% 和44.8%。①

2. 智能手机引领风骚

据艾瑞网统计，2011 年 6 月，有 84% 的美国人使用手机，其中，31% 的用户使用智能手机。在智能手机用户中，92% 使用手机发短信，76% 使用手机查看电子邮件；59% 使用手机访问社交网站；15% 使用手机访问 Twitter。随着无线网络的普及和移动媒体平台和终端的发展，社交网络的移动化应用在未来将保持快速增长态势。

2011 年日本智能手机增长迅速。2010 年 4 月至 2011 年 3 月，日本智能手机上市数量是 379 万台，占移动电话上市总量的 11.8%。而 2011 年 4～6 月，日本智能手机上市数量达到 215.9 万台，占移动电话上市总量的 32.1%，是上年同期的 573%，远远大于移动电话总上市量的同期增长率（72.4%）。②

根据日本 Mobile Marketing 公司 2011 年 6 月 28 日对 9214 位智能手机用户的调查，从智能手机种类看，前五名分别是 iPhone 4（25.0%）、iPhone 3GS（14.1%）、IS03（6.5%）、REGZA Phone T－01C（5.7%）和 Xperia SO－01B

① 艾瑞网：《2010～2013 年美国社交游戏用户渗透率逐年上升》，2011 年 9 月 6 日。

② 日本电子信息技术产业协会：《2011 年 6 月国内移动电话上市数量》，2011 年 6 月。

(4.5%)；从运营商看，软银集团所占比例最高，达49.7%，其次是日本电信电话株式会社，占29.3%，KDDI公司占15.7%；从操作系统看，Android占50.8%，苹果的iOS占42.5%。[①]

值得关注的是，2011年7月进行的一个调查显示，93.1%的用户认为智能手机对使用者的生活方式与价值观产生了影响，其中受影响最大的是信息收集量与收集方式，达98%，认为在信息的发送量与发送方式方面发生变化的有46.7%。这是因为智能手机既是“可以手持行走的网络机器”，也是“传播工具”，还是“辞典”。因此，它是无论何时何地都能接触大量信息的工具。[②]

智能手机的快速增长与其所拥有的功能相关，但也与其在日本大地震中的表现密不可分。相较于普通手机，智能手机所搭载的众多软件使其在信号的接收以及与互联网的嫁接上占有很大的优势。

二　移动互联网产业发展态势强劲

全球移动互联网市场快速增长。思科公司（Cisco）关于2009~2014年全球移动数据使用量的统计及预测显示，到2014年，西欧和亚太地区的移动媒体数据使用将增长近60%。而中欧和东欧、拉美、中东和非洲新兴市场，由于起始基点较小，其增长速率将更显急剧。

网络流量监测机构comScore于2011年2月15日发布的《2010移动年综述》报告指出，2010年是移动行业产生革命性变化的一年。智能手机深度渗入到移动市场，大大提高了全球用户的移动媒体消费水平。技术革新为移动设备带来了相当多的新功能，而平板电脑、电子阅读器和其他联网设备的推出也大大拓展了“移动”的定义。到2010年12月，34%的美国移动用户和28%的欧洲移动用户通过应用程序访问移动网络，每年的使用增长率大约7~9个百分点，[③] 而网络

① 江尻尚平：《什么是智能手机用户?》，2011年8月，http://itpro.nikkeibp.co.jp/article/COLUMN/20110822/366202/。

② 丸山夏名美：《消费行为也在发生变化，智能手机对消费的影响》，http://itpro.nikkeibp.co.jp/article/COLUMN/20110822/366204/? k2。

③ comScore：《2010年全球移动互联网研究报告》，2011-02-20，http://www.alibuybuy.com/posts/55521.html。

质量和每月资费是影响移动用户决定是否购买的两个最重要的因素。

在移动互联网领域，无论是技术设备还是用户应用，美国始终处在较为领先的地位。最新的统计显示，美国各媒体的用户数分别为：手机用户数约为2.8亿户，互联网用户数为2.21亿户，卫星电视注册用户数为2000万户。RedGiant于2011年5月发布的美国移动互联网研究报告显示，美国人平均每天在移动设备上投入2.7小时，大约是每天吃东西时间的2倍，每天睡觉时间的1/3以上。

eMarketer预计2011年美国移动互联网用户将增长25%，至9730万人；到2015年，将有超过3/5的手机用户，即美国人口的一半左右，会使用移动互联网。① 2011年9月13日发布的IDC报告也预测，到2015年，美国移动互联网用户将超过通过PC或其他有线设备上网的用户。随着智能手机使用量开始超过功能型手机，以及平板电脑销量激增，2010～2015年，移动互联网用户的平均年复合增长率达到16.6%。IDC预测，智能手机，尤其是平板电脑的普及将促使通过PC上网的用户首次出现停滞，随后缓慢下降。在美国之后，西欧和日本不久也会出现这种趋势。②

移动互联网用户增长的驱动主要来自智能手机在美国的进一步普及。2011年，38%的手机用户将是智能手机用户，占美国人口的28.8%。智能手机用户的数量将保持两位数的增长态势。到2015年，届时1.5亿的美国人每人将拥有一部智能手机。

随着移动网络用户使用的时间增长，尤其是在社交网络向移动网络发展过程中，实时社交功能刺激移动网络使用量增长，比如分享、地理位置等，各种新服务业态、新功能层出不穷，而且相互交融，移动市场随之扩大。

在美国，有越来越多品牌试水移动广告，各种有力的新型移动广告格式也异彩纷呈。不过，在目前虽然移动广告市场被普遍看好，但迄今为止，尚未能从移动广告业务赢取持续性收益。

尽管如此，移动的设备+服务的模式催生了新的购物方式。正如eBay总裁兼CEO约翰·多纳霍（John Donahoe）所言，移动购物日益成为一种新的购物方

① http：//www.199it.com/archives/2011082515024.html.

② IDC：《预计2015年美国移动互联网用户将超过PC》，中国互联网数据研究资讯中心，2011年9月13日。http：//www.199it.com/archives/2011091315639.html。

式，2010年第四季度，eBay通过移动渠道销售的商品总值近20亿美元，同比增长近2倍。①

三　网络广告、网络团购市场规模不断攀高，增长渐趋平缓

1. 网络广告增长态势

自1995年以来，美国网络广告市场已经走过16个年头。艾瑞咨询公司《美国网络广告市场数据研究报告1995～2011》② 显示，美国网络广告市场规模从1995年不足6000万美元成长到2010年的260.4亿美元，复合增长率为50.8%。在经历了2008～2009年的金融危机之后，2010年网络广告市场规模有所回升。从其增长率曲线来看，美国网络广告市场在其市场规模不断攀高的同时，增长速度趋于平缓。

在目前的美国广告市场中，网络广告市场规模超过了报纸等媒体，成为仅次于电视广告的第二大市场。美国近10年来互联网广告市场的发展在各媒体广告市场中增速最快，2001年超过户外广告，2007年超过广播，2008年超过杂志，2010年超过报纸。从网络广告市场投放的行业份额来看，广告主的投放量整体呈上升趋势，消费类广告主增长最大。可见，互联网已经深入美国居民的生活，网络广告市场正在分流传统的广告市场。

网络广告市场的迅速增长，一方面反映出传统广告市场向互联网领域的转向；另一方面也是由于电子商务和在线零售的普及，网络商品交易市场更加趋于成熟。

数据调查公司comScore发布的最新数据显示，2011年第二季度，美国消费者在在线零售商身上花费了375亿美元，比2010年同期的330亿美元增加了13.6%，这是电子商务连续增长的第7个季度。在第一季度，电子商务同比增长12%，达380亿美元。comScore董事长GianFulgoni称，“电子商务的便利性和低价将会继续是驱动器，同时，我们不断被提醒，整体的宏观形势并不代表强劲的

① Kleiner Perkins Caufield& Byers，*Top 10 Mobile Internet Trends*. Feb，2011.

② 以下数据参见iResearch《美国网络广告市场数据研究报告1995～2011》，2011年8月。

复苏”。comScore 还称，2011 年第二季度，在线买家数量增加 16%，其中 70%的互联网用户在该季度至少进行了一次零售购买。同时，大型零售商占在线零售额的比例继续呈下降趋势。第二季度，美国 Top25 在线零售商占据美国在线零售总额的 66.4%，2010 年同期为 67.7%。①

YouTube、Hulu 和 Facebook 成为众多广告商的投放目标。市场研究公司 ABI Research 的最新报告也称，随着智能手机的广泛应用，到 2015 年，手机广告支出预计将高达 15 亿美元。

2. 网络团购增长态势

在美国近年来的电子商务市场中，网络团购市场的发展速度值得关注。据统计，美国市场已有超过 600 家团购服务提供商，这些公司根据用户所处位置和兴趣来提供团购服务。团购行业分析公司 Yipit 指出，美国团购产业 2011 年 8 月份整体增长 9%，营收总额从 7 月份的 2.09 亿美元增长至 2.28 亿美元。

美国互联网流量监测机构 Hitwise 选取 81 家团购网站展开的调查数据显示，Groupon（高朋）占据了全美团购网站访问流量的 79% 左右。Groupon 在 2011 年 8 月份占据了美国网络团购市场 53% 的份额，而 Living Social 的份额则下降至 20%。该报告显示，美国团购网站 Groupon 在 8 月份的营收为 1.207 亿美元，环比增长 13%。Groupon 在 7 月份的营收为 1.06 亿美元。

团购网营销的主要手段是发放优惠券。Groupon 营收增长主要得益于平均每笔交易所售优惠券数量上涨 10%，平均每笔交易价格上涨 5%。这样，尽管交易量有所下降，但这两项数据的上升也能在相当幅度上将其抵消。此外，Groupon 与在线旅游公司 Expedia 合作推出的旅游折扣网站 GrouponGetaways 成为公司业务的重要基石。2011 年 8 月份，该业务的营收为 960 万美元，与 7 月份相比增加了近 390 万美元。②

根据 BIA/Kelsey 于 2011 年 9 月 14 日公布的最新数据，2011 年，美国在线团购市场的规模将达到 19.7 亿美元。并且预计，到 2015 年，Groupon、Living Social 和美国其他团购网站的总营收将达到 41.7 亿美元，较 2011 年增长超过一

① 参见顾娟编辑《美国电子商务连续 7 个季度增长》，商业新航线，2011－8－15。http：//www.bizark.cn/articles/1618.html。

② 中国互联网数据研究咨询中心，http：//www.199it.com/archives/category/america-sns/。

倍。但从目前的状况来看，团购网站上平均的交易数量和每笔交易的价格仍在增长。这使得尽管 Groupon 和 Living Social 的营收仍在增长，但其他一些公司正对团购业务失去兴趣。Facebook 已放弃了团购服务，Yelp 的团购服务也在收缩。BIA/Kelsey 副总裁皮特·克拉西洛夫斯基（Peter Krasilovsky）表示，一些消费者和商家已对优惠券提供商感到厌烦，这意味着团购市场未来几年的增长率将会下降。① 团购网站未来几年的发展并非全然乐观。

四　新媒体创新功能试水受市场追捧

除前述日本应用智能手机开展紧急地震速报大受追捧的事例外，美国着力开发的一些新媒体创新功能拓开新的市场，也值得关注。

美国新媒体产业的移动化、在地化发展，催生出一些网络新型应用。比如，“地理社交化”功能的应用在智能手机和无线通信领域推广。近期的一项皮尤互联网项目报告显示，12% 的美国智能手机用户通过基于地理位置的应用程序签到。这一数据较 2010 年同一时期使用基于地理位置服务的在线用户增长了 7%。这项研究还显示，Foursquare、Gowalla 和 Loopt 等签到服务在 50 岁以下、少数民族和年收入在 7.5 万美元左右的用户中最受欢迎。②

此外，无线网络和终端设备在医疗健康领域的应用，也开始在美国推广。在美国，有近 2/3 的家庭都能够接入 Wi-Fi 网络。市场研究机构 ABIResearch 指出，Wi-Fi 已经在北美的专业医疗机构获得广泛采用，现有网络的扩充以及世界其他区域医疗机构对 Wi-Fi 网络的更多采用，将确保该领域 Wi-Fi 接取点（access point）硬件、软件与服务，在 2016 年达到总计 13.4 亿美元的营收规模。③

包括 Cisco、Aruba、Motorola 等在内的领导级 Wi-Fi 基础设施供货商，都看好 Wi-Fi 在医疗保健领域的应用商机。这些厂商的客户们不但布建自有网络，也

① BIA/Kelsey：《预计 2015 年美国团购市场规模或达 41.7 亿美元》，中国互联网数据研究咨询中心，2011 年 9 月 14 日。

② 《12% 美国智能手机用户实现地理社交化》，艾瑞网，2011－9－8。http://wireless.iresearch.cn/94/20110908/149452.shtml。

③ ABIResearch：《预计 2016 年 Wi-Fi 医疗市场营收达 13.4 亿美元》，中国互联网数据研究咨询中心，2011。

打算与供货商建立伙伴关系，以进行网络管理，并因应利用该网络不断成长的各种应用。同时，美国具有 Wi-Fi 功能的设备也开始在专业医疗环境中应用。ABIResearch 分析师 Jonathan Collins 表示："我们预期利用医疗机构 Wi-Fi 网络的智能手机与手持式运算设备，将在 2011 年成长 20%。"①

现有的 Wi-Fi 应用如 Wi-Fi 语音、实时寻址系统（RTLS）等，将会因新一代的医疗用人体局域网络（MBAN）而有越来越多结合；MBAN 也将透过网关设备，利用 Wi-Fi 的联结性来支持移动监测任务。根据研究机构的估计，到 2016 年，全球 MBAN 市场将达到每年近 3000 万套设备出货量的水准。

再有，据美国研究机构 Ambient Insight 的一份新报告——《美国移动学习市场产品及服务：2010～2015 年预测分析》表明，美国移动学习市场的五年复合年度增长率（CAGR）为 13.7%，而该市场的收入将在 2015 年达到 18 亿美元。

该报告对美国市场提供了详细的定量预测和分析，其中包括需求方分析、供应方分析，以及收入机会的认证分析。在需求方分析中被列为细分预测的有 8 个方面：普通消费者、企业、联保政府、州/地方政府、Prek－12、高等教育、非营利性机构和医疗保健。结果显示，消费者、企业及医疗市场方面的预测数据有显著上升。

该研究机构的首席执行官 Tyson Greer 指出："目前移动学习已经被公认为是'移动医疗'（mHealth）行业不可缺少的一个支撑部分。更复杂的产品研发主要集中于为残疾学生而设计的教育应用程序和为临床人员设计的手持式技术支持应用程序。"

该报告的供应方收入预测分析中则包括应用程序内容、定制内容服务、平台管理服务、软件工具，以及安装技术。预测显示，应用程序内容将会给供应商带来最高收益。增长率最高的内容类型是基于地方的学习。

Ambient Insight 的首席研究员 Adkins 则讲道："Ambient Insight 一直以来以风暴来隐喻美国的移动学习市场。现在我们可以预见这场风暴未来将永久的持续下去。目前美国移动市场为供应商们提供了一个长期的收入机会。"

---

① ABIResearch：《预计 2016 年 Wi-Fi 医疗市场营收达 13.4 亿美元》，中国互联网数据研究咨询中心，2011。

五　俄罗斯建构“统一信息空间”体制

俄罗斯为有力推进信息化建设的效率，运用国家杠杆，建立信息统一体制，即“统一信息空间”。行政领导上由俄联邦通信和大众传媒部实行对传媒、电信和邮政、互联网等领域的统一管理，消除行业格局，实现国家信息管理上的统一化、国防安全领域的统一化、国民信息获得渠道上的统一化；在信息化和信息技术领域加强与独联体国家间的合作，巩固独联体的统一。同时，制定了和推进俄联邦国家计划——《信息社会（2011～2020年）》。

俄联邦国家计划《信息社会（2011～2020年）》是经俄联邦总统签署的第一个被政府纳入国家财政基本规划的国家计划，隶属《2020社会—经济长期发展规划和俄联邦信息发展战略》，是信息发展战略的细化实施方案，有“俄联邦2009～2015电视广播发展”联邦专项规划与之配套。该计划规划了6个发展方向。

①提高国民生活质量，改善贸易发展条件。首先从发展获取信息的渠道着手。

②建立电子化国家，提高国家的管理效率。首先发展国家服务电子化、多功能选择和大众化电子形式。利用一种设备，比如多功能电视附加器，实现看电视、上网和接受“电子政府”服务。

③发展ICT市场和技术，并为向数字经济转换提供保障。在电视数字化中，国内企业将提供90%的数字电视发射机和75%的接收设备。

④消除社会和地区在数字化上的不均衡，加强信息社会的基础设备建设。在K－频段卫星技术的基础上发展和建立国产宽带网；利用数字电视解决上网和“数字爆炸”问题，尤其可以解决中小学校的上网问题；开通手机用户的附加服务。

⑤保障信息社会的安全。

⑥发展数字内容产品，保护文化遗产。

2012年将在俄罗斯全境开始推广的“公民通用电子卡”（универсальная электронная карта гражданина）就是该《信息社会（2011～2020年）》国家计划的一个大型项目。运用此卡，俄罗斯公民可以接收或支付来自国家、市政以及银行方面的服务，节省大量的纸质文件、烦琐程序，方便快捷。国家层面的服务包括退休金、社保和医保、公民身份信息和社保账户、海关进出境信息等；在市政服务层面上可以添加各地方政府的服务项目；银行服务方面，可代替现行银行卡功能。

六　印度着力拓展农村新媒体市场引人注目

印度政府为缩小因为贫富差距悬殊而带来的数字鸿沟，在监管方面采取了信息服务普及化原则。在印度，72.5%的人口是生活在农村地区的，普及服务成为印度均衡发展与否的重要因素之一。为了提高农村和边远地区的电信普及率，发展农村和边远地区通信，缩小数字鸿沟，政府采取了一系列的措施。

首先是在2002年建立了普遍服务义务基金（简称UOSF）。它是面向除了纯增值业务提供商外的所有运营商征收的，费用额度是调整的总收入的5%。随着普遍服务范围的扩大，这一征收比例也有所增加。

其次就是GSS计划。这是由运营商BSNL和POST合作推进的。这一项目的具体内容包括[①]：①在边远地区和农村地区生活的大多数人都可接入电话业务；②移动电话是为农村和边远地区邮递员和具有特许权的人提供，用于通信目的；③安装可被多人使用的电话；④通信费的多少可灵活掌握；⑤凡为农村提供电信服务的人，不仅可获得电信设备，而且可获得一定的收入。

再就是Internet Dhabas计划。这个项目是由BSNL独立承担的。其主要内容是：在农村地区帮助实现拨号连接，作为主要的缩小数字鸿沟的工具；在农村地区提供免费Internet接入，只收取通话费；没有工作的人具有经营网吧的特许权，以此增加就业机会；现有的PCO特许权可升级为Internet网吧经营权；建立网吧的基础设施成本由特许权获得者支持；50%收入（从网吧中的收入）还得用于网吧建设。[②]

按照印度电信管理局的统计，到2010年4月，印度所有电话订户已达到6.38亿人，印度电信密度达到54.1%。[③] 这其中，无线订户有6.01亿人，比3

① 张讴著《印度文化产业》，外语教学与研究出版社，第256页。

② 许剑波：《谁掌握了未来21世纪的社会主义与资本主义：印度这大象》，海天出版社，2010。

③ "What Exactly Is RCom's Mobile Jockey Service?" on May 5th, 2010, http://www.medianama.com/2010/05/223-what-exactly-is-rcoms-mobile-jockey-service/.

月份增长了1700万人。电信用户不断减少至3700万人。在过去的两年，无线用户以每半年大于20%的比例不断增长。① 当城市高端市场用户人数已经接近于饱和的时候，农村地区的订户人数开始激增。②

城市和农村手机订购者组成结构在过去的几年已经开始发生变化。当农村订户的比例开始增长时，城市订户的比例却开始降低。2008年12月，农村无线订户数是9312万人，一年后就增长到了1.6457亿人，增长率达到了76.7%。另一方面，城市无线订户在同一时期内数量从2.5374亿人增长到了3.6052亿人，增长率为42%。不过，农村与城市用户的比例却是31∶69。③ 这种不平衡的比例也显示了农村还是一个巨大的可开发用户市场。

七 日本电子图书进入新一轮发展轨迹

近年来，日本电子图书市场的中心逐渐从个人电脑（包括PDA）转移到手机以及新的阅读平台（智能手机、平板电脑以及电子图书专用阅读终端）上。根据Impress R&D的调查④，2006年，面向手机的电子图书市场份额首次超过面向个人电脑的市场份额。而从2008年开始，在面向手机的电子图书市场持续快速增长的同时，面向个人电脑的电子图书市场规模不断萎缩。2010年度日本的电子图书市场总规模为650亿日元，其中面向手机的市场规模为572亿日元，占总规模的88%。而在2010年“电子图书元年”的带动下，新平台市场的规模虽然不大，但涨势迅猛，从2009年度的6亿日元增加到2010年度的24亿日元（见表1）。预计到2015年度日本的电子图书市场规模将达到2000亿日元。⑤

① Updated: IPL Supports Rights Holders; vRock Bags IPL Mobile Rights, on March 8th, 2010, http://www.medianama.com/2010/03/223 - vrock - ipl/.

② 《智能手机进村 印度手机产业机遇与挑战并存》，国际电子商情，2008年8月22日。

③ WIN PLC Board Recommends IMI Mobile's Cash Offer To Shareholders; Why This Deal, on June 26th, 2010, http://www.medianama.com/2010/06/223 - win-plc-board-recommends-imi-mobiles-cash-offer-to-shareholders-why-this-deal/#more - 18241.

④ 〔日〕高木利弘（网络媒介综合研究所）：《电子图书商务调查报告书2010（手机·PC篇）》，http://mikke.g-search.jp/QIPS/image/sample/EL071095.pdf. 2011年6月24日下载。

⑤ 《同时发行两册关于电子图书商务的调查报告书》，http://www.impressrd.jp/news/110707/ebook2011。

表1　日本电子图书市场规模的变化

单位：亿日元

年度	面向 PC	面向手机	面向新平台	合计
2002	10	—	—	10
2003	17	1	—	18
2004	33	12	—	45
2005	48	46	—	94
2006	70	112	—	182
2007	72	283	—	355
2008	62	402	—	464
2009	55	513	6	574
2010	53	572	24	650

资料来源：Impress R&D。

2010 年，在 iPhone、Kindle、iPad 等专用或泛用的电子图书阅读类终端及其相应的电子书店相继推出并进入日本市场的推动下，日本的出版印刷、电器制造、通信等行业纷纷看好并投入这一市场，研制推出各类电子图书阅读终端，开办电子书店，以期搭上这一次电子图书的发展快车，日本的电子图书市场进入了一个新的发展时期。日本三大移动通信运营商纷纷发表了进军电子图书市场的计划，如 KDDI、索尼、凸版印刷和朝日新闻社在 2010 年 5 月宣布共同组建新公司来开展电子图书事业，而 docomo 则在 8 月份宣布携手大日本印刷共同推出电子图书服务和电子图书阅读终端产品。截至 2011 年 1 月底，向 NTT docomo 的 iMood 提供的电子图书服务中，动漫类的网站有 122 个，小说类网站 48 个，写真集类网站 37 个。

电子图书阅读终端的频繁推出以及新电子书店的纷纷上线是日本电子图书市场在“电子图书元年”及其后所呈现的场景，而电子漫画则仍然在这一新的电子图书热潮中继续充当内容主角。

在电子图书阅读终端方面，由于 2008 年索尼与松下的先后退出，日本的电子图书专用阅读终端市场一度陷入困境，阅读电子图书主要使用手机、游戏机（PSP、DS）、iPod touch、iPhone3G 等泛用终端。随着欧美电子图书市场影响的扩大以及 Kindle 等阅读终端在日本的发售，日本本土企业也纷纷应战，或强势回归，或联合出击。2010 年 11 月 26 日，NTT docomo 推出了意图与 iPad 抗衡的

"GALAXY Tab（SC－01C）"（三星生产），原始配置包括"eBook Japan"等三家电子书店。12月10日，在美国与亚马逊Kindle对战的索尼公司重新在日本销售其阅读终端Reader，而夏普也在同日推出平板电脑GALAPAGOS，这被称作是美国的Kindle对iPad大战在日本本土的再现。① KDDI也在12月25日推出专用阅读终端"biblio Leaf SP02"。

随着阅读终端的增加，电子书店的开办者范围不断扩大，从原来主要是出版业界企业扩展到其他行业，特别是电子图书阅读终端的生产企业，将书店的开设与终端的营销结合在一起。2010年底至2011年中新开设的电子书店主要有：2010年12月夏普和CCC公司（Culture Convenience Club）合作开设的"TSUTAYA GALAPAGOS"以及索尼配合专用电子图书终端"Reader"的上市开设的"Reader Store"；2011年1月12日正式上线的大日本印刷、NTTdocomo、丸善共同出资组建的电子书店"2Dfacto"、凸版印刷和INTEL以及Bitway在2011年2月17日共同设立的电子书店"Book Live!"；日本最大的电子商务企业乐天也宣布，将于2011年8月10日开设电子书店。

在新电子书店不断增加的同时，越来越多的内容被充实到原有的电子图书下载网站中。截至2011年1月22日，"eBook Japan"的电子图书销售累计运到1000万册。2010年度下半年与上半年相比，面向个人电脑的电子图书销售增长了122%，而面向智能手机和平板电脑的销售额增长了613%②。截至2011年8月初，日本最大的电子书店"电子书店PAPY"在售的电子图书有189561册，"eBook Japan"为49435种，青空文库收录作品为10502册（其中著作权到期的10303册，买断著作权的199册），"电子文库本PABURI"总作品数17533册，"J-STAGE"提供新闻期刊747种、草稿与概要期刊125种、报告书10种、JST报告书42种。

在电子书店所提供的内容方面，2009年度面向手机的电子图书市场中，电子漫画为428亿日元（83%），文艺类电子图书为44亿日元（8%），电子写真集为41亿日元（8%）；面向个人电脑的电子图书市场中，电子漫画为29亿日元

① 〔日〕下川和男：《电子图书阅读终端角逐的开始》，http：//www.sogotosho.daimokuroku.com/?index＝shimokawa&date＝20101217。

② 《历经10年终于实现：eBook Japan累计销售1000万册》，http：//ebook.itmedia.co.jp/ebook/articles/1101/25/news087.html。

(53%)，文艺类电子图书为18亿日元（32%），电子写真集为8亿日元（15%）①；电子漫画占电子图书总市场的比例达到80%，2010年度则达到了88%（见表2）。

表2 日本电子漫画市场规模的变化

单位：亿日元，%

年度	面向PC	面向手机	合计	电子漫画占电子图书总额的比例
2005	11	23	34	36
2006	24	82	106	58
2007	26	229	255	72
2008	20	330	350	75
2009	29	428	457	80
2010	—	—	572	88

资料来源：impress R&D。

电子漫画特别是手机电子漫画在电子图书中占据如此重要的地位，主要是因为以“格”为表达单位的漫画更适合手机屏幕的显示特色。

另外，2010～2011年，针对电子图书阅读终端以及其他平台的出现所带来的影响，日本总务省以“数字出版环境整备事业”为题，从十个方面就国内数字出版的相关问题进行了研究，并于2011年5月19日发表了最终成果报告，内容包括电子图书转换格式的标准化建设，采用EPUB格式促进日语出版物走向世界，设立书刊信息一元化管理的“近刊信息中心”等。文部科学省也设立了“关于电子图书的流通与利用顺畅化的研讨会议”，对数字与网络时代的图书馆与公共服务、出版物的版权处理、对出版者的授权等事项进行讨论。

总体而言，由于传统图书出版在日本所拥有的强势地位，2010年度的日本电子图书总体市场并未如预期那样获得快速增长，与传统出版产业相比，其市场规模还是小得可怜。如2010年日本的图书销售额为8213亿日元，杂志销售额为10535亿日元，② 而2010年度的电子图书销售额为650亿日元，电子杂志仅有6

① 〔日〕高木利弘（网络媒介综合研究）：《电子漫画商务调查报告书2010》，http：//mikke.g-search.jp/QIPS/image/sample/EL071096.pdf.2011年6月24日下载。

② 《2010年出版物销售额（图书流通渠道）1兆8747亿日元，较上年减少3.1%》，http：//www.shinbunka.co.jp/news2011/01/110125－02.htm。

亿日元，即使到2015年，电子图书与电子杂志的预计销售额也分别只有2000亿日元和200亿日元。① 特别是2010年之后新开设的电子书店，所能提供的电子图书数量多在3万册以下，与不少书店在上线时年内10万册的目标相差甚远。以智能手机、电子图书专用阅读终端、平板电脑等为代表的新平台市场要想真正成为日本数字出版业的新增长点，仍有一段较长的路要走。

Global Trends of New Media Development

Wu Xinxun

Abstract: This article summarizes the analysis of the latest trends in the United States, Japan, Russia, India and other major countries in the development of new media, including the further popularity of social networking, rapid growth of smart phones, mobile Internet industry, the strong momentum of development, the online shopping market size is constantly rising, and so on.

Key Words: Social network; Smart phones; Mobile Internet; Online Shopping

---

① 《同时发行两册关于电子图书商务的调查报告书》，http：//www. impressrd. jp/news/110707/ebook 2011。

B.14

中国新媒体产业园区发展报告*

李大元**

摘　要：新媒体作为文化产业发展内容和创意的技术支撑和载体，越来越发挥出巨大的助推作用。新媒体产业链的成熟，促使其在今天由文化产业园的构成部分向独立园区的主体转换。本文在梳理国内2005～2011年期间创建的各种类型的数字/新媒体园区（基地）的基础上，对这些园区的创建主体类型进行了划分，并通过与国外新媒体产业园区的比较，对园区的运作机制进行了解析。

关键词：新媒体产业园　创办主体　运作机制

媒体产业园区（基地），或称数字媒体产业园区（基地）的建设，是新媒体产业发展中的一种重要机制与战略性举措。近年来，我国在新媒体产业园区建设方面，势头强劲，已经形成相当的规模，产业集聚效应已经显现。同时，也呈现一些值得进一步思考的问题。比如，它的区域空间布局是否合理，会不会出现功能划分模糊、重复建设，以及园区运作以何种方式为主，几种运作方式之间如何彼此协调等。此外，国外一些新媒体园区建设方面的经验也值得借鉴。

一　新媒体产业园区的界定和功能

（一）新媒体园区的界定

从广义上说，新媒体产业园可以是文化和创意产业园或者科技园区的组成部

* 本文为上海市高校人文社会科学重点研究基地、上海市社会科学创新研究基地（吴信训工作室）“新媒体发展”研究课题成果之一，课题主持人为吴信训教授。

** 李大元，中央电视台财经频道记者，上海大学影视学院博士生。

分，包括新媒体技术的应用以及数字媒体软件研发、制作，数字新媒体技术与其他产业相融合后的出版、印刷、影像、动漫、游戏、广告、设计等。

从狭义上说，新媒体产业园是一个独立的物理空间区域和产业形态，其中主要包括原生的新媒体形态以及信息网络技术和传统媒体融合产生的新媒体形态。除此之外，还包括数字技术与工业生产结合后出现的实体产品。

（二）新媒体园区的功能

从功能上来看，新媒体园区最主要的功能是产业聚集效应。

一是搭建公共基础平台等产业基础设施。新媒体对传统的公共技术设施要求不是很高，但是对网络通信以及公共平台有很强的依赖性。这些平台能为企业尤其是中小型企业节省大量的专业设备购置资金。

二是提供产业技术设施。搭建公共的技术平台后，园区内的企业可以共享，提高使用效率，实现“物理聚集”。此外，可以面向社会，实现企业在公共服务平台上的“虚拟聚集”。

三是完善上下游产业链，完成价值整合和产业链闭合，将产品创新、企业孵化、风险投资、技术支持、销售渠道、交易平台、版权保护、综合服务融于一体。

四是新媒体人才与产业的“互促”的效果。除了硬件之外，新媒体产业的发展离不开各种“软件”的支持，人才是最为关键的一环。在与各类院校的合作中，新媒体园区成为了高校实习基地，而高校成为了基地的人才培训中心。

以上四点大致涵盖了新媒体园区的基本功能，只是不同创办主体的园区在侧重点上会有所不同。比如，以企业作为创办主体的园区在产业链闭合上具有更大的动力和优势，而高校为创办主体的园区更偏向于产学研的一体化。

二　新媒体产业园的类型

从国内外各种类型的园区建设来看，园区运营主体会对未来的产业格局产生影响。鉴于此，本文根据主要创办主体的身份和性质，把当前新媒体园区分为政府主导、通信类企业主导、传统媒体主导和高校主导几个大类，虽然它们之间有彼此交叉的情况，但仍存在创建的主导方，它们会影响新媒体产业未来发展的路径和趋势。

（一）以政府为主导建设的各种类型的新媒体产业园区（基地）

一般规模较大，涵盖的媒体形态也较多，由于采取政策上的优惠措施，加上配套设施的完善，短时间内就能吸引大量新媒体企业进驻，形成产业集群效应。这是目前占主要地位的园区创建模式。

1. 国家新媒体产业基地

国家新媒体产业基地位于北京市大兴区，于2005年12月31日经国家科技部正式批复成立，是国家“火炬计划”批复的全国唯一的以新媒体产业为主的专业集聚区。重点发展数字影音、数字出版、数字动漫、数字游戏及数字体验五大产业发展内容，突出新媒体产业与通信技术、信息技术、计算机技术有关的文化产业的融合，同时发展电子信息产业、现代服务业相关产业内容。基地网站显示，目前入驻新媒体产业基地的企业超过200家。2011年1～10月份，技工贸总收入实现123.1亿元，比上年同期增长13.2%；利润总额实现2.7亿元，是上年同期的1.72倍。

2. 北京西山汇新媒体基地

2011年12月，北京西山汇新媒体基地竣工。西山汇将建设数字媒体研发中心、数字媒体创业孵化中心和数字媒体产业创新服务中心。基地将集中国家数字媒体技术产业化基地、国家网络游戏动漫产业基地和国家动画产业基地高端资源，建设成为汇集新媒体产业、3G应用产业以及三网融合背景下的全新一代数字娱乐产业精英的产业集群。

3. 国家数字媒体技术产业化基地（上海）

2006年4月揭牌，基地属于“国家‘863’数字媒体技术产业化基地”之一，重点引进动漫、网游和数字媒体文化企业，旨在建成数字媒体的技术创新中心、人才培训中心、创业孵化中心、国际合作中心，形成完善的数字媒体产业链，成为我国规模最大的数字媒体产业基地之一。

4. 各地的数字出版基地

（1）张江高科技园区数字出版基地。2008年启动园区建设。就产值而言，张江拥有全国网络游戏产业20%的份额，动漫产业占上海的70%，数字内容产业占全国的10%。上海张江基地将成立数字出版研究院，建立中国数字出版网以及数字作品版权登记保护平台。此外，数字出版基地将参与国家数字复合出版系统工程、数字版权保护技术研发工程、中国数字报业实验室、中国电子报库、中国科技与学术期刊数字出版平台等一批数字出版重点项目。

（2）江苏创壹国际数字出版传媒产业园项目。2011 年 12 月 31 日创建，总投资 60 亿元，首期占地 300 亩，是苏南最大数字出版传媒产业园。项目建成后，主要以数字出版技术研发、数字出版物创作及展示交易、国际文化产业信息交流与贸易等为核心业务。

（3）扬州国家数字出版基地。2011 年开始创建，以电子书作为主要特色。计划到 2015 年，形成完整的产业链条和具有强劲竞争优势的产业集群，拥有规模以上的电子书关联企业 30 家以上，电子纸产量 1 亿片以上，产值 200 亿元以上，电子书产量达 5000 万本，产值 250 亿元。

（4）华中国家数字出版基地。2011 年 9 月奠基，是全国第四家、华中地区首家国家级数字出版基地。基地计划到“十二五”末期，培育数字出版产业园区 8 ~ 10 个，入驻企业 500 家，实现年产值 300 亿元以上；到 2020 年，力争完全实现传统出版单位的数字化转型。

（5）中南国家数字出版基地。2011 年 11 月在长沙揭牌。其产业涵盖数字产品创意、制作、出版及销售、数字平台运营等方面。基地将打造成为我国数字出版企业和数字内容运营企业集聚中心、数字版权认证维护中心、无线终端阅读内容制作中心、数字出版投融资中心和数字出版技术研发中心。①

（6）重庆北部新区国家级数字出版基地。2010 年 4 月揭牌。该基地将突出数字出版产业“无线移动、交互性、个性化、跨媒体”的发展方向，重点打造数字图书、数字报刊、互联网出版、手机出版、数据库出版、按需出版和数字印刷、网络游戏动漫、数字音乐、数字教育、跨媒体复合出版十大产业门类。

（7）陕西数字出版基地。2010 年 10 月奠基。基地项目主要包括省内外各出版机构综合办公楼、基地管理中心综合办公楼；展示、交易、服务中心；动漫、网游产业园区；手机阅读转化中心和版权交易中心。项目总体投资约 20.52 亿元。

5. 国家数字媒体技术产业化基地

2005 年 11 月 23 ~ 24 日实施方案通过论证，以卡通动画为主要特色，实行政

① 李森:《中南国家数字出版基地揭牌》，中国新闻出版网，2011 年 11 月 21 日。http://book.ifeng.com/yeneizixun/detail_2011_11/21/10802054_0.shtml。

府引导（主管部门是湖南省科学技术厅）、市场驱动、产学研结合、国内外合作的运作机制。突出卡通动画特色。

6. 国家新媒体产业基地（长春）合作园

2010年在长春奠基。合作园联合国家新媒体产业基地，由国内著名企业和投资基金共同打造。该园区将建设教育培训中心、创意策划中心、金融服务中心、版权合作中心、市场营销中心、生产加工中心、数据银行等项目体系，形成教育培训、创意策划、投资服务、定制外销、数据服务、生产加工的产业和版权交易为一体的综合产业链。

7. 济南西区数字创意产业园

济南西区数字创意产业园是济南市大学科技园服务外包示范基地，是由济南西区投融资中心投资设立的，委托上海徐汇产业基地全权运营服务管理的产业园区。主要致力于动漫游戏、影视媒体、文化创意、软件技术、数字技术等高科技领域的产业链打造。

（二）传统媒体或通信、科技类企业建立的新媒体产业园

目前园区数量不大，且规模偏小，单个园区的功能相对单一，但针对性比较强。当前，参与的单位主要是新闻媒体集团、部分影视企业，以及中国移动、中国联通等通信运营商，目的是为了拓展业务范围和增值业务。

1. 新华社成立新媒体研发基地

2011年创建。新华网产业园区是新华社第一个传媒高新技术研发生产基地，对于促进新华社拓展全媒体业态，增强在新兴媒体领域的传播力和竞争力，具有十分重要的意义。

2. 南方新媒体文化产业园

2011年8月，南方新媒体文化产业园正式开启。园区由南方报业传媒集团投资，按照“政府引领＋市场主体＋借势借力”的模式运行。发展以多媒体技术和新媒体产品为突破口，集网络媒体、移动互联网、网络视频、LED媒体、触摸媒体、数字出版、电子商务于一体的低碳新媒体产业链。

3. 广西北部湾出版传媒基地

2009年创建。北部湾出版传媒基地起步阶段将设置数字出版中心、动漫创意影视制作、现代印刷包装产业、出版传媒文化观光旅游休闲四个功能区。每年

产值预计过百亿元。

4. 黑龙江新媒体产业基地

2011 年 9 月 29 日，由黑龙江日报报业集团投资兴建。一期工程绿色包装数字印刷项目，以“绿色印刷”为运营理念，应用现代数字化管理和数字印刷等高新技术，总投资 5 亿元。

5. 新疆出版基地和数字新媒体基地

2010 年创建。新疆将依托《新疆日报》、新疆电子音像出版社等新闻出版单位，整合数字新媒体出版资源，设立新疆数字新媒体基地，发展以互联网、手机出版为代表的民文数字出版新媒体。

6. 昆明影视与新媒体产业基地

2008 年 2 月 18 日，昆明滇池国家旅游度假区与中国国际传媒集团有限公司创建。项目建设内容包括：影视产业基地、新媒体产业基地、职业培训教育基地、影视文化商业推广中心、旅游度假及相关生活配套服务设施。

7. 中国移动八大基地

2009 年，中国移动在浦东建立视频基地，总投资 5 亿元，专注于移动视频产品的开发建设和运营支撑。除了上海视频基地外，中国移动还建立了四川无线音乐基地、杭州手机阅读基地、辽宁位置基地、湖南电子商务基地、广东南方基地、江苏游戏基地和福建手机动漫基地。

8. 中国联通助力“数字湖南”建设

2011 年，中国联通在湖南投资 150 亿元打造“数字湖南”建设。目前，数字阅读平台建设项目已投入 5000 万元，数字阅读基地基础建设项目一期工程投资 5 亿元，项目正在实施阶段。

9. 读者数字出版基地

通过读者数字出版基地使综合信息服务、策划创意与营销、研发与人才培训、多种媒体出版、数字出版结算五大板块协同发展，使网络学习、电子图书、数字会展、数字博物馆、移动阅读器、数字期刊、手机娱乐、数字视听、数字地图、数字动漫等新兴数字出版业务实现高度集中。

10. 河南省首个数字产业基地

2011 年，由中国炎黄科技园建设有限公司投资建设，项目总投资 32 亿元，定位为国家级数据产业基地，是河南省首个数字产业基地。建设方计划在 5 年内引进数据产业项目不低于80个、高科服务企业逾30家、物流配套企业逾20家，产值突破50亿元。

（三）传统媒体主导类型

部分已建成的高新科技园区和工业园重新定位园区功能，引进或开拓新媒体项目，形成“园中园”的格局。一方面，利用了原有园区内的资源，免去了新建园区的申报、规划建设的环节；另一方面，新媒体业态与园区内的其他相关产业产生良性互动，形成优势互补的局面，促进产业链条的完善。

1. 中国（上海）网络视听产业基地

2011年正式建立。该基地位于上海紫竹高新技术产业开发区内，重点搭建网络视听产业公共服务平台，重点吸引网络游戏、动漫、网络视频、网络视听、数字出版等数字内容业界知名企业入驻。目前已引进了百事通、PPS、土豆网、激动网等企业。

2. 上海新媒体创意产业中心

2008年动工兴建。园区分为四个主题功能区：新媒体研发展示功能区；动漫创意体验功能区；视觉艺术创意功能区；乐器艺术展示功能区。

3. 天津滨海新区新媒体产业

2010年，天津滨海高新区在以手机报、电子书为代表的新媒体领域，产值突破亿元大关。目前滨海高新区已聚集了迅龙手机报、津科电子书、神界手机动漫等数十个新媒体文化项目。

4. 山西云计算基地

2011年，山西云计算基地落户太原高新区。目前，软件园区聚集了云计算关联企业200多家。云计算基地建设将以现有企业为基础，带动软件产业、物联网产业的发展和传统产业的优化升级。

5. 无锡数字电影产业园

2010年11月项目启动。预计在建成后3~5年内，将累计引进影视及相关企业500家，每年可以承接10~15部国际电影、30~40部国内影视剧制作业务，具备全球影片发行及新媒体业务发展能力，实现影视及相关产业年产值达200亿元。

6. 无锡工业园区中的科技新城

在2009年11月国务院批复无锡成立国家传感网创新示范区以来的一年间，无锡新区正成为国内物联网产业创新要素集聚度最高的开发区之一。2010年，无锡新区物联网产业产值达到200亿元左右。

7. 苏州工业园区中的新媒体产业

2008年，苏州国际科技园以新媒体、动漫游戏等为代表的文化创意产业的比重已由2007年的11%提升至14%，其中新媒体产业发展最为强劲。与科技园内存在已久的IC设计、软件外包及动漫等相比，新媒体产业似乎也显现了崛起的态势。

（四）由高校联合社会力量创建的新媒体科技园区

这类园区以高校和各类培训机构为依托，整合教学资源，把教育培训、研究和生产实践相结合，实现产学研一体化。既能借助大学的声誉和资源吸引有实力的企业进驻，又能利用园区内的企业培养学校人才，并输送到企业。这种模式目前仍处在起步阶段，只有少部分实力雄厚的大学参与。

1. 清华科技园——新媒体产业基地

2004年9月正式投入使用，2005年9月9日，中关村科技园区海淀园管理委员会正式为其授牌“国际新媒体基地”。清华科技园国际新媒体基地已经有80余家企业入驻，其中新媒体企业20多家。在园区内已经形成了高科技术企业、文化传媒企业聚集的文化氛围，高新技术、文化创意人才聚集的文化潮流。

2. 江苏数字信息产业园

由深圳清华大学研究院与无锡市政府于2008年9月合作设立。园区将发挥深圳清华大学研究院在国标数字电视领域的先发优势，全面推进数字电视产业化进程，重点培育传感网和高清数字生活两大龙头产业，把园区建设成为以数字信息产业为主导的，集政、产、学、研、资于一体的高科技园区。

3. 北京大学新媒体产业园

该项目依托北京大学软件学院，计划建设国家学术交流中心、教学中心、实验中心、原创与制作中心、研发中心、孵化中心等。

三 国外发达国家相关产业园区建设的特点

在欧美发达国家文化与创意产业园发展的四种模式中，以科技为核心的园区就是以新技术、新媒体为主要方向的。以美国为代表的新媒体园区创建和运作模式对国内新媒体园区具有一定的借鉴价值。

（1）投资主体多元化

美国企业孵化器的建设除了政府给予直接和间接的投资外，各种非营利机构与组织、经济开发团体、各类地区性开发计划、发展基金、私营企业以及社会团体对孵化器建设的投入占了总投资的近一半。

（2）形式灵活多样

目前，美国创意产业园区主要有四种形式：政府主办的园区、私人主办的园区、学术机构主办的园区、公私合营的园区。其中前两种类型在大学主办的园区中都能得到体现，通过创办孵化器可以吸引许多科研项目和高级研究人才。

（3）园区建设层次分明，分工明确。可分为：一级孵化器，是项目孵化器；二级孵化器，是指企业孵化器；三级孵化器，是“大孵化”概念，即二级孵化器的企业升级孵化；四级孵化器，是指跨国孵化。

四 总结和建议

新媒体产业园区建设起步较晚，前期主要是融合在其他园区中，所占比重较小，功能是服务园区中相关的产业。在近年文化产业园的建设中，新媒体所占的比重越来越大，形态和基数也呈增长趋势，开始独立形成新媒体园区（基地）。

从以上的各地园区概况可以看出，由国家和各级政府主导兴建的新媒体园区，主要集中的领域是数字出版行业。这种国家和政府主导建园的方式可以形成规模的集聚效应，但不利于各地发挥自主的优势，一旦总体规划和布局出现问题，调整的成本比较大。

部分新闻媒体、出版机构和通信运营商则各取所需，密切结合自身和当地的实际情况，用新媒体的形式服务目标客户，并可以采取跨区域的方式，不同区域采用不同战略布局，从而形成集团作战的合力，而不是单打独斗的局面。但缺点在于，对企业的实力要求较高，建设的周期较长。

园中园的建设模式是比较集约的方式，不过，由于原有园区的基础配套设施并不是针对新媒体园区搭建的，可能会出现新建的媒体园区遭遇资源受限、产业设施不完备等情况。

国内高校建设新媒体园区的做法目前还为数不多，产、学、研的实际落实还需要加强。不过，部分新媒体园区在建设选址上已经考虑到了与高校资源的对接，政府、企业和高校之间的交流与合作的运作机制正在形成的过程中。

从投资主体和园区创建形式上可以借鉴欧美发达国家的经验，实行多元化和多样化的发展模式，加大非政府机构的投资比例，并且在人才培养和吸引上采取更灵活的措施，在跨国孵化方面仍需要加大力度。

Development Report on New Media Industrial Parks in China

Li Dayuan

Abstract: As technical support and carrier for content and creativity of cultural industry, New media is playing the very big impetus role to cultural industry development. Nowadays, along with the maturation of industrial chain, new media is transferred from the part of cultural industry zone into independent park. This report will summarize all kinds of new (digital) media industrial park (base) which were constructed during the years from 2005 to 2011. On this basis, the report divides industrial parks into different types according to different creating subjects. Moreover, by comparing with new media industrial park abroad, the report will probe into their operation mechanism.

Key Words: New Media Cultural Industrial Park; Creating Subjects; Operation Mechanism

网络媒体篇

Internet Media

B.15

2011 年的中国网络媒体与网络传播

闵大洪*

摘　要： 本文从网络传播格局、网络管理、网络舆论、网络宣传、微博应用热、中国互联网企业在美国上市等方面，概述和分析了 2011 年中国网络媒体与网络传播的状况，并依个人判断选出 2011 年中国网络媒体与网络传播十大事件。

关键词： 网络媒体　网络传播　互联网发展

中国互联网的快速发展，在 2011 年又有以下标志性的增长：截至 12 月底，网民数量一举突破 5 亿人，达到 5.13 亿人，互联网普及上升至 38.3%；微博客作为一项互联网新应用，仅两年多的时间，用户数量便一举突破 3 亿人；手机用户在 2011 年 3 月超过 9 亿人，截至 12 月底，手机网民规模达到 3.56 亿人，占整体网民比例为 69.3%。①

---

* 闵大洪，中国社会科学院新闻与传播研究所副研究员。

① 中国互联网络信息中心（CNNIC）：《第 29 次中国互联网络发展状况统计报告》，2012 年 1 月。

一 网络传播生态复杂

从网络传播的角度看，2011 年的一个重要特点是进入了一个可以称为“互联网复杂生态”的阶段。各类社交网站将 Web2.0 的参与、互动、分享的特性发挥到极致，将传播能量推进至极致，造就了网上信息源爆炸性增长、信息传播渠道空前多样、信息交换流动量空前膨胀、信息传播形态空前丰富、网民表达更加活跃、沟通更加频繁，以及网上网下活动结合更加紧密的状况。

互联网传播状况是现实社会的“镜像”。中国是一个复杂的大国，它存在的种种问题都必然会在互联网上得到真实呈现，各种社会矛盾、争斗和冲突都必然会延伸到互联网上，各种政治力量、不同利益集团以及各个阶层都必然要在互联网上发声，以期达到自己的目的。各路“水军”的加入，使得互联网舆情变得更加扑朔迷离。因此，互联网传播生态的复杂性不仅是由互联网新技术、新应用带来的，更是由复杂的现实社会带来的。

2011 年，不论国内还是国际，都是极不平静的一年，大事件接踵而来。从国内看，不论是历史事件还是现实事件，不论是公共安全事件还是群体性事件，不论是机构事件还是名人事件，都在互联网上引起了巨大的反响，从而呈现中国独特的政治景观和社会景观。网络上基于不同立场、不同观点的对立，在 2011 年表现尤为突出。互扣某某“党”的帽子，进行“重口味”的谩骂，甚至进行人身威胁，都达到登峰造极的地步。暴戾之气弥漫网上，反映了今天社会矛盾的加剧，反映了社会普遍的躁动不满的情绪。

从国际上看，围绕网络传播自由论与网络传播主权论的斗争在 2011 年也更趋激烈。2010 年 1 月 21 日，美国国务卿希拉里（Hillary Clinton）在《互联网自由》的演讲中明确表示，美国已经将不受限制的互联网访问作为美国外交政策的一个优先点。2011 年 2 月 15 日，希拉里在华盛顿大学发表了有关互联网自由的第二次政策演讲。12 月 8 日，希拉里在荷兰海牙举行的网络自由大会上再次就同一主题发表演讲。在这些演讲中，希拉里多次点名批评中国。12 月 8 日，美国国会众议院举行“提倡全球网络自由”听证会，并推出“2011 全球网络自由法案”，矛头直指中国。互联网传播已经成为中国和美国及其他西方国家继人权、西藏、对台售武等问题之后，又一个斗争的焦点，网络上的攻防战也必然日趋激烈。

二 虚拟社会加强管理

面对复杂的互联网传播生态，2011 年中国政府加大了管理力度。2 月 19 日，省部级主要领导干部社会管理及其创新专题研讨班在北京举行。胡锦涛总书记在开班式上作重要讲话，对当前要重点抓好的工作提出了八点意见，其中第七点为："进一步加强和完善信息网络管理，提高对虚拟社会的管理水平，健全网上舆论引导机制。"① 2 月 20 日，中共中央政治局常委、中央政法委书记周永康在研讨班上发表讲话，进一步明确指出："在互联网管理方面，要形成党委统一领导、政府严格管理、企业依法运营、行业加强自律、全社会共同监督的综合管理格局，促进健康发展。"② 这意味着将虚拟社会的管理纳入了整个社会管理的框架之中。

2011 年，多位中央领导频密地到网络管理部门、业界组织和网站进行考察调研，这种状况是以往不多见的。据笔者不完全观察媒体报道统计，仅政治局常委和政治局委员进行视察的情况便有：9 月 7 日，政治局常委李长春视察北京市互联网宣传管理办公室（现已更名为北京市互联网信息办公室）和北京网络媒体协会；7 月 19 日，政治局常委、中央政法委书记周永康视察腾讯公司，12 月 6 日视察宁波市互联网舆情导控服务中心；5 月 7 日，政治局委员、北京市委书记刘淇视察北京市互联网宣传管理办公室，8 月 22 日视察新浪网、优酷网，11 月 1 日，视察腾讯北京分公司；8 月 24 日，政治局委员、国务委员刘延东视察腾讯公司；8 月 24 日，政治局委员、天津市委书记张高丽视察腾讯天津分公司。中央领导在考察中均强调，网络虚拟社会对现实社会的影响越来越大，政府要依法加强管理，互联网企业也要加强行业自律，使互联网在服务民生、促进发展、维护和谐稳定中发挥更加积极的作用。

2011 年 5 月 4 日，经国务院同意，国家互联网信息办公室（以下简称"国信办"）正式设立。中央外宣办、国务院新闻办、国信办主任王晨指出："国家互联网信息办公室挂牌成立，我国互联网信息服务和管理工作进入了一个新的阶

① 新华网：《胡锦涛：扎扎实实提高社会管理科学化水平》，2011 年 2 月 19 日。

② 新华网：《周永康：适应经济社会发展新形势加强和创新社会管理》，2011 年 2 月 20 日。

段。我们将按照积极利用、科学发展、依法管理、确保安全的方针，积极推动互联网在中国健康有序发展。”① 国家互联网信息办公室的成立是加强虚拟社会管理机制上的保证，将改变因多头管理而带来的缺乏宏观规划的弊病，强化各部门间的协调，同时也将保证从中央到地方管理体系的垂直高效，改变目前各地管理机构名称不统一、隶属关系不统一的局面。12 月 9 日、10 日，国信办在江苏省镇江市召开网络文化建设和管理现场经验交流会，会议通过“镇江经验”，再次强调各地要认真贯彻落实“谁主管、谁负责”的原则，切实履行互联网属地管理责任。

2011 年，各有关部门相互配合采取一系列专项行动，加大了对网上违法违规行为的整治力度，如打击网络购物领域制售假冒伪劣商品行动，打击非法网络公关行动，打击网络色情淫秽行动等。网络谣言是互联网上的公害之一，3 月在日本福岛发生大地震后，中国国内竟然因谣言而发生抢盐事件，传播之快、面积之广、规模之大，前所未有。针对网络谣言不断的情况，国信办亦加大了打击力度，网络新闻宣传局于 9 月 30 日、10 月 25 日、12 月 3 日向社会通报了查处“微博名妓若小安”、“歼 10B 坠毁”等网络谣言的情况。

网络实名制实行与否，从 BBS 阶段、博客阶段直至微博客阶段，始终被网民高度关注。12 月 16 日，由北京市人民政府新闻办公室、市公安局、市通信管理局和市互联网信息办公室共同制定的《北京市微博客发展管理若干规定》发布，要求任何组织或者个人注册微博客账号，应当使用真实身份信息；网站开展微博客服务，应当保证注册用户信息真实。随后，上海、天津、广州、深圳等地亦实行微博客用户使用真实身份信息注册规定。由此，实名制在微博客领域全面推行。

三　微博应用持续火爆

新浪于 2009 年 8 月推出微博测试版，2010 年 10 月，新浪首次对外宣布微博注册用户数为 5000 万人，2011 年 11 月，新浪宣布微博注册用户已达 2.5 亿人，一年内整整翻了五倍。而腾讯在 11 月宣布的微博注册用户更高达 3.1 亿人。目

---

① 新华网：《国务院新闻办举办新年招待会 将更加积极有效传递中国信息》，2011 年 12 月 16 日。

前国内提供微博服务的网站已达50多家。各大网站都不断开发出新的应用，提供给用户更多更好的使用体验，并开发出针对智能手机和平板电脑的客户端，提供用户随时随地上微博的便利。

2011年是政务微博大发展的一年，同时也是政务微博趋于成熟化的一年。人民网舆情监测室12月12日发布的《2011年新浪政务微博报告》指出，政务微博趋于成熟化主要表现在群众观念、媒体素养、积极心态、时效性、透明度、理性建设性、组织保障、制度建设、管理规范、舆情应对、执政能力和危机管理思维等方面。

公安是率先全系统利用微博部门，对全国各系统、各部门开设微博起了带头示范作用。2011年9月26日，公安部在北京召开“公安微博：实践与前景”研讨会，这是公安部门首次就微博召开全国性的专门会议。目前，全国公安微博已形成了以地市级公安政务微博为主并整合为微博群的“广东模式”，以省级公安政务微博建设为主的“北京模式”，以基层派出所和公安民警个人工作微博为主的“厦门模式”。

2011年10月13日，国信办在北京召开积极运用微博客服务社会经验交流会，进一步加快了各地政务微博上线的步伐。11月17日，北京市新闻办公室发起的“北京微博发布厅”正式上线；11月28日，上海市新闻办公室发起的“上海发布”上线；12月19日，广州市政府的微博“中国广州发布”正式上线。

政务微博的意义在于，促使政府信息发布更加透明快速，促使政府与民众的沟通对话更加主动，促使政府接受监督更加自觉。2011年6月，南京出台了《关于进一步加强政务微博建设的意见》。意见提出，要注重时效性，对各类的政务信息和涉及市民生活的公共信息，特别是灾害性、突发性事件，要求在事件发生后做到尽快或是第一时间进行微博发布；如果涉及老百姓切身利益的水、电、气、自然灾害等事件，要尽量做到一小时之内发布。

微博传播的巨大威力在社会生活中也发挥了独特的作用。2011年1月25日，学者于建嵘在微博上发起的“随手拍照解救乞讨儿童”行动，掀起了一场“微博打拐”的网络热潮，从而促使公安部门启动全国范围的打拐专项行动，并使一些人大代表、政协委员在2011年“两会”期间提出相关议案。2011年3月9日，记者邓飞通过微博发起向贫困山区小学生捐助“免费午餐”的“微公益”行动，亦促使国务院10月26日常务会议决定实施农村义务教育学生营养改善计划。这两个案例可称为2011 年的“公民行动范本”。

中国微博如此火爆，引无数外人竞折腰。众多外国驻华机构、国际机构、各界要人、名人纷纷在中国微博平台上注册，这种状况是博客时代未曾有的。中国微博能量和影响之大，常常超出人们的想象。如9 月 13 日北京时间 23 点，联合国秘书长潘基文首次通过 Facebook、Twitter 和新浪微博与全球网民交流，全球网民共向他提出了近6000 个问题，而其中约有一半都来自中国。再如，国际货币基金组织新任总裁拉加德（Christine Lagarde）在访华前的 11 月 7 日开通新浪微博，使用英文写作，其在 Twitter 上粉丝量为 2 万多，而在新浪微博上的粉丝量目前已近 17 万。

微博由于具有规模巨大的用户群，以及自身的传播特性，自然也成为新的营销利器。众多企业纷纷利用这一利器进行品牌营销、产品营销和服务营销，也取得了不菲的成绩。

四　2011 年业界大事

（一）主题报道影响彰显

2011 年是中国共产党建党 90 周年，这一主题成为网络媒体全年报道的重中之重。4 月 24 日，由中宣部、中央外宣办、中央文明办、中央党史研究室、教育部和共青团中央指导，人民网、新华网、中国网络电视台等 100 家网站共同主办的庆祝中国共产党成立 90 周年网上系列活动拉开帷幕。据不完全统计，截至 7 月 10 日，主要网站共发布稿件约 490 万篇，图片 210 万张，音视频报道 12 万余条，专题页面总访问量达 40 亿次，有近 4 亿人次通过博客、微博客、论坛等互动平台向党寄语祝福。① 2011 年是辛亥革命 100 周年，亦成为当年网络媒体又一个宣传报道的重点。

2011 年 10 月 23 日，刁娜在车流中舍身救人的事迹发生后，烟台重点新闻网站“胶东在线”的记者深入龙口采访刁娜事迹，在网上率先刊发了“烟台最美女孩”的深度报道，被全国 150 余家网站转载，使刁娜的事迹广为传播。为弘扬

① 《网络传播》编辑部：《网络媒体浓墨重彩报道建党 90 周年》，《网络传播》2011 年第 12 期。

助人为乐、见义勇为、勇敢担当的舆论氛围，激发全社会向善的力量，12 月 1 日下午，由胶东在线网站发起承办，中国城市新闻网站联盟携手全国各城市新闻网站开展的“爱传百城——寻找‘最美的你’”主题活动在烟台启动。参与活动的百家新闻网站遍及全国 31（不包括港澳台）个省、自治区、直辖市，成为年内最具特色的网络报道活动之一。

创办于 2010 年 8 月的新华社《中国网事》栏目，经过一年多的努力，已成为新闻媒体的一个新品牌。它“改变了主流媒体对网络报道迟缓而不迅速、表面而不深刻、分散而不集中的状态”①。6 月 9 日，《中国网事》栏目播发了三位年轻记者采写的首篇微博体通讯《“向革命前辈借点勇气吧!”——互联网领军人物眼中的“红色奋斗”》。文章发出后，立刻引起巨大反响，仅北京地区就有 40 多家主要商业和门户网站在首页显要位置突出转发，网民 24 小时内对该稿的点击量超过 1 亿次。这篇报道在写作文体上进行的创新，显示了记者对时代、对生活的敏感，以及对新事物特点和规律的把握。

（二）网络监督重击弊端

网络监督之所以具有威力，说到底，其实质是以互联网为手段的无处不在、无时不在的公民监督。在成千上万的网民进行“围观”、爆料、人肉搜索的情况下，没有人或部门能够只手遮天，掩盖真相，封、堵、瞒、蒙的手段只会让政府部门为个别问题付出整体公信力的代价。有段子写道：“微博时代官场十大警示：①接受采访不讲胡话；②开会发言不抽名烟；③公务应酬不戴名表；④务活动不开名车；⑤基层视察不打雨伞；⑥发表大作不抄名文；⑦与人约会不发微博；⑧寻花问柳不写日记；⑨灾难发生不露笑容；⑩突发事件不当新闻发言人!”该段子形象地概括了近年来受到网络舆论监督的典型事件。

“7·23”温甬动车追尾事故，可说是 2011 年内最大的媒体事件。网络媒体与传统媒体的报道与网络舆论、社会舆论相互推动所形成的合力，又一次对重大突发事件的报道格局产生了突破性影响。大连反 PX 项目、广东汕尾乌坎村等事件，更是考验各地政府的执政能力和执政水平。郭美美的炫富行为引发的舆论风暴，直接导致中国最大的慈善组织红十字会乃至整个中国慈善体制陷入信任危

① 刘思扬：《顶起网络进步的力量》，《新闻业务》2011 年第 34 期。

机，更是令“红会”始料不及。年内发生的造成政府危机的事件，大多是由政府或官员不作为、胡作为、腐败作为所引发的；年内发生的造成企业特别是国企危机的事件，大多是由于企业的产品质量、服务质量、各类事故和高层丑闻引发的。而政府和企业面对各类事件，往往反应迟钝、傲慢对待，并试图隐瞒事实、控制媒体，这样的拙劣处理手法，又引发网民新一轮的炮轰、质疑、恶搞，使政府的形象和公信力跌到低点。《人民日报》12 月 22 日发表署名张铁的时评《乌坎转机提示我们什么》，文章指出，把握了群众利益的诉求点，也就把握了问题解决的关键点，要减少社会矛盾的触点、降低燃点，必须将社会管理摆在更重要的位置，解决好群众利益问题。

（三）文化自觉引领建设

2011 年 10 月 18 日，十七届六中全会作出《中共中央关于深化文化体制改革推动社会主义文化大发展大繁荣若干重大问题的决定》，提出建设社会主义文化强国的战略目标。其中明确提出：“实施网络内容建设工程，推动优秀传统文化瑰宝和当代文化精品网络传播，制作适合互联网和手机等新兴媒体传播的精品佳作，鼓励网民创作格调健康的网络文化作品。”

文化自觉和文化自信成为 2011 年网络文化建设中的主题词，也成为互联网业界提升认识、采取行动的一个新起点。11 月 3～5 日，国家互联网信息办公室在京举办互联网站和互联网企业负责人研讨班。与会互联网站和互联网企业负责人认为，互联网业界在建设社会主义文化强国奋斗征程中承担重要使命，必须以更加有力有效的举措大力发展健康向上的网络文化，推动互联网在传播社会主义先进文化、满足人民精神文化需求、促进社会和谐方面发挥更大作用。

各地网络文化建设在内容与形式的原创上，精心策划、精心制作，如北京的网络媒体连续主办面向广大网民的“网络文学艺术大赛”系列，2009 年为网络小说，2010 年为新民谣，2011 年为网络原创歌曲。又如，以不同主题连续组织众多网站参与的“网络大过年”活动，集中展现中华民族的春节文化，2010 年主题为“风景这边独好 · 虎年网络大过年”，2011 年主题为“中华年夜饭 · 兔年网络大过年”，2012 年的主题为“吉祥如意中华龙 · 龙年网络大过年”。

（四）法规判案进行规范

如今网络攻击事件在全球越来越频繁地发生，往往这类事件发生后，不少国家便指称是中国黑客所为。中国政府有关部门则一再表明立场：中国对网络空间安全十分关切；中国互联网除了有自身的脆弱性，遭受来自境外的各种网络攻击也日益增多，已成为世界上黑客攻击的主要受害国；中国反对任何形式的网络黑客攻击行为，反对任何形式的网络战和网络空间军备竞赛。因此，在2011年出台的法规中，最引人关注的是最高人民法院、最高人民检察院出台的《关于办理危害计算机信息系统安全刑事案件应用法律若干问题的解释》（自2011年9月1日起施行）。该司法解释剑指黑客，明确了制作黑客工具、销售黑客工具、非法获取数据、非法控制计算机信息系统、倒卖非法获取的数据、倒卖非法控制的计算机信息系统的控制权等各种行为的刑事责任，有利于从源头上切断利益链条。

在2011年众多的互联网纠纷及诉讼的案例中，引起广泛关注的有以下几类。

1. 传播淫秽

（1）2011年1月10日，北京市东城区人民法院以传播淫秽物品罪判处江鹤（女）拘役四个月。她在几年的时间里上传了200多篇性爱小说。

（2）2010年在佛山等地70多次嫖娼，并将嫖娼心得和照片发在自己的“佛山大炮”博客中的林成龙，2011年3月被南海法院以传播淫秽物品罪判处有期徒刑一年。

2. 涉及版权

（1）2011年3月15日，包括贾平凹、刘心武、韩寒等在内的近50位中国作家联名签署《“3·15”中国作家讨百度书》，称百度文库未获任何授权即收录上述作家的几乎全部作品并对用户免费开放，要求百度停止侵权。

（2）时至2011年末，视频网站的版权诉讼大战又起。12月15日，土豆网和台湾中天电视指称，优酷网恶意侵权盗播台湾中天电视授权给土豆网独占性信息网络传播权的《康熙来了》等五个综艺栏目，将向优酷网提出1.5亿元的侵权赔偿，而优酷网随即于16日表示，将就近100部长期被土豆网盗播的热播影视剧、综艺节目及优酷网出品的原创内容提请诉讼，维护自身的合法利益。

3. 涉及名誉权

2011年8月25日，北京市第一中级人民法院对北京金山安全软件公司诉周鸿祎名誉侵权案作出终审判决：周鸿祎的行为构成对金山软件公司名誉权的侵犯。

4. 涉及不正当竞争

2011 年 9 月 29 日，北京市第二中级人民法院宣布腾讯公司诉“360 隐私保护器”侵权案的终审判决：北京奇虎、奇智软件以及三际无限的行为构成不正当竞争。

（五）电子商务规模惊人

2011 年 12 月 7 日，国家互联网信息办公室副主任钱小芊在华盛顿举行的第五届中美互联网论坛发表主旨演讲，他特别提到中国电子商务保持快速增长的态势：“2011 年中国电子商务成为发展最快的互联网应用之一，交易总额有望突破 1 万亿美元，比 2010 年增长 50% 以上。我们估计，在未来 5 年，中国电子商务交易总额有望年均增长 35% 以上。”①

2011 年美国、英国相关研究机构所发布的报告，也佐证了钱小芊在发言中陈述的事实，尽管在统计数据上偏低一些。如美国波士顿咨询集团（Boston Consulting Group Inc.，BCG）11 月 22 日发表报告指出，从 2008 年至 2010 年，中国电子商务市场年交易额增长了四倍，从 1280 亿元激增到 4760 亿元，年均增幅高达 125%。目前在网上购物已经成为中国城镇居民的时尚，到 2015 年，中国的网上购物人数会达到 3 亿 2900 万，交易额超过 2 万亿元，从而取代美国成为全球最大的电子商务市场。② 英国罗兰贝格管理咨询公司（Roland Berger Strategy Consultants）10 月 21 日的报告则分析了中国电子商务崛起源自于五大因素的驱动：网购客户基数迅速扩大、信用支付体系日趋完善、电子商务企业日益壮大、电子商务领域融资活跃、电子商务的模式和品类不断丰富。③ 电子商务和“平台经济”的蓬勃发展，推动了第三方电子支付的热潮。中国人民银行 2010 年 6 月发布《非金融机构支付服务管理办法》，2011 年内共批准发放了 101 张牌照，标志着该领域进入了新的阶段。

---

① 钱小芊：《让互联网成为促进中美两国互尊互信互利共赢的桥梁——在第五届中美互联网论坛的主旨演讲》，国务院新闻办网站，2011 年 12 月 7 日。

② 波士顿咨询集团：“The World's Next E-Commerce Superpower”，BCG 网站，2011 年 11 月 22 日，http://www.bcg.com/expertise_impact/publications/PublicationDetails.aspx?id=tcm:12-91978。

③ FT－罗兰贝格：《中国电子商务的崛起与机遇》，2011 年 10 月，http://a.ftimg.net/ads/beijing/201112/5.pdf。

当前，中国电子商务市场已经形成了C2C、B2C、商城、团购、O2O等模式百花齐放的局面。同时，各种商业模式不再以孤立的形态出现，电子商务企业往往会根据自身的发展愿景及能力适当融入其他商业模式。由于中国市场的巨大及发展的良好前景，这一领域得到投资者的青睐。2011年4月，京东商城宣布完成C轮融资，融资金额高达15亿美元，成为中国互联网市场迄今为止单笔金额最大的一笔融资，引起了各方的关注。

（六）股市表现亦喜亦忧

2011年上半年，中国互联网公司出现了IPO上市热。如3月30日，奇虎360上市：4月21日，世纪互联上市；5月4日，人人网上市；5月5日，网秦上市；5月11日，世纪佳缘上市；5月12日，凤凰新媒体上市；6月11日，淘米网上市。进入下半年，资本市场环境恶化，土豆网几经周折，终于在8月17日上市，但遭遇开盘即破发的境地。10月5日，中国首家赴美上市的互联网公司——中华网申请破产，更是平添了一份寒意，于是有关中国互联网是否再现泡沫的争论又一次展开。在股市不景气的背景下，一些原本计划上市的网站放缓了步伐，如迅雷6月初提交上市申请，7月21日宣布无期限推迟上市。同日，盛大文学亦宣布暂停IPO计划，直到市场状况改善为止。又如，人民网一直被视为国家重点新闻网站，将是在国内上市的第一股，原打算在2011年中上市的计划一直拖延，2011年并未实现。

从总体看，从发展看，中国互联网企业在国际资本市场上有长足进展。据艾瑞咨询公司2011年8月的统计，2001年中国上市互联网公司仅有4家，到2011年已增至40家；上市公司的市值总额，从2000年的4.2亿美元，已增至2011年的1462.6亿美元，增加了346倍，足以反映中国互联网企业实力的快速增长。① 但上市公司的表现有优有劣是不争的事实，那些经营状况较好的中国互联网公司在上市之后往往持续保持更好的表现，因此，拥有核心业务并有所创新才是发展之本，是取得长期业绩的核心所在。

（七）移动网络快速扩张

业界人士认为，2011年国内的“3G + Wi-Fi”才真正进入了成熟阶段。在政

① 雅虎网：《艾瑞杨伟庆：互联网上市公司总市值增长近350倍》，雅虎科技，2011年8月23日。

府联手中国移动等运营商的推动下，多省市在 2011 年都大力发展无线城市建设。截至 10 月 13 日，已有 18 个省完成无线城市平台建设或进行平台升级改造，中国移动还在全国范围开展加速无线城市工程的布局，其中，北京、上海等中心城市的无线网络热点覆盖推进最为快速广泛。① 如根据《北京市“十二五”时期城市信息化及重大信息基础设施建设规划》，北京将累计建设无线接入点超过 20 万个，实现机场、火车站、高端商务区、星级宾馆、学校、交通枢纽等公共区域，以及地铁、公交车等公共交通工具上的无线局域网全覆盖。目前，已开通西单、王府井、奥运中心区、金融街、燕莎、中关村大街六大区域的 Wi-Fi 服务，用户只要搜索并登录到“My Beijing”，便可实现免费上网。②

从终端市场的角度看，目前正快速进入“后 PC 时代”，各类移动终端大行其道。国内在移动终端生产方面，年内引起轰动的是首款双核 1.5G 顶级配置的智能手机——小米手机的面世与销售。在平板电脑方面，除 IT 厂商研发的产品外，值得注意的是，一些媒体机构下属的科技公司也在进入这一市场，如北京青年报社下属公司研发了“北青 Pad”，北京人民广播电台下属公司研发了 1039Pad。

与全球流行的 iOS、Android 等系统相比，国内要形成包括移动终端在内的完整产业链，还要付出巨大的努力。

附录

以笔者个人眼光评定的 2011 年中国网络媒体、网络传播十件大事，依时间排序：

1. 2 月 19 日，省部级主要领导干部社会管理及其创新专题研讨班在北京举行，胡锦涛总书记在讲话中要求：“进一步加强和完善信息网络管理，提高对虚拟社会的管理水平，健全网上舆论引导机制。”

2. 5 月 4 日，国家互联网信息办公室正式设立，标志着中国互联网信息服务和管理工作进入了一个新的阶段。

3. 5 月 16 日，全国创建“文明网站”活动视讯会议召开，拉开了中央文明

① 郑伟：《3G 到准 4G 的跃进 2011 年热点回顾及展望》，中关村在线网站，2011 年 12 月 16 日。

② 邢世伟：《北京六大公共区域可享免费无线上网》，2011 年 12 月 15 日《新京报》。

办、中央外宣办等部委联合通知在全国组织开展创建“文明网站”活动的序幕。

4. 7月1日，中国共产党隆重纪念建党90周年，这一主题成为网络媒体全年宣传报道的重中之重。

5. 7月23日，发生甬温线特别重大铁路交通事故，网络媒体与传统媒体的报道与网络舆论、社会舆论相互推动所形成的合力，对重大突发事件的报道格局产生了突破性作用。

6. 9月1日，最高人民法院、最高人民检察院出台的《关于办理危害计算机信息系统安全刑事案件应用法律若干问题的解释》开始施行。

7. 10月15～18日，中共十七届六中全会举行，提出建设社会主义文化强国的战略目标，全会决议中明确提出“发展健康向上的网络文化”。

8. 微博应用持续火爆，用户超过3亿人，其中政务微博的大发展和成熟化，成为2011年微博的显著特点。

9. 12月16日，《北京市微博客发展管理若干规定》出台，随后，广州、深圳、上海、天津等地亦采取相同措施，由此实名制在微博领域全面推行。

10. 12月23日，温家宝主持召开国务院常务会议，研究部署加快发展我国下一代互联网产业。

Analysis on Chinese Internet Media and Internet Communication in 2011

Min Dahong

Abstract: This essay sketches out the overall state of affairs of internet media and internet communication in 2011, which covers policy, laws and regulations, public opinion, publicity, the revolution of micro-blogging, and that Chinese Internet Company entered the American stock market. According to my judgment, 10 events of the year on Chinese internet media and communication are culled.

Key Words: Chinese Internet Media; Internet Communication; Development of Internet

B.16

中国主流媒体网站管理现状调查分析*

钟瑛　罗昕**

摘　要： 本课题组对全国37家主流媒体网站高管进行问卷调查和半结构性访谈，结果发现，管理体制上，“经费不足”、“经营权不明确”、“管理规范不全”比较突出；员工管理上，年轻化特色鲜明，流动性比较大，缺乏复合型人才和可操作性的考核机制；内容管理上，“时效性”和“原创性”没有得到重视，舆论引导上多倾向于“封堵”式处理；经营管理上，经费来源狭隘化，过分依赖广告收入。

关键词： 主流媒体网站　网站管理

主流媒体网站是网民活动空间、使用行为的关键节点。主流媒体网站自身的管理能力，在一定程度上体现了整个网络行业自我调控与发展的能力。因此，主流媒体网站在积极引导网络舆论、建设中国特色网络文化、推动网络产业持续发展方面具有非常重要的影响。

2011年10月，中共十七届六中全会关于深化文化体制改革的决定中明确指出，“支持重点新闻网站加快发展，打造一批在国内外有较强影响力的综合性网站和特色网站，发挥主要商业网站建设性作用，培育一批网络内容生产和服务骨干企业”。2012年3月，人民网正式登陆上海证券交易所，成为中国“官网上市第一股”。主流媒体网站的建设和管理将成为新媒体图景中的重要关注点。

---

* 本文为国家社科基金重大项目“互联网管理与中国特色网络文化建设研究”（07&ZD040）前期研究成果之一。

** 钟瑛，华中科技大学新闻与信息传播学院教授、博士生导师，主要研究方向为网络传播；罗昕，华南师范大学新闻传播系副教授，华中科技大学新闻与信息传播学院博士生，主要研究方向为网络传播。

全面认识当前主流媒体网站的管理现状，对主流媒体网站的建设和管理将有重要的参考意义。

一　关键概念

“主流媒体网站”是依据2000年11月7日发布的《互联网站从事登载新闻业务管理暂行规定》第五条和第七条规定，经过国务院新闻办批准而取得发布或登载新闻资质的网站，包括中央新闻单位、中央国家机关各部门新闻单位以及省、自治区、直辖市和省、自治区人民政府所在地的市直属新闻单位依法建立的互联网站（简称新闻网站）和非新闻单位依法建立的综合性互联网站（简称综合性非新闻单位网站或商业网站）。依此规定，“主流媒体网站”实际包括了两层含义：一是指党和政府认可、主导的网站；二是指具有发布或登载新闻资质的网站。因而，“主流媒体网站”的称谓具有特指性，其界定具有一定的行政色彩和中国特色。

目前，国内学界对媒体网站研究的成果很多，但在全国范围内对网站高层管理者通过问卷和访谈的实证考察相对缺乏。媒体网站高管是互联网管理与中国特色网络文化建设的“领头羊”，他们所在的媒体网站在管理体制、员工管理、内容管理、经营管理等方面的现状，以及他们对网站管理的认识状况，直接反映了当前我国互联网的管理现状。

二　方法设计

2009年7月至2011年9月，我们在全国范围内对主流媒体网站的高层管理者进行了抽样调查和访谈，调查涉及全国16个省市的37家主要网络媒体。① 通过对第一手材料的基本描述和分析，试图呈现当前网站管理的主要取向、问题和趋势。

① 为了保障我们访问的人和观察的媒体网站的匿名，我们在引用时，一般只注明材料来自访谈，访谈时间一般列出月份的上、中、下旬，同月同旬未必是同一网站。只有在不涉及媒体网站的利益损害时，我们才会道出被讨论到的人或网站的名称。保障被访者的权益是调查研究的基本专业伦理。

研究采用结构式问卷为主、半结构式访谈为辅相结合的方法。调查问卷共分为网站基本状况、网站员工管理状况、网站内容管理状况、网站经营管理状况，以及被调查者的个人基本信息部分。课题组验证了问卷设计的科学性，几乎没有出现选项残缺、重复或歧义等技术问题。半结构化访谈采取面访形式，研究者对访谈的结构具有一定的控制，同时也允许受访者积极参与，研究者事先备有访谈提纲，使受访者所提供的信息大致限定在访谈目的之内，且所有访谈录音被转录成文本，并加以分析和解释①。

三　数据分析

（一）网站管理体制

网站管理体制，我们从四个方面来分析，即管理归属、管理目标、管理难题和政府支持。

1. 管理归属

管理归属是针对网站管理主体，即网站管理所属对象或形式。我们把这些对象与形式分为党政机关、传统媒体、传媒集团、传统媒体与传媒集团、党政机关与传媒集团、独立运营等。

在调查有利于网站的管理归属上，结果发现（见图 1），网站总体倾向于“独立运营”和“传媒集团”。有 30% 的网站选择“独立经营”，显示了自我发展的愿望；24% 的网站倾向于传统媒体集团的管理归属；而选择“传统媒体”和“党政机关”的比例均只为 3% 。

经 Pearson 卡方检验（见表 1），不同性质的网站在管理归属上存在非常明显的差异（显著性概率为 0. 007，小于 0. 01）。商业网站倾向于独立经营，中央级新闻网站倾向于“传统媒体或传媒集团”，地方级新闻网站的选择倾向则介于两者之间。

在访谈中，网站选择“传统媒体”和“党政机关”的比例很低。究其原因，一是国有体制带来的强力监管。“如有些属于灰色地带的图片、内容，商业网站

① 孟慧：《研究性访谈及其应用现状和展望》，《心理科学》2004 年第 5 期。

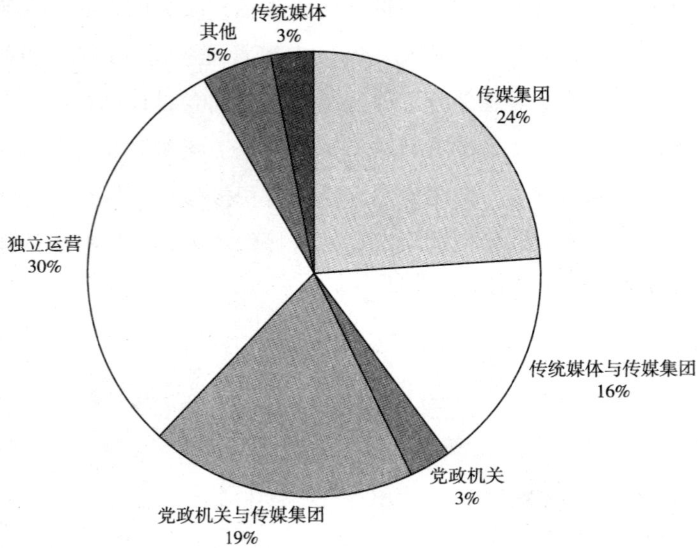

图1　有利于网站的管理归属

资料来源：本课题组。

表1　不同性质的网站在管理归属上的差异

网站 \ 管理归属	传统媒体	传媒集团	党政机关	传统媒体与传媒集团	党政机关与传媒集团	独立运营	其他请指明	总计
中央级新闻网站	1	2	0	2	0	0	0	5
地主级新闻网站	0	6	0	4	7	4	1	22
商业网站	0	1	1	0	0	7	1	10
合　计	1	9	1	6	7	11	2	37
卡方检验值:27.337　显著性概率:0.007								

资料来源：本课题组。

可以上，新闻网站要求会严一些。”① 某中央级重点网站高管认为，“随着网站和互联网的力量越来越大，管理力度在不断加大，个人感觉有时甚至超过传统媒体，甚至在细致程度也超过了”②。二是国有体制管理带来的形式弊端。不少地方级新闻网站高管坦承，新闻网站尽管外壳是有独立市场主体的公司，但实际上

① 作者访谈：××网，2009年8月11日上午。

② 作者访谈：××网，2009年7月中旬。

是母媒体的附属部门。“重点新闻网站有很大一块是事业性的，很多事情没有效益也得做。所以说现在外部的管理体制决定内部的管理体制。这些管理机制，公司法里面都规定得很详细，包括公司章程、总经理的产生啊，但这些是理论、形式上的。我们当时成立这个公司是为了拿经营……你要用这个壳子去拿资本。我们内部的管理和母媒体一样，实际上还是把我们当二级部门来管理。”① 三是国有体制管理带来的活力缺乏。“如当年各地电信公司兴盛的信息港，因为国有体制的原因，在90年代末商业网站上市后都逐渐削弱了。”②

2. 管理目标

我们将管理目标设定为舆论引导、提高网站点击率、传播信息、扩大网站知名度、赢利等。调查发现（见图2），“进行舆论导向”的目标意识在各大网站普遍较强（81.10%），显示了传统媒体管理意识在网站中的延续。但网站并没有忘记自身“传播信息”的基本功能（59.50%）。“提高点击率”（40.50%）和

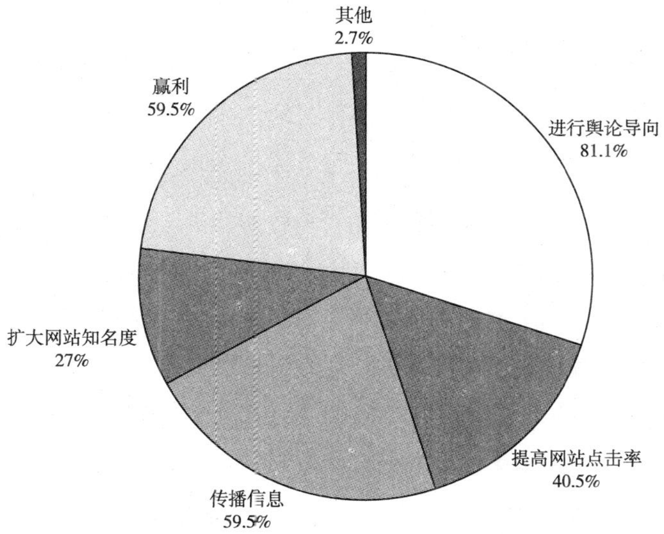

图2　管理网站的主要目标

资料来源：本课题组。

① 作者访谈：××网，2009年7月初。
② 作者访谈：××网，2009年8月11日上午。

“盈利”（59.50%）的高位比例，反映了在政治宣传功能、传播信息的基础上获取经济利益和提高影响力的强烈内在愿望。

经 Pearson 卡方检验（见表2），不同性质的网站在“进行舆论导向”（显著性概率为0.012）、“提高网站点击率”（显著性概率为0.019）、“赢利”（显著性概率为0.016）的目标上均存在显著差异。其中地方级新闻网站在“进行舆论导向”、“提高网站点击率”的目标选择上更为显著，商业网站和中央级新闻网站则在“赢利”的目标选择上更为显著。

表2　不同性质网站在管理目标中的显著性（n=37）

网站性质	进行舆论导向	提高网站点击率	赢利
中央级新闻网站	100%（n=5）	20%（n=1）	100%（n=5）
地方级新闻网站	90.90%（n=20）	50.09%（n=13）	40.91（n=9）
商业网站	50%（n=5）	10%（n=1）	80%（n=8）
卡方检验值	8.850	7.885	8.300
显著性概率	0.012	0.019	0.016

资料来源：本课题组。

在舆论导向的目标选择上，主流媒体总体表现了高度的认同，都表示负有政治责任和社会责任，但商业网站目标相对比较淡薄，主要原因在于由于新闻网站与商业网站的管理底线不对等，商业网站没有新闻网站在采编经营上的种种束缚。也有网站高管对当前舆论导向管理进行了理性的反思，提出了舆论导向管理的操作难度问题，如网民参与互动的开放性对管理成本的挑战。比如说网络平台的复杂性（包括公域、私域）对管理方式的挑战。有高管认为，“原来传统媒体都具有喉舌性质。网络来了后，我们突然发现平台化的问题出现了……这就带来一个我们怎么管的问题”①。

3. 管理难题

我们将管理难题预设为经费不足、管理经验不足、经营权不明确、管理规范不全、网站定位不清、员工多元化等方面。调查显示（见图3），除了“经费不足”（51.40%）这个最大困难外，“经营权不明确”（10.80%）、“管理

① 作者访谈：××新闻网，2009年8月下旬。

规范不全”（10.80%）仍然是管理体制的主要难题之选，由此也导致了“网站定位不清”（16.20%）。经 Pearson 卡方检验，不同性质的网站在面对管理困难的各个方面均不存在显著差异，表明这些主要的困难是各网站共同面对的问题。

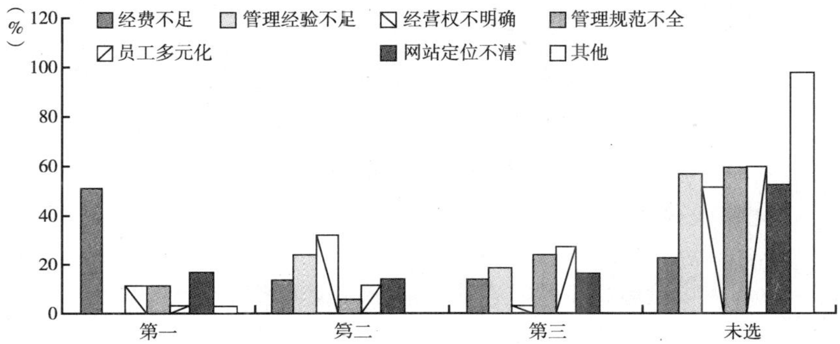

图 3　网站管理面对的困难程度排序

资料来源：本课题组。

经费不足在地方新闻网站中表现最为突出，不少高管为此表现了急迫而无奈的心情。“我们有好的项目，但缺少资金，上不了新设备。”① “有个数字，重点新闻网站六年的投入比不上新浪一年的投入。这没法去做。”② 管理规范方面，网站高管也表现得束手无策，主要原因在于管理规范不清晰、不成熟，“很多东西压根没法弄”，“管理最难的在于部门设置以及它和业务之间的关系。其次就是管理制度规范要达到的那个效果”③。

4. 政府支持

我们将政府支持预设为经费投入、政策保护、人力支持、信息提供、市场化等方面。调查显示（见图 4），在需要得到政府支持的项目中，依重要程度，“投入经费支持”（64.90%）、“给予政策保护”（51.40%）、“提供信息资源”（40.50%）、“允许完全市场化”（35.10%）均受到网站的重视，这些需求与前面提到的“经费不足”、“管理体制不清”两大困难是相呼应的。

---

① 作者访谈：××网，2009 年 7 月上旬。

② 作者访谈：××网，2009 年 7 月初。

③ 作者访谈：××网，2009 年 7 月 3 日。

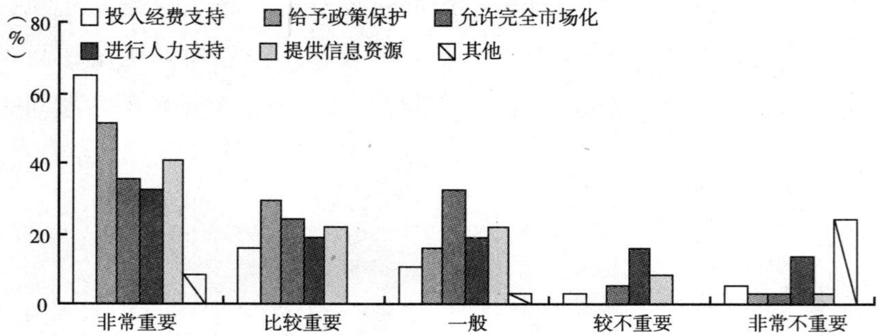

图4 各项政府支持的重要程度

资料来源：本课题组。

经 Pearson 卡方检验，不同性质的网站在“投入经费支持”方面存在非常明显的差异（显著性概率为0.001）（见表3）。地方级新闻网站对“投入经费支持”的愿望最为强烈，中央级新闻网站次之，商业网站的愿望相对比较均衡。

表3 不同性质网站对“投入经费支持”倾向的显著性（n=37）

网站性质	非常不重要	较不重要	一般	比较重要	非常重要	总计
中央级新闻网站	0	0	0	3	2	5
地方级新闻网站	0	1	0	2	19	22
商业网站	2	0	4	1	3	10
合　计	2	1	4	6	24	37
卡方检验值:27.638　显著性概率:0.001						

资料来源：本课题组。

在政策保护方面，新闻网站最大的优势是拥有政策资源和新闻资源。拥有新闻采访权和新闻发布权是政策、体制赋予新闻网站的“尚方宝剑”，也是新闻网站与商业网站展开竞争的先天特权，而商业网站只有登载新闻的资质。当前新闻网站赢利主要来源于政策保护下的垄断资源，如依靠新闻采集发布权进行的版权交易、重大活动转播权、电子政府网站建设等。对此，某网站高管说，“现在需要什么样的政策倾斜我也说不上来，但是我们需要和我们网站发展相适应的政策倾斜”①。

① 作者访谈：××网，2009年7月上旬。

在投入经费支持方面，和中央级新闻网站相比，地方级新闻网站显示出政府经费支持与市场化经营期待之间的利益矛盾。“我们想去走市场又走不了。应让我们做我们该做的事情，不做就没机会赚钱。经营很困难，太痛苦，得分裂症。”“但我们想在一些新产品上做好，和政府扶持是分不开的。政府管理部门应该给予资金支持。要想在国际上树立我们的声音，你没有投资是不行的。”①

（二）网站员工管理

关于网站员工管理，我们从以下几方面展开调研：年龄构成、员工流动、激励方式、招聘标准、人才培育与成长空间等。

1. 年龄构成

调查显示（见图5），81%的网站员工处于20～30岁阶段，显示了鲜明的年轻化趋势。这与网络行业从业人员年龄低（平均年龄为28岁）（美世咨询报告，2006）的整体状况大体一致。经Pearson卡方检验，不同性质的网站在“员工年龄构成”不存在差异。

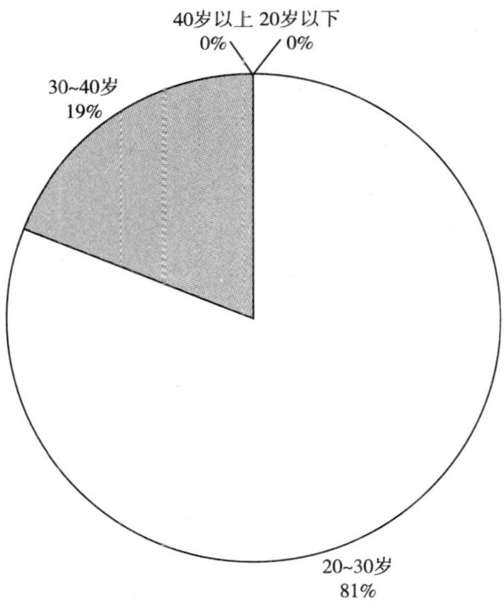

图5　网站员工年龄构成

资料来源：本课题组。

① 作者访谈：××网，2009年8月13日上午。

对于网站员工的基本构成，有网站高管概括得很精炼，“员工是80年代的，中层一般是70年代的，领导是60年代的”①。年轻化的主体结构使得代沟成为员工管理的难点。如何建立合理有效的激励机制和培育企业文化认同感，适应“80后”甚至“90后”群体的现实状况，是各大媒体网站在人力资源管理上的重要议题。

2. 员工流动

调查显示（见图6），总体员工队伍不太稳定，每年“比较频繁”流动的比例高达16%，“一般”流动达到24%，员工稳定性总体并不算好。这种状况与互联网行业员工自愿离职率高达15.9%（美世咨询报告，2006）相比大致相当。经Pearson卡方检验，不同性质的网站在“员工流动”方面均不存在差异。

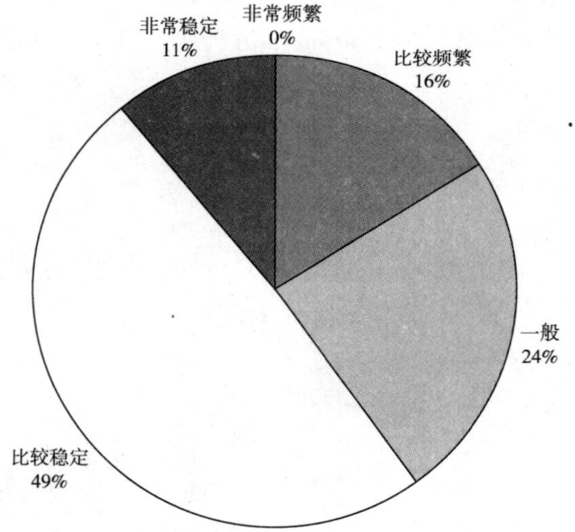

图6　网站员工每年流动情况

资料来源：本课题组。

在访谈中，我们了解到员工流动主要有如下原因：①“将员工分成A、B、C类。A类是无固定期限的合同，就是终身制；B类是签一定时长的合同，第一次签了下次再签；C类就是跟人才市场签合同。因为互联网发展很快，C类员工

① 作者访谈：天健网，2009年7月8日。

中有的学到一些东西之后就跑了，我们这就像一个培训机构。”[①] ②机构改革和组织调整也导致了员工的流动性增加。③“80后”、“90后”的员工自我意识较强，对跟自己价值观不吻合的事物认可度偏低，不满意就走人的情况较常见。

但也有网站高管从“流水不腐，户枢不蠹”的角度认为，适度的流动比例是有利的，甚至对所在网站3%的人员流动非常不满意，认为正常的企业人员流动应该在10%～15%，“但说实话，引入机制做得不够好，我们需要引入一些高人才，即使是高工资”[②]。

3. 激励方式

调查显示，“培养网站认同感”（59.5%）成为激励员工的最重要方式，因而必须重视和加强富有凝聚力的网站文化建设。“提高奖金水平”（35.10%）和“提高晋升机会”（27.00%）也是重要的激励方式（见图7）。经Pearson卡方检验，不同性质的网站在“激励方式”的各个方面不存在差异。

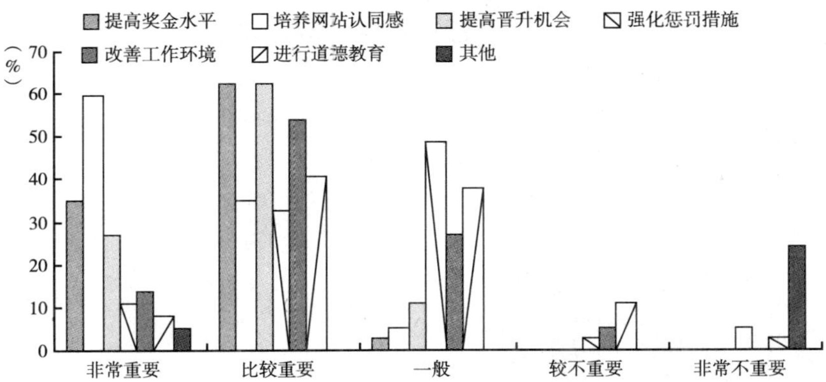

图7 激励员工方式的重要程度

资料来源：本课题组。

在激励机制方面，各网站在经营方面有比较明确的量化指标，但采编方面的业绩难以明确量化。与商业网站来比，新闻网站特别是地方性新闻网站的绩效考核相对薄弱。一是编辑部缺乏具体考核制度。二是考核量化指标过于简单。“采

① 作者访谈：××网，2009年7月中旬。

② 作者访谈：××网，2009年7月中旬。

编考核的核心指标是流量，其他的一些细化指标比如更新的时间、数量，策划专题的数量，差错率也有要求等。”① 三是团队缺乏职业经理人的引入。在培养网站认同感方面，有网站高管认为，企业文化的创造需要和年轻人的价值实现结合起来。

在奖励和惩罚制度上，商业网站有比较严格的评价机制。一般的网站都有试用期，试用期内对新员工进行帮助和辅导，但如果通过不了就得离开。正式加入以后，也要经历比较严格的考核程序，如果连续几个月打分都低的话，会有奖金倒扣甚至是辞退的处罚。

4. 招聘标准

调查显示（见图 8），“政治敏感、新闻敏感”（81.1%）和“专业技能”（48.6%）是招聘网络编辑时非常重要的标准，显示了传统媒体的专业素质在网络媒体业务中的延续性。“工作经验”（24.30%）和“网络技术”（16.20%）也被认为是适应网络媒体环境的两个特殊、重要的要求。经 Pearson 卡方检验，不同性质的网站在“招聘标准”的各个方面不存在差异。

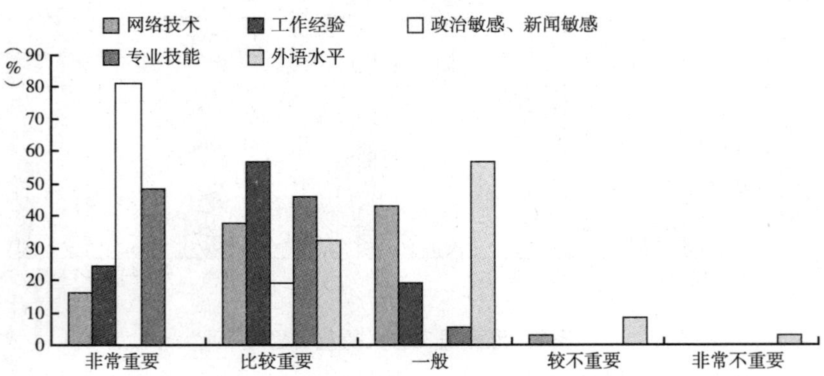

图 8 招聘网络编辑标准的重要程度

资料来源：本课题组。

政治敏感、新闻敏感作为传统媒体人员的重要素质，在主流媒体网站中得到了高度重视。很多网站高管认为，网络编辑等同于“官方代言人”。只有高度的

---

① 作者访谈：××网，2009 年 8 月上旬。

政治敏感，才能保证网络编辑在海量的信息中判断出哪些信息是违法违规的，才能在言论自由和信息安全之间找到一个平衡点。与此同时，专业素养，或者说新闻敏感性也是招聘网络编辑人员的重要指标。依靠新闻敏感快速选取网民真正感兴趣的新闻和热点，是对网络管理员的一个重要业务要求。

“工作经验”也是许多网站在招聘时较为看重的因素，部分网站认为高校专业教育应加强学生的实践动手能力，加强复合型人才的培养。“如果一些高校经费允许，可以办些小型网站，让学生参与到其中，我们也很愿意招一些有过社会工作经历的同学，因为发现他们融入团队的成功率很高。我们需要的是复合型人才，既要懂媒体，又要懂经济、互联网。”① 在“专业技能”方面，网站高管认为网络编辑比传统媒体有更高的要求，既要有丰富的从业经验又要有娴熟的网络技术②。与传统媒体网站不同的是，商业网站除了强调政治敏感外，还十分重视员工的营利和风险意识。某商业网站高管说，“我们对于员工有一个比较根本的要求就是，我们请他来这里，我们公司就是以生存和营利为目的的，而不是为了实现他个人的政治抱负。所以他们所做的不能危害到公司的生存和营利。因为毕竟我们是一个公司，而不是慈善机构或者是党团。因为我们的目的是为用户提供更好的服务，以此实现公司的营利”③。

5. 人才培育与成长空间

“进行专业培训”（56.8%）是提高网站编辑素质的最重要方法。“提高奖励水准”（29.70%）和“委以重要岗位”（13.50%）位居其次，进一步说明人才培育机制和激励机制的建立和完善是提高网站编辑素质的重要举措（见图9）。经 Pearson 卡方检验，不同性质的网站在“人才培育”的各个方面不存在差异。

主流网络媒体培训员工的主要方式有：一是网站内部针对新员工的上岗培训和对员工的常规培训；二是国新办和省新办每年定期举办的业务和政策培训。培训内容一般分成两部分，一是公共知识培训，如怎样做一个合格的媒体工作者，包括一些基本业务素质培训；二是专业培训，比如网络编辑怎么做好专题，怎么排图片，广告人员如何做营销等④。

① 作者访谈：搜狐，2009 年 7 月 14 日下午。

② 作者访谈：大洋网，2009 年 8 月 13 日上午。

③ 作者访谈：× × 网，2009 年 8 月中旬。

④ 作者访谈：人民网，2009 年 7 月 18 日上午。

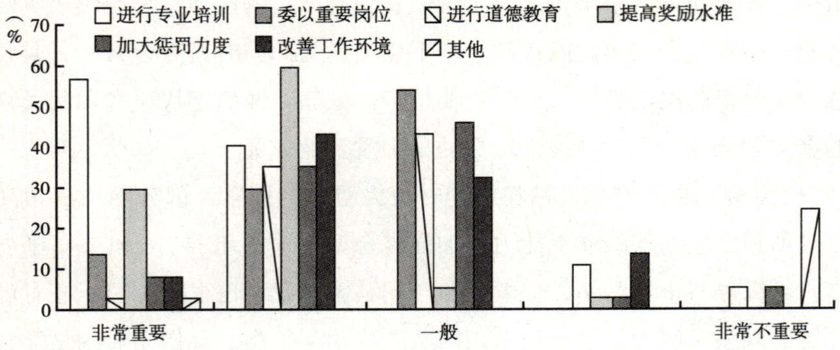

图 9　提高网站编辑素质的方法重要性

资料来源：本课题组。

（三）网站内容管理

关于网站内容管理，我们从栏目设置、新闻栏目特色、内容版块、内容功能、管理手段、引导形式、影响网络舆论的因素、重大事件报道措施、互动措施等方面进行调查。

1. 栏目设置

调查显示（见图 10），“受众需求”（67.6%）和“地域特色”（62.2%）是网站设置栏目时考虑的首要因素，表明了“受众中心意识”和“本土化战略”

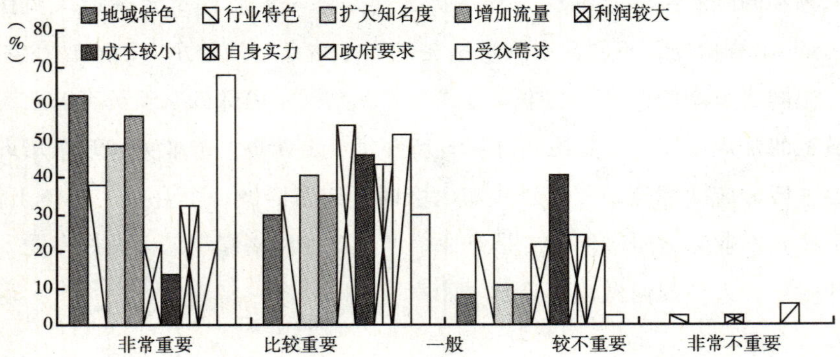

图 10　设置栏目考虑的重要因素

资料来源：本课题组。

仍然是有效的竞争法宝。“扩大知名度”（48.6%）和“增加流量”（56.8%）是前两个首要因素的内在驱动因素。

经 Pearson 卡方检验，不同性质的网站在考虑“地域特色”方面存在非常明显的差异（显著性概率为 0.000），在“行业特色”（显著性概率为 0.048）、“增加流量”（显著性概率为 0.039）方面存在差异（见表 4），地方级新闻网站对“地域特色”、“行业特色”、“增加流量”的强调更为强烈，中央级新闻网站和商业网站表现相对平淡。

表 4　不同性质网站在栏目设置中的显著性（n = 37）

网站性质	地域特色			行业特色				增加流量		
	一般	比较重要	非常重要	较不重要	一般	比较重要	非常重要	一般	比较重要	非常重要
中央级新闻网站	1	4	0	0	0	2	3	0	3	2
地方级新闻网站	1	1	20	1	6	4	11	0	6	16
商业网站	1	6	3	0	3	7	0	3	4	3
合计	3	11	23	1	9	13	14	3	13	21
卡方检验值	20.983			12.695				13.266		
显著性概率	0.000			0.048				0.039		

资料来源：本课题组。

在访谈中我们了解到，地方新闻网站都想强调自己的本土化，通过多种方式来提升社区感。有高管谈到，“对于首页新闻的选择，优先考虑本地一些重要和可读性强的新闻”①，“本地的一些商家会在我们特定的版块做广告”②。

2. 新闻栏目特色

调查显示（见图 11），“具有地域特色”（27%）和“富有权威性”（21.6%）是网站新闻栏目最想突出的两大特色。但真正体现网络特性或网站竞争力的“时效性”和“原创性”并没有得到应有的重视，而“原创性”的缺乏直接导致了当前我国媒体网站在信息内容上的严重趋同。经 Pearson 卡方检验，不同性质网站在“新闻栏目最突出特色”的选择方面不存在明显差异。

① 作者访谈：大洋网，2009 年 8 月 13 日上午。

② 作者访谈：武汉热线，2009 年 7 月 4 日。

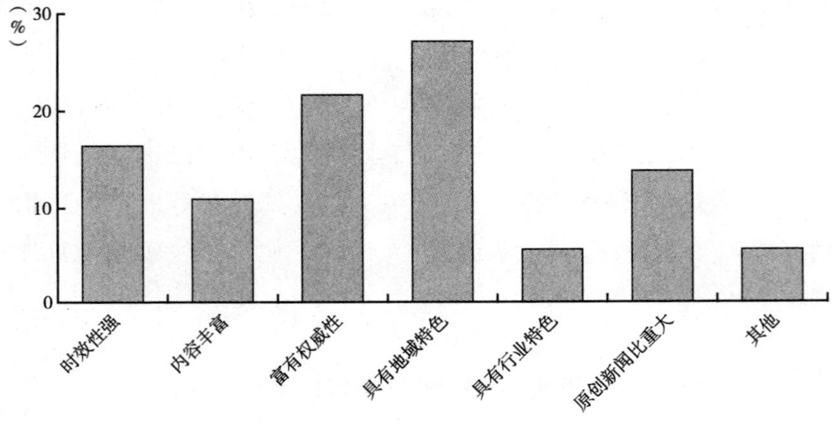

图11　网站新闻栏目最突出的特色

资料来源：本课题组。

关于新闻来源，所有高管均强调三个来源：国新办和省新办提供的可以供转载新闻的媒体名单；政府部门网站；所在地区的重点新闻网站。可见政策限定对媒体网站新闻来源的重要影响，也由此导致了强调“地域性”、“权威性”的特色取向，而“原创性”和“时效性”的意识在政策规制下相对谨慎。

访谈了解到，新闻网站由于有母媒体做后盾，基本上也没有自己的原创性新闻。一是新闻网站被看做是附属于传统媒体的机构。二是原创新闻具有政治风险。三是追求原创内容成本相对较高。但也有新闻网站表达了升格成为采访中心来增加原创内容的愿望。商业网站由于只有刊载新闻的资质，一般通过购买、授权、互换、合作等方式获取新闻信息，在原创性和时效性上基本是在政策框架内实施边缘突破策略，生活、娱乐方面的内容相对来说原创性更多，如大型商业活动、娱乐明星等的采访策划等，而对时事政治类事务一般比较谨慎。

3. 内容版块

调查显示（见图12），“新闻信息”是最受重视的内容版块，以大比例（78.4%）高居首位，表明新闻信息在媒体网站中的主体核心地位。而其他版块则明显处于因新闻信息而带来的从属地位。经 Pearson 卡方检验，不同性质的网站在“最受重视的内容版块”选择方面不存在明显差异。

各大媒体网站普遍重视新闻信息的基础作用及其带来的黏附效应，强调新闻

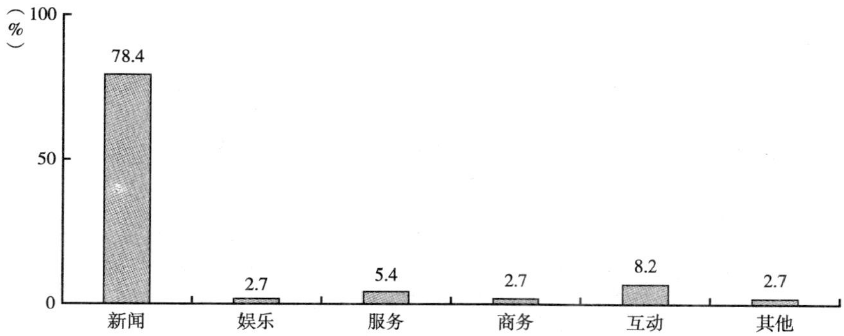

图 12　最受重视的内容版块

资料来源：本课题组。

频道是重点开发的频道，认为新闻是打造权威性和公信力的途径。不少网站采取了一些重要措施，如“特地增加新闻协调部，这是很重要的机制”①，“打造大新闻——财经、体育、娱乐”②。商业网站比较侧重娱乐、服务、商务、技术等。如搜狐“一直坚持核心技术战略，主营业务第一是游戏，第二是搜索引擎”③；腾讯“推出一站式互联网服务”，“希望是集新闻信息、互动社区、娱乐产品和基础用户为一体的一个门户型网站”④。

4. 内容功能

调查显示（见图 13），“信息汇总”（67.6%）是最受重视的内容功能，这与前述的“新闻信息是最受重视的内容版块”是一致的，进一步突出了主流媒体网站在新闻信息传播方面的重要功能。但这种总体单一性也反映了其他内容功能还处于非常薄弱的阶段。经 Pearson 卡方检验，不同性质的网站在最受重视的内容功能之间不存在差异。

内容功能结构上的单一性，折射了当前大多数媒体网站还处于信息经营的初级阶段，导致信息栏目设置的严重同质化。内容同质化是目前网站发展中突出的现实，其原因是利益的驱使和网络空间的廉价以及优质内容的缺乏。某高管的回

① 作者访谈：人民网，2009 年 7 月 18 日上午。
② 作者访谈：搜狐，2009 年 7 月 14 日下午。
③ 作者访谈：搜狐，2009 年 7 月 14 日下午。
④ 作者访谈：腾讯，2009 年 8 月 21 日上午。

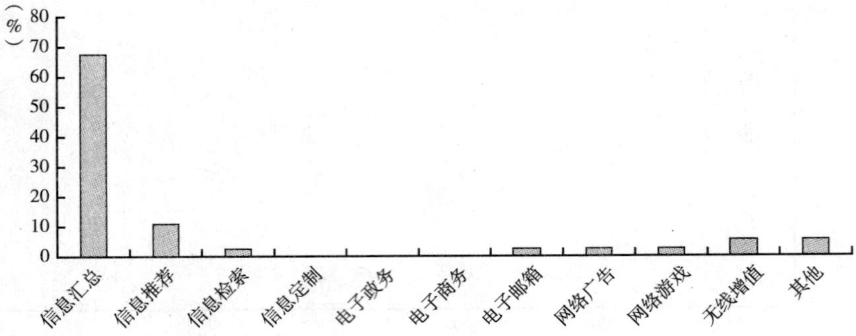

图 13　最受重视的内容功能

资料来源：本课题组。

答也许能找到某种答案："很多重点新闻网站什么频道都有，比如房产频道只是在上面放了些图片，做的好不好是另一回事。放了这些图片，频道也没什么损失。没准哪一天我整个网站的品牌起来了以后，还可以卖出个价。"①

当然不少媒体网站也在努力规避同质化，在信息的深度加工、开发利用方面不断尝试创新。一是立足于"媒介融合"的趋势，实施跨媒体发展策略。二是手机、iPad 等新媒体终端成为媒体网站今后重要的发展方向，尽管在开发利用过程中也存在不少制约因素。

5. 管理手段

调查显示，"稍加疏导"（54.1%）和"疏导"（43.2%）被认为是最合适的内容管理手段（见图 14）。而"顺其自然"、"听从上级指示"和"封堵"这些简单、僵化、极端化的手段则完全不被看好。Pearson 卡方经验，不同性质的网站在管理手段的倾向上不存在差异。

在访谈中，对于违反国家明令禁止的 13 条规定的内容，各网站所采取的措施主要包括"删除"、"审核"、"过滤"、"查封"等方式。当前各大网站都实行了 24 小时的先审后发制度，建立了多重监管机制。对违反国家明文禁止的信息内容坚决删除。对于一些不属于国家明文禁止的信息内容但又比较敏感、不好把握的信息，有些网站出于风险成本的考虑也会采取"封堵"措施。

对网上各种不同的声音，有些网站在不违法的底线下会进行一定程度的

① 作者访谈，××网，2009 年 7 月初。

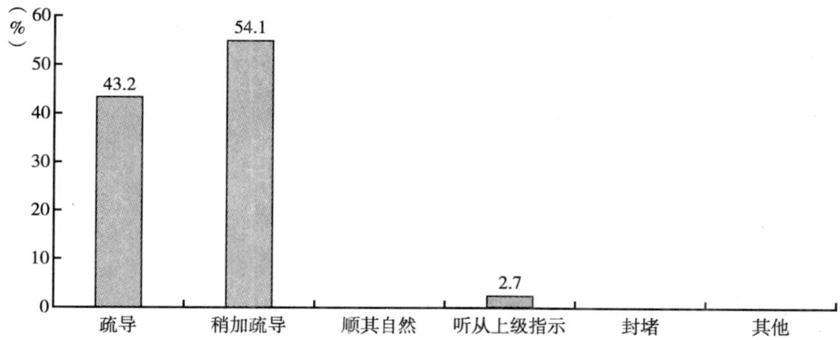

图 14　最合适的内容管理手段

资料来源：本课题组。

疏导。一是恪守中立原则。二是及时提供事实真相。三是引导网民理性思考。

对于当前网络内容的管理方式，一些网站高管也进行了具有启示意义的反思。一是认为管理应该符合网络传播规律。如在突发事件或群体性事件中，“以封、堵为主的传统宣传模式，会引发网民的反感”①，“我们网站一天平均接到两到三条禁令，大量的都是代表某些局部利益”②，因此，“在管理方式方法上，如何偏柔性一些，是一个重要课题”③。二是认识到过度介入管理影响网络媒体的发展。有高管认为，“如果完全封杀不同的言论的话，对于媒体的公信力来说是一种伤害。我们把握的这个度还是比较松的，但是红线是绝对不允许碰的”④。“有些帖子是否要删值得讨论。上级部门叫我们删帖，我们删了网友就不来了。网友都不来了，我怎么盈利呢”⑤。“报纸上发表的就抠不下来了，而我们网站随时可以删啊，但是网上的东西随便删的话，网站还有什么公信力可言”⑥。“你管得太严又没人说话，太松又不好。我们希望论坛整体的气氛是往比较温馨的方向去发展，而不是一上来就讨论社会、政治问题。”⑦

---

① 作者访谈：××网，2009 年 7 月中旬。
② 作者访谈：××网，2009 年 8 月下旬。
③ 作者访谈：××网，2009 年 7 月中旬。
④ 作者访谈：××网，2009 年 8 月中旬。
⑤ 作者访谈：××网，2009 年 8 月中旬。
⑥ 作者访谈：××网，2009 年 7 月初。
⑦ 作者访谈：××网，2009 年 8 月中旬。

6. 引导形式

“网站时评”（32.40%）、“论坛主帖”（21.60%）、“即时新闻”（24.30%）被认为是最重要的网络舆论引导形式（见图15）。经Pearson卡方检验，不同性质的网站在网络舆论引导形式之间不存在差异。

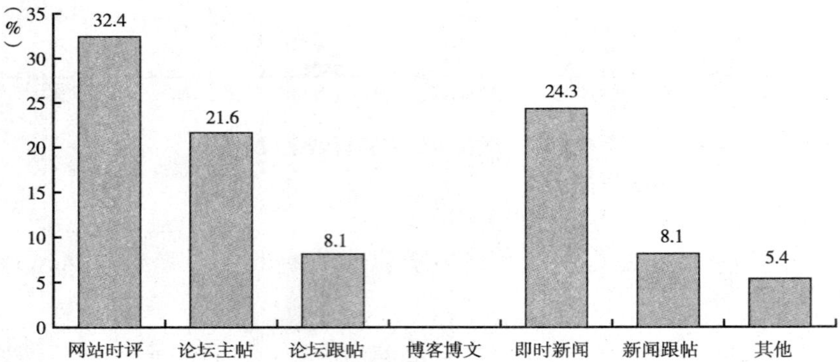

图15　最重要的网络舆论引导形式

资料来源：本课题组。

大部分网站在实际工作中创造性运用各种引导方式，如“注意避免一边倒的言论立场”，“把博客、论坛中一些重要的帖子推荐到主页”，“重点推荐一些理性网友的分析”，“派记者核实和采访”等。强调即时新闻的重要性，认为缺乏时效性将带来舆论引导上的被动，并在突破时效性限制和加强评论员队伍方面作了一些探索。

也有网站提出了不重视网络时评的原因，一是难度大，二是害怕触碰禁区，三是担心曲高和寡。在实际引导过程中，一些网站高管表示政策尺度难以准确把握，时常处于左右为难的境地。一位高管表示，在发生热点事件后，“我们比较苦恼的一件事情是，到底是做还是不做，到底怎么做，这个尺度怎么把握，我们也把握不准”①。

7. 影响网络舆论的因素

调查显示（见图16），网络议程和引导手法（59.5%）是影响网络舆论的最

① 作者访谈：××网，2009年7月初。

重要因素。因而如何有效设置网络议程，创新引导手法，是网络舆论管理中的核心论题。经 Pearson 卡方检验，不同性质的网站在“影响网络舆论的因素”选择方面不存在差异。

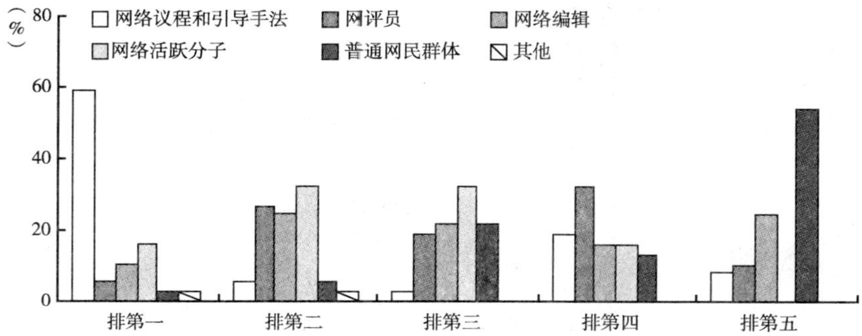

图 16　影响网络舆论因素的大小

资料来源：本课题组。

各大媒体网站普遍重视设置议程，但对此引导方法，各网站有不同的理解和做法。一是概括网民意见中的关注热点加以引导。二是从网友角度，用网友语言来引导。三是利用归谬论证法并提供准确信息。

如何充分发挥网络意见领袖（活跃分子）的积极作用，一些网站在实践中逐渐积累了自己的一些经验。一是培养自己的意见领袖，使之成为一个喉舌化的群体。二是建立“舆论统一战线”，选择“接近现有体制但不能离体制太远了的人”①。在此基础上尽量发挥意见领袖的正面作用，避免意见领袖的负面作用。

8. 重大事件报道措施

调查显示（见图 17），发生重大或突发事件时，网站经常会强化新闻报道（94.60%）、引导互动版块（94.60%）、组织网评员文章（83.80%）。这些措施有助于在重大突发事件中积极引导网络舆论，把握舆论主动权。

各大网站都重视新闻报道在发生重大或突发事件时的作用，如某高管所说，“你网站 6 个小时不发消息，网民自己会发消息。你如果 12 个小时没有正面声音的话，基本是谣言占据主流。‘快’很重要，而且‘快’的同时要给那个消息翅

---

① 作者访谈：××网，2009 年 8 月下旬。

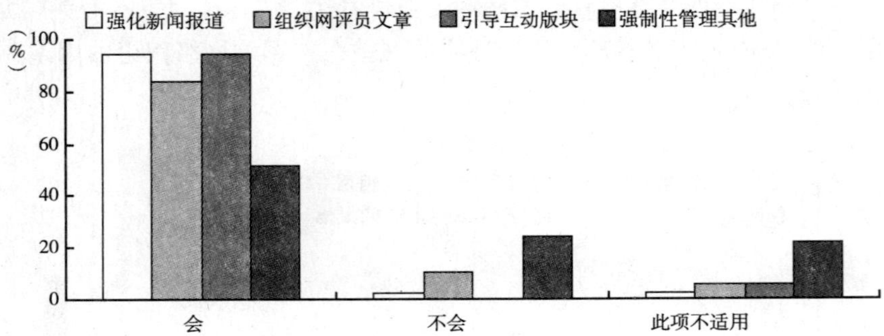

图 17　发生重大或突发事件时网站采取的报道措施

资料来源：本课题组。

膀插上正确的舆论风向标。我们形成了非常深刻的共识——自己发比别人发好，主动发比被动发好，先发比晚发好”①。新闻网站一般会及时转发母媒体采写的报道。商业网站一般会在核实后转载。主要核实方式有“按照新闻办下发的白名单来核对”，“通过广播、电视等多渠道寻求真实性”，“通过百度和 Google 来了解这个事件的最新信息”。如果事实出入较大，一般以新华网、人民网等权威渠道为准，或等传统权威网站发布相关新闻后再发布。

经 Pearson 卡方检验（见表 5），不同性质的网站在“组织网评员写评论文章”方面存在显著差异（显著性概率为 0.017）。绝大多数新闻网站选择会“组织网评员写评论文章”，而商业网站对此做法不太重视。某商业网站高管认为，“舆论引导不是我们的主要功能，那种写评论来引导舆论的编辑比较少。我们的网友本来就是很喜欢娱乐”②。

表 5　不同性质网站在“组织网评员写评论文章”方面的显著性（n = 37）

网站性质	不会	此项不适用	会	总计
中央级新闻网站	0	0	5	5
地方级新闻网站	1	0	21	22
商业网站	3	2	5	10
总　计	4	2	31	37
卡方检验值:12.022　显著性概率:0.017				

资料来源：本课题组。

① 作者访谈：××网，2009 年 8 月下旬。

② 作者访谈：××网，2009 年 7 月初。

9. 互动措施

设置互动版块（73%）是增进与网民互动的最有效措施，和网民举办活动也达到16.20%（见图18）。经Pearson卡方检验，不同性质、不同地区的网站在“互动措施”的各选项上没有显著差异。

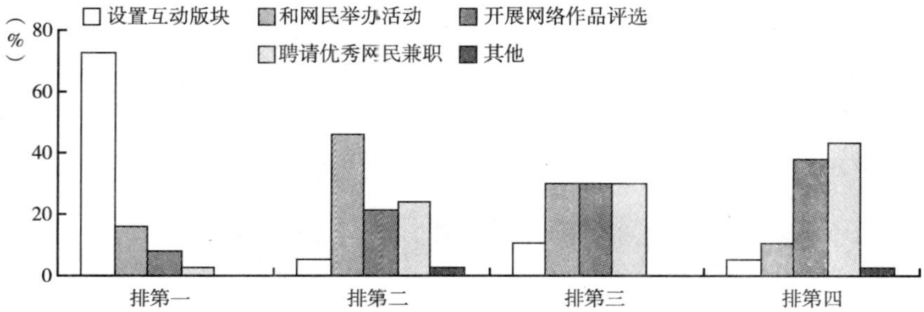

图18　增进与网民互动的措施有效程度

互动版块并不停留在网民发帖和上传视频等传播行为，很多网站已经将线上线下结合起来，在活动策划中实现网民之间、网站与网民之间的互动。如“广州视窗”的互动版块运作比较成功，并因此被誉为“最地道华南地区门户网站”、“2008中国最佳区域门户网站”。中国互联网协会官方数据（2009年6月）显示其黏着率为94.7%。也有不少网站提出了互动版块管理存在的一些障碍。一是人手不够；二是各种“绿色通道”干扰；三是微博、论坛、即时通信等社交媒体难以控制。

（四）网站经营管理

关于网站经营管理，我们从经费来源、收入来源、赢利方式、经营困难等方面进行考察。

1. 经费来源

调查显示（见图19），总体来看，网站经费来源相对狭隘，多元化不足。依靠母体单位投资（41%）是网站（主要是地方级新闻网站）运营经费的主要来源，其次是政府拨款（主要为新闻网站）（24%）和自主经营（主要为地方级新闻网站和商业网站）（35%），社会股份及其他资本缺乏。经Pearson卡方检验，不同性质的网站在“经费来源”的各选项上没有显著差异。但仔细分析表6，商业网站几乎没有得到政府的拨款，而在自主经营上的比例（60%）远高于新闻网站（中央级新闻网站为20%，地方级新闻网站为27.27%）。

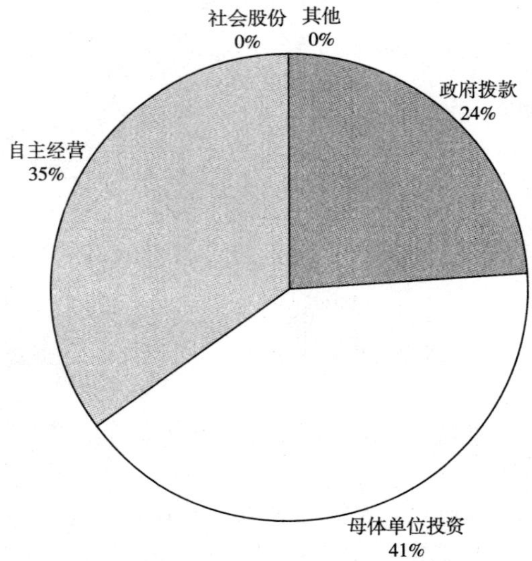

图19　网站运营经费主要来源

资料来源：本课题组。

表6　不同性质网站对“经费来源”倾向的差异（n=37）

网站性质	政府拨款	母体单位投资	自主经营	总计
中央级新闻网站	40%(n=2)	40%(n=2)	20%(n=1)	100%(n=5)
地方级新闻网站	31.82%(n=7)	40.91%(n=9)	27.27%(n=6)	100%(n=22)
商业网站	0(n=0)	40%(n=4)	60%(n=6)	100%(n=10)

资料来源：本课题组。

国有资本背景的网站在收入来源上一般集中在政府拨款或母体单位投资。对于重点新闻网站，国家有关部门每年给予补贴，一般每年3000万~4000万元。省级新闻网站一年大约70万元①。

尽管国家目前正在推动新闻网站转企改制上市，但改制政策是在保证传统媒体控股的情况下，允许国有资本进入，对风投尚未开放②。当前改制背景的尴尬

① 作者访谈：××网，2009年7月初。

② 作者访谈：××网，2009年7月中旬。

是，一方面想要政府政策、资金扶持；另一方面光靠政府的投入又不够，有了政策但没有保障风险投资、风险基金的机制①。

2. 收入来源

调查显示（见图 20），网站收入来源相对单一，广告收入高居首位（91.43%），增值业务（如会员定制）有所增加（占 31.43%），交易收入（如电子商务、信息内容销售占 14.29%）和其他收入来源仍处于起步探索期。经 Pearson 卡方检验，不同性质、不同地区的网站在“收入来源”的各选项上没有显著差异。但在实际访谈中，商业网站的收入来源普遍要比新闻网站更为广泛。

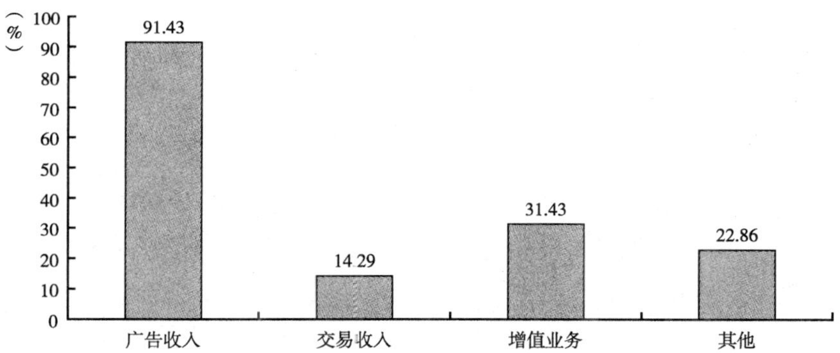

图 20　网站经营收入主要来源

资料来源：本课题组。

新闻网站以广告为主的收入结构非常鲜明，但应看到，多数新闻网站在努力走向市场化，以摆脱拨款不足的尴尬现状。新闻网站拓宽收入渠道大致有三招：一是丰富本地特色的内容；二是提供本地商家信息，为用户提供便民购物信息；三是对商家收费。② 少数地方新闻网站由于有母媒体和政府拨款，市场意识不太强烈，甚至有网站直接说，“因为我们不是商业性网站，也谈不到经营，所以这个（收入来源问题）没办法回答”。③

---

① 作者访谈：××网，2009 年 7 月上旬。

② 作者访谈：呼和浩特信息港，2009 年 7 月下旬。

③ 作者访谈：××网，2009 年 7 月下旬。

商业网站在收入结构上则更为多样。有些网站的增值收入、游戏收入远远超过广告收入。如21CN网收入构成的多元化水平，就明显高于传统媒体或政府背景的新闻网站①（见图21）。腾讯的“广告收入占整体收入比较低，增值业务是最核心的盈利模式。收入来源中，40%是游戏，13%来自广告，其他的是我们的增值收入，收入大概占80%”②。

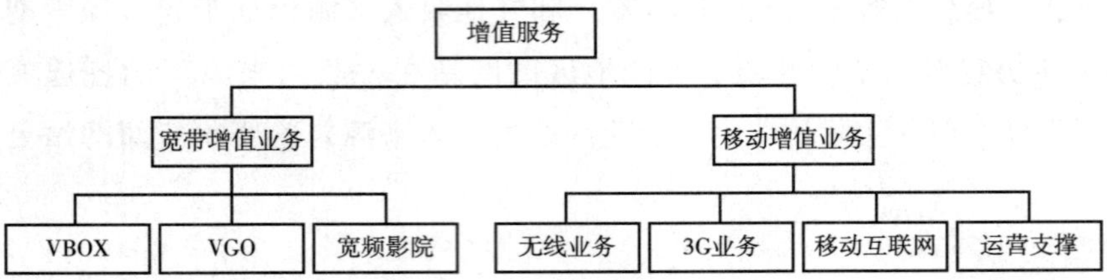

图21　21CN增值服务构成

资料来源：本课题组。

3. 赢利方式

数据显示（见图22），出现在第一位的赢利方式主要有“在线广告”（64.9%），可谓“一枝独秀”，出现在第二位的主要为“企业信息化服务”（29.7%），其次是“移动增值”（24.3%）和“内容、产品销售”（16.2%），其他赢利方

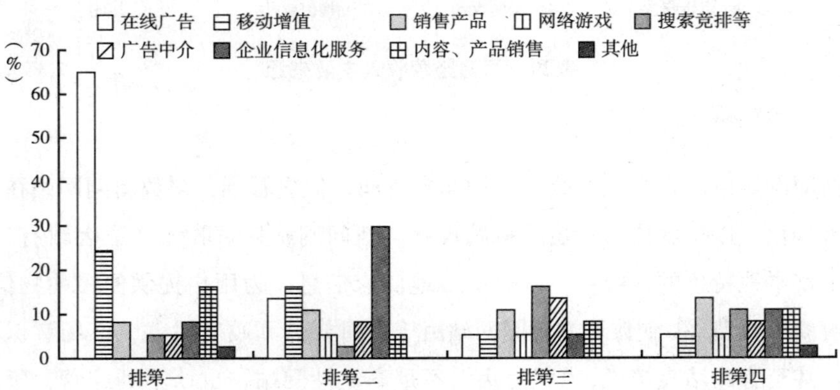

图22　赢利方式的重要性排序

资料来源：本课题组。

---

① 作者访谈：21CN提供的PPT。

② 作者访谈：腾讯，2009年8月21日上午。

式贡献率相对较低。经 Pearson 卡方检验，不同性质的网站在赢利方式的各选项上没有显著差异，趋同性较强。

实际访谈中了解到，商业网站的赢利方式要比新闻网站更为多样，也更成熟。新闻网站特别是地方新闻网站总体很尴尬，正如某高管所言，赢利方式“是关键问题，也是个难题，目前我们还处在寻找阶段，但尚无具体创新”①。从当前来看，很多赢利模式都是依靠政策垄断资源带来的赢利。

商业网站如腾讯、网易在赢利方式方面呈现了立体化的布局，特别是网络游戏赢利已经进入相对成熟阶段。如网易，2008 年收入 30 亿元，网络游戏占了 25 亿元②。而后起的腾讯，游戏业务发展也很迅速，2008 年第三季度已超过网易③。但也有网站管理者担忧，商业网站过分倚重网络游戏的赢利模式给社会特别是青少年带来危害，认为这是“一种带血的暴力模式”④。

4. 经营困难

数据显示（见图 23），“经费不足”是网站经营的最大困难。“经费不足”在经营困难中占据首位（54.1%），其次为“管理体制不清”（24.3%），两大困难也反映了“政策控制多”和“市场化不充分”的问题。经 Pearson 卡方检验，不同性质的网站在“经营困难”的各选项上没有显著差异。

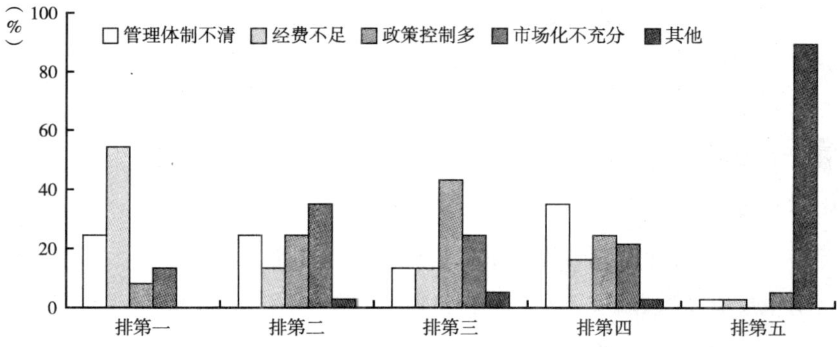

图 23　网站经营中碰到的困难程度排序

资料来源：本课题组。

① 作者访谈：呼和浩特信息港，2009 年 7 月下旬。

② 作者访谈：网易，2009 年 8 月 14 日下午。

③ 作者访谈：腾讯，2009 年 8 月 21 日上午。

④ 作者访谈：××网，2009 年 7 月中旬。

在实际访谈中，国有体制下的媒体网站在经营中碰到的困难程度要比商业网站大。除了我们在前面反复提到的“经费不足”问题外，“管理体制不清”也是束缚媒体网站发展壮大的主要障碍。“管理体制不清”主要表现在两方面：一是网站是作为媒体还是技术推广平台定位不清①；二是网站是作为事业单位还是企业的身份不明②。

四 基本结论与对策建议

（一）基本结论

通过对问卷和访谈的深度分析，我们发现当前我国网站管理现状尚存在一些亟须解决的问题。

管理体制。在管理归属上，目前大多数新闻网站还依附于传统媒体或集团甚至党政机关，“独立自主经营”的管理归属相对缺乏；在管理目标上，地方级新闻网站的“赢利”意识、市场导向不显著，商业网站在“舆论导向”意识上不显著；在管理难题上，“经费不足”、“经营权不明确”、“管理规范不健全”是大多数网站共同面对的主要问题。

员工管理。员工队伍上，年轻化特色鲜明，流动性偏高，员工队伍总体不稳定；人才招聘上，缺乏具有传统媒体经验和网络媒体技能的复合型人才；人才培育和激励方式上，缺乏合理有效的、可操作性的考核评价机制。

内容管理。在新闻栏目上，真正体现网络特性或网站竞争力的“时效性”和“原创性”并没有得到应有的重视；在内容功能上，“信息汇总”功能的总体单一性，也反映了其他内容功能还处于非常薄弱的阶段；在舆论引导上，特别是在发生重大突发性事件或群体性事件时，如何把握尺度和政策界限，如何防止管制过度介入，成为网络内容管理的棘手难题。

经营管理。经费来源单一，由于政府对新闻网站的资本来源、构成有明确限制，“自我造血”功能严重不足；收入来源上，过分依赖广告收入，其他收入来

① 作者访谈：××网，2009年8月中旬。

② 作者访谈：××网，2009年8月中旬。

源仍处于起步探索期；在经营困难上，“经费不足”成为网站经营的最大困难，“管理体制不清”也导致了“政策控制多”和“市场化不充分”的问题，严重限制了网站的可持续发展。

（二）对策建议

第一，管理体制上，加快推进新闻网站的转企改制上市，强化商业网站的舆论引导意识。

加快推进新闻网站转企改制上市的步伐。促进产权制度改革，实施股份制改造，完善法人治理结构和资本运作机制。按照现代企业制度的组织框架和经营模式对新闻网站进行改制，理顺政府、母体、网站之间权、责、利之间的关系，真正摆脱体制性怪圈，在逐步退出政府资助的基础上鼓励新闻网站参与市场竞争。

加强商业网站的舆论引导意识。商业网站应增强社会责任感，在追求经济利润时应强化经济伦理和社会公德建设。目前大多数有影响力的网络社区、社交媒体由商业网站创办，它们在网络舆论的生发上具有重要的影响力。政府可通过政策扶持、经济奖励等多元手段，推动商业网站增加正面的舆论引导意识和能力。

第二，员工管理上，健全合理的人才培育激励机制，建立多元化的考核评价机制。

加大对员工的专业培训，特别是重视对复合型专业人才的培育。为员工进行职业规划，鼓励员工积极参加国家职业能力考核，制定全面、科学的培训体系，增强员工可持续发展的能力。充分考虑网络媒体从业者年轻化的现实，从“80后”、“90后”新一代青年的心理和个性出发，营造适合青年群体的工作氛围，注重企业文化内部建设，进一步“提高奖金水平”和“培养企业认同感”。

实行全员聘任制，制定可操作性的考核评价机制。通过竞争上岗、双向选择，形成能上能下、能进能出、合理流动、优胜劣汰的用人机制。在人员考核评价机制方面，新闻网站应该多向有市场经验的商业网站取经。PV（页面浏览量）、UV（独立访客）、流量并非考量业绩的唯一指标，很多商业网站建立了比较全面立体的评价机制。

第三，内容管理上，应强调差异化定位和原创内容，全面权衡信息自由而安全的流动。

强调差异化定位和原创内容。新闻网站应坚持新闻和服务并举、网上与网下相结合的发展思路，要善于依托权威性、及时性新闻信息，整合网民资源、政策资源和政府资源，积极进行信息服务的相关开发。决策部门应考虑赋予商业网站一定范围内采访新闻信息的权利，并对其义务和责任进行明确的界定，以便更主动、及时地把握舆论导向。事实上，商业网站在某些领域如体育赛事的采访权已经得到突破，它们通过与传统媒体或境外媒体的合作，隐性地获得了采访权。中国新闻奖的评选在确保舆论导向的基础上，应考虑将商业网站纳入进来。在评选项目上可参照国外网站评优的标准，进行中国特色的本土化改造。每年的中国网络新闻奖的评审，把商业网站排除在外面，事实上并不利于掌握舆论引导上的主导权和推动网络产业的健康发展。

全面权衡信息自由而安全的流动。在内容管理上应符合网络传播与发展规律，改变传统的宣传主导型模式。在强调信息安全流动的前提下确保信息自由流动是网络内容管理的关键。政府在网络内容管理上的主要任务是制定规则和强化监管，加强全面细致的规制分析，任何网络管理规制的目的、手段、结果、成本、收益、程度和范围等都需要进一步考察。

第四，经营管理上，通过多种渠道拓展资金来源，积极寻求适合自身发展的赢利模式。

通过多种渠道拓宽资金来源。随着新闻网站的实力增强，在确保主办单位控股的前提下，资本来源应由“国有战略投资者”向民营资本、私人资本、国外资本逐步放开。可以尝试上市融资、股权转让、收购兼并等多种方式，以整合和配置资源，扩大网站发展规模，实现网站的跨越式发展。特别是改制上市的公司，应正确处理好公共性和商业性的博弈与平衡，必须在未来几年努力证明自己，真正能够在商业模式及盈利能力方面赢得市场的检验和青睐，而非仅仅作为“舆论喉舌”上市圈钱。

积极寻求适合自身发展的赢利模式。新闻网站应积极推动从资源依赖型向创新驱动型的转变。在确保党和国家的重要舆论工具的同时，积极依托自身独特的核心资源，改变现有依靠广告生存的单一模式，在内容版权交易、电子商务、电子政务和社交媒体等增值业务方面开拓更大空间。当前，新闻网站面对的难题将是在正确舆论引导下如何尽可能地拓展有效商业化运作的生存空间。商业网站应充分利用技术创新、资本雄厚、体制灵活等资源优势，立足增值网络业务，瞄准增值网络服务，积极开拓海外市场，继续完善收入结构，保持盈利方式的多样性。

参考文献

陈国权：《新闻网站上市亟待破解的若干问题》，《中国报业》2011 年第 5 期。

王乃新：《地市级新闻网站发展路径探索》，《中国报业》2011 年第 19 期。

钟瑛、罗昕：《新闻网站上市的"冷思考"》，《网络传播》2010 年第 7 期。

钟瑛、陈盼：《网络新闻分类及其评优标准探析——以中西网络新闻奖评选为例》，《国际新闻界》2009 年第 9 期。

钟瑛、张胜利：《我国商业门户网站差异化竞争及其发展》，《现代传播》2008 年第 3 期。

罗昕、柯璟：《美国新闻网站评优标准对我国的启示》，《中国出版》2011 年第 8 期。

鲁海曦：《我国媒体网站的差异化发展策略分析》，《青海师范大学学报》（哲学社会科学版）2010 年第 1 期。

刘津：《商业网站自制新闻面临的制度困境——试析"陆幽宫外孕"传闻中商业网站的新闻报道》，《国际新闻界》2010 年第 6 期。

杨琳瑜：《从转企改制到上市：新闻网站的改革路径探析》，《新闻界》2010 年第 4 期。

门书均：《转企上市背景下新闻网站商业模式的转型与创新》，《新闻界》2010 年第 6 期。

周行芬、刘光磊：《我国新闻媒体网站的现状与出路》，《新闻与传播研究》2001 年第 1 期。

余彦君：《谁将主宰未来的网络新闻传播？——传统媒体网站和商业网站比较》，《新闻与传播研究》2000 年第 4 期。

孟慧：《研究性访谈及其应用现状和展望》，《心理科学》2004 年第 5 期。

On Management Status of Mainstreamed Media Websites in China

Zhong Ying　Luo Xin

Abstract: The questionnaire survey and semi-structured interviews carried out to executives of 37 main nationwide media website have revealed facts as follows. In the matter of management system, insufficient funds, uncertainty of management right and incompleteness of management norms are the main problems of the websites. As for human resource, staffs of those companies tend to be young and of relatively large mobility. Besides, versatile talents and an appropriate assessment system are needed. In content management, the concepts of *Timeliness* and *Original* did not receive due attention. Also, actual operation of guiding public opinion tends to become a simple way as blocking. In addition, emphasis on uniqueness of the *Information Collection* function reflects other functions of the content in a very weak phase. In respect of operating and management, sources of funding are more and more narrow. Inadequate marketization and over-reliance on advertising revenue are becoming problems of website companies.

Key Words: Mainstreamed Media Website; Website Management

B.17
“2012年两会”互联网专题报道效果分析

杨斌艳*

摘　要：“两会”是中国最高的议政机构，每年的“两会”网络新闻报道具有重要的意义。基于缔元信数据平台的监测和统计，对于受众对八家互联网站“两会专题报道”的访问情况进行了全方位的分析和报告，以期从互联网受众的新闻使用行为和关注热点来探析互联网专题报道的效果。

关键词：网络媒体　两会报道　互联网用户行为

自2001年3月网络媒体第一次全面介入“两会”报道之后，网络媒体以其传播迅速、信息容量大、互动性强等独特性，不仅成为“两会”报道的主力军，而且成为中国民众参与“两会”讨论和网上政治参与的重要平台。本文通过专业的互联网数据监测技术，以监测数据为主要依据，对“两会”报道到达受众情况进行分析，客观全面了解互联网“两会”报道的传播力。

本报告的所有数据均来自北京缔元信数据平台。① 在2012年“两会”期间（2012年3月3～14日），全方位监测了八个网站的“两会”报道专题。被监测的八家网站可分为三大类。

一是门户网站。新浪网、搜狐网、网易是中国的三大门户网站，也是中国互联网领域最有影响力的网站群体。

二是外宣网站。中华网、中国日报网、凤凰网三家网站可以视为主要对外宣

---

* 杨斌艳，中国社会科学院新闻与传播研究所助理研究员。本报告由北京缔元信提供数据支持。

① 缔元信数据平台采用网页嵌码的监测方式。网页嵌码，是指在被监测的页面中嵌入代码记录该页面被浏览的详细情况。缔元信的此种监测方式可以对监测对象进行全样本、全天候和全方位的数据统计。他们设计的数据平台运用与网站流量和网民行为特征有关的近50个数据指标，可以全面分析网站流量情况和网民访问行为特征。

传的网站。中华网是中央重点新闻网站之一，隶属于国务院新闻办；中国日报网是中国日报下属的重要新闻网站，以英文为主要传播语言；凤凰网是凤凰卫视的新媒体传播平台，以全球华人为主要传播对象。因此，可以将此三家网站视为对外传播的主要平台。

三是北京网络媒体。千龙网、北京广播网都是北京市重要的互联网新闻传播平台。千龙网是市属重点新闻网站，北京广播网依托于北京广播电台。由于北京广播电台在北京的影响力，其网站在北京地区也有较大影响力。

一　2012 年网民高度关注互联网“两会”报道

2012 年“两会”期间，网民高度关注八家网站的“两会”报道专题。八家网站上，2012 年“两会”的报道专题总页面数量达到 50 万页，页面浏览量累计达到 11.54 亿次，来访的独立用户数达到 9657 万人，① 总访问次数累计超过 2.23 亿次，用户平均每次访问停留约 2 分半钟。对比往年数据可以看出，用户不仅对“两会”报道专题内容感兴趣，访问量高，而且访问的深度也明显增加。

1. 用户数量和访问量大幅增加

数据显示，2012 年“两会”期间单日独立用户数明显高于 2011 年（见图 1）。这一规律在每日的页面浏览量指标中表现得也尤为明显，即 2012 年“两会”报道专题每日浏览量也显著高于 2011 年（见图 2）。

2. 访问深度提升

缔元信数据平台自 2008 年起持续进行“两会”报道的监测。研究发现，被监测的网站上的“两会”报道越来越受网民关注。在以下指标方面体现得尤为明显：在平均访问页数（页/人）和访问深度（页/次）上，用户在 2012 年“两会”的新闻报道中平均访问了 11.9 个页面，每次访问的页面数平均为 5.2 页，这两项数据都显著高于往年数据，而且基本上呈逐年上升的趋势（见表 1）。说明 2012 年“两会”的报道更受关注。

① 独立用户数：在当前计算周期内，访问统计对象的不重复用户数。缔元信数据系统通过对用户所使用的浏览器赋予唯一标识来识别用户的身份。同一浏览器在当前计算周期内多次访问同一统计对象时，该浏览器被计算为一个独立用户。

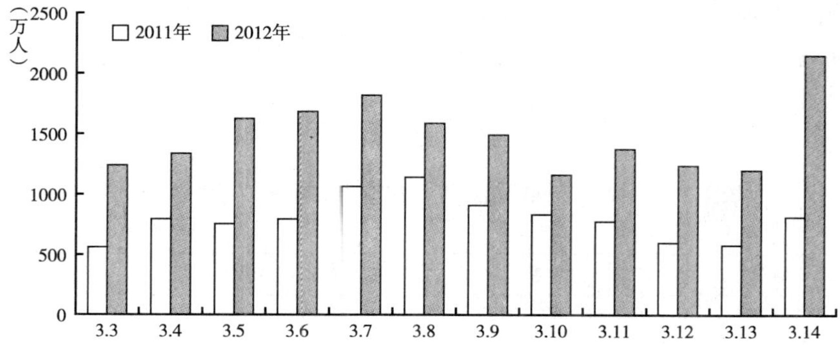

图 1　2011～2012 年"两会专题"每日独立用户数对比

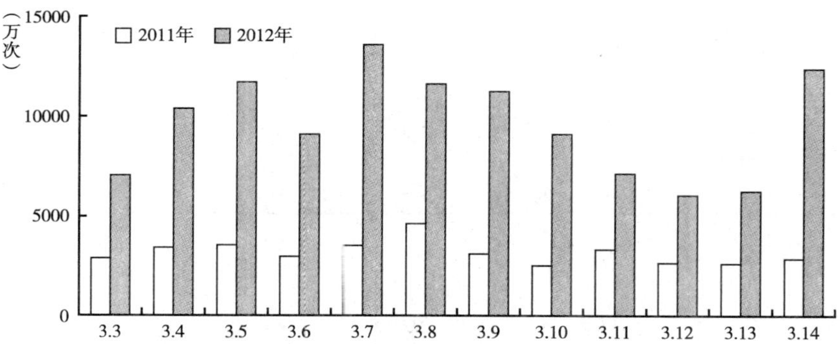

图 2　"两会专题"每日页面浏览量对比（2012 年 VS 2011 年）

表 1　"两会报道"被访问情况历年比较

年份	平均访问停留时长（秒/次）	平均访问页数（页/人）	访问频率（次/人）	访问深度（页/次）
2012	157	11.9	2.3	5.2
2011	141	7.9	2.2	3.7
2010	245	6.7	2.8	2.4
2009	197	4.4	2.5	1.8
2008	—	5.7	2.6	2.2

3. 各地区用户的浏览量普遍上涨

仅从页面浏览量（PV，pageview）来看，各省用户对于此八家被监测网站的页面浏览量都较 2011 年出现了大幅的增长，增长率在 200% 左右。而就八家被监测用户的地域分布来看，每年“两会”新闻报道浏览用户前十位地区的用户数占总体“两会”互联网用户的63%（见表2）。从此角度也可以看出网民对互联网“两会”报道关注度的增加。

表2 “两会”新闻报道浏览用户前十位地区页面浏览量变化

单位：次，%

省份	2012年PV	2011年PV	同比变化率
广东	147440725	46085034	220
山东	95066255	29226325	225
江苏	75482040	24967279	202
浙江	66184100	21449754	209
北京	57864318	22490847	157
河南	50784692	16311881	211
河北	48432671	15935949	204
上海	40052080	13381877	199
辽宁	37020733	12281684	201
安徽	36584820	11772167	211

二 网络“两会”报道的受众访问特征

1. 访问时间特征

受众对于互联网上的“两会”报道的访问时间特征，在持续时间上，从开幕到闭幕基本上持续10天左右，一般中期更受民众关注，而且网民一天对于“两会”报道的访问也呈现一定的规律，一般是在早上9：00“两会”新闻报道最受网民关注。根据缔元信5年的监测，每年基本上保持了同样的趋势和规律（见图3）。

从图3中可以明显看出，3月7日页面浏览量达到顶峰，7、8、9三天的浏览量相对都较高。其中，3月14日浏览量的骤然拉高，主要是因为当日的“温总理答记者问”。独立用户数，基本上也表现了与浏览量相同的趋势，即中期的用户数相对较多，而最后一天的独立用户数也达到了顶峰（见图4）。

而就一天而言，上午9时则为浏览的黄金时段，一天浏览量和独立用户数的峰值均出现在此。而除了上午上班开始的浏览外，下午上班期间和晚饭后的时间，也有较高的浏览量和独立用户数（见图5、图6）。

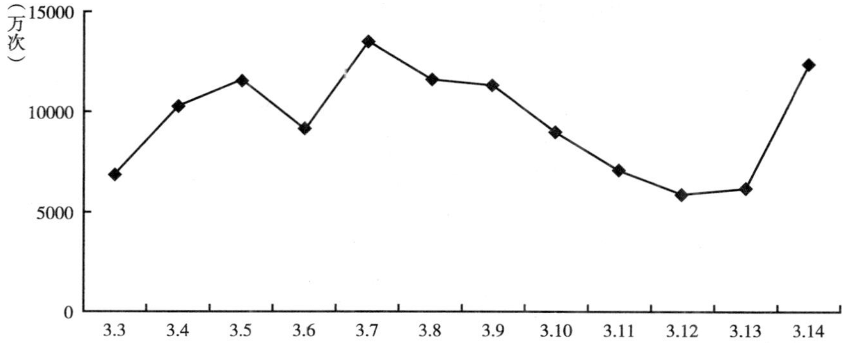

图 3　2012 年“两会”期间页面浏览量变化趋势

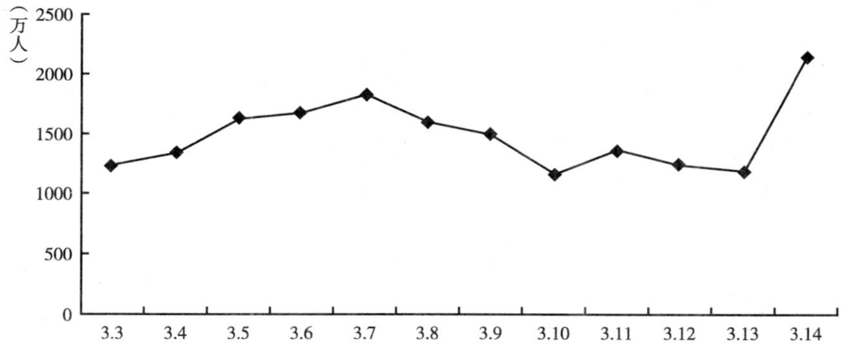

图 4　2012 年“两会”期间独立用户变化趋势

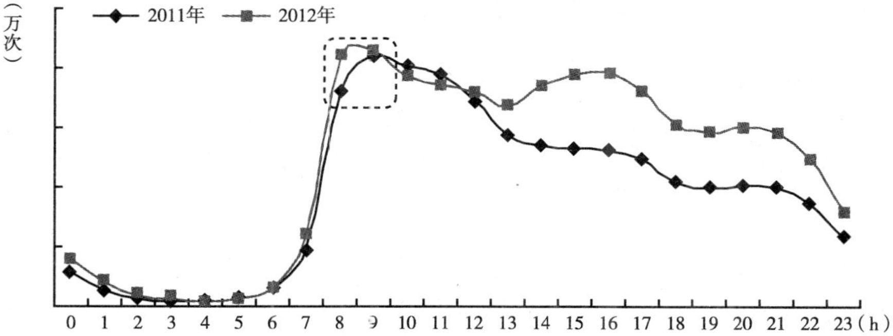

图 5　“两会”专题页面浏览量小时趋势分布

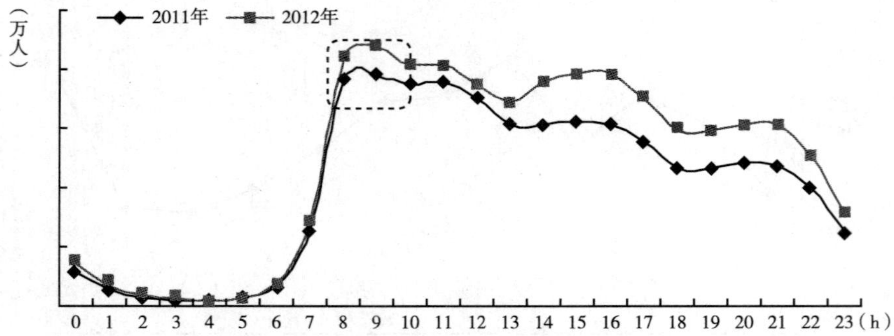

图6　“两会”专题页面独立用户数小时趋势分布

2. 图片形式的报道更受欢迎

经过十年的历练，互联网上的“两会”报道可谓全方位。缔元信平台重点监测了图文、视频、图片三种报道形式，就2012年八家网站的“两会”专题报道来看，图片产生的浏览量接近总浏览量的70%，而图片的有效稿件发布数量仅占发稿总量的10%（见图7）。可见，图片形式的报道更受大众的欢迎，影响力也更广泛。

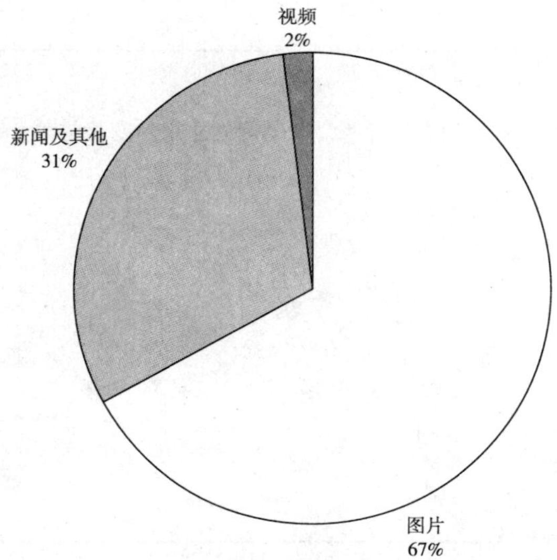

图7　“两会”专题有效稿件浏览量

3. 民生是关注重点，互动栏目最受欢迎

各网站在“两会”专题的策划上，有不同的侧重点及切入角度，如凤凰网的“热点系列”、搜狐的“十年系列”、网易的“数解系列”及新浪的“远方的心愿”等策划均获得了网民的广泛关注。但是无论从哪个角度的策划，都可以看出民生是各网站议程设置的重点，楼市、教育、就业、食品安全等都是各家网站关注的重点。网站的议程设置虽是从传播者角度的判断，但是也是受众需要的反映。而各网站自“两会”前夕设置的留言互动栏目，则更受民众的欢迎。网易的互动栏目“提问总理”涉及 13 个大类，其中楼市调控为互动热点，网友的留言数超过 1 万条；新浪网的互动栏目“向总理提问”共有 9 大类，945 条留言，其中民生类 640 条，占 67.7%；搜狐互动栏目“我有问题问总理”涉及类别最多，共 17 个大类，不同分类留言数接近 5 万条，教育和医疗仅次于反腐排在第 2、第 3 位，就业、三农等议题也是留言前五位。

4. 对提案和建议的关注以国家大事为主

2012 年“两会”，缔元信对提案和建议合并后整理为 34 类，合计产生 577 万页面浏览量。网民关注较高的是文化、反腐倡廉、政府工作、国防、外交、金融等大事，这几项类别的提案浏览量占总浏览量的 64%。就网民关注的“两会”提案排行来看，也多以有关国家政治外交等大事为主（见表 3）。这在一定程度上与网民在新闻的关注中有一定的差异（见表 4）。

表 3　“两会”期间热点提案排行

排名	“两会”期间热点提案 TOP10	提案类别*	页面浏览量(页次)
1	委员建议天气预报增钓鱼岛气象局称无技术障碍	外　交	395747
2	罗援少将:我国应组建海岸警备队发南海白皮书	国　防	226416
3	政协委员提案发行 500 元或 1000 元大面额人民币	金　融	223986
4	政协副主席建议政府报告增加勤俭节约内容	政府工作	214828
5	袁隆平建议把石油补贴的钱补给农民	三　农	191137
6	卫生部长:以药补医必除否则再多钱难堵黑洞	医　疗	190103
7	政协委员罗援少将建议组建国家海岸警备队	国　防	182135
8	人大代表周厚健:政府的强势应转向市场监管	政府工作	153438
9	海南省副省长:应把“扫黄”改称“扫淫”	文　化	134529
10	政协委员梁晓声:建议公开高管年薪加强反腐建设	反腐倡廉	121441

*提案类别和新闻类别均为缔元信设计分类并进行归类。

表4 “两会”期间热点新闻排行

排名	“两会”期间热点新闻 TOP10	新闻类别*	页面浏览量(页次)
1	温家宝谈王立军事件称重庆市委市政府必须反思	政府工作	1832775
2	温家宝:王立军事件一定会给人民回答	政府工作	1678056
3	温家宝:重庆市委市政府必须反思王立军事件	政府工作	1578960
4	毛新宇:我爷爷廉洁自律因有正确世界观	人　　物	1492037
5	温家宝:政治体制改革不成功　文革悲剧或重现	政治体制	1314571
6	李先念之女:国际上的“老朋友”不再给中国鼓掌	外　　交	1248532
7	李先念之女李小林“实话实说”(图)	人　　物	845090
8	联通董事长:电信资费不能无休止下降	物　　价	631953
9	温家宝:已为国家服务45年未谋过私利	反腐倡廉	626655
10	浙江女代表放弃集体旗袍秀	其　　他	512150

*提案类别和新闻类别均为缔元信设计分类并进行归类。

三　结论及讨论

互联网上的“两会”报道已经远远超越了传统媒体时代新闻传播的概念，更体现着民意和民众的政治参与。当前对于“两会”报道的研究分析多是媒体组织机构和媒体报道内容的角度，而从用户角度进行的全方位监测和报告更具有重要的价值。

缔元信数据监测平台对于从互联网媒体角度发布的信息的用户监测较为全面，但是这种被监测的信息和对象，除了基于互联网发布，具有速度更快、信息容量更大、展现形式更活跃外，其实与传统媒体的区别不是很大。而且对于网络媒体的“两会”报道而言，大部分还是以转载的信息为主。缔元信数据平台监测显示，2012年“两会”，新浪、搜狐、网易三大门户网站共刊发1.4万篇新闻报道（不含图片），转载自346个中央及各级地方媒体。从转载稿件数量上看，排名前十的媒体占转载稿件总量的70%以上。新华网、中国广播网、人民网是三大门户稿件转载的主要来源。

对于八家重点网站的被使用情况的监测，一定程度上可以反映出“两会”新闻传播的效果，尤其是互联网专题报道的传播效果。当然，自2010年以来，微博在“两会”报道中的参与和功能尤为显著，微博及时、互动的特点，可谓将网络传播的优势体现到极致。今后微博“两会”新闻报道很值得研究和关注。

Analysis on Chinese Websites Reports of the NPC and CPPCC Sessions in 2012

Yang Binyan

Abstract: The National People's Congress (NPC) and the Chinese People's Political Consultative Conference (CPPCC) are China's top political advisory body, reports of the NPC and CPPCC sessions have profound significance. Based on an Internet Dynamic Monitor Data Module, this article reports the 8 Websites Special Reports of the NPC and CPPCC sessions in 2012, discusses the netizen's interests and attention of these news.

Key Words: Websites Media; NPC and CPPCC Sessions; Habits of Netizen

B.18

2011 年新媒体视频发展报告

殷 乐 孙翠翠*

摘 要：2011 年度，新媒体视频发展的外部环境进一步成熟，行业发展趋于理性规范，产业规模进一步扩张。本文以整合、娱乐、专业和移动为关键词盘点新媒体视频 2011 年度的发展状况，并提出两个重要的发展态势。

关键词：新媒体视频 整合 娱乐 专业 移动互联网

无论从政策还是技术、资本层面来看，2011 年度新媒体视频发展的外部环境进一步成熟，行业发展趋于理性规范，产业规模进一步扩张，截至 2011 年 12 月底，中国网络视频用户规模达到 3.25 亿人，较上一年增加 14.6%，视频用户已经覆盖整个中国互联网用户的 75% 以上，网络视频成为中国网民的第五大应用。① 另据统计，2011 年中国在线视频市场规模达 62.7 亿元，同比增长 99.9%，在线视频行业的广告收入也取得了近 100% 的增长。② 2011 年堪称是新媒体视频的高速增长年，整合、娱乐、专业和移动成为 2011 年度发展的几个关键词。

一 新媒体视频的市场格局在多元整合中开创新局面

2011 年度新媒体视频发展的首要特征便是资源整合深化，市场在竞合发展中走向集约化，新媒体视频行业从替代性竞争走向互补性竞争。

---

* 殷乐，中国社会科学院新闻与传播研究所副研究员，媒介研究室主任，硕士生导师；孙翠翠，中国社会科学院研究生院新闻系硕士生。

① 中国互联网络信息中心：《第 29 次中国互联网络发展状况统计报告》，2012 年 1 月。

② 艾瑞咨询：《2011 年中国在线视频交易规模达 62.7 亿元》，2012 年 1 月 13 日。

1. 几大原因促成整合新格局

第一是伴随视频行业对高速、流畅、高清用户体验的追求，带宽支出居高不下，行业自身的高成本属性是驱动市场不断变局的内因。

第二是国家加强知识产权监管，版权费用持续高涨。2011 年初，中国“两高一部”联合公布了《关于办理侵犯知识产权刑事案件适用法律若干问题的意见》，针对网络传播中的侵犯知识产权行为作出了具有可操作性的规定，视频版权纠纷的定罪量刑有了初步的标准。视频行业的版权大战也日渐激烈，影视剧的版权价格在两年内实现了超过百倍的增长，各视频网站的内容购买成本直线上涨。2011 年第三季度财报数据显示，优酷在内容购买方面的成本支出超过了 7000 万元，而土豆购买版权也花费 4000 多万元，资本消耗过高。

第三是新媒体视频发展前景与亏损现状的双重作用力。财报显示，三家在美国上市的视频网站依然处于亏损状态，如何突破困境、摆脱低水平竞争并奔向视频广告的爆发式前景及收费用户增长的潜在空间，都刺激了新媒体视频市场变局，并推进了规模化发展。

第四则是国家广电总局出台了一系列影视剧编播和广告播出管理政策。如 2011 年出台的对于娱乐节目和广告播出的两条监管措施，2012 年初又发布了对境外影视剧播出的监管措施，在客观上推动了既有电视媒体的影视娱乐节目在新媒体上寻求播放出口。与之相伴的是更多的广告主会增加视频网站的广告投放，由此又反向加速了传统媒体的新媒体布局。

内外因综合之下，新媒体与传统媒体之间，新媒体视频的各运营方之间等均迫切需要深化合作，借助产业链上下游企业的联手、不同资本及资源背景媒体的结盟，以补充和延伸产业链条，降低运营成本，力求实现资源最优配置和效益最大化。

2. 整合面广，合作频率高，整合模式多元化

在 2010 年已经开始的合作大潮之下，2011 年中国新媒体视频行业的整合之势愈演愈烈，其中最活跃的依然是各类视频网站。除却近年来与内容提供方合作的延续，还出现了视频网站之间，视频网站与电视台、电信移动媒体及社交媒体的合作，触角遍及多行业多领域。据不完全统计，2011 年在互联网视频行业发生并在媒体公布的 20 余项合作中，视频网站与内容提供方的合作占 29%，与移动媒体合作占 21%，门户网站及视频网站间合作占 21%，与电视台合作占 17%，与社交媒体合作占12%。较之往年，体现合作面广、合作频率高、整合模式多元化等特征。其中尤为突出的是视频网站间的竞合走向深化，自2011年下半年始，门户网站及视频网站间合作频仍，市场进一步走向集中化，如搜狐以购买1000万美元股票的形式投资视频领域竞争对手迅雷（7月），新浪投资土豆成第五大股东，双方在多个领域寻求协同效应（8月）；乐视网和土豆网共同推出视频平台，主要开展国产影视剧网络版权的采购和销售业务（10月）；酷6网与YouTube达成战略合作协议（12月），酷6网原创视频内容可通过YouTube的一个新频道进行海外传播，并接受广告分成。

进入2012年以来，这一整合势态还在加速发展，2012年前3个月，互联网视频行业即发生了不同领域的10余项合作，而优酷网与土豆网在2012年初的合并更为这一集中化势头添上了浓墨重彩的一笔。可以预见，未来以资本为导向的同质化整合还将继续深化，市场变局频繁，规模化效应进一步显现。

3. 新媒体视频与社交媒体的交融重塑市场格局

社交化是全球互联网发展的重要方向之一，而作为互联网主流应用的视频走向社交化也是必然，社交媒体可以拓展视频网站的流量，而视频则可以增加社交网站黏性。新媒体视频尤其是网络视频与社交媒体的交融互渗，是2011年新媒体视频整合发展中的一个重要现象，在很大程度上推进了新媒体市场格局的重塑，在用户体验层次展现了对整合的追求。

2011年，美国社交媒体与视频网站的交互不断，如Netflix以社交方式进入Facebook，双方用户共享电影和电视节目，YouTube也意图进一步融合Google + 社交服务，视频社交新时代即将到来。数据显示，按独立访问人数计算，Facebook已超越雅虎成为美国第二大视频分享网站。① 从国内来看，微博、SNS也正成为重要的视频传播网站。自2011年下半年以来，视频网站与社交媒体间出现多层次整合，9月，人人网以8000万美元全资收购视频分享网站56网；11月，搜狐视频与MSN对双方的平台及产品进行了全面整合，搜狐视频的内容将可以通过和MSN共建的视频频道、MSN即时聊天工具、MSN首页等途径推送给用户。同时，奇艺网与IE9实现“PIN计划”；12月，优酷正式开通了与新浪微

① 艾瑞咨询：《2011互联网行业热门事件盘点》，2012年5月11日，http://news.iresearch.cn/Zt/158864.shtml。

博的评论互通功能。这一交互的效应已有所显现。据 comScore 发布的数据显示，在2011年12月新浪微博的所有视频浏览量中，土豆网所占比例约为41%，成为新浪微博上最受欢迎的视频共享平台。截至2012年，这一视频社交潮流更加强劲，视频行业与社交媒体的互渗走向深化。2012年2月，土豆网宣布为新浪微博用户推出增强后的视频共享平台，同时优酷宣布与腾讯微博合作，打通视频评论功能。借助社交媒体，视频分享、观看、评论得以同步或异步实现。伴随着用户视频分享习惯的进一步养成，视频传播平台也将获得较大拓展，不仅推进了市场格局重塑，也开创了全方位的社会交往方式。

二　娱乐化角色定位与专业化运作模式进一步加强

这一特征实则是2010年新媒体视频媒体化发展的延续。娱乐化角色定位与专业化运作模式的强化既是媒介演进中功能补偿的必然，也得益于广告和用户需求的推动。从全球来看，网络视频广告目前所占份额较小，但增速快，增长空间大。美国视频广告2011年增长了42.1%，达到20余亿美元。预计在2015年将会增长至近80亿美元。中国的网络视频广告也增速惊人，超过85%的网民会主动回避电视广告，而超过70%的网民表示接受网络视频的贴片广告。艾瑞咨询发布的“2011年第三季度在线视频核心数据”显示，第三季度中国在线视频市场规模达19.4亿元，环比上涨30.9%，同比增长96.7%。网络视频受到越来越多广告主的关注，而国内外的媒体经验都证明专业制作的影视娱乐内容是提高流量和用户黏性并吸引广告的有效渠道。用户需求也强化了这一角色定位。优酷与新生代市场监测机构联手推出的《2011上半年中国互联网视频用户行为与趋势》报告显示，86.8%的网络视频用户热衷于在线观看电影，其次是电视剧、综艺节目和短视频，有别于电视用户首选电视剧，其次是新闻/时事/社会类、综艺娱乐类内容的排序。娱乐化、专业化的进一步加强主要体现在内容、制作、人员等多方面。

1. 内容领域有所拓展，但娱乐内容持续一头独大

第一是原创新闻及各类纪实节目增多。如凤凰视频力推新闻、资讯等短视频，开展“凤鸣计划”、“凤凰新拍客运动”和打造新拍客梦工厂联盟等；又如搜狐推出《微言大义》、《军情前哨战》、《搜狐大视野》等。

第二是20分钟以内的各类微视频开始成为重要形式。新媒体视频的内容主体依然是影视和自制娱乐节目，堪称是影视媒体娱乐功能的放大器。一方面是借助与产业链上游的深化合作，正版电影、电视剧及综艺节目进一步占据了新媒体视频的内容主体；另一方面是以自制剧、微电影、综艺节目、选秀节目为主的自制娱乐内容进一步强化。2011年各运营商依然将主力集中于娱乐节目的打造，如乐视网发布了“乐视制造”战略，准备斥资1.2亿元打造原创内容，其中在网络剧和自制栏目方面，每年各投5000万元；奇艺网宣布2012年将在自制剧方面投入2亿元，主要内容涉及娱乐方面。

2. 在与主流媒体的合作中进一步强化专业化运作模式

2011年，新媒体视频在与主流媒体的合作中进一步强化专业化运作模式，主要体现在以下几个方面。

第一是与电视台及专业影视制作机构的联合制作增多。如搜狐视频联合湖南卫视、天娱传媒制作偶像剧《夏日甜心》，奇艺网与台湾金星娱乐、英达集团分别进行栏目制作的合作，提升了制作水准。

第二是网台联动的推进。2011年奇艺网与江苏、深圳、湖南、东方、天津等一线卫视达成战略合作，联合推出“特色卫视剧场”专区，奇艺网利用站内资源多维度推广五大卫视的热播剧目、播出信息等，吸引观众第一时间到卫视收看，五大卫视则以多种形式宣传双方共有内容在奇艺网的上线。优酷与山东卫视就全新综艺节目《歌声传奇》进行了台网联动式合作。

第三是人员结构上趋于专业化。如搜狐视频即集结了上百人的专业团队，以此提高了自制内容的专业水准并形成自己的竞争优势。这一专业化运作模式的强化也进而带来了新媒体视频进入传统电视，如优酷不仅与山东卫视同步播出《歌声传奇》，并将自制网络综艺节目反向输送到山东卫视，深圳卫视推出优酷土豆网自制剧《爱啊哎呀，我愿意》，青海卫视设立微电影剧场栏目等。伴随着专业化运作模式的推进，可以预见未来这一反向进入将走向常规化。

应该说，当前中国新媒体视频领域这一娱乐化、专业化模式契合了媒介功能补偿规律，在播出终端、渠道、时段、交互方式等方面与既有主流媒体结构的互补关系，在共赢中满足了市场和用户的部分需求。2011年视频用户浏览时长的持续增长也从侧面印证了这一点。据艾瑞公布的数据，2011年度综合视频的有效浏览时间保持连续增长态势，第四季度综合视频的有效浏览时间更达到 45.7 亿小时，自 2010 年第四季度以来首次超越博客而位列首位。①

三　基于多终端的移动视频开始布局

移动互联网的快速增长以及移动终端的人性化发展，展示了新媒体视频发展的新未来，典型案例就是 YouTube 将视频浏览服务延展至智能手机及电视平台，每日视频浏览量在过去的 8 个月里增加了 25%，现已达到 40 亿次，也形成了 2011 年新媒体视频发展的另一重要特征：基于多终端的移动视频开始布局。

1. 视频网站的多屏并建

虽然中国移动视频市场目前还没有足够的硬件和网络条件来支撑和满足用户需求，但各大视频网站已经预见到了移动视频市场的广阔发展空间，通过开发移动客户端，与移动运营商、移动终端产商合作等方式来开拓移动视频市场（见表 1）。进入 2012 年，这一多屏共建势态更为显著，既开拓了视频网站既有发展空间，也推进了手机视频的进一步发展。

表 1　2011 年视频网站跨屏布局案例

时　间	合作方	合作内容
2011 年 4 月 18 日	土豆网与摩托罗拉	土豆网为摩托罗拉的 Android 3.0 双核平板电脑与手机等无线终端提供客户端的内置服务
2011 年 5 月	奇艺网与多产商	奇艺网针对 PC、平板电脑、手机等不同终端用户打造的 30 多款客户端下载平台 APP 专区上线，奇艺网客户端内置入联想、三星、华硕、明基等的 10 多款平板电脑
2011 年 6 月 16 日	搜狐视频与中广传播	搜狐视频自制的 13 档自制剧和栏目正式登陆 CMMB（中国移动多媒体广播），挺进手机电视终端
2011 年 8 月初	优酷与中国联通	双方共同开拓出国内首个移动视频 UGC 平台——联通视频分享平台，优酷成为该平台原创频道独家内容的合作运营商
2011 年 9 月 6 日	优酷与中国移动旗下 Mobile Market 应用商城	优酷以品牌店形式进驻 MM 平台，向移动终端用户提供视频内容及应用下载服务
2011 年 11 月 22 日	搜狐视频与中国移动	搜狐 iPad 客户端将集成中国移动 Wi-Fi 登入功能

① 艾瑞咨询：《2011 年四季度网民形态核心数据发布》，参见艾瑞网，http：//www.iresearch.com.cn/coredata/2011q4_ 7.shtml。

2. 手机视频的运营主体和用户培养渐成气候

三网融合大背景下，2011 年中国手机视频业务稳步发展，运营主体和用户培养渐成气候。运营主体方面，电信运营商和视频网站成为进入手机视频的两大主力，合作共建中共同推进手机视频发展。中国移动手机视频与新华社、央视、上海文广等媒体合作，拥有直播频道超过 60 路，点播节目储备量达到 180 万条，仅 1 个月的手机视频总收看时长就达 3 亿分钟，每天点播节目更新量超过 2800 条，据称近 5 年来手机视频用户每年增长率超过 150%。

2011 年 7 月，中国电信天翼视讯网站开始试运营，以原来在互联星空平台上积累的大量内容、合作伙伴和视频业务运营经验为其特色；中国联通也与多家视频网站展开合作。目前，视频网站以其品牌、用户及内容积累在手机视频市场占有中暂居前列。据艾瑞咨询关于中国手机视频门户市场占有率的调查显示，中国移动手机视频占有率为 11.8%，排名第三；激动网以 15.9% 的市场占有份额位居首位；第二名是友度，占 14.1%；土豆网和优酷网分别位列第四和第七。[①] 用户方面，与 3G 发展及智能手机的平民化适应，手机视频用户规模渐成气候。工信部 2011 年 8 月公布的报告显示，中国 3G 用户已突破 8000 万人，其中手机视频用户超过 3500 万人。另据《中国移动互联网发展状况调查报告》显示，截至 2011 年 12 月底，中国手机网民规模达到 3.56 亿人，同比增长 17.5%，其中，智能手机网民规模达到 1.9 亿人，渗透率达到 53.4%。[②] 有多个预测称中国手机视频也将进入高增长期，有预计即称 2013 年中国手机视频市场用户规模有望翻一番，同时，收入规模将达到 113.8 亿元。不唯中国手机视频发展态势良好，目前关于全球手机视频发展的数据都比较乐观，有报道称德国、芬兰、英国、西班牙等国家用户对手机视频的认同度分别达到了 80%、58%、83% 和 70%。[③] 2014 年，全球付费手机视频用户将增长至 5.31 亿人，相当于 2010 年的 2.5 倍左右[④]。应该说，伴随着移动互联网的发展、智能终端的普及、3G 资费的下调、运营模式的创新以及社交化的进一步深化，手机视频面临着美好的发展前景，但现实困

---

① 陈晓晓：《手机视频成 3G 热门应用》，《中国新通信》2011 年 8 月下。

② 中国互联网络信息中心：《中国移动互联网发展状况调查报告》，2012 年 3 月，参见 http://www.cnnic.net.cn/dtygg/dtgg/201204/t20120405_24355.html。

③ 贺骏：《手机视频成三网融合主战场运营商视频网站血拼》，2011 年 8 月 1 日《证券时报》。

④ 《手机视频：发展前景被一致看好》，《通信世界》总第 544 期，2012 年 2 月 8 日。

境也不容忽视。技术和内容依然是手机视频发展的两大障碍。手机视频对无线宽带的要求高，流量消耗量大，同时较之电视及电脑，移动终端对内容的限制更多。如何升级无线网络基础设施及手机视频技术，如何在内容上实现与移动终端传播属性的匹配，在技术成熟、资费合理的基础上如何发展重大新闻及赛事直播、连续伴随的新闻时事视频和填补碎片时间的社交化微视频等，都是决定手机视频是否能走出现实困境步入广阔前景的关键所在。

四　新媒体视频发展中的问题及未来发展态势

2011 年的新媒体视频在市场整合、内容拓展、用户扩张、技术升级上取得了前所未有的发展。2012 年也面临着更具活力的发展格局：三网融合进一步推进带来的技术和产业资源、移动互联网的快速布局、伦敦奥运会带来的内容资源等都将在深度和广度上推进新媒体的爆发式发展，但不容忽视的是依然存在着网络基础设施建设不完善、用户需求开发层次浅、内容结构一头独大、视频网站同质化、手机视频发展缓慢、盈利模式有待进一步明晰等问题，其中最关键的问题还是集中在内容方面，究其原因，既有新媒体视频发展阶段的局限因素，也有重产业布局轻传播属性的原因。实则较之于传统影视媒体，新媒体视频具有政策限制较小、存储空间巨大、交互渠道丰富等媒介优势，理应拥有更多的内容优势。而近年来从 UGC 的蜂拥而上、蜂拥而退，到专业娱乐内容的一头独大，中国新媒体视频的内容瓶颈有所突破，但未获根本解决。结合社会及媒介发展态势来看，本文认为，新媒体视频未来几年发展中需要把握两个态势，其一是内容和服务的细分化。依据社会学理论，不断分化是现代社会的显性发展趋向，社会分化继而导致社会分层出现并不断地变化①。社会分层必然导致媒介分层，在电视等既有媒体发展中已经体现了对这一分化的重视，而在新媒体视频发展中，这一细分取向尚处于萌芽阶段。如何深入分析不同层面的用户需求，细化内容和服务是下一步发展的关键一环。目前已有些许探索，如 YouTube 最近对网站进行了改版，突出显示了专为不同内容而定制的“频道”。对于中国新媒体视频而言，多领域细分化内容和服务，尤其是自我提升和自助式服务，如教育、旅游、心理辅

① 〔澳〕马尔科姆·沃特斯：《现代社会学理论》，杨善华等译，华夏出版社，2000。

导、生活服务等领域在未来几年将成为内容拓展的重要领域，而领域的拓展也意味着多元化的产业结构可能。另一值得注意的态势就是视频分享网站及移动视频分享的未来发展。2011 年皮尤互联网研究报告显示，71% 的在线美国人使用视频分享网站，较之 2006 年的 33% 和 2010 年的 66%，可以说保持了持续增长的势头。YouTube 的日视频观看数从 2005 年的 800 万次到 2011 年 30 亿次，其中通过手机观看视频的次数达到 200 万次，34% 的手机用户用手机拍过视频，26% 的手机用户上传过视频。视像化和社交化是媒介社会的发展必然。虽则分享视频在当下中国尚处于边缘状态，但人类需求终究是媒介发展的原动力，可以预见，中国分享视频在未来几年也将面临着重大的发展契机。

总体而言，新媒体视频未来欲保持现有的高歌猛进势头，在继续注重市场布局并对既有媒体角色进行延伸的同时，还亟待正视自身的媒体特性和用户特征，并在此基础上真正发掘出新媒体视频的独有价值，真正发挥其在新闻传播、舆论引导、娱乐分享和教育自助等领域的作用。

Annual Report on the Development of New Media Video in 2011

Yin Le　Sun Cuicui

Abstract: In the year 2011, the external environment for the development of new media video has further matured. As the industry's development tends to be rational and normative, its scale further expands. This article makes an inventory of the developmental circumstances for new media video for the year 2011 based on the context of integration, entertainment, profession and mobility, and then seeks to put forward two important development trends.

Key Words: New Media Video; Integration; Entertainment; Profession; Mobile Internet

B.19

2011年中国网络游戏发展报告

雷 霞*

摘 要： 网络游戏已成为文化产业的重要组成部分，国家相关部门对于网络游戏产业的发展与规制也越来越重视，并陆续出台了一些指导性和保障性的文件与政策。随着游戏多平台的拓展与移动应用网络技术的提高，社交网络游戏和手机网络游戏发展显著，游戏用户付费习惯也正在养成，但游戏同质化现象依然严重，游戏从业人员能力的提升与游戏人才的培养应予重视。

关键词： 网络游戏　社交网络游戏　手机网络游戏　游戏规制

一 2011年中国网络游戏发展概况

截至2011年12月底，中国网络游戏用户规模达到3.24亿人，较上年同期的3.04亿增长6.6%，网民使用比例为63.2%（见图1）。从细分游戏类型分析，大型客户端游戏（MMOG）用户规模与2010年基本持平，小型休闲游戏依然占据主流地位，80%的网络游戏用户使用棋牌休闲小游戏。①

互联网消费调研中心的数据显示，日均游戏时间3小时以内的用户在大型网络游戏中仍在半数以上，日均游戏时间在3~5小时的用户在大型网络游戏中占32.9%（见图2）。② 从该数据反映的情形来看，用户日均花在大型网络游戏上的时间还是有限的，超过8小时的仅占5%左右。

---

* 雷霞，中国社会科学院研究生院博士生，中国社会科学院新闻与传播研究所助理研究员，主要研究方向为新媒体传播、组织文化传播及新媒体时代的人际传播等。

① 中国互联网络信息中心（CNNIC）：《第29次中国互联网络发展状况统计报告》，2012年1月。

② 王川：《2011年中国网络游戏黏着度及寿命调查报告》，2011年8月31日，中关村在线，http://web.766.com/yjxw/201108/1277806_1.shtml。

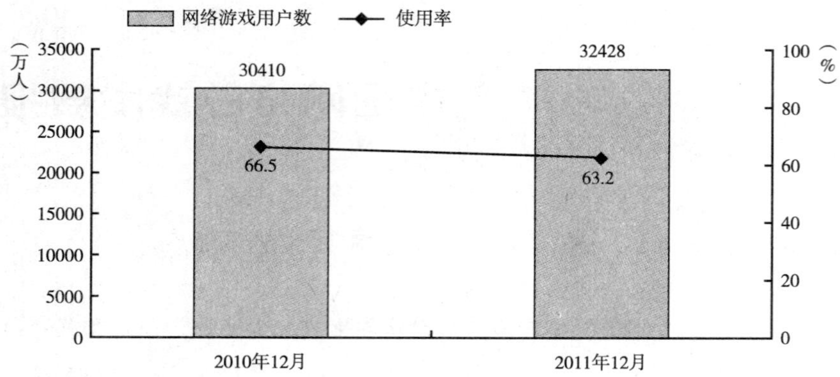

图1　2010～2011 年网络游戏用户数及使用率

资料来源：CNNIC，《第 29 次中国互联网络发展状况统计报告》，2012 年 1 月。

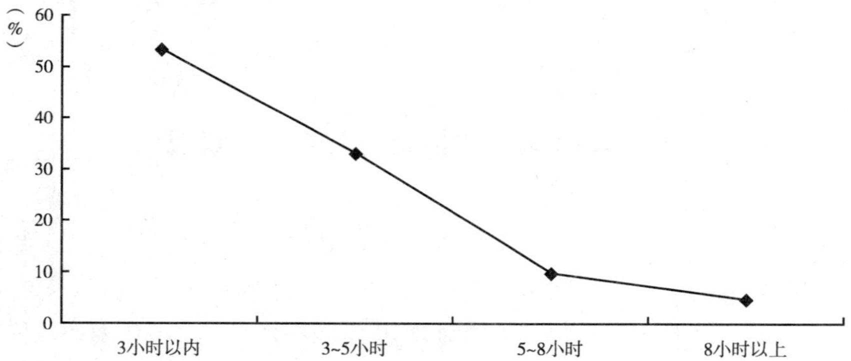

图2　2011 年中国大型网络游戏用户日均游戏时间

资料来源：互联网消费调研中心（ZDC）。

据 2012 年 1 月 9 日召开的中国游戏产业年会发布的相关数据显示，2011 年中国网络游戏市场实际销售收入达到 428.5 亿元，比 2010 年增长 32.4%。[①] 游戏行业成为我国文化产业的重要组成部分。

① 姜辰蓉：《2011 年中国网络游戏市场实际销售收入达到 428.5 亿元》，新华网，2012 年 1 月 9 日。

二　2011 年中国网络游戏发展新亮点

1. 网络游戏规制进一步推进

第一，“中国网络游戏版权保护联盟”成立。

在国家新闻出版总署和中国版权保护中心指导下，16 家网络游戏企业于 2011 年 1 月 8 日联合成立了“中国网络游戏版权保护联盟”，应对网络游戏版权保护中出现的问题，促进中国网络游戏产业健康发展。

第二，“中国网络游戏评论联盟”成立。

在国家文化部文化市场司的指导下，中国网络游戏评论联盟成立仪式暨首次网络游戏评论文化沙龙于 2011 年 10 月 29 日在北京举行。“游戏评论联盟”每个季度定期举办“网络游戏评论文化沙龙”，活动围绕网络游戏文化领域，对网络游戏及其衍生的多种文化现象、热点事件进行分析和点评，让更多的人了解和认识网络游戏，共同探讨网络游戏的发展方向。

第三，网络游戏防沉迷实名验证正式实施。

根据新闻出版总署、中央文明办、教育部、公安部、工信部、共青团中央、中华全国妇女联合会、中国关心下一代工作委员会八部委下发的《关于启动网络游戏防沉迷实名验证工作的通知》，网络游戏防沉迷实名验证工作于 2011 年 10 月 1 日起正式实施。网络游戏防沉迷系统自 2007 年 7 月实施以来，已经初步取得一定成效。但是，有些未成年人可能会冒用他人的身份证或者使用虚假的成年人的身份信息进入游戏系统，从而绕开防沉迷系统对游戏时间的提醒与限制。实名验证就是为了尽可能避免这个问题，并为未成年人的家长或法定监护人进行有效监护提供方便。

第四，“家长监护工程”正式实施。

文化部、中央文明办、教育部、工信部、公安部、卫生部、共青团中央、全国妇联八个部门联合发出通知，要求从 2011 年 3 月 1 日开始，网络游戏行业全面实施“家长监护工程”。该项政策的实施促进了政府监管、企业自律以及家长与游戏运营商之间的联动，是防范未成年人过度沉迷网络游戏的另一举措。

2. 网络游戏用户消费额上升

17173 和易观智库（Enfodesk）对超过 50 万份有效用户问卷进行深入研究

后，联合发布了《2011 年度中国网络游戏市场调查报告》。报告显示，2011 年网络游戏月度消费额中，无消费用户仅为 10.5%，相比 2010 年的 27.3%，下降约 20%；月付费 500 元以下的用户所占比例为 71.1%，比 2010 年增长了 13.4%，该消费范围内各阶段用户所占比例均有上升趋势，且多集中在 100 元以内的月消费玩家；月付费超过 500 元的玩家占 18.6%，较上年上涨了 3.7%，呈逐年上升趋势。在高消费群体中，月消费 501～1000 元的用户占到整体的 10.2%，较上年相比上涨 2.7%，涨幅较大。中国网络游戏用户月度消费额整体呈现上升的趋势。①

3. 社交网络的兴起助推社交网络游戏业的发展

根据艾瑞咨询研究显示，2011 年中国社交网络市场规模已经超过 40 亿元（43.8 亿元），用户规模已经接近 4 亿人（3.7 亿人）。② 社交网络游戏随着社交平台的多样化和便捷化，正稳步增长。

4. 我国自主研发的网络游戏正在经历由量变到质变

据 2011 年 1 月 9 日召开的中国游戏产业年会发布的相关数据显示，2011 年中国民族原创网络游戏收入为 271.5 亿元，同比增长 40.7%，占市场实际销售收入的 63.4%，连续 7 年占据市场份额主导地位。③ 我国自主研发的网络游戏随着数量的不断增多，质量也不断提升，并向海外市场扩展。目前，我国共有 12 家网络游戏企业在海内外成功上市，34 家中国网络游戏企业自主研发的 82 款网络游戏进入海外市场，实现销售收入 2.3 亿美元。④

5. 手机网络游戏迅速发展

根据易观智库产业数据库发布的《2011 年第 4 季度中国手机游戏市场季度监测》数据显示，2011 年第 4 季度手机网络游戏市场规模为 3.7 亿元。具体手机网络游戏开发商市场竞争格局如下：TOP10 的市场格局中，腾讯及辉悦天成分别以 17.14% 及 5.25% 的占比保持领先，掌上明珠 4.97%、呈天游 4.67%、顽石互动（数字顽石）4.18% 分列第 3～5 位（见图 3）。⑤

---

① 17173 专稿：《中国网游用户调查：近 20% 玩家月消费过 500 元》，2012 年 3 月 8 日，http://news.17173.com/content/2012-03-08/20120308100945200.shtml。

② http://report.iresearch.cn/1658.html.

③ 姜辰蓉：《2011 年中国网络游戏市场实际销售收入达到 428.5 亿元》，新华网，2012 年 1 月 9 日。

④ 璩静、马嘉骊：《国产网络游戏市场占有率已超越进口网络游戏》，新华社北京 2011 年 1 月 19 日电。

⑤ 资料来源：易观智库网站，http://www.enfodesk.com/SMinisite/maininfo/articledetail-id-313454.html。

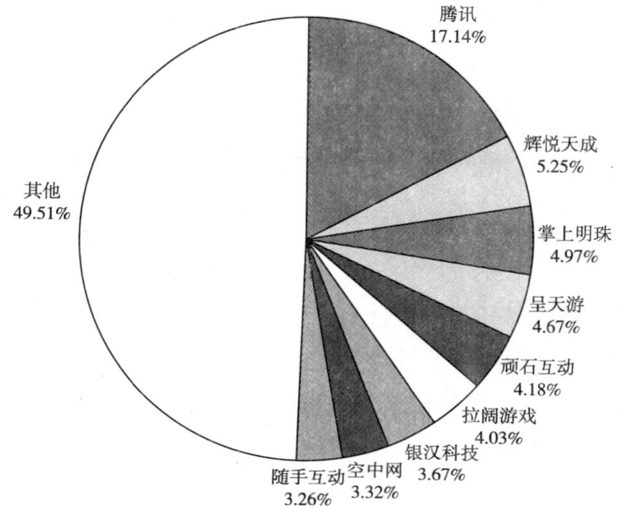

图 3　2011 年第 4 季度中国手机网络游戏开发商市场竞争格局

资料来源：易观国际、易观智库。

三　网络游戏发展存在的问题

第一，高级网络游戏人才缺失，高校培养模式有待优化。

智联招聘数据显示，2011 年互联网电子商务招聘岗位同比增长 58%，2011 年上半年和 2010 年招聘需求最旺盛的十大职业排名中，软件编程类均为第二位。① 目前中国网络游戏蓬勃发展，趋势是更加细分市场与玩家，因此，更高质量的游戏策划、设计与研发变得尤为关键，但从国内就业市场的行情看，传统的 IT 人才已趋饱和，而一些新兴的 IT 专业，如游戏策划师、游戏研发工程师已成为就业市场的“香饽饽”，游戏销售环节的市场推广人才也异常抢手。② 与此同时，中国传媒大学动画学院、北京电影学院动画学院、清华大学继续教育学院、浙江大学重点实验室、山东大学软件学院、四川大学影视动画中心、上海大学成人教育学院等越来越多的大学先

① 智联招聘：《2011 年上半年人才市场供需情况研究——基于智联招聘人才数据库的研究分析报告》，2011 年 7 月 11 日，http://article.zhaopin.com/pub/view/191203-25624.html。

② 汇众教育北三环游戏学院：《游戏开发市场人才短缺催热游戏培训》，2011 年 8 月 5 日，http://ot.gamfe.com/news/youxikaifa-65718.html。

后开设游戏专业，但从课程设置来看，大多偏于技术的培训，忽视文化底蕴的培养。

第二，网络游戏安全隐患仍然存在。

根据360安全中心最新调查数据，虽然2011年上半年新增网游盗号木马数量约为7900万个，比上年同期下降19.8%，但是，针对游戏玩家的钓鱼欺诈网站数量也在2011年明显增多，此类网站主要模仿游戏官网，通过虚假的中奖、派送礼包活动骗取玩家钱财或账号，数量累计已超过3万家（以host计算）。据新增网游盗号木马和钓鱼网站数量、主流游戏类交易平台的交易规模测算，2011年上半年，网游玩家被盗号的经济损失在8亿元左右。①

第三，国产网络游戏题材同质化现象严重，影响网络游戏的文化价值的实现和产业的发展。

目前国内游戏市场上，同题材游戏种类繁多，以2011年11月发布的34款新游戏为例，其中光武侠题材就有《侠义世界》、《斗罗大陆》、《侠客世界》、《大话武林》、《降龙十八掌》、《英豪》、《轩辕群侠传》、《热血武林》、《江湖令》、《隋唐霸业》、《逍遥剑》11款，占据10月新游戏题材32%的比例。这种严重的同质化现象必然导致不良的激烈竞争，不利于游戏产业的发展。根据中关村在线发布的《2011年中国网络游戏黏着度及寿命调查报告》显示，游戏用户放弃游戏的原因中，排在第一位的是“玩不到新鲜东西，厌倦了”（见图4）。②

第四，一些网络游戏营销商缺乏行业自律。

网络游戏十年来发展迅猛，玩家人数急剧增长，在获取更高利益的刺激下，一些网络游戏运营商缺乏行业自律精神，营销方式低俗，甚至侵权严重。2011年1月12日，盛大旗下麻球游戏称腾讯方面未经许可盗用麻球游戏平台至少22款小游戏作品，正式向腾讯发出维权公函，要求腾讯停止侵权，立即将相关游戏内容从网站撤除并公开道歉。3月22日，央视《焦点访谈》以《危险的游戏》为题曝光盛大边锋网络游戏涉赌。与此同时，网络游戏营销低俗之风严重。在舆论本来就对网络游戏存在深深的偏见的情形下，这无疑更加重了偏见，同时缺乏必要的自律，不利于整个产业的健康发展。

---

① 360安全中心：《2011年上半年网络游戏产业安全报告》，2011年7月27日。

② 王川：《2011年中国网络游戏黏着度及寿命调查报告》，2011年8月31日，中关村在线，http://web.766.com/yjxw/201108/1277806_1.shtml。

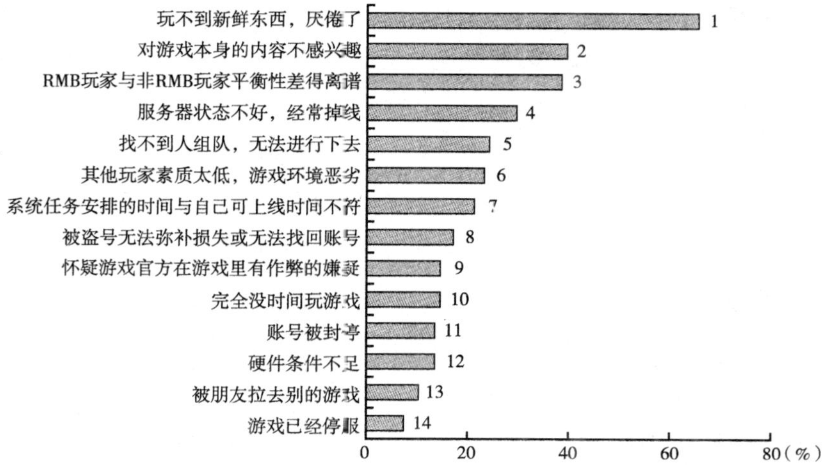

图 4　2011 年中国大型网络游戏用户放弃某一游戏的原因

资料来源：互联网消费调研中心（ZDC）。

四　推动网络游戏发展的建议

第一，正确看待网络游戏并强化服务意识。

无论是政府监管部门，还是游戏研发企业，或是游戏运营商，都需要正确认识网络游戏对于社会、经济及文化发展的正、负效应，提高服务意识与社会责任，最大限度地推动网络游戏对于社会、经济与文化发展的正面作用，努力避免其负面作用，为网络游戏的健康发展提供有效保障。进一步加强对于网络游戏本身的广告以及网络游戏中自带广告内容与形式的规范与治理，最大限度地提供游戏相关虚拟财产的保护以及严肃处理游戏作假等不良行为，并用技术的手段来辅助和保障上述规范与治理，为游戏用户提供安全舒心的环境，也为游戏企业和运营商提供良好的氛围，从而推动整个游戏产业的良性发展。

第二，有效利用移动网络，增强游戏的社交黏合度。

移动互联网各种终端与社交平台为网络游戏提供了多样的互动模式，而移动的便捷性与随意性也为游戏拓展了地理空间与时间维度、这都要求游戏设计方面的创新，尤其是考虑如何在提高用户对于游戏本身的喜爱的同时，有效利用移动互联网络，增加其社交黏合度，以弥补某些用户因为玩游戏而产生的社交空缺，甚至自闭现象。在增加用户在线的心理沟通及社交的基础上，还可以以游戏为纽带，组织线下互动活动，进一步提高用户对于游戏的黏合度，也提高用户与用户之间的社交黏合度。

第三，推进游戏模式的创新及游戏研发、设计人才的培养。

基于网络游戏同质化现象、游戏平台多样化的拓展以及游戏用户的细分化，努力推进游戏模式的创新、研发与设计。这就要求在国家现有政策的支持下，通过多种方式提高游戏人才的能力与综合素质。跨平台游戏的设计、多种游戏模式的整合、不同类型题材的创作、健康有效的游戏推广等各种各样的人才的培养，要依赖各高校的游戏专业，也要依赖游戏行业现有高水平人才的带领，增加游戏行业从业者与教育者的沟通。各高校可以与游戏设计发达国家的实力雄厚的学院联合培养和设计人才，探寻灵活多样的培养方式，并增大文化人文素养在培养人才中的比重，为推动游戏产业健康、蓬勃发展提供保障。

Annual Report of China Online Games Development

Lei Xia

Abstract: Online games have become an important part of the culture industry and are getting more and more attention today. The relevant departments of China have released and issued some related regulations and policies to guide and enforce the development of online games. Along with the development of the multiple platforms and the mobile network technology, the mobile online games become more and more popular among the users. The games players are used to paying for playing as well. However, problems such as the homogeneity of the online games are still existed. The levels of online games staffs should be improved.

Key Words: Online Games; Social Network Games; Mobile Network Games; Online Games Regulations

B.20

2011 年数字音乐发展报告

向　芬*

摘　要： 2011 年，全球数字音乐发展加速。数字音乐商业模式不断创新，这包括“云”服务的实现、音乐社交化以及音乐注册服务的崛起。目前，全球数字音乐市场均面临数字音乐盗版问题。针对这一问题，各国基于音乐版权保护均作出了惩罚性断网和封锁网站等措施。除此之外，公众教育也对数字音乐产业起到了重要的推动作用。

关键词： 数字音乐　云音乐　社交音乐　版权保护

一　全球数字音乐发展加速

（一）国际概况

2011 年，全球唱片公司的数字音乐收入增长 8%，达到 52 亿美元。数字音乐现在大约占全球唱片公司收入的 32%（这一数字在 2010 年为 29%）。如今，某些唱片市场一半以上的收入都源自数字音乐，包括美国（52%）。韩国（53%）和中国（71%）。[①] 与此同时，音乐产业的重要地位不可小觑。除了游戏之外，音乐产业的数字渗透水平使得所有其他可比行业相形见绌（见图 1）。

数字音乐零售商在全球范围内快速延伸其业务触角。2011 年，iTunes 对 28 个国家市场开放了业务，现在则延伸至 50 多个国家，包括欧盟的所有成员国。

---

* 向芬，中国社会科学院新闻与传播研究所助理研究员，博士。

① http://www.ifpi.org/content/section_statistics/index.html，全球唱片业协会（IFPI），《2012 数字音乐报告》。

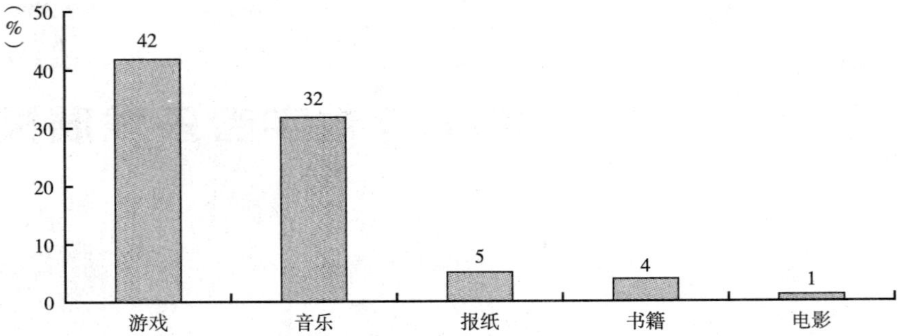

图1　2011年数字营销全球收入中各行业所占比例

注：游戏包括玩家对附属产品和额外游戏内容以及注册的购买；音乐的份额是基于交易收入；报纸包括数字广告和注册；书籍包括有声书籍；电影不包括在线销售和影碟出租。

资料来源：PWC Global Entertainment & Media Outlook 和全球唱片协会。

音乐注册服务商 Spotify、WiMP 和 Deezer 也穿过国界迅速进行扩张。Spotify 从美国和4个欧洲国家市场开始，现在已经覆盖了12个国家。Deezer 和法国电信合作在英国开展业务，并且计划2012年继续在全球范围内扩张。

在亚洲，韩国以大约300万的在线音乐用户保持成功的数字音乐市场地位。

（二）中国概况

中国大陆的数字音乐分为无线音乐和在线音乐两类。无线音乐的市场主体是无线音乐服务商，主要业务是手机铃声、彩铃及互动式语音应答（IVR），商业模式是用户付费；在线音乐的市场主体为音乐搜索类网站、专业音乐网站和综合门户网站，主要业务是提供在线听和下载，商业模式是广告主付费加上用户付费。

2011年，无线音乐的用户约增长至6.86亿人，其中中国移动占比82.36%，中国电信占比7.61%，而中国联通占比10.02%①；2011年，在线音乐用户为3.85亿人，相比2010年增长约2367万人，增长幅度较小，用户使用率从2010年的79.2%下滑至75.2%。②

2011年，数字音乐市场规模达到约400亿元，其中，无线音乐营收约占

---

① http://www.199it.com/archives/14965.html，数据来源为易观国际根据 EnfoDesk 的数据分析。

② 中国互联网络信息中心：《第29次中国互联网络发展状况统计报告》，第28页。

15%，在线音乐营收约占 85%。[①] 对比用户数量来看（在线音乐用户数量相当于无线音乐用户的 56%），在线音乐与无线音乐的营收相去甚远，在线音乐因为盗版的冲击，付费和广告业务均不理想。

（三）音乐综合类和音乐搜索类网站情况一览

2011 年，占据音乐综合类前五位的网站分别为虾米网、一听音乐网、酷狗网、酷我网和巨鲸音乐网。从网站覆盖数、访问量和用户日均访问页面数三方面来看（见图 2、图 3、图 4 交叉比对的结果[②]），虾米网和一听音乐网都稳居前列。

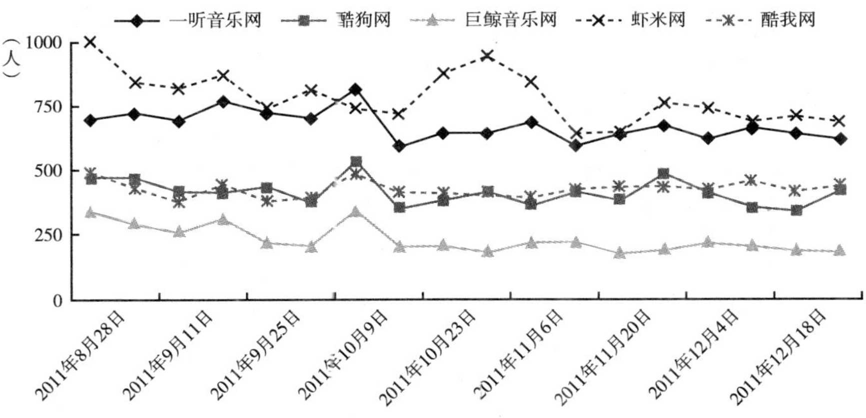

图 2　2011 年音乐综合类网站覆盖数走势

注：单位：每百万 Alexa 安装用户的访问人数。
　　时间范围：2011 年 1 月 1 日至 2011 年 12 月 30 日。
资料来源：www.iwebchoice.com

2011 年占据音乐搜索类前五位的网站分别为百度音乐搜索、搜狗音乐搜索、世纪音乐网、九酷音乐网和 MTVTOP。从网站覆盖数、访问量和用户日均访问页面数三方面来看（见图 5、图 6、图 7 交叉比对的结果[③]），百度音乐搜索居于一

① 文中数据是笔者根据全球知名的移动互联网研究机构艾媒咨询（iimedia research）发布的《2011 年度中国无线音乐发展状况研究报告》推算而来。

② http://www.iwebchoice.com/html/Chart_1582.shtml，图表根据网站交叉对比软件自动生成。

③ http://www.iwebchoice.com/html/Chart_1582.shtml，图表根据网站交叉对比软件自动生成。

家独大的地位。百度具有庞大用户群和流量优势，它天生就是一个互联网入口，加上百度也不断推出全新音乐服务，使得它相比其他音乐搜索类和音乐综合类网站显得优势突出。

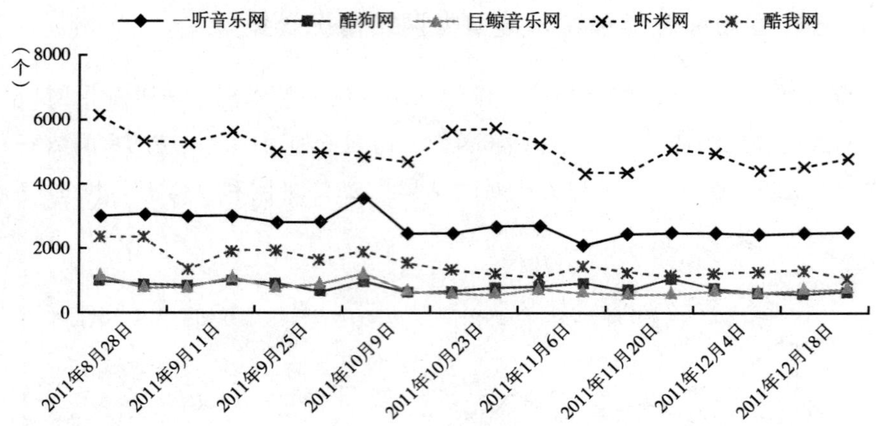

图3　2011 年音乐综合类网站访问量指数走势

注：单位：每百万 Alexa 安装用户的访问人数 × 平均每个用户日均访问页面数。

时间范围：2011 年 1 月 1 日至 2011 年 12 月 30 日。

资料来源：www. iwebchoice. com.

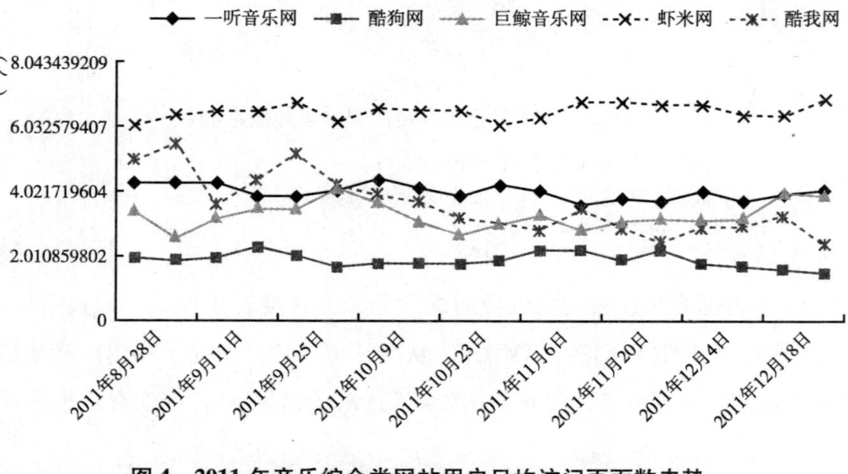

图4　2011 年音乐综合类网站用户日均访问页面数走势

注：单位：每百万 Alexa 安装用户平均每人日访问页面数。

时间范围：2011 年 1 月 1 日至 2011 年 12 月 30 日。

资料来源：www. iwebchoice. com。

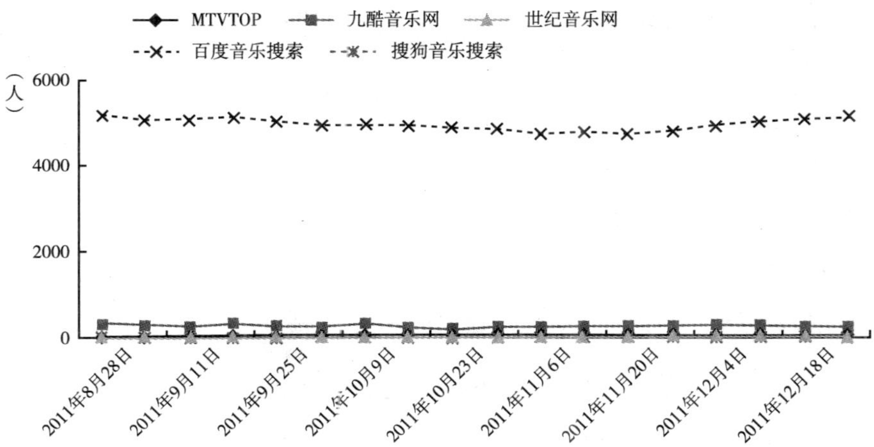

图 5　2011 年音乐搜索类网站覆盖数走势

注：单位：每百万 Alexa 安装用户的访问人数。

　　时间范围：2011 年 1 月 1 日至 2011 年 12 月 30 日。

资料来源：www. iwebchoice. com。

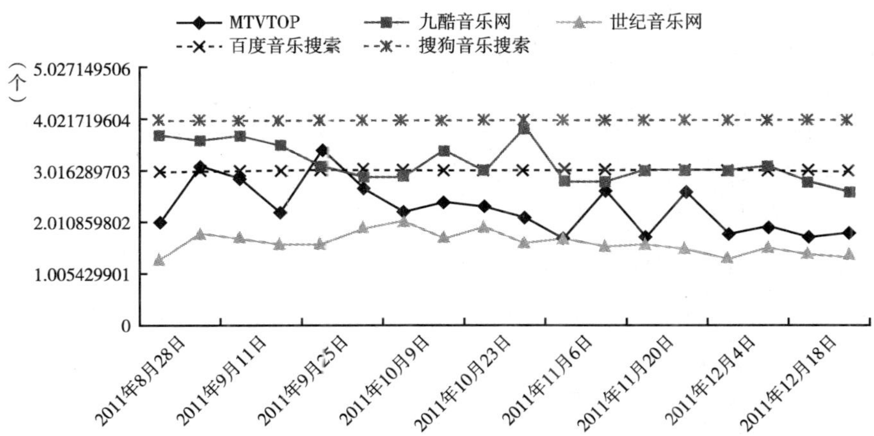

图 6　2011 年音乐搜索类网站用户日均访问页面数走势

注：单位：每百万 Alexa 安装用户平均每人日访问页面数。

　　时间范围：2011 年 1 月 1 日至 2011 年 12 月 30 日。

资料来源：www. iwebchoice. com。

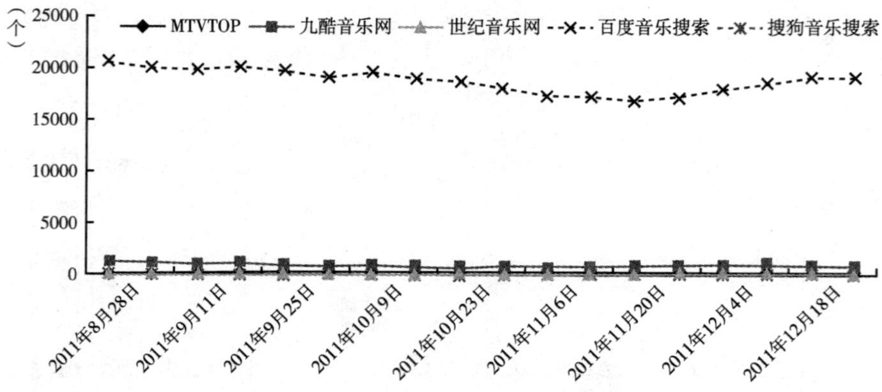

图7　2011 年音乐搜索类网站访问量指数走势

注：单位：每百万 Alexa 安装用户的访问人数 × 平均每个用户日均访问页面数。
时间范围：2011 年 1 月 1 日至 2011 年 12 月 30 日。
资料来源：www. iwebchoice. com。

二　数字音乐商业模式创新

（一）数字音乐“云”服务的实现

用“云”服务来加强用户管理和储存他们的音乐在 2011 年成为市场现实。随着这些服务的推出，消费者可以通过智能手机和平板电脑，将音乐从播放硬盘、MP3 向云服务流媒体转移。

2011 年 6 月，苹果公司推出了 iCloud。11 月份发布了 iTunes Match 服务，允许用户通过多个设备接入音乐库，这使得用户可以以 25 美元一年的费用在他们所有的系列设备中获得他们的音乐曲库。这项服务获得了国际唱片公司的许可，能有效地更新用户的音乐收藏。iTunes Match 将在 iTunes 进军的全球新兴市场中得到使用。

新的主要玩家紧随其后，如 Google Music Manager、Amazon Cloud Player、Pandora 等。11 月份，Google 在美国为 Android 系统发布了一项新的音乐服务 Google Music Manager。消费者可以购买单曲或者专辑，这些单曲或专辑会被传到云上。在云上，它们可以被编译成流媒体传播到多种设备上。Pandora 公司推出的“魔力音乐盒”可自动分析用户偏好，创建个性化播放列表。Rdio、Mog、Napster、Rhapsody、Spotify 提供的“海量订阅”服务亦呈现蒸蒸日上的势头。

就中国目前各大数字音乐平台的综合形势来看，巨鲸音乐网、百度 MP3、虾米网等都在发力云音乐，准备在这一新生市场上获益。未来引领云音乐发展的网站必须具有庞大的用户群、海量的数据库、黏着性强的音乐软件等优势，才有可能在这次竞争中突围。

（二）数字音乐社交化

自网络音乐服务推出以来，业界就一直在尝试社交化功能，比如 iTunes 中的 Ping 功能。在音乐的社交化方面，Pandora 做得也较为成功。

2011 年，Facebook 与 Spotify 以及 Mog、Rdio 等联手进一步增强无缝共享的社交理念。在 Spotify 和 Facebook 的合作下，通过将这些服务与 Facebook 账号链接，Spotify 的新注册用户可直接进入 Facebook，自动地与 Facebook 好友共享他们的播放列表，社交服务功能显著增强。

此外，就数字音乐公司近期的融资情况来看，以社交音乐为服务核心的公司正受到资本市场的青睐。社交网络能为音乐爱好者搭建沟通的桥梁，也能拉近歌手与歌迷之间的距离，通过分享及沟通，为音乐带来新鲜的元素。伴随着社交网络的发展及移动互联网日渐崛起，社交音乐发展优势尤为明显。

社交音乐的优势同样体现在中国大陆市场。2011 年 10 月 10 日，多米音乐推出中国社交类音乐服务——多米 DJ。多米 DJ 作为中国首款社交化音乐推荐产品，带给中国用户全新的音乐互动体验。2012 年 1 月，虾米网正式内测新型社交音乐网站虾米 Loop。2012 年 2 月 1 日，酷我 DJ 3.0 版本正式上线，新版本在原来的基础上进行了一次全面的升级，不管是界面还是功能设计都有了提升。社交网络将为音乐网站带来大量的用户群体，并且具有较高的留存率。目前，各个公司的社交音乐产品还正处于模仿国外热门网站 Turntable 的阶段。未来，只有通过差异化竞争，并且持有庞大的用户资源的网站，才有可能最终实现更高的市场占有率和更强的用户流量变现能力。

（三）数字音乐注册服务的崛起

音乐注册服务正在改变人们体验和购买单曲或者专辑的方式，其也是一种快速增长的商业模式。全球音乐注册服务的用户数量估计在 2011 年增长了近 65%。①

音乐注册服务在一些市场已经变得异常流行，特别是挪威、瑞典、丹麦等国。2011 年，Spotify 在美国以及欧洲扩张至 11 个国家，这使得 2011 年音乐注册服务取得了引人注目的进步。Spotify 报告称其在全球范围内有 250 万的付费音乐注册用户。Deezer 是 2007 年在法国建立的数字流媒体服务，现在也正在全球范围内扩张。自从 2010 年 8 月与法国电信合作之后，它已经拥有了超过 2000 万的注册用户和超过 150 万的付费用户。

音乐注册服务经常采取“免费增值”的商业模式，旨在先以“免费”广告支持的服务吸引住用户，再使他们前往使用付费增值服务。将免费用户转换成为付费的注册用户这种商业模式，对确保可持续性是至关重要的。在全球范围内，Spotify 的这种转换率约为 15%。用户转换为付费增值服务有额外的好处：没有广告，可以在便携式的设备中或线下使用，以及更好的音质。

2011 年，虾米网宣称其注册用户达到 500 万人。腾讯则宣布 QQ 音乐同时在线用户数首次突破 1000 万。QQ 音乐依托腾讯庞大的用户资源，在便利性和用户需求导向上下了一番工夫。例如，QQ 音乐支持一键导入 iTunes 的功能，给苹果用户提供了一个便捷渠道，还为 QQ 绿钻用户推出了高品质音乐享受的无损音乐下载服务，这使得 QQ 音乐的注册用户一直稳步增长。

三　存在的问题与采取的措施

（一）全球数字音乐盗版与反盗版举措

尽管 2011 年数字音乐取得很大进展，但广泛传播的盗版仍然是暗中破坏数字音乐业务增长的最主要的因素。根据全球唱片业协会和尼尔森公司的数据，全球每月有超过 1/4 的互联网用户使用未经授权的音乐服务。

数字盗版主要分为点对点和非点对点两种渠道。现在，大约一半的人使用点

---

① 全球唱片业协会（IFPI）：《2012 数字音乐报告》，http://www.ifpi.org/content/section_statistics/index.html。

对点网络；另一半人使用其他非点对点的未经授权的频道（包括博客、网盘、论坛、网站、基于智能手机的应用以及流媒体截取的应用等），这成为了一个快速增长的问题。在一些国家，使用非法网站的比率远高于全球平均水平——比如西班牙和巴西的比率分别为 42% 和 44%。

据此，全球唱片业协会提倡一个惩罚性断网、封锁网站和其他措施的组合方法。封锁网站在处理如网盘、网站等侵权的新形式上很有效。然而，大部分的点对点服务都是分散的，因而无法封锁。全球唱片业协会呼吁把惩罚性断网措施作为最适当的和最有效的方法来解决点对点盗版的主要问题。全球范围内的政策制定者以及一些互联网服务提供商们，正日益把这种方法视为公平和正确的。

在惩罚性断网这一措施下，版权所有者提醒互联网服务提供商和移动数据网络服务提供商，注意未经允许上传受保护的内容到网上而造成侵权的 IP 地址。互联网服务提供商可以比较 IP 地址和他们所掌握的用户数据，然后通知他们的客户其账号正在被用来违反法律，并督促他们使用合法的服务。账号所有者被告知，在一系列通知后持续的侵权将导致惩罚或者制裁（包括暂时账号中止、宽带限流、协议封锁以及潜在的罚金）。

（二）音乐版权保护与各国的惩罚性断网措施

韩国政府早在 2007 年开始就更新它的版权法律，要求在线服务提供商根据版权所有者的要求过滤非法内容。2009 年 7 月，惩罚性断网措施被引进。2011 年 4 月，一项新的法律要求网盘和点对点服务在政府注册，并执行过滤措施。韩国采取了一系列的措施来处理数字盗版。这些措施在文化、体育和旅游部的监督下，大部分由韩国版权委员会执行。

韩国版权委员会已经发出了大约 10 万份“建议通知”给服务提供者，要求他们告诉侵权用户停止违法。一般情况下，70% 的侵权用户在第一次收到通知时停止了侵权，70% 的继续侵权者在第二次收到通知时停止了侵权。如果用户在三次通知之后仍拒绝停止侵权，这将触发一系列进一步由文化、体育和旅游部发布的“改正命令”。一旦他们收到附有制裁内容的再次通知，只有很少比例的消费者继续其侵权行为。

法国成功地执行了 Hadopi 法案，成为欧洲第一个通过惩罚性断网法律的国家。这个法案采用了教育和警告的方式，并含有制裁的严厉条款，以帮助用户前往合法网站。如果一个用户在六个月内两次忽视通知，并在一年内第三次侵犯版权，Hadopi 法案规定可以通知刑事法庭，刑事法庭可以中止互联网账号最多达 1 个月，并征收最高为 1500 欧元的罚款。迄今为止，专门护法机构 Hadopi 已经发出了超过 70 万份通知，据全球唱片业协会估计，已经涉及了法国约 10% 的点对点用户。研究显示，这有助于改变用户上网行为，点对点文件共享用户的数量在一年之内下降了 26%。

此外，新西兰也在 2011 年宣布惩罚性断网的法律。在美国，新的惩罚性断网合作计划的谅解备忘录将在 2012 年被大部分互联网服务提供商执行。①

（三）中国数字音乐盗版与分成问题

全球唱片业协会报告显示，中国 70% 的音乐销售是数字形式的，但数字音乐产业的盗版率约为 99%，这意味着合法市场仅占其真实潜力的一小部分。

2011 年 7 月，三大主要唱片公司（环球、索尼和华纳）和百度形成了合作关系，成为中国音乐产业发展的里程碑。百代唱片也和百度达成了授权协议。其后，百度承诺关闭其造成侵权的深度链接音乐搜索服务。但盗版问题的解决仍然旷日持久，其他未授权的深度链接服务仍然在运营，同时网盘和非法下载网站依旧是巨大障碍。

由于盗版，导致用户不付费，用户可以任意获取免费的音乐，不愿意为正版音乐付费。同时，盗版服务的恶性竞争，导致提供音乐服务的网站广告收入少。这一方面是因为网站担心失去用户，而不敢在服务中插入音频广告；另一方面是因为用户在使用音乐服务时，只听音乐而不看页面，因此使得广告的效果差，广告主不愿意投放广告。

盗版问题是在线音乐发展面临的致命问题。只有政府联合行业内各角色共同打击盗版，行业才能看到未来的希望。中国打击盗版的途径主要是：①文化部，推动文化部关闭未获得“网络文化经营许可证”的非法音乐网站；②新闻出版总署，推动版权局对主要用于存储盗版音乐内容的服务器进行查封没收；③公安部，推动公安局打击情节严重的音乐盗版行为，对于严重侵权的，追究刑事责

---

① http://www.ifpi.org/content/section_statistics/index.html，全球唱片业协会（IFPI）：《2012 数字音乐报告》。

任；④工业和信息产业部，推动工业和信息产业部关闭没有牌照或未经备案并存在盗版的非法音乐网站或者停止提供电信服务；⑤法院，针对侵权行为的大网站提起诉讼。目前，虽然中国政府增加了打击盗版的承诺，并采取了多次专门的反盗版运动，但成果仍不理想。

对于无线音乐领域，目前需要克服的问题则是分成问题。现在，电信运营商分配比例约占 90%，比重过大，而产业源头的唱片公司分配比例甚微，大约只有 1%。这样的分配模式不利于数字音乐产业的健康发展。

（四）版权保护运动与公众教育对数字音乐产业的推动

公众教育在发展繁荣的数字音乐产业上发挥着至关重要的作用。通过在全世界范围内发起数字音乐版权保护运动，进行公众版权教育，改善人们对版权的理解，促进合法网络服务。

“音乐很重要”运动 2010 年在英国发起，2011 年传播到了澳大利亚和新西兰。这一运动由一些音乐家和其他从业人员发起，以提醒听众音乐的持久价值。它通过“音乐很重要”信任标记来鼓励音乐迷以一种道德的方式来消费。

韩国已经展开了一个综合性的教育计划来作为其保护在线知识产权行动的补充。当版权法律更新后，政府通过公告栏和媒体进行了快速宣传。它声明如果用户想要从文化产品和服务中获利，只有他们付钱才是公平的。如果政府今天不保护版权，那么消费者明天将只会有更少的文化产品。版权已经进入了全国课程，韩国版权委员会对老师进行培训，每年超过 35 万人接收到韩国版权委员会各种形式的教育和培训。

2011 年，音乐版权问题日益在我国得到重视。2 月 11 日，汪峰收回《春天里》，禁止旭日阳刚组合继续翻唱自己的歌曲《春天里》。3 月 17 日，中国音像协会唱片工作委员会发表一篇针对百度的公开信，抗议百度在音乐领域的侵权行为。3 月 29 日，音乐人高晓松在微博上宣布，华语音乐作者维权联盟成立，用以捍卫词曲作者的权益。音乐人与百度的维权斗争引起了整个行业的共同关注，也对其他提供音乐下载的音乐网站起到了一定的警示与参考的作用。4 月 1 日，酷狗音乐网站通过官方微博发布通知称，自新版本起，酷狗音乐下载歌曲将收取部分费用，单曲下载将按 0.99 元/次收费，重复下载亦要收费。同时亦规定，新歌首发、歌手推介期间，部分歌曲可以免费下载。

2011 年，音乐产业特别是数字音乐产业对于“版权保护”的迫切诉求已分明可见，各种版权保护运动和公众教育都在逐步的进展中，势必推动数字音乐产业的有序健康发展。

Digital Music Report in 2011

Xiang Fen

Abstract: In 2011, the global digital music development accelerated. The digital music business model innovation, including cloud music、social network music and music subscription. At present, widespread piracy is the biggest factor undermining the growth of the digital music business. According to this problem, countries based on music copyright protection are made punitive broken network and banned the site and other measures. In addition, Anti-piracy enforcement and public education in digital music industry also played an important role.

Key Words: Digital Music; Cloud Music; Social Network Music; Copyright Protection

B.21

2011 年中国网络广告发展报告

王凤翔*

摘　要：2011 年，中国网络广告呈高速增长态势，市场规模超过报纸广告，成为第二大广告媒体。搜索引擎、电商网站、门户网站、垂直行业网站、独立视频网站、网络社区等媒体构成中国网络广告市场发展态势。

关键词：中国网络广告　高速增长　市场发展态势　广告批评

一　2011 年中国网络广告发展概况

1. 中国广告市场规模跻身世界前列

2011 年中国广告营业额达 31255529 万元，突破 3000 亿元，比 2010 年增长 7850453 万元，年增长率为 33.54%，比 2010 年增加了 18.87 个百分点，是 15 年来的最大增幅。

昌荣传播《2011 中国广告市场与媒体研究报告》指出：2011 年中国广告市场继续保持平稳增长，以刊例价计算，广告投放总额为 6693 亿元，比 2010 年增长 14.5%。尼尔森网联 AIS 全媒体广告监测数据显示：全国广告刊例花费统计超过 8100 亿元人民币，达到 15.9% 的年增长率，超过 2010 年 10.4% 的年增长率。按照两者的中国广告经营刊例价，平均达近 7000 亿人民币，平均年增长率超过 15%。（见图 1）

毋庸置疑，中国广告发展势头良好，中国广告市场规模跻身世界前列。

2. 网络广告保持高速增长态势

中国网络广告市场规模呈现快速增长态势。据艾瑞咨询 2012 年 1 月 4 日报

* 王凤翔，中国传媒大学博士后。

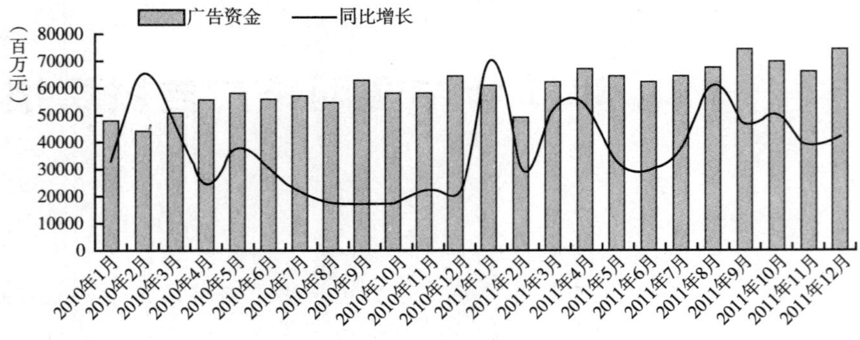

图1　2010～2011 年中国广告增长概况率

资料来源：尼尔森《2011 年中国广告市场年度回顾及重点行业盘点》。

告显示，自 2006 年以来，除 2009 年受到 2008 年金融危机影响只有 22% 的增长外，增长最低年份达到了近 57% 的年增长率，最高年份达到了 74.6%，六年的年均增长幅度为 55.32%（见表 1）。

表1　2006～2011 年中国网络广告市场规模

单位：亿元，%

项目＼年份	2006	2007	2008	2009	2010	2011
经营额	60.7	106.0	170.0	207.4	325.5	511.9
年增长率	60.6	74.6	60.4	22.0	56.9	57.3

资料来源：艾瑞咨询《2006～2015 中国互联网广告市场规模及预测》。

网络广告是所有媒体中广告增长速度最快的媒体。2011 年，电视媒体广告增幅为 13.9%，广播电台媒体为 30.2%，报纸为 12.0%，杂志为 15.3%；[①] 电视媒体广告经营额达 702.31 亿元，报纸媒体为 491.68 亿元，广播电台为 125.38 亿元，期刊媒体为 35.51 亿元。2010 年网络媒体广告年增长率为 57.6%，经营总额达 321.2 亿元；2011 年增幅为 35.6%，经营总额为 435.55 亿元，继续保持高速增长态势，是广告增幅最高的媒体（见表 2）。

① 昌荣传播市场与媒体研究中心：《2011 年中国广告市场与媒体回廊》，《广告大观：媒介版》2012 年第3 期。

表2　2005～2011年中国媒体广告经营额

单位：亿元

媒体经营额＼年份	2005	2006	2007	2008	2009	2010	2011
报纸	256.1	312.6	322.2	342.7	370.5	439.0	491.68
期刊	24.9	24.1	26.5	31.0	30.4	30.8	35.51
广播	38.9	57.2	62.8	68.3	71.9	96.3	125.38
电视	355.3	404.2	442.9	501.5	536.2	616.6	702.31
网络	41.0	61.0	106.0	169.9	207.4	321.2	435.55

注：2005～2010年中国媒体广告经营额数据来源，崔保国主编《中国传媒产业发展报告（2011）》，社会科学文献出版社，2011。2011年数据是在2010年数据上依据昌荣传播市场与媒体研究中心《2011年中国广告市场与媒体回廊》的媒体广告比例推算出的数据。网络广告数据不包括搜索引擎广告。

3. 网络广告市场规模超过报纸广告，成为第二大广告媒体

据2012年1月4日艾瑞咨询报告，2011年全年中国网络广告市场规模达到511.9亿元，较上年增长57.3%，已超越报纸广告453.6亿元的规模，成为中国第二大广告媒体。

4. 搜索引擎、电商网站、门户网站、垂直行业网站、独立视频网站、网络社区等媒体构成中国网络广告市场发展态势

2011年，搜索引擎广告市场份额由2010年的33.9%提升至36.7%，自2008年来增长了7.1%的市场份额。电子商务平台网站广告的增长超过1倍，市场份额从2010年的10.8%陡增到17.5%，其中淘宝广告收入为87.9亿元；四年来涨幅最大，增长了12.8%的市场份额。独立视频网站广告实现翻番的增长，市场份额提升到7.1%，四年来增长了3.7%的市场份额。门户网站市场份额降到15.5%，较2010年降了4.3%，四年来降幅最大，降低了12.4%。垂直行业网站市场份额为15.0%，较2010年降了4.8%，四年来降低了10.5%（见表3）。

表3　中国网络广告细分媒体市场结构

单位：%

年份＼媒体	搜索引擎	门户网站	垂直行业网站	电商网站	独立视频网站	网络社区	其他
2008	29.6	27.9	25.5	4.7	3.4	3.2	5.8
2009	33.6	23.4	21.5	7.2	5.8	3.7	4.8
2010	33.9	19.8	19.8	10.8	5.4	3.1	5.8
2011	36.7	15.5	15.0	17.5	7.1	3.2	5.0

资料来源：艾瑞咨询《2006～2015中国互联网广告市场规模及预测》。

5. 风险投资加强对技术性网络广告公司的融资

相关传播公司与广告公司通过并购抢占互联网广告细分市场，网络广告公司逐步形成各自的服务特点，移动互联网广告发展势头迅猛

二 中国网络广告的发展特点与趋势

1. 搜索引擎网络广告市场发展快，百度市场份额最大

自2003年以来，百度（Baidu）在搜索引擎的市场份额最大，谷歌（Google）次之。据艾瑞咨询统计，2008年，百度、谷歌市场份额分别为73.2%和20.7%。2009年，百度、谷歌市场份额分别为63.1%和18.9%。2010年，搜索引擎市场规模达110.4亿元，百度市场份额为71.7%，谷歌为25.8%，搜狗（Sogou）为1.1%。据艾瑞咨询报告，2011年中国搜索引擎的市场份额为36.7%，其市场规模达187.8亿元，百度为76.4%，谷歌为19.4%，搜狗为2.3%，搜搜为1.4%。

2010年，百度净收入达79.15亿元（约合11.99亿美元），网络营销收入为79.13亿元，比重达99.97%，比2009年增长78.0%。2011年，百度年净收入达145.01亿元，利润达66.39亿元；网络广告收入达144.90亿元，占净收入比重99.91%，年增长率达83.1%（见表4）。

表4 2011年百度网络广告经营状况

项目	年净收入/利润（亿）	年网络广告收入情况		
		年网络广告总收入（亿）	年增长率（%）	占年净收入比重（%）
百度（NASDAQ:BIDU，2005年8月上市）	￥145.01（$23.04）/￥66.39（$10.55）	￥144.90（$23.02）	83.1	99.91

资料来源：作者对百度2011年度财报（年度未经审计业绩）的整理（￥：人民币符号，$：美元符号，以下同）。

百度相对增长速度快，2010年，百度季均增长率为19.26%，其中第二季度增长率达47.91%。2011年季均增长率为17.25%，其中第二季度增长率达40.19%（见表5）。2011年第四季度营收是2010年第一季度的346%，同比2010年第四季度增长82.5%。

表 5　百度 2010Q1 ~ 2011Q4 各季度营收概况

单位：亿元，%

项目 \ 时间	2010Q1	2010Q2	2010Q3	2010Q4	2011Q1	2011Q2	2011Q3	2011Q4
收　入	12. 94	19. 14	22. 56	24. 51	24. 36	34. 15	41. 75	44. 74
增长率	2. 62	47. 91	17. 87	8. 64	-0. 61	40. 19	22. 25	7. 16

资料来源：作者对百度 2010 年度财报、2011 年度财报（年度未经审计业绩）的整理。

2. 门户网站的网络广告比重在网站的多元经营发展中逐步降低

2011 年，网络广告总收入最高的门户网站是新浪，达 3. 688 亿美元，年增长率达 27%。搜狐位居第二，达 3. 42 亿美元，年增长率为 48%。网易为 7. 95 亿元（1. 26 亿美元），年增长率达 25. 6%。凤凰网为 1. 548 亿元，年增长率最高，达 127. 9%。其中，新浪、搜狐的年广告总收入比重均在 40% 以上，新浪近 55%；网易、凤凰在 20% 以下（见表 6）。

表 6　2011 年中国主要门户网站的网络广告经营状况

门户网站	年净收入/利润（亿）	年网络广告收入情况		
		年网络广告总收入（亿）	年增长率（%）	占年净收入比重（%）
新浪（NASDAQ：SINA，2000 年 4 月上市）	\$6. 735/\$4. 828	\$3. 688	27	54. 76
网易（NASDAQ：NTES，2000 年 6 月上市）	¥75（\$12）/¥32	¥7. 95（\$1. 26）	25. 6	10. 6
搜狐（NASDAQ：SOHU，2000 年 7 月上市）	\$8. 52/\$4. 846	\$3. 42	48	40. 14
凤凰（凤凰新媒体，NYSE：FENG，2011 年 5 月上市）	¥9. 506（\$1. 51）/¥1. 686（\$0. 263）	¥1. 548（\$0. 396）	127. 9	16. 28

资料来源：作者对新浪、搜狐、网易与凤凰 2011 年度财报（年度未经审计业绩）的整理。

2000 年，新浪、网易、搜狐先后在纳斯达克挂牌上市。当年，新浪广告收入占其净收入的 87. 50%，网易为 86. 67%，搜狐为 93. 13%，广告收入成为支撑所有门户网站发展的主要财源。2011 年，新浪、网易、搜狐三者的广告收入分别占年净收入比重的 54. 76%、10. 6% 和 40. 14%，比 2000 年分别降低了 32. 74%、

76.07%和52.99%。这说明各门户网站在多种经营中获得新发展，网络广告年净收入逐年升高而占年净收入比重降低，这是网站经营与网络广告的一种发展大势。

在11年期间（2000～2011年），网络广告比重降幅最大的是网易，达76.07%，而2011年网易的年净营收与利润是最丰厚的。主要原因是：网易在发展中实现了经营的转型，在线游戏营销逐步成为其最大营收与主打。2011年网易财报显示，网易的在线游戏收入为66亿元（10亿美元），年增长率达74.24%（2010年为49亿元），占年净收入的88%，而2011年广告服务收入为7.95亿元（1.26亿美元），是其在线游戏收入的12.05%。

搜狐在发展中形成了在线游戏、品牌广告与搜索引擎三大业务增长板块。2011年在线游戏业务收入达4.36亿美元，较2010年增长33%。2011年在线广告总收入为3.42亿美元，较2010年增长48%。在线广告总收入包括品牌广告及搜狗（Sogou）业务收入，品牌广告收入为2.79亿美元，较2010年增长32%；搜狗业务收入为6300万美元，较2010年增长238%。搜狐的品牌广告比重在其网络广告发展中逐步降低，根据搜狐年报统计，品牌广告收入比例从2008年的41%下降到2009年的36%，到2010年的34.6%，再到2011年的32.7%。而搜索引擎搜狗的业务收入比重逐步加大。2010年第一季度，品牌广告收入是3950万美元，占搜狐在线网络广告比重达93.31%；搜狗业务收入为283万美元，虽占在线广告收入近7%的比重，但其业务总额仅是品牌广告总额的7.17%。2011年第四季度，品牌广告收入达7800万美元，占77.23%的比重；搜狗业务收入在2011年第一季度占在线广告收入超过10%的比重，第二季度超过1000万美元；第四季度达2300万美元，占在线广告收入近23%的比重，其业务总额是品牌广告收入的29.49%（见表7）。

表7　2010年第一季度至2011年第四季度搜狐的网络广告收入情况

单位：万美元，%

季度收入	2010第一季度	2010第二季度	2010第三季度	2010第四季度	2011第一季度	2011第二季度	2011第三季度	2011第四季度
品牌广告	3950	5320	5910	6010	5720	6770	7700	7800
占在线广告收入比例	93.31	93.19	91.63	90.10	87.73	83.27	80.71	77.23
搜狗业务	283	389	540	660	800	1360	1840	2300
占在线广告收入比例	6.69	6.81	8.37	9.90	13.27	16.73	18.23	22.67

资料来源：作者对搜狐2010、2011年度财报（年度未经审计业绩）与网络资料的整理。

3. 社交网站的上市与即时信息平台促进互联网增值服务与网络广告发展

2004 年 6 月，腾讯在香港上市。2011 年 5 月，人人网在美国纽交所上市。社交网站的上市促进了即时信息平台建设、互联网增值服务与网络广告的发展。

2011 年，腾讯年净收入为 284.961 亿元（45.225 亿美元），比 2010 年增长 45.0%。互联网增值服务（除域名注册及虚拟主机等基本服务以外的互联网业务，比如游戏、语音聊天、可视电话、短信等）收入为 230.428 亿元（36.571 亿美元），占年净收入比重 80.86%，年增长率为 48.8%。移动及电信增值服务收入为 32.708 亿元（5.191 亿美元），占年净收入比重 11.48%，年增长率 20.4%。网络广告收入为 19.922 亿元（3.162 亿美元），占年净收入比重 6.99%，年增长率 45.2%。这归功于其即时信息平台。2011 年，腾讯即时通信服务活跃账户数达 7.210 亿个，即时通信服务最高同时在线账户数达 1.527 亿个，“QQ 空间”活跃账户数达 5.521 亿个，“QQ 游戏”最高同时在线账户数（仅包括小型休闲游戏）为 840 万个，互联网增值服务付费注册账户数为 7720 万个，移动及电信增值服务付费注册账户数为 3140 万个。

人人网营收分为网络广告和互联网增值服务两个部分，其互联网增值服务收入又分为网络游戏和其他增值服务。2008 ~ 2010 年，人人网的网络广告收入占年净收入的比重分别为 49.2%、39.4% 和 41.8%，网络游戏收入比重分别为 45.5%、50.5% 和 45.0%。2011 年，人人网年净收入为 1.18 亿美元，年网络广告收入为 5960 万美元，年增长率为 54.1%，占净收入比重为 50.51%（见表 8）。

表 8　2011 年中国主要社交网站的网络广告经营状况

网站	年净收入/利润（亿）	年网络广告收入情况		
		年网络广告总收入（亿）	年增长率（%）	占年净收入比重（%）
腾讯（HK：0700，2004 年 6 月上市）	¥284.961（$45.225）/ ¥122.535（$19.447）	¥19.922（$3.162）	45.2	6.99
人人网（NYSE：RENN，2011 年 5 月上市）	$1.18/ $0.497	$0.596	54.1	50.51

资料来源：作者根据腾讯、人人网 2011 年度财报（年度未经审计业绩）整理得出。

4. 视频网站主要收入来源是广告，版权分销有利于促进网络广告健康发展

视频网站包括综合视频网站、网络电视台、门户网站与其他媒体的视频网站。广告收入占视频网站收入结构的最大比重。据艾瑞咨询统计，2009～2011年，广告收入占视频网站收入结构比重分别为77.3%、68.4%和67.8%，版权分销收入比重分别为5.7%、6.4%和14.3%，视频增值比重分别为5.7%、3.8%和2.7%，其他增值服务比重分别为11.4%、21.4%和10.8%。综合视频网站占有最大广告收入，其次是网络电视台，再次是门户网站视频。据艾瑞咨询数据，2009～2011年，在线视频网站广告行业规模分别为13.6亿元、21.5亿元和42.5亿元，综合视频网站广告收入占视频网站总收入的比重分别为69.9%、57.8%和68.4%，网络电视台所占份额分别为16.9%、21.2%和14.1%，门户网站视频所占比重分别为11.0%、17.7%和14.0%，其他媒体视频所占比重分别为2.2%、3.3%和3.5%。

各视频网站为争夺网络视频市场而纷纷上市融资。2010年，优酷网、酷6传媒在美国纳斯达克市场上市，乐视网在深交所A股市场上市。2011年8月，土豆网在纳斯达克市场上市。

网络广告收入是优酷等网站的主要收入来源。2011年，优酷网年净收入为8.9760亿元，年网络广告收入为8.581元，年增长率为240.43%，占年净收入比重的95.6%。土豆网年净收入为5.122亿元，年网络广告收入为4.435亿元，年增长率为67.2%，占年净收入比重的86.6%。酷6传媒年净收入为1922万美元，其年净收入就是年网络广告收入，年增长率为13.84%（见表9）。

版权分销有利于促进视频网站及其广告业务的健康发展。版权分销收入是乐视网等网站的主要收入来源。乐视网2011年财报显示，其年净收入为5.98亿元，年网络广告收入为1.14亿元，所占比重为19.1%，而版权分销收入达4.84亿元，占年净收入比重近81%。

5. 网络广告公司逐步形成各自的服务特点

第九届中国互联网经济论坛根据网络广告公司的特点与业内口碑评选了2011年网络广告代理公司排行榜（见表10）。如华扬联众发展成为具有优质的数字媒体资源与数字营销能力的广告公司，好耶网络传媒是一家集网络广告技术服务、线上营销服务和效果营销服务为一体的专业网络互动营销服务公司，奥美世纪提供全方面的新媒体策划和购买以及直效媒介规划服务。其评选虽不一定科学与合理，却也能够粗略地反映出中国互联网广告公司发展的大致情况。

表 9　2011 年中国主要视频网站的网络广告经营状况

网站	年净收入/利润（亿）	年网络广告收入情况		
		年网络广告总收入（亿）	年增长率（%）	占年净收入比重（%）
优酷网（NYSE：YOKU，2010 年 12 月上市）	￥8.9760（$1.4260）/￥2.30（$0.3180）	￥8.581	240.43 *	95.6 **
土豆网（NASDAQ：TUDO，2011 年 8 月上市）	￥5.122（$0.8140）/￥ -5.112（$ -0.8120）	￥4.435 亿元（$0.7050）	67.2	86.6
乐视网（SZ：300104，2010 年 8 月上市）	￥5.98/￥1.31	￥1.14	70	19.1
酷 6 传媒（NASDAQ：KUTV，2010 年 6 月上市）	$0.1922/$ -0.4934	$0.1922	13.84	100

*2010 财政年度总收入达 38710 万元（5870 万美元），较 2009 年度增长 152%。2010 年度总收入的显著增加主要源于品牌广告收入的大幅度增加，品牌广告收入在 2010 年达到 35690 万元（5410 万美元），比 2009 年增长 161%。收入增长主要归功于品牌广告主加大采用视频广告投放服务。

** 据作者查阅优酷季度财报，优酷只有第一、第三季度（Q1、Q3）品牌广告经营额，据此推算出第二季度（Q2）经营额。2011 年 Q1 财报的品牌广告经营额为 1.199 亿元，占优酷收入的 93.7%。Q3 财报品牌广告经营总额为 2.498 亿元，占优酷该季度收入的 95.2%，同比增长 129%。因此，推算 Q2 的品牌广告经营额为 1.936 亿元，占该季度收入的 97.8%。三个季度品牌广告经营额比例平均值，即占总年净收入比重为 95.6%。

资料来源：作者根据优酷网、土豆网、乐视网、酷 6 传媒 2011 年度财报（年度未经审计业绩）整理得出。

表 10　2011 年网络广告代理公司调查及其服务水平排行榜

排名	单位名称	广告技术	资源整合度	创新成长潜力	广告主评价	公开数据专业性	新媒体评价	总分
1	华扬联众	89.0	95.2	93.4	88.6	93.0	91.3	91.7
2	奥美世纪	88.2	92.6	92.8	87.7	91.1	89.2	90.2
3	新意互动	87.6	89.5	88.7	88.3	90.0	93.8	88.9
4	好耶	89.5	89.7	88.0	86.0	87.4	87.3	88.5
5	科思世通	88.2	91.4	89.0	85.3	81.9	90.8	88.2
6	电众数码	85.6	90.0	89.5	85.0	90.4	91.5	88.0
7	三星鹏泰	87.8	89.6	88.5	86.2	84.0	87.8	87.7
8	易传媒	91.5	88.0	86.4	83.5	84.2	82.6	87.5
9	腾信创新	90.0	88.4	82.1	86.8	85.1	87.8	87.3
10	Media（聚胜万合）	90.0	86.2	88.5	84.9	82.6	86.1	87.1

续表

排名	单位名称	广告技术	资源整合度	创新成长潜力	广告主评价	公开数据专业性	新媒体评价	总分
11	知世·安索帕	84.3	87.5	89.5	86.4	86.0	90.2	86.7
12	OMD Digital	85.7	85.6	86.1	84.1	92.8	91.2	86.5
13	竞立媒体	82.7	84.8	94.4	86.6	88.4	86.4	86.3
14	Digitas(钛杰斯)	83.3	88.8	93.1	81.5	84.7	83.2	86.0
15	迈势	85.8	84.2	87.0	85.0	88.4	86.0	85.7
16	创世奇迹	82.3	87.2	86.6	87.3	85.7	88.1	85.5
17	安瑞索斯	85.7	86.4	85.1	84.7	84.5	83.6	85.4

6. 风险投资、并购等对技术性网络广告公司的融资促进了网络广告的发展

风险投资积极参与技术性广告公司的融资。2011 年 1 月，互联网广告企业浙江盘石信息技术有限公司获得上海联创投资管理有限公司 2000 万美元投资基金。这是盘石公司创立 6 年来获得的首笔私募资金，也是中国互联网广告行业迄今为止最大的一笔融资。2 月，国内网络广告解决方案提供商传漾科技完成二轮融资。该轮融资规模在千万美元级别，除参与首轮投资的经纬创投外，祥峰中国投资公司、美资 SIG 联合参与投资。7 月，为客户提供与移动媒体和社交媒体市场相关广告服务的手机广告公司北京力美（I-Media）获 IDG 近 1000 万美元投资。8 月，无线智能手机广告平台 Domob 获启明、红点 B 轮 1000 万美元投资。[①] 10 月，数字广告效果评估企业秒针系统（Moment Systems）融资 2000 万美元，投资方包括 KPCB、中国宽带产业基金、红点投资和 WPP Digital。

传播公司、广告公司等公司积极参与网络广告公司的并购，布局互联网广告等细分市场。2011 年，上市公司蓝色光标以 480 万元继续收购博思瀚扬 16% 股权，持股比例上升至 84%；以 9840 万元收购思恩客广告公司（SNK）41% 股权[②]；以 4.4 亿元收购服务客户以国内大型房地产开发企业为主的今久广告 100% 股权；以 1.74 亿元增资加收购的方式获取精准阳光 51% 的股份。蓝色光标

① Domob 多盟广告平台支撑 iOS、Android、Symbian 等智能手机操作系统，开拓者只需装置嵌入 Domob 挪动广告平台的 SDK，便能够享用广告收益。

② 蓝色光标使用募集资金 9840 万元，向公司全资子公司上海蓝色光标公关服务有限公司增资，用于收购北京思恩客广告有限公司（思恩客）41% 股权。收购完成后，公司及上海公关共计持有思恩客 51% 的股权。

通过一系列并购，初步完成在互联网广告、传统广告和户外广告三个广告行业最重要细分市场的布局。

7. 中国移动互联网广告正在崛起

数量庞大的手机用户是中国移动互联网广告发展的强大保证。2010 年，中国移动互联网规模为 199 亿元，2011 年为 393 亿元，同比增长 97.5%。2010 年，中国无线广告市场规模约为 35.1 亿元，环比增长 53.3%，占移动互联网产业总收入的 8%。根据艾瑞咨询报告统计，2011 年第一季度无线广告经营额为 5.2 亿元，占季度收入总额 8.1% 的比重；第二季度为 7.4 亿元，占 9.5% 的比重；第三季度为 11.2 亿元，占 10.3% 的比重；第四季度为 11.3 亿元，占 8.5% 的比重。

三　中国网络广告发展中存在的问题

中国网络广告市场的高速发展基于改革开放、人口红利与语言优势等，其公信力、社会责任、市场规范与市场建设亟待加强，资本市场、网络信息技术与国际广告市场布局远不如西方发达国家，中国网络广告企业的区域市场建设与国际市场布局任重而道远。

1. 网络广告与网络广告企业的公信力、社会责任、市场规范与法制建设受到关注、质疑与批评

搜索引擎百度竞价排名（百度推广）是百度的主要赢利模式，通过人工干预因素而实现增值与商业利益为主要目的，是一项收费的服务项目。该项目作为一种竞价排名，有其合理性与科学性，百度实施八年，获利甚大。同时，其排名体系的开放、透明、不作恶存在漏洞，广告信息和搜索结果混为一谈，部分网站由于没有参与竞价排名而被百度搜索屏蔽链接，由此有不公平竞争的嫌疑，带来一系列的法律与商业道德问题，最终被央视等主流媒体曝光，其股价严重蒸发，其品牌与声誉遭受重创。2009 年 12 月，百度“凤巢”取代竞价排名，自然搜索和商业搜索科学结合，使百度文字、广告搜索有所区隔，以图实现精准营销与优化推广，但广告主反映价格机制不透明。①

① 辛苑薇：《百度“凤巢”取代竞价排名　广告主反映价格机制不透明》，2009 年 12 月 2 日第 20 版《21 世纪经济报道》。

为追逐利润使网络广告丧失社会责任与创新追求。虚假广告、垃圾广告、暴力广告、色情广告与违法广告等广告泛滥成灾；弹出广告和垃圾邮件广告等广告具有强制性与不可控性，无视用户权益与感受；知识产权（版权、商标权等）、肖像权、隐私权、知情权等在网络广告中屡受侵犯；网络显性广告与隐性广告界限不清；从技术到内容，缺乏创新与创意，剽窃、抄袭、模仿、同质化现象严重。

广告行业缺少自律与他律，尤其是网络广告法制建设滞后，缺乏有法可依与严格监管，影响网络广告业的健康发展与公信力建设。

2. 广告融资追求传播价值与媒体价值的本质日益变成资本价值与投资价值的本能

2012 年 3 月 12 日，优酷、土豆宣布以 100% 换股的方式合并。合并的原因很多，如广告与版权等因素、互联网自身发展原因外，最重要的是资本市场投资商融资与并购利益的驱动。由于土豆网在 2010 年、2011 年净亏损达 4 亿多元，资本市场的投资商要求通过并购与行业洗牌来实现资本获利。其中，土豆网的最大风险资本商纪源资本与 IDG 获利最大，均达 7000 万美元以上。[①]

资本一方面在客观上促使行业积极发展，另一方面，资本躁动的逐利性要求不断并购、风险投资、IPO，资本文化导致制造资本泡沫、产业危局与行业垄断，使得以新媒体、新技术为支持的广告企业缺乏风险意识与社会责任。由于中国广告公司的融资严重依赖国外资本市场，加上中国资本市场的不成熟，对国际资本市场规则的陌生化，已受到海外资本市场与投资机构的左右与控制。如上市公司惨遭国际做空机构做空。2011 年 3 月，中国高速传媒遭国际做空机构浑水公司做空，被纳斯达克停牌。11 月 22 日，分众传媒惨遭做空，当日市值蒸发 13.6 亿美元。

中国网络广告业的融资法律法规建设与变通比国外滞后，广告企业的公关水平与国际高水平之间存在不小的距离。谷歌在美国国内外的并购，屡遭法律诉讼与舆论指控，但是最后都能通过法律途径与公关手段实现并购，实现其企业利益与美国利益最大化。

① 合并前纪源资本持有股价 4229.2 万美元，目前市值是 11688.5 万美元，账面获利浮盈 7459.3 万美元；合并前 IDG 持有股价是 4011.2 万美元，目前市值是 11086 万美元，账面获利浮盈 7074.8 万美元。

3. 中国广告平台建设与网络信息技术亟待提高，中国网络广告企业的区域市场建设与国际市场布局任重道远

2009 年，百度“凤巢”广告平台开通。2012 年 3 月，腾讯社区的社交广告系统平台“广点通”开通，在中国网络广告市场形成一定影响力与传播力，但是与谷歌、微软、雅虎、AOL 和国际广告业巨头 WPP 等企业之间存在巨大的技术差距与很大的市场鸿沟。如谷歌 AdSense、AdWords、AdMob 等广告平台、云计算与赢利模式占据世界网络广告生态链的最高端，而且通过对技术性强的广告公司与其他企业的并购，加强市场竞争与资源整合，获得发展先机、商业信誉与国际优势。总之，这些企业通过巨额并购、战略投资与利益共享等手段完成了对全球网络广告业的技术主导、区域控制与国际市场布局，中国网络广告企业走向全球任重而道远。

Report on the Development of Online advertising in China in 2011

Wang Fengxiang

Abstract: Online advertising in China, whose market scale has exceed that of newspaper advertising, witnessed a dramatic increase in 2011 and now becomes the second largest advertising medium Online advertising in China is now mainly carried through such vehicles as search engines, E-commerce websites, portals, vertical-industry websites, independent video websites, cyber communities, etc.

Key Words: Online Advertising in China; Rapid Increase; Market Conditions; Advertising Criticism

移动与电子媒体篇

Mobile and Electronic Media

B.22

新闻网站移动化发展报告

贾金玺 张逸*

摘　要： 在移动互联网技术飞速发展、移动终端不断普及、移动互联网产业链渗透融合、移动用户阅读消费行为改变这四股力量的助推之下，新闻网站移动化布局也主要从内容制作、传播渠道、接收终端三大方面入手。从发展现状来看，新闻网站仍需要在内容资源整合、渠道平台拓展、商业模式探索三方面倾注精力，不断改进。

关键词： 新闻网站　移动互联网　移动化

新闻网站是指以发布综合性新闻报道和评论，以及提供财经、娱乐和体育等信息为主的网络平台，或基于传统新闻媒体的网络资源。① 在本文中，新闻网站

* 贾金玺，中国社会科学院新闻与传播研究所信息室研究实习员，主要研究方向为网络和新媒体发展、新闻网站等；张逸，中国社会科学院新闻与传播研究所研究实习员，主要研究方向为新媒体。

① 贾金玺：《2010 年美国新闻网站发展报告》，载尹韵公主编《中国新媒体发展报告（2011）》，社会科学文献出版社，2011，第 361 页。

主要包括依附传统媒体建立的传统新闻网站和商业门户网站的新闻频道。

近年来，随着移动互联网技术的突飞猛进，移动终端的发展与普及，移动互联网产业链的不断渗透融合和移动用户阅读消费行为的改变，新闻网站出现了移动化的发展趋势。

如果将2000年5月9日中宣部和中央外宣办发文正式确定中国首批重点中央新闻网站这一时间点作为中国新闻网站群体发展的一个崭新起点的话，迄今也不过12年时间。过去的12年，是新闻网站获得巨大发展的12年，而下一个12年，新闻网站在移动互联网领域将大有可为。

一　新闻网站的移动化布局

充分预见到移动互联网的趋势与前景，各新闻网站近年来都开始在移动化布局上发力，采取各种措施策略。综合来讲，这些布局举措主要集中在内容制作、传播渠道、接收终端三大方面。

（一）内容制作布局

对于新闻网站来说，其吸引用户的通常不是什么非常漂亮的界面，也不是花哨好玩的功能，而是权威、可信度高的各类信息内容，其核心竞争力也在于新闻信息的内容质量。但在移动互联网时代，为满足传播渠道、移动终端、客户体验等多方需求，新闻网站在新闻内容和表现形式上作出了不少改变和尝试。

在内容编辑制作上，充分考虑到移动互联网用户的阅读习惯，对网站内容精华进行提炼，对新闻热点进行浓缩，力图为用户提供最核心热点的内容。例如，新闻网站的手机版页面普遍比传统互联网页面更为简洁，内容更为扼要，数量也相对更少。在微博、社交网站等载体上传播的新闻内容通常更为精炼，一两句话将最吸引人的新闻内容展现出来，吸引用户通过点击链接等方式阅读详细内容。

在内容的版式设计上，也注重充分考虑移动终端特性，提升用户阅读体验。一般来讲，手机、平板电脑等移动终端的界面比普通报刊甚至电脑屏幕小很多，因此，将传统互联网中的版式结构全盘移植到移动终端的办法并不可取。具有一定实力的新闻网站充分考虑到这些因素，针对不同终端平台进行不同的调整。例如，单单腾讯手机网就开发了普通版、3G版、商务版、触屏版等不同版本，方便用户依据自身情况选择使用。

在内容的表现方式上，多媒体手段应用越来越多。受制于移动互联网技术和网速发展水平，新闻内容在移动终端上的呈现方式以文字和图片为主，鲜有音频、视频等多媒体形式。随着技术的推进和发展，移动终端的新闻内容呈现形式朝着多元化方向发展。手机央视网便运用了囊括文字、图片、音视频在内的多种呈现方式，其手机电视、手机视频、视频手机报也成为其特色栏目。

（二）传播渠道布局

现代市场营销理论中有这样的一种说法：渠道为王。这强调的便是通过营造良好的渠道来赢得客户，抢占市场先机。对于新闻网站而言，传播渠道的通畅和多样与否将直接关系着其新闻内容能否顺利达到用户，产生传播效果。随着互联网技术的不断进步、新媒介方式的层出不穷，传播渠道也变得日益多样。新闻网站也注重开拓布局多样化的传播渠道。

第一，与SNS社区紧密结合。美国研究机构皮尤研究中心曾在2011年的《美国媒体发展报告》中指出："如果说搜索新闻是过去10年中最重要的发展，那么共享新闻将是未来10年最重要的发展。"① 而共享新闻实现的主要途径便是SNS社区的紧密结合。通过这种结合，新闻网站能有效地把新闻信息的人机互动转化成人与人在新闻信息上的分享互动。目前，我国新闻网站采用的做法主要有三种，一是在社交网站上注册账户，吸引读者关注（follow）订阅，从而培养起网上忠实读者队伍。包括人民网、新华网等重点新闻网站在内的一大批网站现已落户新浪微博、腾讯微博、开心网等多个SNS社区，传播新闻信息。二是新闻网站针对栏目内容、频道板块设置多个社交账号，从而实现更精确的信息投放。如人民网仅仅在腾讯微博上便设置了@人民网四川频道、@人民网草根民生栏目组、@人民游戏、@人民网舆情监测室等多个账号，定位明确，信息投放精准。三是一些具有实力的新闻网站也直接涉足SNS社区建设。如人民网相继推出了强国论坛、人民微博等应用，构筑起全方位的新闻社交传播渠道，吸引用户的使用与关注。

① 《Facebook成新闻网站流量来源重要力量上升到8%》，http://tech.sina.com.cn/i/2011-05-10/08075501519.shtml。

第二，开发多样化的移动应用客户端。多种移动终端并存的局面迫使新闻网站在移动应用客户端的开发上也要多方出击。例如，人民网在客户端开发上持续发力，为不同的移动终端用户先后开发了众多的客户端，针对 Andriod 手机用户开发了“人民网新闻综合客户端”，针对 iPhone 用户开发了“人民网阅读”、“人民网社区”，针对 iPad 平板电脑用户开发了“人民网阅读器”、“人民网视频”、“人民网日语版”、“People's Daily Online” 等不同的应用客户端。通过这种全方位、多渠道的布局，争取不同的用户群，提升自身的影响力和竞争力。但是，在移动应用客户端的界面和应用上，不能照搬固定网站的导航系统和操作模式，应该为不同的移动终端用户设计专门的导航地图，配合触摸屏的操作方式，以地图式旅行界面布置相应栏目并发布新闻内容，栏目布置和导航设计可不断满足用户拉伸、塑形的需求，使终端界面变幻、实用，充满新鲜感。

第三，拓展与通信运营商、邮件服务商等第三方机构合作的传播渠道。在与通信运营商的合作中，现在应用较多的模式是手机报、电子杂志的开发与推送。例如，中国移动推出的 13 种新闻时事类手机报中，有《视讯中国手机报》等 5 款产品主要是依托重点新闻网站的资源优势而推出的。与邮件服务商的合作则主要通过邮件订阅的方式实现。

通过这些方式、手段，新闻网站能逐步拓宽既有传播渠道，扩大内容信息的传播覆盖面。

（三）终端平台布局

近两年来，苹果公司凭借 iPhone、iPad 两大移动终端成功构筑起了“终端与服务一体化”的商业模式，把世人的目光重新吸引到移动终端平台的开发与利用上。对于实力雄厚的重点新闻网站机构来说，这同样是一个难得的发展机遇。相比其他的互联网企业，新闻网站在内容资源上更具优势，有条件构筑起“内容、终端、平台、服务四位一体”的更完整业务模式，并有望引领移动互联网发展的潮流。

2010 年 8 月 17 日，大唐电信与新华社合作设立独资公司新华瑞德公司，负责“新华频媒”电子阅读平台的开发与“新华频媒”电子阅读项目的推广和运营。当年 11 月份，新华瑞德重点推出了中国首款可定制化加密阅读终端 9.7 英寸电子书 Air Paper 80T，以及面向时尚商务市场的 6 英寸电子书 Air Paper 30W。

其中，Air Paper 80T 是着重为政企商务人士量身打造的一款新闻资讯服务类产品终端，除全天发布新华社国内外权威报道之外，还特别推出了新华社专供信息定制服务。2011 年 1 月 17 日，新华瑞德数字媒体服务平台正式启动，同时推出了国内首款阅读手机终端——新华频媒 L43 - W 智能手机。该手机终端的特色之处在于所搭载的新华瑞德数字媒体服务客户端，使得用户可通过 3G 及 Wi-Fi 高速无线网络链接，实现新华社信息的实时更新与定点接收，第一时间掌握全球信息动态。

人民网在这方面也有所动作。2012 年 1 月，由人民网、全国网联、工信部研究所等单位共同协作研发推出了一款专门为领导干部和决策人士量身打造的新媒体型移动办公平台“红派壹号”。相比其他平板电脑终端，“红派壹号”搭载了人民网的一些特色栏目，如“中央领导动态”、“强国论坛”、“e 政广场”、“每日决策参考”、“全国领导干部资料库”、“网络舆情”、“今日人民日报阅读”、“历史人民日报查阅”等。其中，“每日决策参考”是人民网为该终端量身定制的栏目，能使用户在第一时间掌握最独特的资讯内容。

作出这方面努力与尝试的还有中青在线、北广传媒等媒体机构，都意图在终端平台之争中占据一席之地。随着移动互联网时代的到来，进入移动终端建设的新闻机构也将越来越多，终端平台之争也会变得愈加激烈。

二　新闻网站移动化的改进策略

目前，社会各界都普遍关注移动互联网的发展态势，政府各职能部门也都积极出台各项利好政策，以促进整个产业的蓬勃发展。把握住政策的利好，积极跟进各种新兴传媒技术，成为新闻网站未来的一大主题。现在，新闻网站之间的竞争已经逐渐转向内容、渠道、终端等多方位的全面立体化竞争。笔者以为，新闻网站还应从内容资源、渠道平台、商业模式等方面入手，积极探索各种改进途径，占据有利的竞争地位。

（一）内容资源的全面整合

当前，新闻网站拥有的最大资源优势就是内容资源。我国的大部分新闻网站都背靠着通讯社、报社、电视台、广播电台等传统媒体，拥有母媒体丰富的内容资源作支撑。与此同时，它们还能和商业网站进行相关内容资源的置换或交易，一些颇具实力的新闻网站甚至拥有自己的采编队伍，因此，新闻网站不愁内容资源的保障。但是，在移动化发展战略中，新闻网站尚未充分利用这一优势。如何对已有的丰富内容资源进行全面整合，进行充分的开发利用，成为摆在新闻网站面前的一大课题。笔者以为，新闻网站可从以下几方面入手。

首先，对新闻内容资源进行深度整合，提高精耕细作程度。当前，移动互联网的新闻内容普遍存在着同质化、原创比例偏低、缺乏吸引力等现象，这导致用户需求难以满足，用户黏性低等状况。因此，新闻网站要在准确把握移动互联网用户群的消费需求基础上，对新闻内容进行个性化、差异化、特色化的深加工，逐步从粗放的移动互联网服务运营向精细内容运营转型。一方面，要针对现在阅读"碎片化"、"讯息爆炸" 的发展趋势，提供对于读者最有价值、最为全面的信息内容；另一方面，要细分用户市场，针对不同用户群体提供个性化、定制化、差异化的内容讯息。

其次，注重其他非新闻时事类资讯内容的开发与整合。现在新闻网站传播的信息内容包罗万象，除新闻时事类信息之外，还有丰富的数码产品信息、家电家居信息、房市楼市信息等服务类资讯内容资源，将这些信息内容有效分类开发整合出来，为用户提供便利的向导，将有效赢得用户青睐。服务类信息的提供有利于提高用户黏性，扩大影响力。

再次，注重对新闻信息历史数据库的开发，从中挖掘信息增值服务的潜力。新闻网站所依附的母媒体在数十年发展过程中积累了丰富的历史数据和各种报道资料，如人民日报社的60年人民日报数据，新华社的多媒体数据库，中央电视台的数字化音像资料馆等，这都是可供新闻网站整合开发的宝贵资源。新闻网站可以基于新闻信息资源和用户，开发新闻信息综合数据库，挖掘信息增值服务，凭借商业合作、企业收费和收费读者来赢利。① 在这个开发过程中，打造出一条完整的"过时内容"产业价值链影响用户。

最后，注重信息内容呈现方式的变革与创新。内容呈现方式的优劣直接关系着用户阅读体验的好坏，进而影响用户群的变化。随着宽带技术、虚拟技术的发展，新闻网站可利用的呈现元素越来越多，在运用文字、图像、音频、视频等形

① 门书均：《基于数据库营销的网络化报纸经营模式的建构》，《新闻界》2010 年第 4 期。

式的同时，探索将电脑和电视屏幕上运用的滚动效果、3D 技术、虚拟技术逐渐移植到移动终端上，为用户提供更为舒适的阅读体验。此外，还可以在页面设计上尝试一些具有“探索性”的创新，吸引用户的体验式摸索，获得阅读之外的小惊喜。

（二）渠道平台的进一步拓展

渠道和平台的建设直接关系着新闻网站的内容和服务是否能顺利到达用户手上。在移动互联网时代，渠道和平台的重要性被重新审视。在众多互联网巨头纷纷涉足渠道平台建设的同时，新闻网站也不能坐以待毙，更需要进一步拓展广泛的传播渠道和平台。笔者以为，未来几年，可以在移动终端浏览器、搜索引擎、操作系统几个方面投入精力。

尽快布局移动终端浏览器市场，尤其是手机浏览器市场。对于很多手机上网用户来说，浏览器是通向互联网的“第一关”。随着移动互联网和传统互联网逐渐融为一体，手机浏览器的价值也会日益凸显，甚至超过 PC 浏览器。手机浏览器不仅将有更丰富的功能和更高的速度，而且，手机浏览器不再仅仅是一部手机浏览器，而要渐渐成为一个移动生活平台。① 正是基于手机浏览器的巨大前景，通信产业链的各个环节都表现了对手机浏览器的积极关注，手机厂商如摩托罗拉、诺基亚，操作系统厂商如微软，第三方厂商如优视动景、Opera、腾讯，都已参与到浏览器市场的争夺中来。新闻网站也要重视这个机遇，尽早布局手机浏览器市场。笔者以为新闻网站可以采取两种方式介入其中。其一，对于具有相当开发实力的新闻网站而言，其可独立开发移动终端浏览器，这样可以在信息导航、内容搜索服务方面占据优势位置；其二，可以采取合作的方式与第三方共同开发移动终端浏览器，采用定制的手段实现移动终端浏览器市场布局。

移动搜索引擎，尤其是手机搜索引擎市场拥有极大的发展前景。搜索引擎不仅可以为网站带来巨大的流量和商机，还能够准确和方便地反映出几亿用户时刻的关注热点，为网站的定位和发展决策发挥关键的引导作用。Opera 公司 2010 年 1 月披露的数据就显示，移动搜索成为手机上网的重要应用方式，中国手机上网用户访问的所有页面中，有 13.5% 的页面与搜索相关，平均每个用户浏览约

① 陈永东：《手机浏览器市场的现在与未来》，《软件工程师》2010 年第 1 期。

34.5个搜索页面。[①] 目前，不少新闻网站已进入移动搜索引擎领域，如人民网的“Goso新闻”、新华网的“盘古搜索”、央视网的“央视搜索”等，但是，这些搜索引擎的市场份额远远落后于百度、谷歌等，其影响力还有待进一步提升。

布局移动终端操作系统市场是国内互联网巨头在近一年多来的重头戏。各互联网巨头普遍认为，对于移动终端操作系统市场的布局具有重大的战略意义。2011年9月，百度公司在“2011年百度世界大会”上重磅推出“百度易”操作系统。该系统内置了“百度浏览器”、“百度身边”、“百度地图”等既有无线互联网产品，以及新推出的“易听”音乐产品、“易阅”阅读产品、“易盘”云存储产品等。2011年7月，阿里巴巴公司旗下的阿里云公司推出“天云操作系统”。该系统采用了Cloud App的理念，内置了基于HTML5的Web App Store，所有应用都在云端，用户无须下载。2012年2月，盛大网络也推出手机操作系统“乐众ROM”。该系统内置云中书城、麦库记事、盛大网盘等盛大旗下应用。互联网巨头腾讯公司也正在考虑开发自主品牌QPhone手机以及操作系统，等等。在这一领域，商业网站走在了新闻网站的前面。如何通过最恰当的方式介入操作系统领域，绑定、推广自身的核心服务，逐渐占领和控制未来的传播渠道和平台，是众多新闻网站值得思考的一个问题。

（三）商业模式的多元探索

新闻网站的商业模式相对单一，其收入来源除了广告之外，还包括国家拨款和支持、政府公告和形象广告、承建政府网站建设与信息化服务、订阅等电信增值服务、内容提供和授权这五大方面。[②] 总体说来，新闻网站的商业模式缺乏突破，在电子商务、技术服务、移动增值服务等方面鲜有拓展。移动互联网时代的到来，给新闻网站提供了探索多元商业模式的新机遇。

一方面，以应用和服务为着眼点，打造一两项核心品牌业务，赢得用户。现在，移动互联网逐步成为多种网络应用集合的、综合性的平台，涵盖新闻、娱乐、社交、商务等多样（应用）业务。2012年1月，中国互联网络信息中心发布的《第29次中国互联网络发展状况统计报告》显示，手机网民2011年上网应

① 《移动搜索成为手机上网重要方式》，http://www.sootoo.com/content/17033/。

② 陈国权：《新闻网站上市亟待破解的若干问题》，《中国报业》2011年3月上期。

用中名列前茅的 11 大业务包括：即时通信 83.1%、搜索引擎 62.1%、网络新闻 60.9%、网络音乐 45.7%、网络文学 44.2%、社交网站 42.3%、微博 38.5%、网络游戏 30.2%、回帖发帖 29.7%、邮件 24.1%、网络视频 22.5%。① 这 11 大应用中，新闻网站群体涉足甚少，即使是业务范围相对广泛的人民网，也仍缺乏即时通信、网络音乐、网络游戏等用户黏性较高的业务应用。同时，鲜有具备核心竞争力的应用（服务）。因此，新闻网站可从这些用户应用度高的业务类型上选择一两项服务，寻求突破，将其打造成具有核心竞争力的品牌，吸引用户。与此同时，利用这一两项核心业务来带动、影响、辐射其他业务和内容的整体发展。新闻网站应该有意识地以应用和产品服务去发现用户和吸引用户，成为全媒体数字内容综合服务商和运营商。②

另一方面，还是要在新闻网站引以为傲的内容资源上入手，挖掘内容增值潜力。如前文所述，通过对历史数据库资源的开发利用，对娱乐消费类信息服务的整合，创造出更多的内容赢利途径，拓展收入来源。

三 结语

2012 年伊始，我国重点新闻网站的上市之路传来佳音：1 月 13 日，人民网 IPO 首发申请获通过，将在 2012 年 3 月中旬正式登陆上海证券交易所；新华网也计划在上海证券交易所 IPO，融资人民币 10 亿元；央视网、千龙网等 30 余家新闻网站也正排队等候上市。新闻网站的上市将为其移动化布局带来更多利好。

在传统互联网时代，一批商业门户网站凭借其多样的运营方式、灵活的管理体制、雄厚的资本保障和先进的技术支持，成为率先崛起的一支强大力量，新闻网站与其形成一定的差距。但随着移动互联网时代的到来，新闻网站群体获得了后来居上的发展机遇期。只要新闻网站能在移动互联网时代始终保持对新技术、新理念的跟进和吸纳利用，从内容、渠道、终端、服务多方严密布局，则很有可能形成某些方面的局部优势，超越现有市场地位，取得更大的经济和社会效益。

---

① 中国互联网络信息中心：《第 29 次中国互联网络发展状况统计报告》。http://www.cnnic.net.cn/dtygg/dtgg/201201/t20120116_23667.html。

② 易海燕：《移动互联网周期的媒体应用及策略》，《南方传媒研究》2010 年第 23 期。

Report on Development of Mobile News Websites

Jia Jinxi　Zhang Yi

Abstract: With the rapid development of mobile Internet technology, the popularization of mobile terminals, the fusions of mobile Internet industrial chain and the change of mobile users' reading behavior, news websites take different measures to capture users. These measures mainly refer to content production, transmission channels and mobile terminals. In the future, news websites have to pay more attention on utilizing content resources, expanding transmission channels and platforms, and exploring new business models in order to achieve continuous progress.

Key Words: News Websites; Mobile Internet; Mobile

B.23

《前线手机报》：党刊的移动化传播探索

杨 宾 李爱玲 韩 福*

摘 要： 党刊如何在新媒体大发展的背景下探索新的传播方式，是当前一个很重要的问题。为了进一步提高党刊的传播效果，2011 年 3 月，北京市委机关刊物《前线》推出了手机报。本文分析了《前线手机报》的功能、内容特征和运营方式。

关键词： 党刊 手机报 移动化传播

胡锦涛同志在考察人民日报社的讲话中明确提出了要“以党报党刊、电台电视台为主，整合都市类媒体、网络媒体等多种宣传资源，努力构建定位明确、特色鲜明、功能互补、覆盖广泛的舆论引导新格局”的观点。胡锦涛总书记明确要求，要坚持用时代要求审视新闻宣传工作，按照新闻传播规律办事，创新观念、创新内容、创新形式、创新方法、创新手段，不断提高舆论引导的权威性、公信力、影响力。①

针对媒体环境的变化，传统主流媒体的舆论引导地位如何保持和拓展，如何积极利用新媒体，充分发挥新媒体的作用，党刊还应更有作为。在此背景下，前线杂志社领导决定“开疆拓土”，提出创办“前线理论学习手机报”的构想。这是有着 50 余年办刊史的传统党刊在新时期顺应新媒体挑战，适应宣传新格局的积极举措。

一 《前线手机报》功能定位

在林立的手机报群中，《前线手机报》定位为“理论学习”，认为《前线理论

* 杨宾，前线杂志社信息中心主任、主任编辑；李爱玲，前线手机报编辑；韩福，前线杂志社高级工程师。

① 胡锦涛：《在人民日报社考察工作时的讲话》，2008 年 6 月 21 日《人民日报》。

学习手机报》是杂志社构建新媒体群的重要组成部分。强调手机报“要办成全市处级以上干部特别是全市局处级理论学习中心组成员思想理论学习，推进马克思主义中国化、时代化、大众化的新平台，以此作为巩固我市学习型党组织建设成果、建设学习型党组织的重要载体和新形势下加强和改进党的思想理论宣传工作的重要举措”。①

通过理论传播教育干部，是我党的一大传统。手机报是适应发展的宣传舆论新格局采取的新手段，在本质上还是要完成理论武装、理论引导的根本任务。《前线手机报》的目标用户是全市局处两级党委理论学习中心组成员。为此，《前线手机报》强化了三大特色，即“理论特色、北京特色、文化特色”；以“浓缩指间精华，助力学习人生”为宗旨，以满足广大党员干部“碎读”、“快读”、“精读”的时代需求为导向，紧密服务广大干部的工作、学习、成长、健康。可以说，《前线手机报》具备了思想理论宣传阵地、干部学习交流园地、编辑读者互动平台三大功能。

基于这种功能定位，《前线手机报》设立了十几个特色栏目，体现其政策性、权威性、理论性、可读性。具体栏目有：要言要论、理论动态、热词锐词、新语新论、京华政声、数说北京、魅力京城、经色经典、掌上春秋、百科知道、修养箴言、干部诗坛等。

二　前线手机报运营模式

《前线手机报》因为定位和目标读者的特殊性，在运营模式上采取了编辑部主导的方式。为适应手机报“即时性、便携性、互动性”的特点，前线杂志社建立了一系列新的工作体制机制。在管理体制上，成立了手机报工作领导小组，由社长担任组长，副总担任副组长；在内容建设上，设立手机报编辑部（组），实行项目负责制，强调业务主导原则，弱化管理权限；建立选题策划会制度和实行执行主编、编审、社领导三级审核制度；为实现“开门办报”，建立编辑部和有关部委办局、区县的二级合作体制机制。

完善的工作机制，保证了手机报顺畅运行，同时有效避免了手机报“把关人消解和无改稿两大不足”。②

---

① 《前线杂志社手机报工作方案》。

② 禹雄华、唐建兵：《手机媒体重大时政报道的优劣势——以十七大手机报为例》，《青年记者》2007 年第 24 期。

此外，杂志社制定出台了一整套相关文件，如《前线理论学习手机报编辑分工及工作流程》、《前线手机报基础数据库保密管理制度》、《前线理论学习手机报》稿签、《前线理论学习手机报》校对单、《前线理论学习手机报》工作单等，保证《前线手机报》顺畅运行。

2011 年 3 月 29 日，经过近半年的前期筹备，《前线手机报》第一期（测试版）正式与读者见面（见图 1）。其后，手机报保持每周一期的发送频率，遇有重大时政问题、重要会议、重大活动、重要文件出台，则编辑出版专刊、特刊。

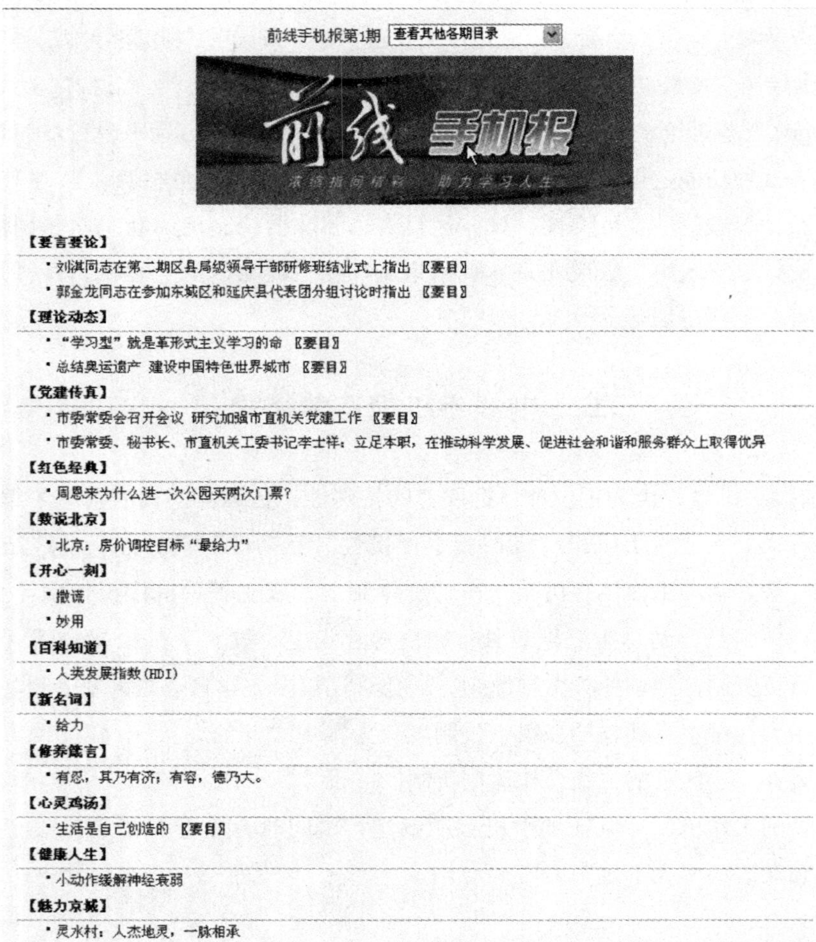
前线手机报第1期　查看其他各期目录

前线 手机报

【要言要论】

- 刘淇同志在第二期区县局级领导干部研修班结业式上指出 【要目】
- 郭金龙同志在参加东城区和延庆县代表团分组讨论时指出 【要目】

【理论动态】

- “学习型”就是革形式主义学习的命 【要目】
- 总结奥运遗产 建设中国特色世界城市 【要目】

【党建传真】

- 市委常委会召开会议 研究加强市直机关党建工作 【要目】
- 市委常委、秘书长、市直机关工委书记李士祥：立足本职，在推动科学发展、促进社会和谐和服务群众上取得优异

【红色经典】

- 周恩来为什么进一次公园买两次门票?

【数说北京】

- 北京：房价调控目标“最给力”

【开心一刻】

- 撒谎
- 妙用

【百科知道】

- 人类发展指数(HDI)

【新名词】

- 给力

【修养箴言】

- 有忍，其乃有济；有容，德乃大。

【心灵鸡汤】

- 生活是自己创造的 【要目】

【健康人生】

- 小动作缓解神经衰弱

【魅力京城】

- 灵水村：人杰地灵，一脉相承

图 1　《前线手机报》第一期

与大多数手机报不同的是，在发行上，《前线手机报》没有走与移动运营商合作的模式，而是突出“理论信息服务”特色，紧紧围绕目标用户群，依靠《前线》杂志市委机关刊物的工作优势，利用主流媒体的传统渠道优势，在各区县、委办局组织系统、宣传系统进行定点发送。这种做法既发挥了继承传统媒体的优势，又使新媒体的点对点传播特点得以体现，符合《前线手机报》着重“理论学习”的特色。

《前线手机报》创办之初，选取了北京市宣传系统局处级干部、北京市直属机关工委、部分区县主管理论宣传的部长、副部长进行试点。实践证明，这种方式符合前线理论学习手机报的特点，有利于实现内容传播的有效性，避免了“有钱订没人看”的尴尬。读者认为，《前线理论学习手机报》“选题及时、内容精炼、观点鲜明、信息权威”，具有较强的“时代性、人民性、简约性、思想性、可读性”，较好实现了“理论、实践、政策”三个方面的结合。[①] 通过试点先行，扎实推进，《前线理论学习手机报》在一年内基本实现了对北京市十六区县、市委直属机关工委等系统的局处两级理论学习中心组成员的全覆盖。

三 《前线手机报》内容特征

（一）紧密结合干部学习成长需要，栏目设置模块化

适应新媒体时代干部阅读“勤读”、“碎读”、“快读”、“精读”的时代特点，《前线手机报》在内容设置上，围绕干部工作、学习、成长、健康需要的政治、经济、文化、历史等方面的知识，设置以下三大模块。

一是理论模块。下设“要言要论”、“理论动态”、“红色经典”等栏目，从高层讲话精神的学习到经典理论的温习，再到热点前沿理论的跟踪解读，为干部提供了一份较为完备的“理论快餐”。

二是政策实践模块。下设“京华政声”、“数说北京”、“国内实践”、“国际视野”等栏目。紧紧立足于北京的同时，把选题触角延伸至国内其他省市乃至国外的经验做法，为干部思考和解决问题提供了有价值的“参考消息”。

① 引自《前线理论学习手机报座谈会纪要》，2011 年 12 月 27 日。

三是文化修养模块。下设“掌上春秋”、“百科知道”、“修养箴言”、“健康人生”、“魅力京城”等栏目，着重趣味性和可读性，为干部综合人文素质的提升提供了较为丰富的资料。

三大模块，栏目设置丰富，编辑精致，很好地体现了理论、实践、宣传三者的统一。既有中央和市委领导的重要指示和声音，也有理论界的热点动态，还有实践领域的新经验、好做法，为干部的工作、学习、成长提供了一份营养丰富、搭配合理的“精神快餐”。

（二）围绕中央和市委中心工作，突出文件和高层精神学习宣传

《前线手机报》定位于干部的理论学习。干部首要的问题就是要学习宣传贯彻中央和市委的精神。为此，《前线手机报》自 2011 年初创办以来，始终围绕中央和市委中心工作，把中央和市委精神、文件的学习放在核心的位置上加以突出。

一是推出学习专版，及时进行集中宣传。胡锦涛同志在建党 90 周年大会上的讲话发表后，《前线手机报》发挥其“短、平、快”的特点，在 2011 年 7 月 4 日推出了总书记的讲话要点专版，使干部及时领会和掌握总书记的讲话精神，并通过手机随时翻阅，达到了预期的效果。围绕总书记的讲话精神，《前线手机报》策划主题，连续几期进行深入解读，包括如何认识党在 90 年完成和推进的三件大事、党在推进马克思主义中国化的历史进程中产生的两大理论成果、党和人民必须倍加珍惜的三大成就、党面临的四重考验、在新历史条件下提高党的建设科学化水平要做到五个必须等，受到读者好评。此外，每逢中央和市委召开重要会议、发表重大文件后，《前线手机报》都会及时推出学习专版，进行系列解读。如学习十七届六中全会精神专版、中央经济会议精神解读专版、刘淇《提高文化自觉增强文化自信推动首都文化大发展大繁荣》摘编、北京精神专版、聚焦北京区县党代会、《中共北京市委关于发挥文化中心作用加快建设中国特色社会主义先进文化之都的意见》学习要点、北京市政府 2012 年工作报告要点与解读、弘扬雷锋精神深入开展学雷锋活动、2012 年两会专辑等，这些专版及解读内容编辑精心、观点把握准确、发送及时有效，具有权威性、准确性、贴近性，受到读者喜爱。

二是设置常规性栏目，进行持续宣传。适应理论学习、宣传的规律，《前线

手机报》对重大理论和文件精神的宣传解读并不是一蹴而就，而是由浅入深，循序渐进，持续宣传。比如，党的十七届六中全会提出坚持社会主义文化发展道路、建设社会主义文化强国的目标，这其中涉及如何认识社会主义文化发展道路，什么是社会主义文化强国，怎样建设社会主义文化强国，什么是文化自信、文化自觉、文化自强，如何实现文化自信、文化自觉、文化自强等一系列的重要理论问题，亟待解答。为此，手机报在推出十七届六中全会公报摘要专版之后，继续对这些问题进行深入解答。如第 26 期手机报在“要言要论”栏目推出了“中央和市委领导人论文化自觉、文化自信”，在“理论动态”栏目推出了云杉在《红旗文稿》发表的三篇文章：《论文化自觉》、《论文化自信》、《论文化自强》；第 28 期手机报又推出了其他学者对文化自觉、文化自信、文化自强的解读文章；第 29 期手机报重点推出了学者对“社会主义文化强国”的解读；第 31 期手机报推出了对实践社会主义核心价值体系的一个重要成果——“北京精神”的解读；第 33 期手机报重点推出了社会主义核心价值体系的解读；第 34 期手机报推出了对发展文化产业的解读。一系列密集制作，形成了良好的宣传态势，达到了编辑部的选题设想，完成了理论传播任务。

（三）关注重大理论和实践问题，实现集束化宣传

鉴于当前手机报名目繁多和内容大同小异、选择性不强的特点，《前线手机报》从创办之初，就确立了走理论学习精品之路、策划先行的办报思路。

在内容选择上，手机报坚持从实践中来，到实践中去，紧密结合重大理论和实践问题确定选题。一是对重大理论和文件的学习宣传。二是对国家和北京市改革发展中的重大实践问题的理论解读。如如何实现经济平稳较快发展，如何实现稳中求进，如何发展实体经济，如何推进政治体制改革，如何建立服务型政府，如何推进文化体制改革，如何推进社会管理创新，如何推进节能减排等。对北京发展而言，还有如何实现文化与科技双轮驱动，如何在全国率先实现城乡一体化，如何弘扬北京精神，如何发展中关村自主创新之路等。三是对民生热点问题的关注。对民生的关注是干部做好工作的基本出发点。《前线手机报》将民生热点问题作为自己选题的基本依据，如对收入分配公平的关注，对医疗、教育、卫生等方面改革和相关政策措施的关注等。四是对干部进行理想信念和价值观教育。受各种各样思潮的影响，干部中对一些问题存在着模糊甚至错误的认识。如

如何看待西方资本主义的三权分立、多党制，如何看待公民社会，如何看待资本主义制度的发展，如何看待历史虚无主义，如何看待普世价值等，对这些问题如果认识不清，对干部甚至对我们党的长期发展都是不利的。为此，手机报把这些问题也纳入基本选题，试图在一定层面上为干部解疑释惑。

围绕这四类选题，手机报编辑组精心策划、组织编写。年初根据市委宣传部部长会议精神，制定全年的宣传重点。每个月月初，召开月度选题策划会，确定月度大主题和重点选题及思路；每周周一，召开周选题策划会，就当期的重点选题、编辑思路进行讨论。这样，经过一系列的策划、设计，《前线手机报》在主题选择上获得了一个明确可行的方案。进而围绕某一主题，组织一系列文章，从不同层面进行解读，层层递进、立体宣传，实现了集束化宣传效应。

On Party Journals' Mobile Spreading to an Example of Frontline Mobile Newspaper

Yang Bin　Li Ailing　Han Fu

Abstract: How to the explore new means of communication in the context of new media development is a very important issue to party journals. To further enhance the spreading effect, the official journal of the Beijing Municipal Committee of the CPC launched a mobile newspaper in March 2011. This paper analyzes the function, content features and the operation mode of the Frontline Mobile Newspaper .

Key Words: Party Journals; Mobile Newspaper; Mobile Spreading

B.24

移动 APP 应用状况调查报告

杨斌艳*

摘　要： 本文以缔元信数据公司①于 2012 年 3 月 12 日至 4 月 9 日在线调查的数据为依据，对于我国当前移动 APP 应用的基本状况进行了描述和分析。本文以我国移动互联网和移动 APP 应用发展的整体状况为背景，对其发展现状进行了简单剖析，并提出了促进我国移动互联网及移动 APP 应用发展的对策建议，以供参考。

关键词： 移动 APP 应用　移动互联网　用户调查

一　前言

“APP”即“Application Software”（应用软件）的缩写，因此，文中使用“移动 APP”是指，基于可移动的互联网接入终端的应用软件的使用情况。随着 3G 网络逐渐成熟，移动终端日趋丰富，尤其是智能手机的飞速发展，移动 APP 也越来越受到欢迎并被广泛应用。

（一）调查背景及意义

《第 29 次中国互联网络发展状况统计报告》显示，截至 2011 年 12 月底，中国手机网民规模已经达到 3.56 亿人，在总体网民中的比例达到 69.4%。手机网民规模的快速增长，一方面得益于移动互联网的发展；一方面是移动终端的发展，尤其是智能手机的革命性发展大大提升了用户使用手机上网的体验。② 基于

---

* 杨斌艳，中国社会科学院新闻与传播研究所助理研究员。本报告由缔元信提供数据支持。

① 缔元信数据公司是一家互联网第三方数据服务机构，是《新媒体蓝皮书》的数据合作单位。

② 中国互联网络信息中心：《中国移动互联网发展状况调查报告》，2012 年 3 月。来自中国互联网络信息中心官方网站。

移动互联网和终端发展的大好形势，移动 APP 应用也迅猛发展。移动 APP 应用既是大的发展形势的一个角度和侧面的写照，也是促进移动互联网和终端发展的重要力量之一。当前，移动 APP 的竞争也成为移动互联网和终端竞争的一个重要因素。

本报告希望通过调查了解移动 APP 目前的应用状况，以及移动互联网用户使用移动 APP 的基本行为等。此报告既是移动 APP 应用的一个专门报告，也是中国移动互联网发展的一个侧面。

（二）调查方法

此报告中的数据是缔元信数据公司于 2012 年 3 月 12 日至 4 月 9 日通过互联网进行的在线调查获取。调查问卷通过新浪、搜狐、网易、凤凰网、和讯、千龙网、中华网、天气网 8 家网站的新闻频道首页进行发布，由网民自愿填答。通过 4 周调查，共回收有效问卷 2237 份，有效问卷用户来自含香港、台湾在内的 33 个省、直辖市、自治区，315 个地市。

调查的对象主要是移动互联网用户，调查内容主要为：移动 APP 功能运用状况、移动终端运用状况、APP 商店运用以及对 APP 付费、APP 广告等情况和态度，并考虑手机终端的重要性，特意调查了智能手机 APP 应用的状况，以及智能手机 APP 热点应用的详细情况。

（三）被调查对象的基本情况

由于在线调查通过网民的自愿参与作为收集数据和回收问卷的唯一途径，因此，在报告本次调查的结论之前，先对此次调查有效问卷的调查对象的基本情况进行汇报。根据统计，此次 2237 份有效问卷，来自以下特征人群。

男性占 90.7%，女性仅不足 1/10（9.3%）。18～50 岁的人群各有分布，但是 26～35 岁的用户为最重要群体，占 51.0%。如果考察更大范围，23～40 岁的人群则接近八成，占 78.2%。就学历来看，本科以上学历的占 65.3%，大专以上学历的占 88.5%。八成以上的人为在职工作人员，月收入多分布在 3000～5000 元。

二 移动 APP 应用基本情况[①]

（一）功能：社交通信、系统工具、阅读资讯、游戏娱乐和导航地图最常使用

调查显示，用户使用移动 APP 的功能和软件非常丰富，整体上，对于移动端软件功能的应用和需求具有一定的规律。QQ、微信、微博等社交通信工具受到移动 APP 用户的大力追捧，69.7% 的用户经常使用该功能；系统工具（如浏览器、安全软件）和阅读资讯是第二类大需求，分别有 57.6% 和 57.1% 的用户经常使用；游戏娱乐、导航地图是第三类高使用的移动 APP 功能。

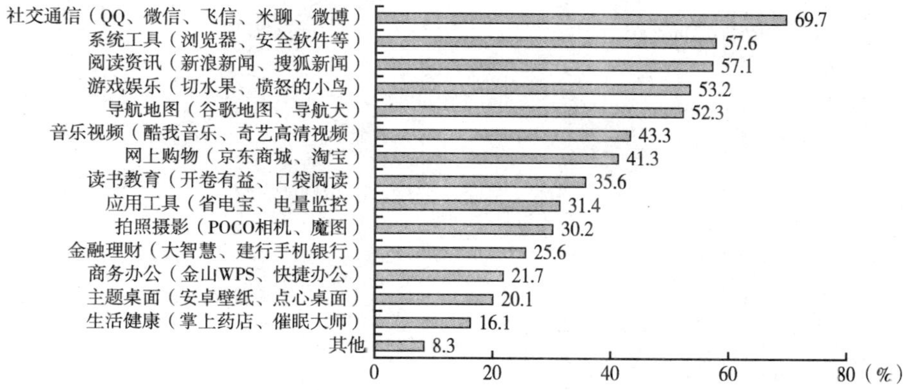

图 1 经常使用的移动 APP 应用功能

可见，社交通信类应用最受欢迎，在移动终端上更能体现网络社交在沟通便捷、及时、较少受时间地点限制等方面的特性。在多项调查中都证明了手机 QQ 的广泛使用，而近一两年微博、飞信、微信等新应用的出现，使得移动端的社交更加受欢迎。系统工具和阅读资讯满足了用户对安全和资讯的基本需求，因此居第二位。而游戏娱乐一直是移动端的重头戏，位居第三类。导航地图的受欢迎也显示了软件实用性的重要。

① 如无特殊说明，本部分数据均来自缔元信调查。

（二）终端：智能手机[①]是最多使用的终端

调查显示，就目前国内最流行的几类移动终端而言，智能手机是用户使用最多的，76.5%的受访者通过智能手机进行 APP 应用。其中 iPhone 又是智能手机中使用最多的，其次为诺基亚和三星。HTC 和华为虽然也占有一定的市场，但是与前三位相比，还有一定的差距。平板电脑是仅次于智能手机的被广泛使用的终端，占到 35.9%，而 iPad 又以绝对优势（64.3%），占据了平板电脑的市场。

经常使用的移动 APP 终端及品牌如图 2 所示。

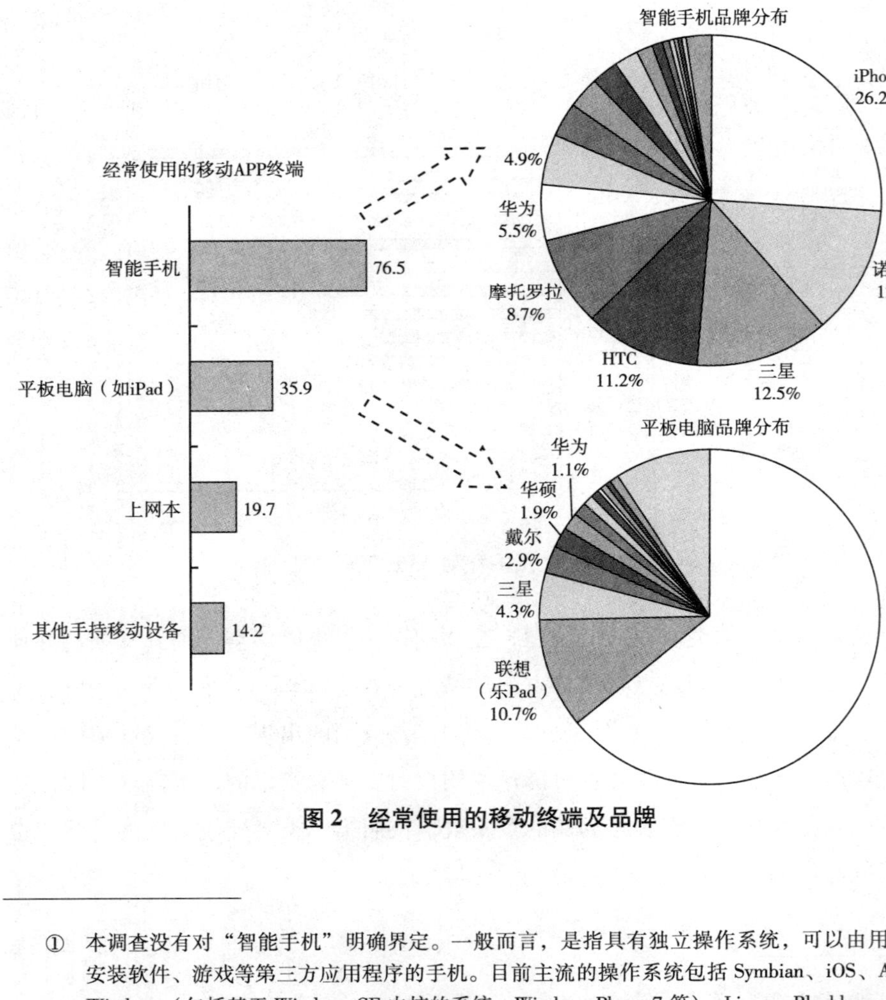

图 2　经常使用的移动终端及品牌

① 本调查没有对“智能手机”明确界定。一般而言，是指具有独立操作系统，可以由用户自行安装软件、游戏等第三方应用程序的手机。目前主流的操作系统包括 Symbian、iOS、Android、Windows（包括基于 Windows CE 内核的系统、Windows Phone 7 等）、Linux、Blackberry OS 等。

（三）用户行为：大方面比较一致，但是在手机[①]端和平板电脑端[②]有些略有差异

调查显示，智能手机端和平板电脑端的用户在 APP 应用的某些方面显示了一定的差异。产生这种差异的原因可能基于以下现实：①智能手机和平板电脑具有不同的发展历程。智能手机延续了手机的发展，其 APP 应用历史已久，而平板电脑端发展时间短，近两年才被较为广泛地使用。②手机和平板电脑作为终端的本身区别。手机轻便、小巧，更多地被随身携带。③手机端和平板电脑端所适用的 APP 软件的差异。手机端的 APP 软件更加的丰富多样，而平板电脑端的 APP 软件相对较少。④手机端在互联网移动用户中的绝对优势。但是，就整体趋势来看，二者的相同性要大于相异性，但是为了更加准确地描述用户的行为情况，我们将视情况分别报告。

1. 使用频率及时长

调查显示，大部分用户基本上是每天使用 APP 应用，而这种使用频率在手机端和平板电脑端有一定的差异。其中，62.3% 的智能手机用户几乎每天都在使用 APP，平板电脑用户每天都使用 APP 的比例为 45.4%。可见手机的使用频率更高些。

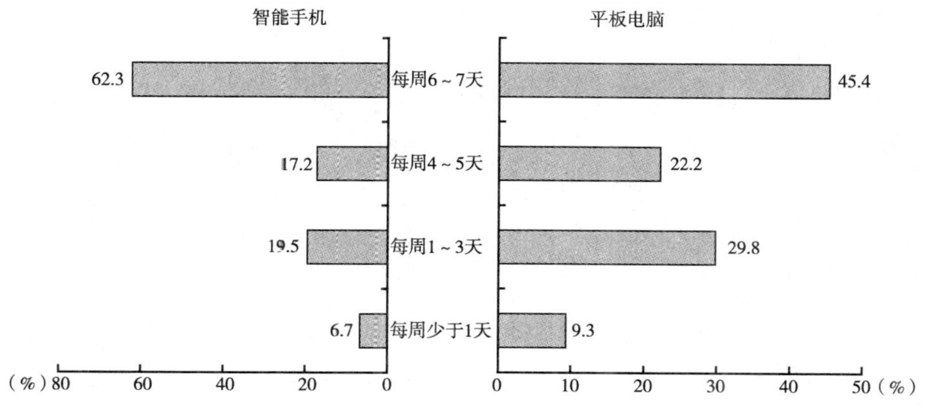

图 3　移动 APP 应用使用频率比较

① 这里的“手机”特指“智能手机”。在调查中，非“智能手机”的用户通过程序设计直接被排除在外。

② 这里的“平板电脑端”指除手机外的其他手持终端设备，简称平板电脑。此小节的报告同上。

从使用 APP 时长来看，约八成用户平均每天使用 APP 应用的时间控制在 3 小时以内，其中以每天使用 1 ~2 小时的人数比例为最高。但是仍有 8% 左右的用户，平均每天使用 APP 应用的时间超过了 5 个小时。智能手机和平板电脑用户使用 1 ~3 个小时的累计分别占 77.5% 和 77.4%。

2. 使用时间及地点

调查显示，用户多在入睡前、周末/节假日及旅游/出差途中使用移动 APP。其中，智能手机用户在“入睡前”使用 APP 的最多，占 63.4%；“旅游/出差途中”和“等人的时候”应用 APP 的也占相当比例。平板电脑用户在入睡前和周末/节假日使用 APP 的较多，分别为 57.9% 和 57.8%。此外，在旅游/出差途中使用的比例也占 50.6%。平板电脑较之手机在“周末/节假日”的使用比例更高一些。

“家里”是用户使用移动 APP 最经常的场所，但是在工作场所、交通工具上和户外等地，APP 的应用也相当广泛。手机由于更便于携带，在“交通工具上”和“户外”的使用频率明显高于平板电脑。而平板电脑在“家里”和“工作场所”的使用频率则明显高于手机。

（四）获取方式

（1）用户 APP 应用信息的获取主要通过主动搜索和内容订阅。调查显示，用户主要通过自己搜索或者主动订阅的方式获取 APP 应用信息。其中，55.9% 的用户“通过搜索查找所需 APP 信息”，比例最高；其次是“对感兴趣的内容进行订阅”，占比 45.4%；通过“排行、推荐列表等获取信息”的比例也较高。可见，用户更喜欢主动获取所需的 APP 信息，在此方面自主性较高。

（2）用户的 APP 软件获取主要是通过移动应用商店和官方网站。调查显示，移动终端应用商店和官网是用户下载 APP 软件的主要渠道。这两个渠道的使用率都超过了 70%，远远高于其他渠道。这既是国内 APP 软件提供的最主要渠道，也反映了用户对于移动终端应用商店和官网权威的认可。

（五）用户对于 APP 商店的使用和认识

（1）安卓市场和 APP Store 使用最多。调查显示，在调查所列的 10 个国内最著名的移动应用商店中，安卓市场和苹果的 APP Store 最受欢迎，分别以 39.4%

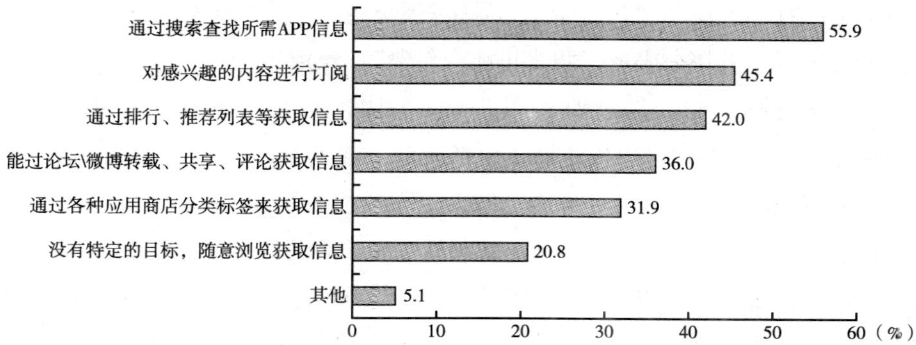

图 4　用户 APP 信息获取途径

和 35.8% 的安装率稳居市场前两席，以明显优势高于其他 APP 商店。

（2）用户对移动应用商店的评价。在问及用户对 APP 商店的评价时，他们考虑的因素非常多，但是综合来看，实用和安全被用户认为对于 APP 商店最为重要。其中，“实用，让我的工作/学习/生活变得更便捷”以 81.81 分[①]位居首位，而“安全，不存在病毒、吸费等问题”以 79.12 分位居第二。此外，商店所提供软件的丰富程度和软件的质量（运行速度、占内存的大小、操作简便、节省流量等）也是用户评价 APP 商店的重要标准。

（六）用户对于 APP 应用的黏度

1. 删除已有 APP 软件的原因

调查显示，83.3% 的用户卸载或删除过原来的 APP 应用。当问及删除原因时，“没有想象中的好玩”、“影响速度”、“广告多”成为卸载或删除 APP 应用的主要原因。当然，由于 APP 软件成千上万，新软件不断推出，而用户终端的容量却是有限的，所以卸载、删除、更新是 APP 应用中必然和常见的事，但是也反映了用户对于 APP 应用的黏度。就关于删除已有的 APP 软件原因的调查结果来看，“没有想象中的好玩”、“影响速度”、“广告多”是最主要的原因。

2. 为 APP 应用付费的情况

不愿意用了，删掉是一种态度，而付费买自己喜欢的应用，又是另一种态度，二者从不同的角度反映着用户对于 APP 应用的黏度表现。调查显示，已有

① 这里所谓的得分，是缔元信数据根据调查设计的一套评分标准，并为每一选项进行了分值的计算。

36.3%用户为APP应用"付过费"，这在习惯免费共享的互联网应用市场着实不易。另有43.8%的用户表示"将来可能会付费"。

进一步分析发现，付过费的用户中，72.2%是在"下载APP时付费"，35.9%在"使用APP过程中付费（包括游戏下载与购买道具、下载音乐视频等）"。付费金额估算，每个用户为APP应用的花费月均为18元。

由于用户兴趣的多样性，用户花钱买软件和应用的目的也各不相同。但是游戏仍是用户付费的主要对象，41.7%的用户为游戏娱乐付过费，显著高于其他APP应用。此外，网上购物、导航地图、读书教育、社交通信的付费比例也均超过20%。

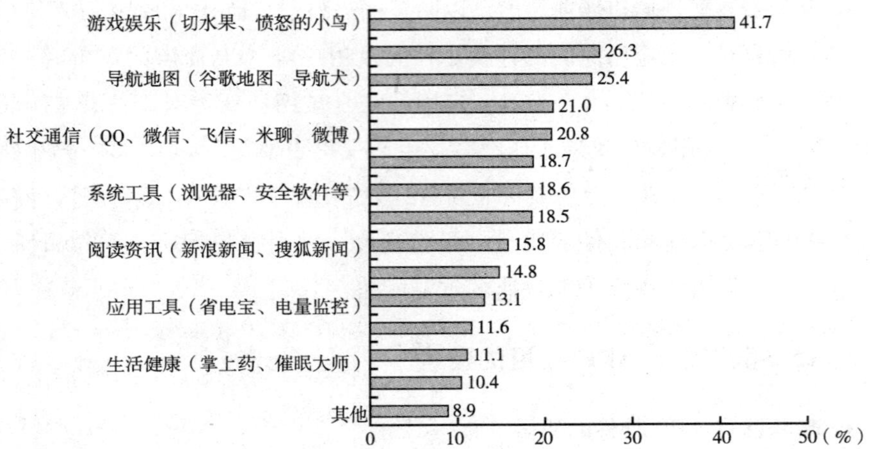

图5　用户付费的APP应用分布情况

（七）用户对移动APP广告的态度

（1）大多数用户不排斥APP广告，文字和图片形式更易被接受。调查显示，86.5%的用户不排斥APP广告，其中24.8%的用户会看感兴趣的广告，更有17.2%的用户会点击进入查看。文字广告最易被用户接受，接受率达70.4%；其次是图片广告，接受率为47.3%。

（2）用户对广告内容有一定的偏好。调查显示，公益广告、促销广告、品牌广告是用户比较希望看到的广告类型。而就内容方面而言，用户没有太大的挑剔，但是数码家电、生活服务、团购信息、餐饮美食和汽车等内容的广告，更受欢迎一点。

三　智能手机端的 APP 应用热点分析

鉴于智能手机在移动终端的重要性和极高比例，调查对智能手机的应用进行了较为深入的跟踪，尤其是对于智能手机端移动 APP 的热点应用。

（一）操作系统：安卓（Android）系统以绝对优势领先

Android 是基于 Linux 平台开源的手机操作系统名称，是首个为移动终端打造的真正开放和完整的移动软件，备受摩托罗拉、三星、LG 等世界著名手机厂商及国内多家厂商的推崇，目前在市场上可谓如日中天，越来越受到玩家的青睐。本次调查显示，55.3% 的受访者的智能手机支持 Android 系统。

iOS 系统的优秀操作感受配以苹果完美的工业设计，虽然不对外开放，但仅靠 iPhone 就赢得市场客观的份额。调查显示，与 iPhone 的拥有率一致，iOS 操作系统也有 26.2% 的提及率。

Symbian（塞班）是一个实时性、多任务纯 32 位操作系统，具有能耗低、占内存小的特点，一度取得非常大的成功。但近年发展遇到瓶颈，并受到 Android 和 iOS 的不断挤压，市场逐渐萎缩，提及率仅为 11.8%。

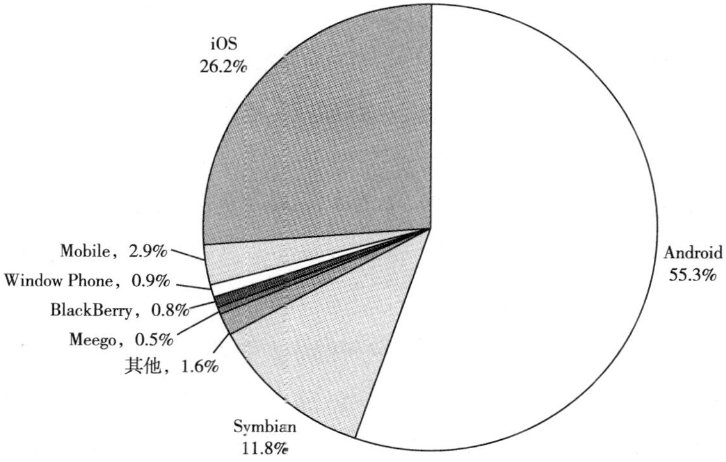

图 6　智能手机操作系统分布

（二）手机游戏：九成半以上用户玩过手机游戏

调查显示，手机游戏已成为手机族主要的休闲方式，96.7%的用户玩过手机游戏。其中，“经常玩”的占43.5%，“偶尔玩”的占53.2%，而“从来不玩”的仅有3.3%。从游戏的具体类别看，益智休闲和棋牌游戏更受用户欢迎。

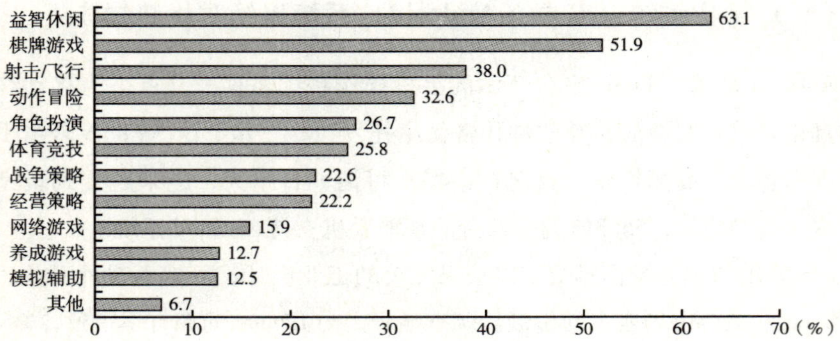

图7　用户玩过的手机游戏类别

（三）手机阅读

1. 九成以上用户有手机阅读行为，一半人离线浏览

调查显示，93.4%的用户用手机阅读过。可见，通过智能手机读书看报、阅读资讯已经逐渐成为新的阅读习惯。用户通过手机阅读的方式有所不同，大部分人通过下载和离线阅读，“通过数据线从电脑下载到手机上进行阅读”比例相对较高，为31.5%；“通过手机阅读客户端软件下载文档后离线阅读”的为20.0%，下载和离线阅读的累计超过半数。但是也有相当比例（28.7%）“通过手机阅读客户端软件在线阅读”。这在一定程度上说明，用户是愿意为手机阅读付费、付流量的。

2. 阅读目的主要在于打发时间或积累知识，在内容方面选择丰富

就阅读的目的来看，被调查的用户约四成（39.9%）使用手机阅读主要是为了“娱乐，打发时间”，而以“增加知识，开阔眼界”和“获取资讯，解决问题”的人也非常普遍。他们在阅读的内容上选择丰富，所列的15大类的内容均有提及，其中以军事历史类和都市生活类内容更受用户喜爱。值得

注意的是，“博客、微博”已经成为用户手机浏览的重要内容，仅次于前两类内容。

3. 阅读所用软件多样，而且进行个性化管理

调查显示，用户手机上使用的阅读软件可谓五花八门，这一方面是阅读软件市场百花齐放、群雄逐鹿态势的真实写照。调查中被最多提及的熊猫看书、iReader 的比例也不过为 27.0% 和 25.0%，可见市场集中度不高。另一方面也体现了用户在这里的自主性。而且大部分的用户会根据自己的喜好设置阅读软件界面，收藏、分类所需内容。另外，参与度更高的阅读行为，比如，21.6% 的人在阅读时“会对所阅读的内容进行评论，与网友交流、分享，微博转发”；18.0% 的人会“在阅读时进行笔记操作，如批注、画线等”。可见，手机阅读已经成为用户获取知识、随时随地利用时间的重要方式。

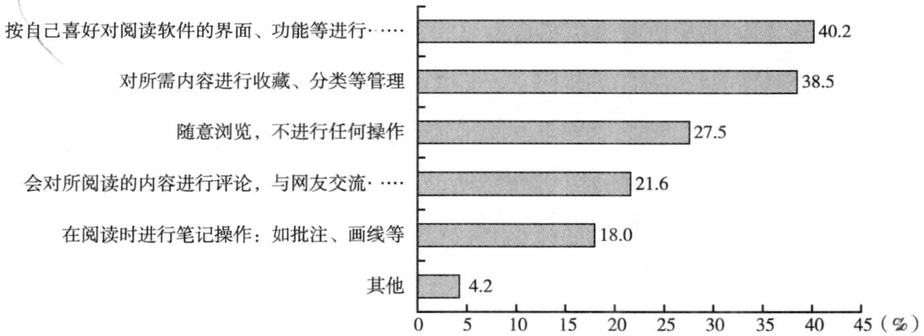

图 8　用户手机阅读时的主要操作

（四）手机新闻

1. 95%以上的人通过手机看新闻，国内、国际频道最受关注

新闻资讯已有坚实的手机用户基础，客户端软件在线收看是主要方式。随着移动互联网的普及，智能手机成为获取新闻资讯的重要渠道。调查显示，95.3% 的用户通过手机看新闻。而以“国内新闻”和“国际新闻”两个频道最受用户欢迎，分别有 78.0% 和 70.8% 的用户关注国内和国际新闻频道，提及率明显高于其他频道。“财经、科技、社会”类的新闻是第二大类内容，浏览率都在 45.0% 以上，而“体育、娱乐、房产、女人”等频道新闻的浏览量明显低于前面几项。

2. 大部分人通过客户端看新闻，网易和凤凰的新闻客户端被更多使用

调查显示，“通过手机新闻客户端软件在线看新闻”是主要方式，提及率为51.9%，明显高于“直接通过手机登录wap/www网站在线看新闻（39.9%）”的方式。虽然各种新闻客户端都有一定的使用比例，但是“网易新闻”和“凤凰新闻”的客户端分别以46.6%和38.7%的比例被最多使用，明显高于所列的15种国内流行新闻客户端。“百度新闻”、“搜狐新闻”、“掌中新浪”和“腾讯新闻”在用户中的使用比例也不小，位于手机新闻客户端的第二梯队。

3. 不仅是看，而且有较多的互动参与行为

调查显示，用户不仅通过手机“看”新闻，而且在看的过程中，还有较多的互动参与行为，其中，以“跟帖评论”、“图片浏览、保存”、“转发分享”等行为最为常见。可见，手机不仅为用户带来了新闻获取的方便，更成为用户参与新闻讨论和进行新闻再次传播的重要渠道。用户通过手机端可以便捷地获取资讯的同时，也体会到了互动参与的乐趣。

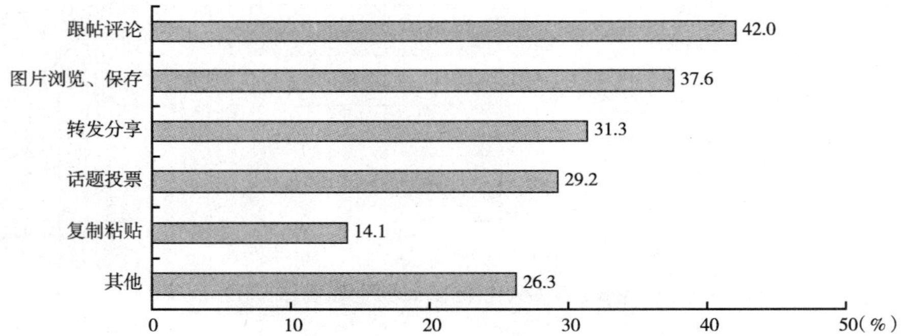

图9　用户用手机看新闻时的主要操作

四　结论及对策建议

1. 中国移动互联网发展进入关键期，需加大研究

随着3G网络建设的日趋成熟，2011年被视为是“中国移动互联网市场发展中具有里程碑意义的一年”。在这样一个移动互联网发展的关键期，众多的机构在2011年底及2012年初发布了调查报告或者研究报告。

在新事物的发展初期，通过调查、监测等方式对新技术、新应用的发展状况、使用状况和用户行为进行观察是非常有必要的。虽然各家单位由于种种条件的限制，只能从一个角度或者一个侧面来反映移动互联网领域的发展和变化，但是这种不同角度、不同侧面、不同群体的研究对于掌握中国移动互联网的整体发展也是有益的。只是需要注意，无论哪种研究肯定都存在局限，所以有价值的做法是，在发布数据和调查结果时，需尽量将调查单位、调查实施的过程、数据获取和统计的方法，以及特殊概念的定义等尽可能详细地介绍清楚，以方便读者的阅读和参考，避免数据的误用和误导，尤其要警惕为了商业利益而进行的数据造假及大肆渲染。

2. 移动互联网市场竞争激烈，应避免同质化和不正当竞争

就我国当前移动互联网领域的整体格局而言，基础网络建设主要由几家大的企业承担，而众多的企业主要是在终端和移动 APP 应用方面的竞争。当前，引起了整个互联网界甚至整个社会对于中国互联网发展中的同质性和不正当竞争的讨论和反思。当前，移动 APP 应用的盈利模式主要有 4 种：应用内购买、下载付费、APP 广告和订阅费。而进行移动 APP 应用开发的企业却多如牛毛，都将移动市场视为互联网发展的下一个最重要领域，极速进攻。移动 APP 应用市场不仅是互联网企业之间的竞争，而且传统媒体在全媒体的发展策略下，也大举进军移动 APP 应用市场，希望依靠内容优势获得新的发展。而手机终端和 APP 应用在一定程度上是互相联系，绑在一起的，因此可以想象未来几年移动互联网领域竞争的激烈。在这种竞争中，政府需要通过一定的制度和措施来避免过于同质化和严重的不正当竞争。

3. 充分利用移动互联网对于缩小“数字鸿沟”的益处

“数字鸿沟”在我国不同地区和城乡之间普遍存在，已经引起了政府和各界人士的关注。移动互联网发展起来后，被学界认为是推动农村地区、偏远地区和流动人口上网的重要途径。事实上，中国移动互联网的发展也颇有特色。一定程度上，流动人口和农民工群体是中国移动互联网的主体用户。仅以中国移动的 3G 用户为例，“受到 3G 多卡用户以及农村市场的带动，连续三年，移动用户的新增都会超过 1 亿，其中 50% 都是来自于农村市场”。[①] 他们长期远离家乡和家人的生存状况，决定了手机成为他们最重要的设备，是他们通信、获取资讯和娱

① 李珊：《中国 3G 发展现状和展望》，速途网，2011 年 12 月 22 日。http：//www. sootoo. com/content/213748. shtml。

乐的最重要的工具。虽然农民工群体的消费能力有限，但是手机对于他们的重要性和不可替代性却决定了他们每个月为手机和移动互联网的固定支出，而由于其用户数量的巨大，其已经成为中国移动互联网重要的收入来源。针对这个群体的移动 APP 应用并没有被商家和企业高度重视，服务及内容开发极其有限。政府可以鼓励一部分企业针对该群体的特征和需求进行移动 APP 服务和内容的开发。充分利用移动 APP 服务为农民工和农村提供实用资讯和各类技能培训知识，一方面促进农民工群体的发展，为他们提供丰富有益的娱乐；另一方面也可以解决企业之间的同质化。

截至 2011 年 12 月底，中国农村地区使用互联网用户规模达到 1.36 亿人。[①] 中国农村居民人口约为 5.5 亿人，互联网渗透率达 23%，[②] 大大低于同期我国互联网的整体普及率（38.3%），与北京（70.3%）等一线城市的互联网普及率相差更是甚远。中国互联网络信息中心于 2012 年 3 月发布《中国移动互联网发展状况调查报告》显示，在移动互联网领域，城乡之间的差距仍然巨大，"农村手机网民占比为 27.3%，其城乡差距也有所拉大"。[③] 而智能手机的拥有情况，城乡间的差距也达到 79.9%:20.3%。[④] 尽管波士顿集团预测，农村居民将成为中国未来互联网人口增长的"关键推动力量"，[⑤] 但是，城乡之间的"数字鸿沟"仍将长期存在。政府需借助移动互联网的发展，努力推动农村地区以及农民群体的互联网及手机等的使用。

企业和商家将目光放在有消费能力的用户上，针对他们进行移动 APP 应用的开发无可厚非，然而商家和企业的行为带来的是受众服务市场的整体单一。政府应该通过一定的支持措施和鼓励政策，进行农村市场和农民群体的开发。中国农村和农民市场虽然消费能力有限，但是人数居多、市场巨大，移动互联网在此可施展的空间巨大。在剧烈的全球市场竞争中，这也是国产品牌和国家自有企业参与竞争的有效和重要途径。

---

① 中国互联网络信息中心：《第 29 次中国互联网络发展状况统计报告》，2012 年 1 月。

② 波士顿集团：《中国数字化新世代 3.0：未来的网络领军者》，2012 年 4 月 13 日。http://www.bcg.com.cn/cn/newsandpublications/publications/reports/report20120412001.html。

③ 中国互联网络信息中心：《中国移动互联网发展状况调查报告》，2012 年 3 月。

④ 中国互联网络信息中心：《中国移动互联网发展状况调查报告》，2012 年 3 月。

⑤ 波士顿集团：《中国数字化新世代 3.0：未来的网络领军者》，2012 年 4 月 13 日。http://www.bcg.com.cn/cn/newsandpublications/publications/reports/report20120412001.html。

Report on the Mobile Application Software Used in China

Yang Binyan

Abstract: 2012 was the great symbolic year in the development of the mobile application software used. In 2012, China's mobile App users increased tremendously. Based on an online survey by Dratio, an Internet data-service company, this study reports the status of Mobile APP software used in China, and gives some feasible suggestions to promote Chinese mobile App advanced.

Key Words: Mobile Application Software; User Survey; User Behaviors; China

B.25
2011 年中国 IPTV 发展报告

王建磊*

摘　要：2011 年，三网融合之下的 IPTV 政策环境总体上是规范的，但市场竞争环境更为严峻。在试点地区，“电信运营商 + IPTV 播控平台（牌照）+ 地方电视台”的发展模式有序推进，用户规模稳步提升；在非试点地区，电信大力推出的 IPTV 业务致力弥补内容的不足，拥有较大竞争优势。而 CNTV 的 IPTV 推广乏力，准备不够充分，反而给有线电视网络带来一定压力。随着第二批试点城市三网融合业务的推进，IPTV 业务在未来仍有很大的市场发展空间。

关键词：IPTV　广电　电信　播控平台

按照三网融合政策，在试点地区，广电部门负责建设 IPTV 集成播控平台，而电信部门负责传输和分发服务，二者通过分工合作、优势互补的方式共同推进 IPTV 的业务发展。在分工明确和政策利好的前提下，2011 年，大陆 IPTV 用户数达到 1500 万户，① 几乎实现要比 2010 年翻一番。这一数据足以表明三网融合得到了实质性的推进。这一年，在试点地区，“电信运营商 + IPTV 播控平台（牌照）+地方电视台”的发展模式有序推进，用户规模稳步提升，但围绕 IPTV 集成播控平台的行业矛盾和内部矛盾有所凸显；在非试点地区，电信大力推出的 ITV 业务致力弥补内容的不足，拥有较大竞争优势。广电自身（CNTV）的 IPTV 推广乏力，准备不够充分，反而给有线电视网络带来一定压力。2012 年初，国

---

* 王建磊，深圳广播电影电视集团、中国传媒大学联合培养博士后，上海大学影视与传媒产业研究中心助理研究员。本文为上海市高校人文社会科学重点研究基地、上海市社会科学创新研究基地（吴信训工作室）“新媒体发展”研究课题成果之一，课题主持人为吴信训教授。

① 综合各方调查机构数据。

务院办公厅公布了三网融合第二阶段试点城市，这对 IPTV 业务来说又是重大利好，因而其未来的发展空间令人期待。

一　IPTV 试点地区的推进状况

自从国务院试点方案颁布以来，试点地区的电信、有线电视企业积极推进光纤入户建设，电信网络宽带升级改造基本完成，有线电视网络数字化和双向网络改造也基本完成，具备了向用户传送数字电视节目以及开展视频点播、信息服务业务的能力。截至 2011 年 6 月份，试点地区的 IPTV 试商用业务用户总数超过了 300 万户，基于有线电视网络接入试商用业务用户已达 100 多万户。[①] 下面汇总了几个试点地区的发展简况。

江苏：截止到 2011 年 7 月底，江苏省广电总台、江苏省电信公司共同完成了省级 IPTV 集成播控测试平台与传输分发系统的对接工作，初步具备了试运营能力。目前平台共上载节目 2.5 万条，合计 1.3 万小时。

深圳：2011 年 5 月 17 日，深圳电信与深圳广电签署战略合作框架协议，明确了各自的三网融合努力方向。就 IPTV 业务平台建设，协议中明确了三点内容，包括深圳广电与中国网络电视台（CNTV）形成联合体，共同建设 IPTV 播控平台，深圳广电与深圳电信共建 IPTV 示范小区，以及尽快实现 IPTV 在深圳的商业运营。深圳 IPTV 具备提供 100 多路标清直播频道、15 路高清直播频道、20 路轮播频道、2 万小时点播节目、6 小时时移、7 天回放节目的播出能力，并可根据市场需求进行方便的扩容。除了支持电视直播、点播、轮播、时移、回放等电视基本业务外，还支持在线教育、医疗、交通、金融、购物等电视增值业务。而"由于深圳有线网络数字化改造完成较早，增值业务的开展也处于全国前列，因而 IPTV 业务的开展对有线数字电视的冲击并不大"。[②]

武汉：2010 年底，武汉电信与武汉广电集团组建三网融合合资公司。在新组建的公司中，原本竞争的双方——电信公司和广电集团各占一半股份。通过整

---

① 参见《IPTV 试点地区用户超过 300 万》，2011 年 8 月 19 日《人民邮电报》。

② 《深圳已完成 IPTV 集成播控分平台的建设》，来自《证券时报网》，参见 http://finance.sina.com.cn/stock/hyyj/20110222/14069413707.shtml。

合资源，推进双方业务进入，逐步推出包括三网融合接入在内的 IPTV 等融合套餐业务、电视屏等多屏互动业务、视频点播等方面互动业务种类，以及智能家庭应用。可以说，“武汉模式”是由电信与广电共建的一个技术创新、业务和市场运营规则方面的创新实验平台，是“合作共赢”的雏形。2011 年，武汉地区的 IPTV 用户数达到 12 万户左右，“中国网络电视台 + 湖北省台 + 武汉台”的湖北 IPTV 集成播控分平台也已经搭建完成。

上海：上海百视通是最早拥有全国 IPTV 牌照的公司，也无疑是过去 5 年国内 IPTV 业务最大的受益者。百视通目前的用户主要集中在江苏（170 万）、上海（130 万）和广东（110 万）等经济发达的区域。在 2011 年 3 月份，上海电信发布了“二免一赠一极速”的“城市光网”计划，实施宽带升级，并且与百视通联手推出 IPTV3. 0 视频业务，共同发力高清 IPTV 业务，从而为上海的 130 万 IPTV 用户提供更优质的服务。

杭州：杭州华数脱胎于杭州地方有线电视网络运行机构，到成为拥有 30 多亿元总资产的运营商，被国内广播电视行业称为“华数现象”。在推进三网融合业务进展方面，杭州华数在业务创新上有很多亮点。2011 年 9 月 2 日，华数传媒与中国网络电视台合作成立了浙江爱上网络科技有限公司，成为浙江省独家的 IPTV 内容服务平台，与播控平台对接，通过运营商网络向浙江全省的 IPTV 用户提供内容运营服务。这种方式也开创了 IPTV 运营的另一全新模式。①

按照三网融合的政策，集成播控平台作为发展 IPTV 的最重要资源是由广电播出机构负责建设和管理。试点工作实施之后，广电总局 344 号文②重新设定了 IPTV 的播控模式，广电部门的播出机构——电视台获得了 IPTV 集成播控权，电信部门只能和 IPTV 播控平台合作传输 IPTV 业务。2010 年 9 月，总投资超过 5000 万元，由 CNTV 建设的 IPTV 内容播控中央总平台已经建设完成，并和许多地方 IPTV 播控平台实现了对接，并统一呼号为“中国广电 IPTV”。

---

① 鸿凌：《杭州华数开创 IPTV 运营新模式》，2011 年 10 月 14 日《中国电子报》。

② 即广电总局《关于加强三网融合试点地区 IPTV 集成播控平台建设有关问题的通知》，通知规定，IPTV 内容集成播控平台的建设由央视会同地方电视台联合建设，共同运营和管理。平台分为两级架构，其中央视组织建设中央总平台，而央视与地方电视台联合建立试点地区分平台。试点方案已明确广电播出机构负责 IPTV、手机电视集成播控平台建设和运营管理，包括节目的统一集成和播出监控，EPG、用户端、计费、版权等管理，电信网负责传输和分发服务。其中，在用户端和计费方面，广电可以和电信合作开展。

到 2011 年 4 月，12 个试点城市和地区已经基本完成了 IPTV 集成播控平台的建设，并与中央总平台实现了对接，为开展“三网融合”的试点工作奠定了良好的基础。[①] 由此看来，在试点地区，前期的各项技术准备工作尤其是内容播控平台的建设基本到位，IPTV 业务得到了实质性发展与推进。只是在这个过程中，仍然出现了一些不和谐因素，如 2011 年 7 月无可奈何的 CNTV 甚至拿起法律武器，起诉南京和广州的 IPTV 侵犯央视的内容版权。其背后所体现的依然是行业利益没有平衡的问题。

首先，在电信运营商失去了 IPTV 播控权之后，对广电控制的 IPTV 播控平台参与的积极性有所下降，因为即便他们获得了部分电视节目内容的制作权，也仍须经过广电控制的 IPTV 播控平台的过滤，而且收益还需要与广电进行分成。这意味着电信运营商只能作为 IPTV 业务的“通路”，让本来希望借助三网融合进入视频制作领域的电信运营商非常失望，[②] 并使电信运营商面临更加严重的管道化趋势。[③] 其次，IPTV 播控平台使得牌照拥有方之间的矛盾凸显出来，尤其是形成了 CNTV 和百视通双雄并立的局面。百视通在全国 12 个试点地区中只有上海、哈尔滨、大连和厦门 4 个城市的播控业务，其余的试点地区播控平台都由 CNTV 负责，这就使二者从“上下级”关系变为了市场竞争对手，从而为 IPTV 的业务开展留下剪不断理还乱的困扰。在三网融合第二批试点城市开展之前，这些围绕播控平台产生的矛盾和利益之争最好得到消除与协调。

二　IPTV 非试点地区的发展状况扫描

三网融合试点方案要求在试点地区进行双向进入试点，并没有明确禁止非试点地区不得进行 IPTV 业务，因而给各地解读政策留下一定的空间。广电和电信也借机纷纷加紧在非试点地区的跑马圈地。

---

① 参见《12 个试点城市和地区已完成 IPTV 集成播控平台建设》，中国网络电视台，http://news.cntv.cn/china/20110228/109153.shtml。

② 郎朗：《广电“叫停令”一石二鸟暗推 IPTV 平台对接》，2011 年 7 月 20 日第 020 版《21 世纪经济报道》。

③ 杨毅、王晓东等：《“视频云计算”——IPTV 增值的“金矿”应用》，《中国数字电视》2011 年第 7 期。

云南是目前CNTV的IPTV业务取得突破的地方。到2011年9月，云南省IPTV用户已经突破16万户，日均新增用户量为500～600户，IPTV节目内容可收看到103路直播频道，点播节目内容达到2万小时。

2011年7月25日上午，中国网络电视台、四川广播电视台、成都广播电视台以及四川省电信共同签署了成都地区IP电视业务合作协议，标志着四川IPTV新媒体业务迈入逐步规范、全面合作、互利共赢、稳步发展的坦途。这是在国家“三网融合”大环境下实现跨行业融合、共谋发展的大事，对于加快实现省委“建设西部经济发展高地”，有效推动四川省文化事业产业大繁荣，充分满足百姓日益增长的精神生活需求，有着非常重要的现实意义。

不过，播控平台的业务开展、分发技术及收入分成等问题一直困扰着经验不足的CNTV。CNTV曾放言用1年时间实现新增IPTV用户500万的目标在2011年也基本落空。由于IPTV用户和有线电视用户是高度重合的，两者是一种此消彼长的关系，因而广电通过CNTV开展IPTV还会不可避免地给有线网络带来一定的竞争压力。

相比之下，除了播控平台对电信的困扰，电信很乐意通过IPTV的开展固定用户和获取更多利益。中国电信有着和BesTV多年的合作关系，在利益分配所得上比后来者CNTV要高得多。CNTV试图以其垄断的牌照和政策优势拿走更多的利益，因此中国电信有意排斥对接CNTV的IPTV播控平台，并借助其全国性牌照继续在各地拓展其IPTV业务，从2009年的377万户，到2010年的668万户，并有望在2011年突破千万户，这使得电信IPTV真正形成具备媒体属性的传播力量，为电信运营商的下一步产业升级转型提供必要的支撑。据悉，不少地方省份已经把IPTV纳入KPI考核之内，这也将极大有助其市场规模的进一步扩大。

中国联通在2010年国家三网融合的推动下开始再度关注IPTV，推出了名为“家庭宽带多媒体”的互动业务（简称家宽业务），并在国家试点的基础上加以扩充，共选取了北京、青岛、大连、绵阳、天津、武汉、长沙、杭州、石家庄、哈尔滨十个城市作为业务试点。在2010年底，开始制订家庭多媒体业务的平台和终端标准，召集厂家进行平台测试，并在2011年2月进行终端测试，并筹备进行设备招标，从而进入规模发展阶段。

由于在非试点地区，电信IPTV的内容不必经由广电审查，因而一些电信运营商通过购买版权节目的方式建立自己的内容库，如电信的 ITV 平台系统拥有百余个电视频道，其中包括 60 多个直播频道，几十个电视专栏频道，6000 多小时海量点播片库，上万部（集）影视剧以及互动社区、互动休闲娱乐、电子商务等各种增值服务。按说这种做法并不违背三网融合政策与精神，因为“双向准入”允许了电信开展部分音视频节目的制作与服务。随着宽带网络的进一步普及，电信有更大把握进入家庭视频业务，有专家分析得出，在非试点地区，会形成电信“单边独进”的局面。从整体市场形势判断，IPTV3.0 时代的到来势不可挡。

三　IPTV 的发展路径与空间展望

2011 年，我国 IPTV 的发展可以用“稳中求进”来予以概括。2012 年 1 月 4 日，国务院办公厅公布了三网融合第二阶段试点地区（城市）名单，共 42 个城市和地区入围。至此，全国试点城市和地区已达 54 个，约占全国城市总数的 1/5，其覆盖的用户规模将超过 3 亿人群。IPTV 既作为传统广电媒体在现有的节目内容、带宽条件下向新媒体转型发展探索，也作为电信运营商发展目前所能看到的最大规模的增值业务，是最能代表三网融合的产业（业务）形态，其推行得成功与否，发展的良好与否，也能反映出三网融合的整体成败。

从世界范围来看，国外运营商将 IPTV 视为宽带竞争的战略业务，并作为差异化竞争的重要手段来定位和发展。而我国的 IPTV 一开始是电信的附加业务，如今又在牌照之威下变为可管可控的“电视业务”，虽然集成播控平台的建设利于内容、舆论控制，但却忽视了需要开放竞争的产业发展规律。因而国家发改委体改所产业室主任史炜呼吁，IPTV 不能只依赖政策突破，要回归市场。

当前，集成播控平台与运营牌照成为广电的“杀手锏”，也成为电信最大的梦魇。随着 IPTV 用户的增多和试点地区的扩大，没有运营牌照的电信机构必须要和广电开展合作、对接，这反而引起两大行业间更多的摩擦和消耗。这依然是 IPTV 在未来发展最大的障碍。

与此同时，以互联网视频业务为代表的新媒体业务受到各方关注，互联网视频被认为是未来视频业务的主流形态。在美国，装载 Android 系统的 Google TV

和以机顶盒形式出售的 Apple TV 可以让用户边上网边看电视，实现节目搜索和更多扩展应用。从互联网电视的传输渠道和传播内容来看，它与 IPTV 有着较高的业务、内容重叠度，同时又有内容来源多样、形式灵活丰富、功能强大、免费提供等优点，因而受到用户欢迎，市场规模迅速扩张。互联网电视作为三网融合的产物，也可以看做是 IPTV 发展的高级形态，它的出现成为 IPTV 在未来发展最不确定的变数（或者整合或者被整合）。

有机构预计，到 2012 年底，我国 IPTV 用户数量将达到 3000 万户，成为全球第二大 IPTV 市场。① 就这一目标而言，当前需要相关部门以更开放、合作的态度和思路来发展 IPTV，需要多方举力创造更公平、开放的竞争环境，并在这一过程中以国家利益为根本落脚点，锻造出更多的市场竞争主体。在具体的实施策略上，一是要继续坚持业务创新。要面向家庭娱乐，开发适应三网融合发展趋势的游戏。面向远程教育、信息化等行业应用，优化产品并扩大推广面。面向老百姓的衣食住行，提供家庭信息服务，将便民信息引入 IPTV 平台。二是进一步酝酿技术变革。通过引入云服务技术、开放操作系统及应用平台技术，使 IPTV 业务平台可以更开放，形成全网一体化服务。通过拓展 IPTV 的用户终端，打通手机、平板电脑等服务平台，进一步提升终端性能，实现业务联动。三是创新商业模式。大力开展精准营销与互动营销，发掘潜在广告收入市场。开展与更多企业的跨媒体合作。借鉴长尾理论，聚焦个人视频和中小企业应用视频市场的商业模式创新。四是在带宽速率不断提高，IPTV 的应用基础变得越来越优质的前提下进一步降低资费价格，进一步改善用户体验（如大力推广高清视频内容），给用户带来最完善的服务。

面对 5 年内实现三网融合的目标，IPTV 的发展不可能一蹴而就，更不可能半途而废。其未来发展一定要规避广电和电信的行业利益之争，规避资源浪费、明争暗斗、互相拖沓的建设方式。同时，主体运营商考虑如何利用带宽优势，将用户终端成本降到最低，正面迎接互联网电视的挑战，破解 IPTV 视频服务模式单一化，实现“低成本、广覆盖、多业务”的目标，这样才能使 IPTV 在商业模式上走出一条不同于数字电视的道路，实现差异化发展，切实推动我国信息产业发展到一个新的阶段。

---

① SNLKagan：《全球 IPTV 市场增速强劲》，《通讯世界》2011 年第 6 期。

Report on the Development of IPTV in 2011

Wang Jianlei

Abstract: The overall IPTV policy environment under Tri-networks Integration is norm in 2011, yet the market competition is more severe. In the pilot areas, "Telecom operators + IPTV broadcast control platform (license) + local television" mode develops well; In the non-pilot areas, the ITV business introduced by Telecommunications industry makes up for lack of content with greater competitive advantage, while CNTV doesn't prepare for the promotion of IPTV and brings some pressure on cable television networks. Even so, there is still a big development in the future market for IPTV with the further deepening of Tri-networks Integration.

Key Words: IPTV; IPTV Broadcast; Control Platform

B.26

2011年中国手机电视产业发展报告

江 凌*

摘 要：2011年，我国手机电视发展迅猛，各产业链上下游不断壮大，合作频发，手机电视市场已经崭露峥嵘。手机电视运营商各施其招，竞争格局升级；内容提供商适时创新，带动市场发展；3G技术不断升级，为手机电视的发展创造了新的可能。另外，视频网站和互联网企业抢滩手机视频市场，拓展多元化的盈利来源，成为手机电视发展的巨大竞争和挑战。

关键词：手机电视 CMMB 产业链 运营商

艾媒咨询（iiMedia Research）发布的《2011年度中国手机视频服务发展状况研究报告》显示，手机视频市场收入规模2010年为6.67亿元，2011年底达到21.6亿元，到2013年预计达到116.1亿元。在用户规模方面，2010年，手机视频市场用户规模为7718万户，2011年底突破1.31亿户，预计2013年达到2.82亿户。

一 2011年我国手机电视产业链发展新态势

2011年，我国手机电视发展迅猛，手机电视运营商各施其招，竞争格局升级；内容提供商适时创新，带动市场发展；终端设备商竞争加剧，手机电视市场已经崭露峥嵘。

---

* 江凌，四川大学文学与新闻学院博士研究生。本文为上海市高校人文社会科学重点研究基地、上海市社会科学创新研究基地（吴信训工作室）“新媒体发展”研究课题成果，课题主持人为吴信训教授。

（一）手机电视运营商各施其招，竞争格局升级

在 2011 年中国手机视频用户使用运营商调查中，相关数据显示，77.5% 的用户使用的是中国移动的网络，中国联通占 18.2%，中国电信仅占 4.3%。①

1. 中国移动——打通从内容播控、内容服务到用户管理的端对端全程全网管理

（1）央视和中国移动合资运营“中国手机电视台”

继 2009 年新华社推出手机电视台后，中央电视台和中国移动通信集团公司也于 2011 年 6 月 30 日在京签署战略合作协议，联合建设和运营“中国手机电视台”。该台将依托央视庞大的内容版权资源和视频产品生产、策划能力，以及中国移动成熟的无线数据业务市场运营机制及经验，开展包括手机电视集成播控管理、手机电视内容服务、手机视频内容经营等多种业务，建立多元化、立体化的业务模型。

通过建立由国家级媒体控股的合资公司，运营“中国手机电视台”，打通从内容播控、内容服务到用户管理的端对端全程全网管理，这是三网融合下具有典范意义的业务管理和运营模式，将加速提升新媒体的传播能力和影响力。

（2）打造“掌上迪士尼”

2011 年 3 月 28 日，中国移动手机视频基地与华特迪士尼公司签署战略合作协议，共同推进手机视频业务，打造“掌上迪士尼”。引入包括迪士尼影院版动画大片、电视系列动画、新媒体动画作品以及真人影视剧等丰富多彩的内容。中国移动也借此举保证了在全国手机视频内容发布方面更大的领先优势。

2. 中国联通——加强战略布局、拓宽运营渠道

中国联通 3G 手机电视业务已有直播频道 127 套，点播节目共有 20 多万分钟，内容涵盖新闻、财经、电影、音乐、体育、动漫等十多个领域，分为央视直播多频道包月和东方龙直播多频道包月，资费均为 19M/月，不收流量费。②

3G 手机视频业务已成为新一轮电信运营商的增值业务竞争要点。联通也开

① 中国信息产业网：《手机视频服务营收两年后可达 116 亿元付费业务接受度提升》，2011 年 10 月 19 日。

② 中国联通官方网站：《中国联通 3G 手机电视业务直播频道已达 127 套》，2010 年 9 月 29 日。

始了其战略布局。广东联通联合广州南广文化传播有限公司推出原视频门户网站“南广电视”下新品牌“悦 TV”，实现了最新的视频分享功能——手机即拍即传，并能即时同步到新浪微博，好友手机访问直接可以观看。①

3. 中国电信——内容、终端双管齐下

截至2011年3月29日，中国电信移动用户突破1亿户，一跃成为国内最大3G网络运营商和全球最大的CDMA网络运营商。中国电信3G手机视频的战略布局也在不断推进，其代表就是天翼视讯的运营。

（1）天翼视讯——加快扩大业务规模，进一步发展手机视讯用户

中国电信在上海浦东金桥现代产业园区正式成立天翼视讯传媒有限公司，力推手机视频业务。目前，天翼视讯手机独立用户数达到1500万户，月内容点击量超过2000万次。天翼视讯互联网业务有6.9万个节目内容，直播频道达113个，总时长超2.8万小时。天翼魔屏开户用户数超5万户，提供各类视讯内容近10万条。此外，天翼视讯还与闪联标准工作组联合研发并推广“三屏互动”产品与应用。目前，天翼视讯的内容应用和技术合作伙伴包括百视通、中国网络电视台、华数传媒、新浪、搜狐等多家公司。下一步将加快扩大业务规模，进一步发展手机视讯用户，并使互联网视讯覆盖城市光网和宽带用户。

（2）发力终端——推视讯定制手机

天翼视讯（手机）目前独立用户数超过1100万，收费用户突破300万，日均流量超过1100G。2011年1月26日，中国电信视讯运营中心首次推出定制手机，分别与摩托罗拉、华为、中兴3家企业进行合作。在首批3款手机终端中，MotoXT301采用Android2.1系统，支持高速3G接入；华为C8300配备有WM6.5智能系统，双网双待，可解决视讯节目实时解码问题；中兴N600属千元智能机型，具有专门的图像处理功能，可流畅观看各个卫视。

4. CMMB 中广移动卫星广播有限公司——加速布局，势头迅猛

以2008年北京奥运会为契机，经过3年运营，CMMB已经覆盖全国绝大部分地级以上城市及约300个县级城市，终端型号数也达上千款。从内容与业务情况来看，随着“睛彩天下”、“睛彩导航”、“睛彩财经”、“睛彩报纸”等一系列

---

① 邹平论坛：《手机视频微博“悦 TV”正式推出市场》，2011年6月22日，http://www.zpbbs.cn/bbs/thread-336430-1-1.html。

商用服务的推出，CMMB在内容以及数据业务上也取得了很大进展，提升了CMMB的用户体验与市场竞争力。中广移动负责人表示，2011年12月，337个地市级以上城市和百强县能做到优质覆盖，覆盖城市常住人口将达到5亿以上。

（1）着眼于地方市场，打造地方强势运营

重庆中广传媒有限公司成立。2011年11月29日，重庆广播电视集团与国家广电总局直属的中广传播集团签署协议，组建合资公司——重庆中广传媒有限公司。自此，在重庆地区已经试运行三年多的新媒体业务——CMMB手持电视正式融入全国的整体业务发展体系。

山东手机台正式上线，进入新传播时代。山东网络广播电视台旗下打造出的无线品牌——山东手机台，拥有手机电视、手机报、无线互动等多项业务，只需下载客户端软件就可以实现在手机和移动终端上看电视。

（2）CMMB手机电视出征海外市场

除了加紧国内布网外，广电系主导的手持电视标准CMMB开始开拓海外市场。CMMB的目标是，在3年内推向30个国家和地区。目前中广传播已与菲律宾、新加坡、柬埔寨、阿拉伯地区等十几个国家和地区的多家机构洽谈CMMB的合作事宜。2011年3月15日，CMMB与美国的合作伙伴在美国科罗拉多州丹佛市附近成功利用蜂窝通信发射塔进行了CMMB移动电视现场广播及CMMB广播覆盖区域的验证和路测试验，此试验标志着公司在美国CMMB市场推广暨商业运营第一阶段的正式开始。

（二）内容提供商不断创新，带动市场发展

1. 队伍不断壮大，内容不断创新

目前的内容运营商在电视台方面主要有上海文广、中央电视台、广东南方传媒、中央人民广播电台、国际台（国视通讯）、热度传媒等；通讯社方面主要有新华社和华文新闻通讯社。此外还有一支不可忽视的重要的力量——独立的内容制造商，如东方龙、空中网、北京风网、乐视移动等。

内容提供商队伍不断壮大的同时，也在不断创新内容，带动了市场的发展。如2011年2月，中国网络电视台形成手机电视产品线，开发基于Symbian、Android、iOS等所有移动终端平台的视频产品，在为全球用户提供央视所有电视节目直播、点播的优质服务外，打造具有“视频商店”概念的应用产品等。

2. 中国国际广播电视网络台——打造三大业务平台，服务全球受众

2011年1月19日，中国国际广播电视网络台（China International Broadcasting Network，简称CIBN）正式成立。广电总局早在2010年8月就正式批准中国国际广播电台建设CIBN，并批复了中国国际广播电台建设互联网电视播控平台的申请，中国国际广播电台将拥有第六张互联网电视牌照。

CIBN将以视听互动、资源共享、语种集合为特色，内容涵盖多语种网站、多语种网络电台、多语种网络电视台和多语种网络手机台等多种新媒体业态。CIBN旗下将有三大业务平台。一是以CRI为品牌的传统业务，包括多语种广播和纸质传播；二是以"国际在线"为品牌的新媒体业务，包括互联网、移动终端业务等；三是以"天地视频"为品牌的视频业务，包括IPTV、互联网TV等。CIBN今后将依托这三大平台，向全球受众提供更好的综合信息服务。

（三）终端设备商竞争加剧

随着手机电视产业的不断发展与完善，越来越多的终端生产企业纷纷将目光投向手持电视机的生产。

传统电视机厂商海信、TCL、海尔等已经陆续推出几十款手持电视机终端产品，外资品牌三星、LG等也各自推出了手持电视产品。调查显示，用诺基亚手机的视频用户占52.3%，其次是HTC用户占11.8%，剩下的36%分别是苹果、三星、索爱、摩托罗拉等手机用户。塞班系统智能手机仍然占据智能手机终端使用量之首，而业内人士分析，安卓系统手机与iPhone、iPad等正在快速普及，未来它们将成为手机视频应用的主流平台。①

二 运营新挑战：视频网站、互联网抢滩手机视频市场

2011年，视频网站迅速崛起，传统的互联网企业也开始在手机视频中寻找商机，对手机电视运营商形成新挑战。

---

① 赛迪网：《手机视频内容受热捧付费业务猛增》，2011年10月13日。

（一）视频网站借手机视频客户端蚕食手机视频市场

面临同质化取向严重的视频网站，无不开始在移动终端上抢占业务，为用户提供差异化的内容和服务，抢占先机。

1. 视频网站借手机视频客户端蚕食手机视频市场

激动网、土豆网、优酷网等具备天然资源优势的视频网站，纷纷推出手机视频客户端和相关服务，以抢占未来市场，为自身拓展多元化的盈利来源。在 2011 年中国手机视频行业用户市场占有率中，中国移动手机视频占有率为 11.8%，仅排名第三。激动网和友度分别以 15.9% 和 14.1% 占据前两名，土豆网和优酷网分别以 10.2% 和 5.8% 位列第四、第七位。激动网依靠“门户 + 付费点播 +3G”相结合的战略布局，开创“广告 + 付费 + 版权分销”的模式，跻身前列，日均独立用户数超过 300 万。①

土豆网黑莓客户端（预览版）上线，成为第一家与黑莓手机合作的视频应用产品，也是目前黑莓平台唯一的在线视频客户端。土豆网针对 iPhone、iPad、Windows Mobile、Android、Symbian 等几乎所有移动平台发布其客户端。腾讯视频创新推出了针对 Android 版手机的全新客户端 For Android V1.0。优度网也推出一款面向 Android 智能手机用户的视频导航工具类应用“视频快手”，很好地为用户解决了手机视频找得慢、看得慢、玩得慢这三大问题，得到了市场广泛的肯定与好评。

2. 优酷全面实施“3G 战略”

优酷与中国联通建立战略合作关系，共同开拓出国内首个移动视频 UGC（Users Generate Content，用户生成内容）平台——联通视频分享平台，拥有 5 年视频平台运营经验的优酷，成了为该平台原创频道独家内容合作运营商。该概念将移动与视频这两个热门应用结合，有别于传统的移动视频应用。优酷与联通搭建了一个基于移动终端的专属平台，供手机用户上传、观看、分享，享受更优质的视频服务。优酷负责人表示，优酷 3G 战略已由之前的战略布局转变为全面实施阶段，将以“全品牌、多终端”应用为核心，全面发力与运营商、终端厂商的合作。至此，优酷运营商战略已全面覆盖中国移动、中国联通、中国电信三大运营商。

---

① 中国信息产业网：《手机视频服务营收两年后可达 116 亿元》，2011 年 10 月 20 日。

（二）互联网傍内容运营商延伸产业链

手机电视最大的竞争对手来自移动互联网。只要手机通过 Wi-Fi 连接网络，用特定的浏览器登录视频网站，下载相关的视频播放插件，便可以像在电脑上一样观看电视节目。一来节目内容丰富，二来免去了手机电视的信息费。在视频网站崛起的同时，传统的互联网企业也开始在手机视频中寻找商机。

1. 百度与华数尝试达成战略合作协议

百度与华数尝试达成战略合作协议，双方在互动电视、互联网电视等领域展开深度合作。百度将在华数运营的数字电视机顶盒及互联网电视播控平台上嵌入百度搜索、百度知道、百度图片、百度地图、百度音乐等核心应用，百度内容与服务将通过华数数字电视及互联网电视集成播控平台进行审核和过滤后，为消费者提供。

2. 搜狐视频与中广传播达成合作

作为我国门户网站之一的搜狐，也联合中广传播，将其出品的《钱多多嫁人记》、《大鹏嘚吧嘚》等 13 档自制剧和栏目成功落地 CMMB，通过手机电视渠道与观众见面。这是视频网站首次与全国级开展手持电视网络建设与业务的运营商合作，该尝试对于有效地针对目标人群、开拓新领域以及进一步挖掘现有用户新增长空间都有很大的示范意义。

三　手机电视发展对策思考

从宏观层面而言，手机电视发展的困境主要来自于国家政策、广电与电信的博弈以及统一标准的缺失。从微观层面而言，内容吸引力不足、手机终端价格居高不下、用户体验不理想等问题，也是手机电视发展的瓶颈。对此，提出以下两点思考。

（一）加快三网融合的步伐

在 2010 年，三网融合虽在理论层面已提出，但实际操作起来具有一定难度，业内不少人士认为，在试点城市名单下来后，第一个阶段性目标中，广电和电信业务双向进入，利益不妥协成为三网融合推进的核心阻碍。三网融合的分业管理是一个渐进的过程，不能一蹴而就。

在三网融合的大背景下，手机作为移动互联网终端，肩负着革新信息交互生态环境的重任。三屏合一是大势所趋。在跨平台业务中，手机电视是最主要应用之一。对此业界也在积极探索，2011 年 6 月 30 日，中央电视台和中国移动联手打造的“中国手机电视台”，可谓广电系统和电信系统在三网融合的业务层面的新突破，也是三网融合背景下具有深远意义的一项重大战略合作。

除此以外，政府还应加快电信业和广电业的融合，统一行业标准，为手机电视业务提供便利条件。

（二）凸显手机电视的比较优势

手机电视的显著特点是携带方便、内容个性化、具有交互性。在政策、技术、商业模式等一系列条件具备的情况下，如果手机电视自身提供的业务不能体现出这些比较优势，那么面对来自视频网站和互联网，甚至是广播、电视等媒体的竞争时，难免处于劣势。

毫无疑问，手机电视要真正发展壮大，各方合作才能抓机遇，克服劣势。一是各运营商应充分利用自身优势，整合广播、报纸、电视、电影、网站等信息资源，发展复合型多媒体平台，为消费用户提供多样化服务，以消费用户利益为基础，保障手机电视产业发展的统一性和协调性。二是解决行业间壁垒障碍问题，改变市场割据的状态，打造多种合作和不同营销策略，同运营商必须作深入的市场调查，丰富手机电视的内容。尤其在面对视频网站竞争的时候，要走差异化道路，订制个性化服务，提高用户的期望效用。

四 结语

展望 2012 年，在市场竞争与合作日益升温，技术条件不断完善，产业加速布局的形势下，手机电视的竞争与发展必将迈上一个新的台阶。恰中共十七届六中全会通过了《中共中央关于深化文化体制改革 推动社会主义文化大发展大繁荣若干重大问题的决定》的决议，凸显了文化产业的战略地位。加快发展文化产业，推动文化产业成为国民经济支柱性产业，努力建设社会主义文化强国。作为文化产业重要组成部分的手机电视产业，相信也能顺势而为，在行业各部门的适时调整与不断定位中，迎接手机电视发展的春天。

An Analysis on the Mobile TV Industry in China in 2011

Jiang Ling

Abstract: With the frequently cooperation of mobile TV industrial chains, the development of the upstream and downstream of the industrial chains is swift and violent in 2011. The Operator of mobile TV was recruit more measures; the Content providers innovation timely, 3G technology constantly upgrade, which created new possible for mobile TV. On the other hand, video website and the Internet enterprise entry in the cell phone video market, to diversified source of revenue, this is a huge competition and challenges of mobile TV.

Key Words: Mobile TV; CMMB; Industrial Chain; Operator

B.27

2011年中国手机报发展概况

宋 超*

摘 要： 2011年，中国手机报产业规模缓步扩大，手机报阅读仍然占据国民手机阅读首位，但是收入份额受到挤压，手机用户对手机报的付费意愿略有下降。集时效性、便捷性、草根性、互动性等特质于一身的微博崛起，以及图书、期刊、杂志等其他手机阅读形式越来越成熟，迅速挤占了手机用户的碎片时间，成为手机报发展的强劲对手。手机报产业在酝酿变革的过程中涌现一些新现象，如更多的政府部门加入手机报内容提供者队伍，媒体推出手机视频"报"，等等。这些新举措、新尝试或将为手机报的发展转型之路指出一个新的方向。

关键词： 手机报 宣传功能 阅读时间 手机视频报

2011年，中国手机阅读市场的总体营业收入以及活跃用户数量继续保持增长态势。作为手机阅读市场中最重要的分支——手机报产业规模稳步壮大，手机报业务仍然是各大运营商的重要营运收入来源。但是，随着微博、杂志、期刊、图书等手机阅读形式日益成熟，手机用户的选择越来越多。越来越丰富的其他手机阅读形式对手机报形成了冲击，相应的，手机报产业在全部手机阅读营业收入中所占的份额也受到了挤压。

根据易观国际（Enfodesk）产业数据库的调查数据显示，2011年第2季度，中国手机阅读市场活跃用户数达2.69亿户，环比增速略有下降，增长5.36%。同比于2010年第2季度，中国手机阅读的活跃用户同比增长幅度达31.96%。同

* 宋超，宁波大学教师。本文为上海市高校人文社会科学重点研究基地、上海市社会科学创新研究基地（吴信训工作室）"新媒体发展"研究课题成果之一，课题主持人为吴信训教授。

时，中国手机阅读市场总营收增速略有放缓，仅增长 3.48%，达 11.2 亿元。其中，手机报收入为 6.28 亿元，环比出现负增长；其他营收为 4.93 亿元，环比增长 11.75%，同比增长为 280.59%（见图 1）。

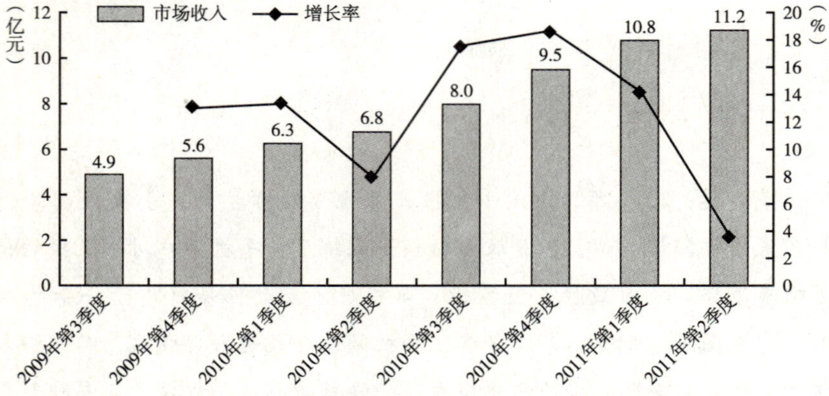

图 1　2009 年第三季度至 2011 年第二季度中国手机阅读市场收入

2011 年，中国手机报产业规模缓步扩大，手机报阅读仍然占据国民手机阅读首位，但是收入份额受到挤压，手机用户对手机报的付费意愿略有下降。集时效性、便捷性、草根性、互动性等特质于一身的微博崛起，以及图书、期刊、杂志等其他手机阅读形式越来越成熟，迅速挤占了手机用户的碎片时间，成为手机报发展的强劲对手。手机报产业在酝酿变革的过程中涌现一些新现象，如更多的政府部门加入手机报内容提供者的队伍，媒体推出手机视频"报"，等等。这些新举措、新尝试或将为手机报的发展转型之路指出一个新的方向。

一　政府 CP 增多，宣传政务功能凸显

手机报因其方便、快捷、到达率高、覆盖人群广等优点，而被越来越多的政府部门启用，作为推进信息公开、扩大舆论宣传的平台。政府部门成为手机报的内容提供者，既对我党的执政能力建设产生深刻影响，也使手机报的宣传政务功能得到强化。

2011 年，地方政府各部门纷纷与时俱进、创新工作方式，推出相关手机报。

2011 年 4 月 1 日，四川省成都市金堂县委面向辖区内一万余名党员干部推出《金堂党政手机报》。4 月 18 日，湖南省湘潭市国税局开通《税务手机报》彩

信发送平台，面向全市 6000 多户一般纳税人和小规模纳税人的企业法人代表、财务人员。4 月 27 日，湖北省宜昌市面向农民推出《三峡手机报（惠农版）》。

5 月 5 日，安徽省刘安市霍邱县公安局交管大队与霍邱县移动公司联手开发了《交通安全手机报》，基本覆盖全县机动车驾驶人。5 月 26 日，北京市旅游发展委员会与新华社北京分社共同创办《北京旅游手机报》。

6 月 25 日，重庆市沙坪坝区首家街镇“手机报”——《覃家岗街道手机报》正式上线启动。同月，依托北京市朝阳区政府办公平台，由酒仙桥街道创办的《就业手机报》上线。

8 月 16 日，黑龙江省佳木斯市公安消防支队创办省内第一份《消防手机报》。江苏省徐州市、云南省保山市、河北省邯郸市、江西省南昌市等地方公安部门也相继推出《消防手机报》。8 月 18 日，浙江余杭工商分局开通了国内首份以食品安全为内容的《食品安全手机报》。8 月 29 日，由湖南省郴州市嘉禾县政法委与《嘉禾手机报》共同打造了手机报政法类专栏节目《政法在线》。

10 月，由新疆维吾尔自治区党委政法委、综治办主办，法制日报社、中国移动通信集团新疆有限公司共同承办的《法制日报手机报新疆政法综治专刊》正式创刊开通运行。

11 月，广东省云浮市云城区纪委监察局创办《廉政手机报》。发送的范围是全区党员干部，重点是实职副科以上主要领导。12 月，浙江省司法厅与浙江日报报业集团签署战略合作协议，面向全省开通了第一张以普法宣传为主旨的《浙江普法手机报》。

二　手机报阅读居首位，份额受到挤压

据中国新闻出版研究院于 2011 年 4 月 21 日公布的《第八次全国国民阅读调查》① 结果显示，手机阅读群体中有近六成（59.1%）的用户通过手机听音乐，51.8% 的人进行 QQ、飞信等交流，6.2% 的人通过手机发送微博或博客。进一步分析这一群体通过手机进行的与阅读相关的行为时发现，排在第一位的是阅读手

---

① 《“第八次全国国民阅读调查”十大结论》，2011 年 4 月 24 日，转载于新华网，http://news.xinhuanet.com/book/2011-04/24/c_121341147_5.htm。

机报，占 55.3%；其次是阅读手机小说，占到 43.1%；再次是用手机浏览网页，占 28.1%，阅读“与学习有关的信息”的占到 10.5%。虽然手机报仍然是用户选择最多的手机阅读行为，但与 2010 年的《第七次全国国民阅读调查》结果相对比，手机报在手机阅读中的比重下降了 3.4 个百分点。

手机报在国民手机阅读行为中所占比重的下降，也影响到手机报收入。在中国手机阅读市场收入构成中，手机报收入从 2010 年第一季度的 91.70% 减少至 2011 年 56%①，而非手机报的阅读类营业收入则逐渐成为营收增长点。

与 2010 年相比，手机阅读用户的付费意愿整体在萎缩，手机报用户的付费意愿也有一定的下降。根据易观国际在 2011 年 10 月 9 日发布《2011 年中国手机阅读市场用户研究报告》，不愿意为任何一种内容付费的用户比例从 25.3% 增加至 27.8%，手机报的付费意愿从 33.3% 下降至 21.2%。除社区占比外，用户对其他内容类型的付费意愿的占比都在减小。

手机报阅读比重下降、收入降低的原因之一是，微博等其他类型的内容挤占了手机报的阅读时间，用户在碎片时间里有了更多的选择。根据中国互联网络信息中心（CNNIC）（2011 年 7 月）发布的《第 28 次中国互联网络发展状况统计报告》显示，手机网民使用微博的比例从 2010 年底的 15.5% 上升至 34.0%。

三　手机报新发展——手机视频“报”

随着智能手机的日渐普及，用户手中的这台小机器可以支持更多的平台，顺利地实现音频与视频的接收与播放，极大丰富甚至完全改变手机报的内容表现形式，带给手机报用户全新的体验。

根据数据研究咨询公司 Gartner 发布的 2011 年第三季度，全球手机销售数据显示，2011 年第三季度，智能手机销量达 1.15 亿部，与 2010 年同期相比，增长 42%。其中，智能手机在中国的销售势头强烈带动了全球手机的总体销售水平。② 这股销售热潮也带动了手机生产厂商的热情。

---

① 资料来源：《易观国际：2011 年 Q2 中国手机阅读市场收入达 11.2 亿元》，2011 年 8 月 27 日，转载于财智数据，http：//www. bybqyq. com/view_ info. php? sd =20110844010。

② 《Gartner：2011 年第三季全球手机销售增 5.6%》，2011 年 11 月 22 日，比特网，http：//telecom. chinabyte. com/400/12206400. shtml。

借助手机终端与网络的升级，手机报内容提供商开始实验全新的手机报形式。早在 2009 年 9 月，央视网就已联手中国移动计划推出国内第一份视频媒体产品——手机视频报。在 2011 年 10 月 17 日，这份视频手机报终于问世，并登陆全球各大主流移动互联网应用商店试运行。相比目前的彩信手机报和新闻客户端而言，免费的全视频化新闻播报更加生动、直观、完整，感官冲击力强，更趋近当前 3G 网络条件下移动智能终端应用的发展方向。据央视网数据显示，手机视频报推出之后 6 天，下载次数便已突破 2 万。①

手机视频报的内容涵盖了时政、社会、经济、军事、体育、娱乐等多个分类，整合 CCTV 和 CNTV 遍布全球的记者通过手机和微博发回的现场第一手资讯，前置于电视发布，同时依托《新闻联播》、《新闻 30 分》、《焦点访谈》等知名新闻栏目，实现全天 24 小时不间断更新，为手机用户提供最新、最热、最全的视频新闻快报。今后，客户端还将开放用户上传视频功能，将百姓身边事聚合成民生资讯，使新闻传播更加贴近群众、贴近生活。

手机视频报的客户端采用了国际领先的手机视频编解码技术，不限制网络接入方式，使用普通的 GSM 手机联网观看视频，链接速度快、视频画质清晰，且流量消耗较小。客户端还设计了目前流行的分享功能，观看的精彩内容可以一键转发至绑定的微博账号，借助微博进行更广范围的传播。目前用户通过访问 www. cntv. cn 或手机登录 wap. cctv. com 均可下载，各大手机应用商店也提供下载。据了解，手机视频报今后还将面向中国移动 TD-LTE 网络等高速通信网络，研发推出彩信、PUSH 推送等各类新产品。

2011 年 8 月 3 日，广东省内首份“视频手机报”——《手机视讯》在深圳正式上线。《手机视讯》是一份含文字、图片、音频、视频的彩信手机报，集每日资讯推送、精彩视频内容观看功能为一体。系统每日定期为用户下发一条图文并茂的新闻彩信，用户点击任何一条新闻末尾的号码链接，便可自动发起视频通话，收看此条新闻“视频版”。由于《手机视讯》是基于手机的视频通话功能实现，目前只有约百万深圳移动 TD 手机用户可使用此服务。观看视频内容将不会产生流量费，而是通过包月费累积手机正常通话费的方式计费。

① 《央视视频手机报引发手机视频新闻热》，央视网，2011 年 10 月 17 日，http：//news. xinhuanet. com/newmedia/2011 -10/27/c_ 122200140. htm。

四　互动性尚需提升，增强用户黏性

相较于传统报纸，手机报在互动性上有了很大的提升。不少地方手机报编辑都非常重视手机报中互动话题的设置，通过增进与读者的互动，培养读者对手机报的忠诚度，提高用户黏性。

伴随着智能手机的兴起，用户的需求从被动接受信息，过渡到通过微博、网易新闻等手机阅读客户端进行内容互动分享。在2011年7月23日发生的温州动车追尾事故中，微博让公众参与到整个事件的追踪和讨论中。身在事故现场的一些微博用户不断更新关于现场的种种图片、文字信息。短时间内，甬温线特别重大铁路交通事故迅速以图文并茂的全透明方式在全国民众面前得以展现。截至24日12时，新浪微博平台上已发出了3286883条关于这起事件的微博。手机报互动性方面的相对不足使手机报用户的黏度无法有效提高，原先采用免费赠送或者捆绑套餐的推广方式一旦取消，用户极易流失。

微博的时效性也远高于手机报。7月23日20点38分，D301次列车行驶至温州市双屿路段时与D3115次列车追尾。网络ID为“袁小芫”的微博网友是D301次列车上的乘客，事故发生四分钟后她发出了第一条微博，比国内媒体在互联网上的第一条关于“列车脱轨”报道早了两个多小时。

在3G时代背景下，手机报的互动性和时效性并没有产生质的变化，内容与形式的同质化依然是最大的缺陷。潜在客户群体数量虽然庞大，可是真正有效的受众却有限。若无法通过改革自我来应对微博等新媒体的挑战，手机报用户以及收入将进一步流失或降低。

结　　语

手机报从诞生至今，已走过了将近八年的发展历程。从最初对其概念界定的讨论、对其媒体属性的质疑到今天成为公认的第五媒体，从零用户到今天的千万级别，为了这些已经取得的成就，手机报产业链各方都付出了巨大的努力。但是，从近几年手机报的发展表现来看，其潜在的价值并没有得到最佳体现。原先呈爆发式增长的用户和产业规模，其扩张速度也开始趋于缓和。

手机报发展初期，学界和业界一致认为，每一个拥有手机的人都是手机报的潜在用户群体。按照这个估计，手机报的受众资源确实非常丰富。但是，真正订阅手机报的用户数量只占手机用户的 20%①，且退订率居高不下，用户黏度较低。在推广期采用免费赠送或者捆绑套餐方式推销的手机报，一旦取消免费开始收费，手机报用户就免不了大量流失。

究其原因，一是各家手机报在内容、编辑、发行以及传播方式上均呈现同质化的现象，并没有得到改善；二是面对其他手机阅读方式对用户碎片时间的争夺，手机报缺少明显的特色和不可替代性；三是没有真正将手机用户进行细分，建立用户数据库。

手机报作为最早推出的手机阅读产品，成功培养了用户用手机阅读的习惯。后期，随着其他手机阅读方式的发展，手机报的阅读时间受到挤压。日后，手机报将成为早期手机阅读内容的过渡形式，最终彻底为其他阅读内容所替代，还是可以突破现有文字加图片样式的束缚，发挥 3G 技术带来的正面影响，找到符合时下手机用户喜好的表现形式？央视打造的手机视频报或许是一个有益的尝试。届时，手机报将很难保持为最初意义上的“报”，手机报的概念也将会随着技术的不断进步而发生改变。

A Study on the Development of Mobile Phone Newspaper Business in 2011

Song Chao

Abstract: In 2011, the scale of the Chinese mobile phone newspaper industry has been enlarging slowly. The mobile phone newspaper-reading still the top choice among users. However, Chinese mobile phone newspaper industry's revenue had declined, and the users' willingness to pay for the mobile phone newspaper had waned. Weibo (micro-blogging in China) had quickly thrived owing to its timeliness, convenience, populism, and interactivity, others like book, periodical, magazine. These reading

① 秦树文、肖桂云：《新媒体产业背景下手机报的发展前景研究》，《中国报业》2011 年第 8 期。

forms had occupied lots of users' fragment time, becoming the strong competition against mobile phone newspaper. There were some new phenomenons in Chinese mobile phone newspaper industry, for instance, government had been providing information to mobile phone newspaper, and media put forward mobile phone video newspaper, and so forth. Those new measures and attempts will point out a new direction for the transitional development of the mobile phone newspaper in the near future.

Key Words: Mobile Phone Newspaper; Propaganda Function; Reading Time; Mobile Phone Video Newspaper

借　鉴　篇

Learning from Foreign New Media

B.28

欧盟的数字化战略与新媒体发展

杨瑞明*

摘　要：本文透过《欧洲数字化议程》这一旨在带动欧盟经济增长的“旗舰”计划，以及考察这一议程在2011年的实施与成果，描述了互联网与新媒体正在成为启动欧盟经济复苏的重要突破口，也成为欧盟现在与未来实现智慧性与可持续性增长的关键动力。同时，本报告也阐释了欧盟所制订的数字化战略及其行动计划，如何为欧盟的新媒体以及数字化内容的发展与创新，以及为单一市场的推进与文化多样性和文化遗产的保护，带来新的机遇和挑战。

关键词：欧盟　《欧洲2020战略》　《欧洲数字化议程》　新媒体

---

* 杨瑞明，中国社会科学院新闻与传播研究所副研究员、中国传播学会秘书长，主要研究方向为传播与信息社会、传播与文明变迁、传播研究与跨学科理论。

一　欧盟的《欧洲2020战略》与《欧洲数字化议程》

1.《欧洲2020战略》与欧盟的社会发展目标

对于长期致力于实现欧洲一体化和欧洲的共同繁荣与富强的欧盟①而言，21世纪第二个十年的开端——2011年，是在金融危机阴影下不断应对挑战并创造进步的一年②。

在21世纪第一个十年结束和第二个十年的起始之际，为了克服危机、振兴经济，引导欧洲走出经济衰退与信心失落的危机困境，更为了应对21世纪第二个十年可能的重重挑战，尽快让27个成员国实现智慧性、可持续性和包容性的社会经济发展，基于刚刚通过的《里斯本条约》③的理念，欧盟于2010年相继制定了新的社会发展十年规划——《欧洲2020战略》和为期五年的数字化发展蓝图——《欧洲数字化议程》。

2010年3月，欧盟发布了欧洲委员会制定的《欧洲2020战略》这一面向未来十年的社会发展规划。这份政策指导性规划为欧洲今后十年发展制定了一系列目标，以创新、“绿色经济”和就业为重点，引领欧洲实现智慧性的、可持续性与包容性的经济增长和增强竞争力的发展目标。欧盟认为这三大战略目标是互激互励的，将推动欧盟及其成员国在可预见的未来实现就业率和生产率的提高以及社会凝聚力的增强。④

欧盟的这份蓝图描绘了使欧洲重新走上繁荣之路的愿景。为具体落实这三大

---

① 欧盟（EU）即欧洲联盟（European Union），原为1951年由法国、比利时、德意志联邦共和国、卢森堡、意大利和荷兰六国联合成立的“欧洲煤钢共同体”，之后六国于1957年签署《罗马条约》后成立“欧洲经济共同体”，简称“欧共体”（the European Economic Community，EEC）。自2009年12月1日随着《里斯本条约》的生效，“欧共体”正式易名为“欧洲联盟”（本文作者注）。

② 参见“General Report on the Activities of the European Union”，http：//europa. eu/generalreport/pdf/rg2011_ en. pdf。

③ 《里斯本条约》（《Treaty of Lisbon》），一般被视为《欧盟宪法条约》的简化版。为有效应对21世纪欧洲面临的新问题和新挑战，推动欧盟的制宪和机构改革，2007年12月13日，欧盟成员国领导人在里斯本签署了补充欧盟相关法律条文的《里斯本条约》，随后交由各成员国批准。经27个成员国批准后，条约于2009年12月1日生效。

④ 参见“EUROPE 2020：A strategy for smart，sustainable and inclusive growth”，http：//ec. europa. eu/europe2020/index_ en. htm。

战略目标的实现，欧盟确定了优先关注和推进的领域，即就业、创新、教育、社会包容、气候变化和能源五个关键性领域。同时，每个欧盟成员国都分别拟定了自己国家在这些领域的发展目标，并制定了配合这一战略规划实施的欧盟与国家级的具体行动计划。

2. 《欧洲数字化议程》及其行动领域

"欧洲数字化议程"，即为欧盟建构新的经济与社会发展模式的一个具体方案和行动计划，它的框架和构想意味着建设一个数字经济和数字型社会，是保证欧盟实现重新迈上可持续增长的道路、提高就业水平和加强社会凝聚力的战略成功的关键性因素。①

欧盟充分认识到必须依靠信息技术，最大限度地发挥 ICT 的社会与经济潜力，有效地采用互联网和新媒体等数字技术，才能使欧洲应对危机与环境的挑战，从而促进创新和恢复经济的增长，创造新的商业和工作机遇，保证欧盟成员国在 2020 年前实现智慧性、可持续性与包容性的社会发展目标。② 为此，在《欧洲 2020 战略》中，欧盟把"数字化议程"确立为促进经济增长的七大"旗舰"计划的首项战略行动。③ 随之，欧盟的主要行政机构欧洲委员会即于 2010 年 5 月 19 日正式发布了加速推进数字经济与数字社会发展的五年计划纲要——《欧洲数字化议程》。④

欧盟期待这项议程的实施不仅能带动创新和经济增长，而且改进人们的日常生活与工作，提供给欧洲更高的生活质量，有力促进医疗、交通、环境、新媒体、公共服务和文化等领域的发展。同时，针对亟须释放 ICT 的社会变革潜力以及发展数字化经济面临的障碍与挑战等诸多问题，《欧洲数字化议程》提出了七大主要行动领域：①在欧盟建立单一的充满活力的数字化市场；②改进信息传播技术标准的制定，提高互通性；③增强网络安全与信用；④实现高速和超高速互

---

① 参见 http://ec. europa. eu/information_ society/digital-agenda/documents/dae_ annual_ report_ 2011. pdf。

② 参见 "A Digital Agenda for Europe: Introduction", http://eur-lex. europa. eu/LexUriServ/LexUriServ. do? uri = COM: 2010: 0245: FIN: EN: PDF。

③ http://ec. europa. eu/europe2020/reaching-the-goals/flagship-initiatives/index_ en. htm，这七个重要的"旗舰"计划为：1. 数字议程；2. 创新国家；3. 青年人流动；4. 有效资源与低碳经济；5. 全球化的产业政策；6. 新技能与就业培训；7. 建立欧洲反贫困平台。

④ http://ec. europa. eu/information_ society/newsroom/cf/itemlongdetail. cfm? item_ id = 5826.

联网连接；⑤促进信息传播技术前沿领域的研究和创新；⑥提高数字素养、数字技能和实现数字包容；⑦促进信息传播技术应用于环境保护和医疗健康等领域，为欧洲人民增加社会福祉。

二 欧盟的振兴与数字化经济

1. 信息传播技术（ICT）产业与欧盟的经济复苏

欧盟委员会认为，当前欧盟既要紧急采取行动应对眼前的危机和长远的挑战，也要及时抓住经济衰退时转向“绿色经济”的产业调整机遇。而《欧洲数字化议程》正是为欧盟走上复苏与可持续增长的轨道，规划出ICT在欧洲社会经济中释放最大潜力的行动路线图。

自20世纪90年代起，信息传播技术（ICT）产业在欧洲经济中一直占据着举足轻重的地位。在21世纪第一个十年结束时，欧盟ICT产业的年产值为6600亿欧元，占欧盟27国国内生产总值（GDP）总和的5%左右。但实际由于信息技术所具有的高水平的创新与应变能力，ICT产业对整个欧盟生产率增长的贡献远大于这个比率。

据统计，2009年ICT行业对欧盟生产率的直接贡献为20%，由ICT投资带动的生产率增长为30%，显示了信息技术对提高欧盟国家生产率的至关重要的作用。同时，信息传播技术对欧洲的社会影响也越来越大，并正在改变人们的工作与日常生活。欧盟的互联网用户现已超过2.5亿人，2010年欧盟的宽带覆盖率已达95%，许多成员国的宽带使用率都排在世界前列，几乎每个欧洲人都拥有手机。①

进入21世纪以来，虽然欧盟已迈入了数字化时代，但欧洲的ICT技术和产业的开发与应用仍落后于美国和信息技术领先的一些亚洲国家，加之金融危机使欧洲的ICT产业也遭受了严重打击，欧盟要充分发挥ICT的变革能力，还面临很多重大的挑战。最突出的问题是，互联网在全球推动了投资、增加了就业、促进了经济繁荣，但欧洲的互联网却很不完善，并没有很好促进知识经济的发展。同

① 参见“A Digital Agenda for Europe”，http：//eur-lex. europa. eu/LexUriServ/LexUriServ. do？uri = COM：2010：0245：FIN：EN：PDF。

时，欧洲还面临互联网接入能力不足、可用性差、缺少相关技能等问题的困扰。欧洲人虽然走进了数字化生活，却还没有形成灵活单一的商业市场，人们在享受数字技术的乐趣时，还受到隐私与安全的威胁。

2. 高速与超高速互联网的发展与差距

欧盟的《欧洲数字化议程》指出，未来的经济是以网络为基础的、以互联网为核心的知识经济。目前，欧洲还没有为知识经济可能带来的繁荣做好准备，欧洲的发展将因为不能提供先进的网络基础设施和数字化的公共服务而受到阻碍。①

为此，《欧洲数字化议程》提出的目标是：到2013年，让所有的欧洲人都能获得宽带服务，并保证2020年在欧洲建成覆盖面宽广的、具有价格竞争力的高速与超高速互联网，并让所有的欧洲人享受至少30兆（Mbps）的网速，让至少50%的欧洲家庭能享受100兆（Mbps）的互联网网速。同时，要在欧盟的大部分地区发展网速达到100兆（Mbps）超高速下一代互联网（NGA）。

《欧洲数字化议程》实施一年多后，2011年12月21日，欧洲委员会公布了《数字议程进展报告2011》。报告显示，欧盟的移动互联网和基础固定宽带网在可用性方面都有稳定的增长，截至2011年7月，欧洲42.2%的固定宽带速率已达到最低10Mbps，相比2010年同期的29.2%有了大幅提升，但仅有6.5%的固定宽带达到至少30Mbps的速率，而速率达到至少100Mbps的也仅有1%。而美国的这些数字都是欧盟的两倍，韩国和日本所有的固定宽带连接速率都已达到最低30Mbps。

这份进度管理报告还表明，欧洲的宽带建设正在加速，但超高速宽带连接尚未得到广泛使用。截至2011年7月，欧盟固定宽带的接入率为27.2%，在过去的12个月里仅增长了5.8%；截至2011年底，平均每100户居民有26.6户接入了宽带，接近40%的用户还没有接入宽带②。其中接入率最高的4个国家分别是荷兰（39.3%）、丹麦（38.5%）、法国（33.9%）和德国（32.7%），而罗马尼亚、保加利亚、波兰、斯洛伐克和拉脱维亚等国的固定宽带接入率仍不足20%。

---

① 参见“A Digital Agenda for Europe”，http：//eur-lex. europa. eu/LexUriServ/LexUriServ. do? uri = COM：2010：0245：FIN：EN：PDF。

② “Digital Agenda Scoreboard 2011”：http：//ec. europa. eu/information _ society/digital-agenda/scoreboard/pillars/broadband/index_ en. htm.

法国和瑞典的消费者能以较低的价格获得最高速率的宽带服务，宽带平均价格最低的欧盟国家是拉脱维亚、立陶宛和罗马尼亚。①

另据欧盟统计局公布的最新数字，欧盟的第三代移动网络覆盖率2010年已经达到90%，移动宽带越来越普及，但超高速宽带网络的普及率只有1%，而日本是12%，韩国是15%。另外，欧盟花在ICT研发方面的经费只有美国的40%。对于近年欧盟在超高速互联网的增速放缓且落后于竞争对手的状态，欧盟委员会副主席、数字议程专员内莉·克勒斯警告称，如果不加紧提升宽带能力，欧洲将面临错过急需的经济增长的风险。②

在欧盟2011年财政预算中，欧洲委员会新启动了一项名为"Connecting Europe Facility"的500亿欧元的基金计划，这项预算将分拨90多亿欧元专用于欧盟各国的宽带与网络服务基础设施的建设，为实施《欧洲数字化议程》提出的建成跨欧洲的高速骨干互联网以及电子政府、电子医疗、传统文化数字资源等数字化服务的行动计划，并为推进欧洲中小企业的经济竞争力和改善各国网络的互通互联，迈出了重要的一步。欧盟还在2011年与各成员国通力合作，促进各国配合《欧洲数字化议程》实现自己的"国家宽带计划"。

3. 努力建立数字单一市场

欧盟始终寻求在各成员国之间建立相互依赖的紧密的伙伴关系，这种关系超越了那些成员国关系自由松散的国际组织或国际联盟中的关系。其"一体化"领域已突破传统的关税同盟、共同市场等经济领域，发展到单一货币、共同外交与安全政策、内务司法合作等更具有政治意义的，在一般的地区一体化合作发展中都没有达到的纵深领域。

"单一市场"是欧盟为实现欧洲一体化目标所取得的伟大成就之一。单一市场的设想源于欧盟1957年签订的《罗马条约》，创立之初的欧盟领导人即明确提出为促进欧洲的共同繁荣和经济发展，要消除成员国之间商品、人员、服务和资本的自由流动障碍。具体来说，所谓"单一市场"意味着：①对个人而言，有在另一个欧盟成员国生活、工作、学习和退休的权利；②对消费者而言，开放

① http://www.cnii.com.cn/index/content/2012-01/04/content_946883.htm.

② "Connecting Europe Facility": http://europa.eu/rapid/pressReleasesAction.do?reference=SPEECH/11/689&language=en.

单一的市场竞争，将带来价格的降低和宽泛的选择，并可获得更高层次的保护权益；③对企业来说，跨国的商业行为将更为方便和降低成本。

由于种种原因，欧盟的单一市场建设直到1993年初才得以正式启动。经过近20年的努力，欧盟单一市场现正在逐步走向成熟和完善。

而目前欧盟面临的问题是，无论全球性的还是欧盟范围内的ICT市场，都是被多重障碍分割起来的。比如，由于欧洲还没有一个单一的电信服务市场，致使欧洲人不仅不能获取泛欧电信服务，甚至不能访问一些全球性互联网服务和内容，从而不能享受到单一数字市场的娱乐和效益，也造成了欧盟在媒体服务市场和创造就业机会的模式等方面的落后，削弱了欧盟在数字经济时代的竞争力。因而努力创造条件促进数字化单一市场的建设，充分发挥数字化单一市场潜力，是欧盟走出经济危机的一个关键因素。

为此，欧盟的“数字化议程”提出了在现有的单一市场的基础上建立数字化单一市场的行动计划。在2012年2月欧盟举行的欧盟数字化单一市场会议上，欧盟轮值主席国丹麦的商务大臣奥勒·索恩强调：“目前欧盟需要刺激长期经济增长，创造就业机会。在欧盟范围内建立一个运作良好的数字化单一市场是经济增长的加速器之一。”①

欧盟不仅要在各成员国的层面建立数字化单一市场，还要实现与欧盟之外市场的整合。虽然迄今欧盟单一市场的立法机构在电子商务、电子发票和电子签名方面已经有所作为，但由于个别成员国执行的法规不一致，所以在数字市场中的交易仍比较复杂。再者，消费者和企业进行网上交易的时候，在权利和法律保护方面仍然面临相当多的不确定因素。欧盟现在迫切需要克服阻碍欧洲跨国商务交易的法规障碍。2011年，欧洲委员会提出了电子签名法令修订本，以促进欧盟建立安全电子认证系统跨国界认可与互通的法律框架。

由于网上交易的复杂，欧洲的消费者现在还不能享受单一市场应有的优惠价格和多种选择，分裂的市场限制着欧盟跨国电子商务交易的发展。92%的人在互联网上订购的是国内的商品和服务。根据欧洲委员会的调查，2010年欧盟在线交易额约为1650亿欧元，有40%的消费者通过互联网购物，但其中只有9%的网上交易是跨境交易。为此，鼓励跨境数字化交易和在线服务是建设欧盟数字化

① http://www.people.com.cn/h/2012/0228/c25408-1849997819.html.

单一市场的关键一环。

欧洲有通用货币欧元，但电子支付和电子发票市场还是按国界分离的。只有在统一的支付市场中，企业和消费者才有可能有安全有效的支付手段。所以欧盟正着手建立单一欧元支付区（SEPA），以提供与支付相关联的增值服务平台，并要求各国迅速贯彻电子货币法案。

根据设在布鲁塞尔的“欧洲政策中心”的调查，到2020年，数字化单一市场可为欧盟国内生产总值带来4%的增长，相当于增加5000亿欧元，同时每年可为欧盟增加3万个工作岗位。欧盟委员会估计，如果在欧盟范围内，电子商务障碍能够消除，电子商务产值将占到零售业的15%，占GDP的1.7%。

总之，为加快建设数字化单一市场，欧盟在“数字化议程”中明确了将依据欧洲电信法，推动电信单一市场的建立；不断修订欧盟数据保护法律框架，采取措施更好地保护商业数据，提供更可靠、安全的网上跨境支付方式；为增强客户信任，建立一套完善的网上争议解决机制，力争在2012年颁布“欧盟在线权利法令”，厘清欧盟现在的数字用户权利；与欧洲消费者保护机构网络合作，每年检查在线消费者保护法的缺陷，并采取适宜的矫正措施。①

三　欧盟的数字化内容产业与视听新媒介的发展

1. 欧盟的发展战略与数字化内容产业

在1996年提出的《信息社会2000计划》中，欧盟即提出了“内容产业”这一概念，并明确其内涵为：制造、开发和销售信息产品及其服务的产业，其产品范围包括各种媒介的印刷品（书报杂志等）、电子出版物（数据库、音像制品、游戏软件等）和视听产品（影视、录像和广播等）。随后欧盟实施了“媒介附加”计划和“文化2000”计划，以及推广欧洲文化传统内容的网络传播和促进信息社会的多语言服务等项目，都特别提出了对教育、文化、视听和公共信息内容的网络化和数字化发展给予特别支持②。

---

① 参见“A Digital Agenda for Europe”，http：//eur-lex. europa. eu/LexUriServ/LexUriServ. do？uri = COM：2010：0245：FIN：EN：PDF。

② 参见 http：//ec. europa. eu/information_ society/eeurope/i2010/docs/2002/action_ plan/actionplan_ en. pdf。

进入21世纪以来，在飞速发展的数字技术和互联网的广泛应用推动下，以数字视听、数字动漫、数字出版、数字移动、网络游戏以及软件和相关网络服务等为代表的数字内容产业（Digital Content Industry）在发达国家迅速崛起，并在世界产业中占有的比重高速增长，形成了以创意为核心、以各种文化资源与最新的数字技术相结合为主要表现形式的新的生产与消费方式和新的产业群落，引领现代文化发展的潮流。新型数字内容产业正以高端技术带动传统产业更新换代和实现数字化，不断衍生新的产品和新的产业，创造巨大的经济效益。

对于急切寻求经济复苏途径的欧盟来说，要完全释放ICT产业的驱动力，必须通过提供全球化、无边界的数字化环境和数字化内容以及数字化服务而实现。欧盟近期推行的“欧洲2020战略”和“数字化议程”等计划与行动，再度把最具活力和创造力的数字内容产业的发展，视为发展数字经济和数字社会的基础和关键，力图在推进数字单一市场的基础上，继续支持ICT和影视等文化产业利用数字新媒体技术，创建和拓展有吸引力的多样化的数字内容与服务，并使之在欧盟国家间获得无障碍的传播和自由流通。

欧盟对数字内容产业支持的政策框架和战略行动主要涉及两个层面，一是对于“创造欧洲内容”的视听媒介和互联网的支持，以及打击网络盗版和保护网络安全；二是对于“创造欧洲内容”的技术的支持，即帮助欧洲ICT和相关内容产业界的技术创新，以及支撑数字内容与服务软件的创新发展。①

在2010年开始实施的《欧洲数字化议程》中，欧盟把数字内容面临的创新、生产和传播等问题，以及即将采取的改善措施列入了七大行动领域中，其中专门在“单一数字市场”和“ICT带给欧盟社会的效益”中讨论数字内容的发展问题。“数字化议程”指出了目前欧盟国家数字内容发展亟须应对的机遇和挑战是：①日益普及的宽带和移动应用，使人们对数字内容的需要日益增长，但欧洲缺乏充足、廉价和有创新性的数字化文化内容，应使更多创作者的内容实现数字化并得到快速与广泛的传播；②欧洲的消费者希望方便有效地获取在线数字内容，但欧洲还没有统一的数字内容市场，需要提供泛欧的在线内容服务；③欧洲有较强的出版资源，为此需要更具竞争性的在线平台，需要创新商业模式，需要

---

① 参见http：//ec. europa. eu/information_ society/tl/industry/content/act/index_ en. htm#content。

更多可以接入的内容和不同的付费方式；④各方如何能在契约的基础上合作，使版权拥有者及其作品的权益之间达到平衡；⑤鼓励发展合法的、具有广泛吸引力的在线服务，对盗版进行有效的打击。

针对以上问题，欧盟的数字议程提出了积极的行动计划，即包括近年内实现的①制订版权管理的框架性指南，以增强网上版权管理透明度和推行泛欧版权的许可；②提出对“孤本”文化作品的法律保护框架，以保护欧洲文化杰作的传播和数字化；③进行版权信息数据库建设；④考察社会公共部门的信息库，重点是可接入性和可用性，重点为视听数字化内容；⑤在电信法律框架中保证基本数据信息和隐私的保护，为知识产权保护提供良好的网络环境。

欧盟鼓励各成员国应主动适应技术进步，推动数字内容创造、生产和销售，并保持版权拥有者和消费者的信任，激发内容创造者和传播者的创造力。同时，促进跨国在线销售许可，提高集体版权管理的水平和透明度，特别是推动视听产品跨国和泛欧的销售方面采用更方便、更统一的，可以保证版权拥有者权益的技术解决方案，简化版权审批、管理与获得跨国许可的手续。欧盟还强调各国政府部门在促进网上内容市场发展方面发挥着关键作用，应通过政府的税收政策等来解决数字内容的问题；政府应提供透明的、有效的、无歧视的公共信息，推动内容市场发展和网上创新服务增长。①

2. 数字化视听媒介的扩展与促进数字内容的多样性和创造性

如果说数字内容产业是文化与信息技术的融合与交汇，那么，现在欧洲主导数字内容产业的是视听媒介（Audiovisual Media）。随着数字内容产业及相关服务产业的边界越扩越大，欧洲的视听媒介产业已经从传统的电影、电视（包括有线电视）和广播及音像，扩展到现在的网络视频、网络广播（播客）、网络电视（IPTV）、网络游戏、数字动漫、在线音乐节目及基于移动互联网和数字平台的移动电视、手机电视和手机电影，以及刚刚兴起的微电影等数字化视听媒体。据欧盟的预测，到 2015 年前，欧洲的移动电视和手机电视（Mobile TV）将达到 200 亿欧元的市值，在全球拥有 2 亿 ~5 亿的受众。②

① 参见“A Digital Agenda for Europe”，http：//eur-lex. europa. eu/LexUriServ/LexUriServ. do？uri = COM：2010：0245：FIN：EN：PDF。

② http：//europa. eu/legislation_ summaries/audiovisual_ and_ media/l24125_ en. htm.

对于欧盟经济来说，欧洲的文化产业（包括视听产业）具有重要的意义，为欧洲产业结构调整和创意产业潜力的释放，作出了不可估价的贡献，是欧盟经济可持续发展的增长点与欧洲向知识性社会转型的关键性领域。它每年创造的价值占欧盟 GDP 的 3%，市场份额为 6500 亿欧元，并为欧盟提供了 600 多万个就业岗位。

欧盟还是全球的第二大电视节目市场，也是世界电影作品的高产地区。据欧盟 2011 年的统计，西欧还是世界最大的 IPTV 市场，占据了全球 IPTV 电视观众的 40%。欧洲视听节目的点播与下载服务市场更呈现快速的发展势头。尤其随着网络电视和 IPTV 的发展，有线电视以及宽带等运营商以及新进入的节目提供商都在视听节目的点播市场展开了竞争。据统计，截至 2008 年，欧洲的在线点播服务市场 33% 为电视服务商获得，17% 为电信营运商，14% 为内容聚合商，9% 为美国的欧洲分公司占据，其他提供此项服务的还有卫星公司、电影公司、零售商和多媒体出版商等。①

近年来，由于社交网络和网络视频商的迅猛发展，欧洲的数字化视听节目市场正在发生新的变化，视听节目的在线内容更多来自于终端用户的内容创作及其内容的上传与下载，还出现了最新的基于“云计算”技术服务的视听节目的传播。在欧洲，大型的涉足多领域的（跨界）在线点播服务商目前还没有出现，但有一些如 Chello、Amazon 的 Lovefilm、Sony 的 Qriocity 和 iTunes 等全球化内容提供商，转向重视针对本地受众需求的在地性服务，即用本地语言和提供本地相关内容的电视电影等。

数字技术和网络的迅猛发展，特别是近年来的媒介融合与“云计算”的出现，改变着欧洲内容产业视听产品的生产、市场推广与销售和传播。消费者的多样需求不断增加，内容产业的商业模式急需跟上技术变化的步伐，才能为欧洲消费者和数字单一市场提供更好的数字内容。对于欧盟来说，则亟须创造新的管理框架，来应对这些“跨界”传播与服务的出现与发展带来的问题，从而实现数字化议程提出的战略目标。

---

① EUROPA：“Commission consultation on the online distribution of audiovisual works in the EU-Frequently Asked Questions” 2011 年 7 月 13 日，http：//europa. eu/rapid/pressReleasesAction. do? reference = MEMO/11/502&format = HTML&aged = 0&language = EN&guiLanguage = en.

为此，欧盟的欧洲委员会专门于2011年7月发布了《有关视听产品在线传播的绿皮书》，着重阐明了在数字技术给视听产业带来变化和挑战的现实中，欧盟国家应该如何抓住机遇，探索和创造适应数字单一市场的新的商业模式与更好服务的技术标准互通性平台，特别是明确提出了在线视听服务提供者的权限和许可的基本原则，以及如何保护视听作品版权拥有者的权益及薪酬的指导原则和措施。① 欧洲委员会还把解决现有的视听作品版权管理体系，使各国的视听节目和作品版权许可证可以涵盖多个欧盟地区的问题，列入在2012年进行讨论版权的集体管理的议程，以尽快促进一个新的商业模式的出现，提供给网络与移动用户和消费者更多的创新性数字内容，从而使欧盟的公民、在线服务商和版权持有者都能够从单一的数字市场获得最大的利益。

在推动文化产业及视听媒介适应数字技术与新媒体的挑战的同时，欧盟也十分注重文化产业的多样性与创造性发展。由于欧洲的文化多样性保护与现今欧洲普遍存在的“少数文化”（minority culture）以及多语言问题②直接相关，欧盟特别重视信息技术为发展与保护“少数文化”带来的机遇以及缩小“数字鸿沟”问题，积极通过立法与制定相关政策，资助少数文化地区利用新媒体进行民族记忆的保存，鼓励少数民族建立“新媒体社区”，并在内容产业以及计算机软件中要求更多地使用多种语言和少数语言，以避免少数文化被排挤到信息社会的边缘，实现社会的凝聚与保护欧洲的文化多样性③。

欧盟把数字内容产业的创造性与创新性，视为实现经济复苏的基石和参与国际竞争的制高点，并力图使欧洲的内容数字走在世界创意产业的前沿，积极倡导艺术融入新技术、传统与“先锋”结合的理念，促进艺术、教育和科学等不同

---

① EUROPA：“Commission consultation on the online distribution of audiovisual works in the EU-Frequently Asked Questions” 2011年7月13日 http：//europa. eu/rapid/pressReleasesAction. do? reference = MEMO/11/502&format = HTML&aged = 0&language = EN&guiLanguage = en.

② 欧洲的“少数文化”（minority culture）是指欧洲特有的以下几种文化：①特殊的社会群体的文化（如朋克文化、贵族文化等）；②一个国家内部的移民文化——欧洲现在特有的社会问题和社会现象；③少数民族文化——历史与地理原因造成的相对特殊社会群体的文化；④地区性文化——在某一地区广泛盛行的文化，但在某一个国家又属于少数民族文化。在欧洲，人们使用的语言有40种以上，但有约5000多万欧洲人日常讲的语言并非所居住国家的官方语言，几乎所有的欧盟成员国（除葡萄牙外）都有与国家官方语言不用的“地方性”的“语言社区”。（作者注）

③ “The STOA Program：《The Cultural Dimension in the New Media》”（PE 167. 965lFin. St. ）.

领域之间的合作与交融，并率先创造了提升数字内容产业的组织化网络——“创意聚群”。[1] 2011 年 11 月，欧洲委员会向欧盟理事会和欧洲议会提出了“创意欧洲”（Creative Europe）计划，以期投入更多的资金推进欧盟文化产业的创新及其市场的发展。

3. 欧盟的“媒介计划”与欧洲影视产业的数字化

为实现《罗马条约》提出的欧洲一体化的宏伟目标，面临着全球化与多重挑战的欧盟，依据形势变化适时调整自己的定位，积极采取新的行动，在推进一体化的努力中寻求更大的发展空间。对此，欧盟不断通过制定和推行与其政治、经济、安全等战略计划协调的科技、教育和文化政策，在更广泛领域内持续协同地推进欧盟的一体化进程。

1993 年欧盟通过的《马斯特里赫特条约》，在欧洲一体化进程中具有里程碑意义。该条约的第一百二十八条为欧盟的文化政策与文化发展战略确定了基本原则：“共同体将致力于弘扬共同的文化遗产，发展各成员国文化，尊重各国各地区文化的多样性。”由此，长期以来，欧盟视欧洲悠久的历史与丰富多彩的文化传统为欧洲最珍贵的“共同价值”与欧洲文化的“身份认同”的基础与象征。同时，欧盟既强调寻求欧洲文化的共同性与同一性，也强调重视欧洲具有的各国地区文化的多样性与差异性。

由于各成员国经济、政治与文化的利益诉求存在着差异，欧盟在追求一体化目标的政策制定和实施中，如何实现文化“同一”与文化“多样”的共存与融合或相互协调与相互促进，始终是“管制”与“自由”两个对立派别围绕着建立“单一市场”与保持“文化多样性”的政治冲突与论争的过程。就欧盟的视听产业领域来说，《马斯特里赫特条约》的第一百二十八条既意味着欧盟正式把视听媒介列为文化范畴，也意味着欧盟（主要是欧洲委员会）的权力正式延伸到了文化领域[2]。

从 1982 年欧洲议会通过的哈恩协议（*Hahn Resolution*，即《欧洲共同体的无线电与电视广播决议》）开始，因该协议强调要求各个成员国考虑和协调重建欧洲媒介市场，需要制订和推广广播电视节目的统一标准，视听领域就成为欧盟管

---

① 参见“Unlocking the potential of cultural and creative industries”〔COM（2010）183 final〕。

② 参见 http：//eur-lex. europa. eu/en/treaties/dat/11997D/htm/11997D. html。

制派和自由派对峙的主战场①。管制派（以法国为代表）的政治立场是主张权力机构应该给予文化领域和视听产业资助及监督或管制，自由派（以英国为代表）则主张应尽量减少政府对广播电视产业的干涉，并应进一步保障市场自由运作以促进竞争力。

自《马斯特里赫特条约》签订至今，欧盟内部的市场自由派在有关视听政策的论争中似乎占据了优势，在他们主张影响下，欧盟在数字内容产业推行的放松市场管制的政策，加快了欧洲数字单一市场的建立。但同时，由于自由市场竞争将导致欧盟也不得不支持管制派市场垄断与产业集中化，不利于欧盟内中小国家视听等文化产业的发展，因此欧盟也不得不支持管制派提出的给予欧洲小国家和中小企业的视听文化产业资助与扶持。

1991 年，欧盟支持管制派通过了法国提出的“媒介计划”（Media Program 1991 - 1995）。这是一项为支持欧洲视听产业发展而专门设立的资助计划，在这一计划中，欧盟投入 5 亿欧元的资金，激励与增强欧洲视听文化产品的竞争力和制作能力，并主要用于帮助一些经济力量薄弱国家的视听产业或多民族和多语言地区收看影视节目，以及中小电视电影制作机构的成长，并支持各国视听节目参与各国影视合作的“尤里卡”（Eureka Audiovisual）计划和“欧洲影像”（Eurimage）计划。

欧盟在每一年度的“媒介”计划实施中，把支持与促进视听产业积极适应与应用新的信息传播技术，纳入资助影视节目和产品的创作与制作的目标要求和具体项目规划中。目前正在执行的总预算为 7.55 亿欧元的“媒介 2007”计划，除了继续按传统优先支持欧盟视听产品在全球范围内的推广与传播外，还特别强调其行动目标主要是推进视听产业的数字化与对信息传播新技术的采用，并在该计划内专门设立了“向导项目”（Pilot Project），以满足欧盟的视听产业向数字化转型，适应数字技术与单一数字市场变化与发展的需要。

自 20 世纪 90 年代至今，由于全球化趋势与全球经济竞争的影响，特别是面临着美国单极独霸的强势文化的冲击，使欧洲国家对自身生存空间和如何保持自己的文化特性展开了反思热潮，反映在欧盟内部即是两派都强调保持与保护欧洲

---

① 张生祥：《欧盟的文化政策》，中国社会科学出版社，2008，第 149 页。

文化与语言的多样性[①]。由此，尽管欧盟内部主张“自由”与主张“管制”的两派在视听产业政策上存在较大分歧，但在与世界贸易组织（WTO）的有关涉及欧盟文化产业的谈判中，两派都在“保护和维护欧洲文化的多样性”上保持一致，成功地把文化视听产业的保护以“文化例外”条款的形式保留下来，抑制了美国在欧洲视听市场的扩张，表现了欧盟在国际政治与经济竞争中，对于维护欧洲地区利益的共同取向与强烈的文化自我意识。

今天，作为传统媒介与大众文化的电影，不仅是欧洲视听产业的重要组成部分，也是欧洲人视为具有珍贵文化价值与承载历史记忆的传统遗产。欧盟自提出与实施第一个“媒介计划”始，到后续的“媒介Ⅱ计划”（1996～2000年）、“媒介附加与培训计划”（2001～2006年）和“媒介2007”（2007～2013年），20多年来，该项目已经支持了数千部欧洲电影的制作、传播推广和相关培训，以及组织了欧盟的视听节目与作品在欧洲大陆30多个国家进行文化交流与举办电影节的活动。同时，随着利用互联网推广影视作品的电影在线服务正在欧洲成为视听产业内容数字化的流行商业模式，欧盟把推进影视产业与内容在线提供商的合作作为一项重要的工作，并促进互联网服务商以及电信运营商签署了《欧洲电影在线发展纲领》，以激发数字化时代欧洲电影以及欧洲其他文化创意产业发展的竞争力与活力。

欧盟的“媒介”计划也配合其他文化发展战略，积极推进关系视听产业多样化发展的欧洲电影院的数字化转换进程。在欧洲，由于技术（标准）和经济（商业模式）等问题，数字电影院的发展落后于美国，一些影院因为数字设备成本太高，甚至面临倒闭。2011年，欧盟的欧洲经济与社会委员会、地区委员会和欧洲议会分别就有关解决欧洲电影院的数字化与资助问题支持进行了讨论，并签署了相关政策指导性文件。欧盟的欧洲委员会还就数字议程与欧洲电影传统的继承问题设立了相关研究项目。由此带动了欧洲许多看好数字电影产业前景的投资人加入欧洲院线的数字化投资。截至2011年，欧洲已有50%的银幕实现了数字化。特别是法国走在前列，2011年全部票房的80%来自于数字影院，将在2012年全面告别电影胶片时代，实现所有影院的数字化。

欧洲影视也被欧洲人视为欧洲文化身份与欧洲文化多样性的象征，电影中的

---

① 张生祥：《欧盟的文化政策》，中国社会科学出版社，2008年，第164页。

欧洲形象是全世界人们了解欧洲文明过去与现状的重要来源。为推行应用数字技术进行视听文化遗产的保护，确保欧洲电影传统的代代相承，欧盟要求成员国指定专门机构进行电影文化遗产的保护，并通过“媒介计划”以及“欧洲电影之门”计划（European Film Gateway Project），保障欧洲电影档案的收集、整理、修复与长久储存，以避免采用数字技术制作后欧洲电影面临的“失去记忆”的危险。在对电影胶片实现数字化转换后，保存在欧盟发起的正在建设中的欧洲数字图书馆①。这两项计划从 2008 年启动到 2011 年，欧盟的数字图书馆“Europeana”已获得收藏与链接了可提供给欧洲及全球超过 10 万个欧洲电影的影像及相关文字档案的在线数字化内容。

The European Union's Digital Agenda and the New Media in Europe

Yang Ruiming

Abstract: "The Digital Agenda for Europe" is the flagship for EU's growth strategy and road map for becoming a smart, sustainable and inclusive economy in Europe. This article introduces the policies and actions of the Agenda and reviews the progress that the EU has made in 2011 for completing the Agenda's plans on ICT and new media development. Now internet and the digital technology not only are rapidly changing the way of life in Europe, but also become the crucial elements of EU's speeding up digital society and economic recovery. This article also concentrated on explaining how the Agenda is bring about new chance for the new media in digital content innovation and the challenge for the protection of European culture diversity and heritage during the process of EU's digital singe market moving forward.

Key Words: European Union; *Europe 2020*; *The Digital Agenda for Europe*; New Media

---

① "On the challenges for European film heritage from the analogue and the digital era" 〔SEC (2010) 853 final〕.

B.29

2011年中外电子书产业发展报告*

吴小坤　吴信训**

摘　要：2011年是我国电子书产业外部环境和内部结构均发生深刻变革的一年。本报告对电子书终端市场、内容市场、产业格局等方面的最新态势及其发展过程中的相关问题进行了探讨，指出移动阅读与数字出版零售是电子书产业未来发展的两大潜力点，而可持续性是电子书产业的生命力所在。

关键词：电子书　产业发展　终端竞争　结构转型

2011年，受市场需求与政策扶持的双重作用，电子书以更为多元的形态向更加广泛的应用领域推广。大众市场逐渐形成、终端竞争加剧和商业模式转型构成了2011年电子书产业发展的基本特征。

一　2011年电子书产业发展基本态势

1. 国际电子书出版市场日渐活跃

国际调研公司 Bains & Company Inc 预测，到2015年，各种电子阅读终端的全球普及率将达到15%～20%，届时，15%～25%的书刊将以电子书的形式销售。①

2011年5月19日，亚马逊宣布其电子书的销售已经全面超过了包括精装版

---

* 本文为上海市高校人文社会科学重点研究基地、上海市社会科学创新研究基地（吴信训工作室）“新媒体发展”研究课题成果之一，课题主持人为吴信训教授。

** 吴小坤，博士，上海大学影视学院讲师。吴信训，上海大学中国艺术产业研究院院长，教授，博士生导师。

① Patrick Béhar, PUBLISHING IN THE DIGITAL ERA: A Bain & Company study for the Forum d' Avignon. 2011.

和平装版在内的所有类型印刷书的总和。有研究显示，在大众出版领域，电子书正被越来越多的读者接受。企鹅集团 2011 年上半年电子书销售额增长超过了 130%，收入已占到其全球总收入的 14%；阿歇特在美国的电子书收入比重达 23%，哈珀·柯林斯在美国的电子书收入也占到了 19%，西蒙与舒斯特电子书收入达到其全球收入的 17%。[①] 在欧洲，电子书发展虽然较美国相对滞后，但其增长势头已经显现，大众电子书所占比例正在迅速增大。在亚洲，日本和韩国的电子书发展也很迅猛，各具特色。日本的手机出版市场非常活跃，由大型印刷企业和发行企业主导的向电子书业务转型也渐成气候。

2. 终端技术渐趋成熟，更适用大众市场

在终端技术方面，电子阅读器的技术日趋成熟，各类新型的阅读终端市场竞争加剧。尤其是 2011 年内苹果 iPad 电子阅读器的市场占有率迅猛上升，以及智能手机成为快速成长的大众阅读平台，电子杂志和增强型电子书（电子书 3.0）进入核心数字出版范畴。亚马逊不仅推出了三档价格低廉的 Kindle Touch 冲击大众市场，还以 199 美元的价格，推出了除书籍阅读外，还可看电影、听音乐及使用应用软件等功能集成型电子书终端“Kindle Fire”。电子书产业领域中一直被寄予厚望的彩色化，在 2011 年取得重大进展。英国的彩色电子书 Nook 则采用了触摸屏技术来增强阅读体验；加拿大的库伯（Kobo）也在 2011 年 10 月宣布推出新的彩色电子阅读器 VOX；高通公司 2010 年研发的采用反射型显示器“Mirasol”的彩色电子书，在韩国得到采用，并拟在 2012 年投入量产。在国内电子书市场上，歌美、纽曼、爱国者、卓易等品牌的彩色电子书终端也为电子书用户提供了更多的选择。

3. “云阅读”成新的产业亮点

一些大型公司纷纷推出“云”服务，在阅读的对象化服务方面促进了产业链更大的跨越。同时，销售纸质书籍和电子书籍的混合型书店受到印刷集团和电子企业的共同青睐。谷歌、苹果和亚马逊三大国际巨头不断推出新的产品和服务，以“云端”+“终端”的产品架构在电子书出版领域加紧布局，所形成的产业链强势值得关注。在亚马逊 2011 年推出的新产品中，增加了一个功能性应用，即兼容 iOS 操作系统的 Kindle Cloud Reader（云阅读器）。云阅读让 Kindle

① 柳斌杰：《数字时代的全球出版走势》，《中国出版》2011 年第 9 期。

用户能够通过亚马逊账户访问自己所有的图书，类似于苹果 iBook 的阅读模式，该应用程序可以下载图书、改变字体和对内容加注。随着“云阅读”成为 2011 年电子书产业的一个新亮点，北大方正的番薯网在 2011 年 3 月启动云阅读平台后，于 7 月联合数百家出版社正式推出云阅读书店。云阅读书店采用免费在线试读、包月包馆、在线付费阅读、全本购买等多种模式，目前可试读和购买的正版图书约 60 万本。在云阅读的助推下，一方面，读者能够在更加多元的平台上感受电子阅读的便捷乐趣；另一方面，也可以帮助出版机构更好地推广和销售电子图书。云阅读成为 2011 年电子书产业链架构和产业布局的新看点。

4. 国内电子书产业受到冲击，亟待转型

在我国，2011 年电子书产业喜忧参半。一方面，电子书产业模式进一步成熟，终端商、内容服务提供商与渠道平台商之间日渐紧密的合作，正在推动产业模式不断创新，标准化进程加紧进行，产业政策环境进一步优化。另一方面，本土市场受到巨大冲击，电子书企业经历大幅洗牌，合理的盈利模式仍在摸索中。从大的政策环境来看，我国文化体制改革正不断深入，文化产业投入的不断增加，也为电子书产业的未来发展创造了条件。

二　电子书终端竞争加剧，市场有起有伏

2011 年，我国本土电子书终端销售量虽然从 2010 年的 1300 万台增长到了 2710 万台（增幅 108%），但电子书企业盈利明显下跌，甚至出现负增长。伴随以 iPad 为代表的功能集成型电子阅读器风起云涌，迅速占领全球市场，一方面，本土的汉王等以电子纸为技术依托的电子书市场却出现低迷；另一方面，2011 年下半年，索尼、谷歌加入市场争夺，使该市场再度升温。

1. 多功能型电子书冲击下，本土品牌终端市场遇冷

2011 年 7 月，盛大 Bambook 以 499 元（比原价低了近 50%）的价格，推出电子书的大众市场理念，使原本以汉王、纽曼、爱国者等所引领的电子书终端市场降价风潮再度硝烟四起。原本价格一直居高不下的汉王，最高降幅也达 65%。即便如此，单一阅读功能的电子书仍受到巨大的市场冲击。对于国内的电纸书终端厂商而言，单一阅读功能的电子书与功能集成型 Pad 的交锋，让产业链上的各方都更加清楚地看到与未来卖内容、卖服务的新商业模式构想相比，还有相当的距离。

以苹果 iPad 为代表的平板电脑对一些需求更趋多元化的消费者的吸引力，消化了大部分电子书的潜在市场，特别是 iPad 一代的降价，致使电子书市场现在销售维艰，很多电子书厂家从 2010 年第四季度开始就停止了电子书生产，逐渐淡出市场。另外，苹果 iPad 在一年内骤然席卷国内平板电脑近八成的份额，提前消化了国内平板电脑和电子书的潜在市场，并顺利“接管”了国内电子书的礼品市场，国内电子书市场面临困境。① 易观国际统计数据显示，2011 年第一季度，中国电子阅读器的销量为 30.42 万台，环比出现负增长（-4.28%）。不少新兴的电子书终端品牌纷纷退出市场，即便是汉王科技这样的龙头企业，也开始承受亏损。汉王科技发布的 2011 年半年度业绩预告修正公告显示，汉王科技预计亏损 1.75 亿元，主要原因是占主营业务收入比最大的产品——汉王电纸书产品受市场竞争的影响，产品均价同比下降 31.64%，销量同比下降 53.56%。而在一年以前，汉王仅一个季度的净利润就可以达到 4187.4 万元。国内电子书厂商的大幅受挫，不仅使一些相对较小的电子书终端商被迫放弃这一市场，而且也让人们开始质疑电子阅读器究竟能走多远？电子书产业的未来面临着怎样的变局？

2. 多元竞争中，国际电子书市场回温

国际电子书终端市场上的代表产品亚马逊，从 2007 年发布 Kindle-I，到 2010 年的 Kindle-Ⅲ，再到 2011 年的 Kindle Touch 和 Kindle Fire，其每一次发布都掀起不小的风浪。2011 年，亚马逊发布了 4 款电子书终端新品，包括三款低价位的 Kindle Touch 和一款彩色电子书终端 Kindle Fire。Kindle Touch 在美国上市不久便销售一空，这无疑给价格相对较高的 Nook 等同类产品造成了不小的冲击。而亚马逊于 2011 年末发布的低价位 Kindle Fire，则一反 Kindle 所坚持的电子纸技术，而采用了智能手机常用的 Android 系统，将原本所不考虑的一些应用程序纳入其中。Kindle Fire 的上市，可以看做是单一阅读型的电子书终端与功能集成型电子书终端相互渗透的重要标志，终端界限的模糊与相互融合也是电子书终端未来发展的重要趋势。

iPad 等功能集成型电子书终端的加入，似乎更大地刺激电子书市场的急剧竞争和快速洗牌。继索尼重新加入电子书终端市场竞争之后，2011 年 7 月，谷歌

---

① 竹子俊：《重压之下力求突围　电子书转向内容服务》，《中国对外贸易》2011 年第 5 期。

在其官方博客中宣布，已经与硬件厂商艾利和（iRiver）合作，推出“iRiver Story HD”电子阅读器。谷歌表示，这一电子书商店销售“数十万本”电子书，并提供超过 300 万本免费电子书。这款电子阅读器将内置谷歌 eBookstore 支持系统，用户可直接从其所提供数十万册收费电子书和超过 300 万册免费电子书资源中下载内容。在此之前，用户是不能从 eBookstore 购买电子书并在手机或平板电脑上阅读的。

在美国，以电子纸技术为核心的电子书实际上在 iPad 等功能集成型电子书进入市场之前，就已经拥有了相当的市场占有率。皮尤调查公司 2011 年 6 月发布的《互联网及美国人的生活》调查报告显示，亚马逊 Kindle 或邦诺的 Nook 等电子阅读器在美国成年人中的普及率达到 12%，而苹果 iPad 和摩托罗拉 XCOM 等平板电脑的普及率只有 8%。电子阅读器的普及程度已超过平板电脑。[①]

另有相关研究预测，到 2012 年，单一阅读功能的电子书和多功能电子书的市场渗透率均将有更大幅度的上升，且保持相当的重合覆盖比例。

国际电子书终端市场争夺的回温，似乎为我国电子书企业带来了新的希望，但同时也使这些企业面临着新一轮的挑战。未来更加开放的电子书终端和内容平台，迫使我国的电子书产业亟须加快转型，形成更加合理的产业格局和盈利模式。

三 差异化竞争需求与我国电子书产业格局转型

仅从电子书终端市场来看，竞争主要在于以 iPad 为代表的功能集成型电子书终端与以 Kindle 为代表的单一阅读型电子书终端之间的市场争夺。自 iPad 上市以来，尽管亚马逊 Kindle 的价格便屡次下调，但仍销售不利。据谷歌旗下 AdMob 最新调查显示，84% 的用户用平板电脑玩游戏，78% 的用户搜索信息，74% 的用户查收电子邮件，61% 的用户阅读新闻，只有 46% 的用户在平板电脑上阅读电子图书。[②] JPMorgan 市场调研数据也显示，iPad 和 Kindle 拥有各自不同

---

① 转引自《美 Kindle 等电子阅读器普及率超平板电脑》，IT 商业新闻网，2011 年 6 月 28 日，http：//news. itxinwen. com/it_ industry/commodity_ hardware/2011/0628/310434. html。

② 《电子书转型有“长劲儿”》，eNet 硅谷动力，http：//www. enet. com. cn/edigi，2011 年 4 月 28 日。

的消费群体，并不会相互替代。高达40%的iPad用户拥有亚马逊的Kindle阅读器，其余份额中的23%也有在一年内购买Kindle的计划。同时，由于亚马逊Kindle所依靠的主要还是内容盈利，在苹果iPad等市场占有率提高的情况下，亚马逊针对性地开发了可适用于苹果iOS和Andriod平台等的多种终端应用，亚马逊电子书内容的销量反而由于iPad等功能集成型电子阅读器得到了增长。

然而，对于国内的电子书市场而言，情况却并非如此。在电子书市场竞争的巨大压力下，国内电子书企业纷纷开始反思问题、寻求新的商业模式。

1. 绑定模式：电子书盈利结构存在局限

国内电子书产业的盈利结构主要依靠终端销售和内容销售两大部分。但在全球电子书产业中处于领先地位的美国和日本，其电子书终端在2011年已经进入价格大幅下调的阶段。这样，对电子书内容资源所带来的盈利需求在产业链中的比重便相对增大。

电子书产业的布局显示，国内的电子书企业都希望效法亚马逊模式，建立一条终端销售到内容销售的一体化产业链。因此，大型的电子书企业往往采用终端与内容资源绑定的销售模式，利用加密技术令各自电子书城中的内容格式限制于在其相应的电子书终端。比如，云中书城的SNB、汉王的Htxt、番薯网的FEB、无线书城的MED、辞海的CEepub，都是自有格式，只支持自己的阅读器品牌。[①] 即便大多电子阅读器都能够兼容不同格式的文件，但各自电子书城中的内容却不能够使用其绑定品牌之外的其他电子阅读器下载。这种方式虽然在一定程度上起到了版权保护效果，但对于消费者而言，却很不方便，同时也造成了内容重复建设的资源浪费。

而绑定模式的始作俑者亚马逊，却在市场竞争的压力下，迅速改变经营模式，开放了源代码，现已能够支持个人电脑、iPad、iPhone等阅读终端，消费者在不购买Kindle阅读器的情况下，也完全可以通过其他终端来购买亚马逊网站的电子书。[②] 同时，亚马逊还积极扩大Kindle阅读器的内容获取功能，努力从各个方面突破绑定模式的局限。根据《纽约时报》2011年4月20日的报道，亚马逊宣布将允许Kindle用户在阅读器上从美国11000多家公共图书馆中读取电子

① 安小兰：《我国大型电子书城内容资源及经营现状分析与思考》，《出版科学》2011年第3期。

② 亚马逊网站，www. amazon. com。

书，这与其之前的销售策略大相径庭。国外的不少电子书终端都能够实现图书的借阅功能，用户可在 Nook、索尼 E-Reader、Kobo 等，以及便携式电脑和智能手机上阅读借阅的电子书。在电子书内容资源所占产业比重逐日上升的今天，突破原有绑定模式的经营局限，对我国电子书产业结构转型至关重要。

2. 从终端到内容：电子书产业结构重心转向

国内电子书内容资源建设自 2008 年起步。被称作“电子书元年”的 2010 年，不仅终端销量大增，而且内容资源的建设也取得了较大推进。在这样的背景下，2011 年的电子书产业表现由重终端生产向重内容平台建设的倾斜。

与美国拥有相对稳定的电子书深度阅读读者群体不同，我国电子书市场在起步阶段即受到礼品市场定位的影响，先终端而后内容，在读者群尚未培育成形之际，又受到苹果 iPad 等多功能电子阅读器的市场冲击。没有丰富的内容资源，就不足以吸引期待深度阅读体验的群体去购买电子书终端。而从目前的盈利结构来看，终端销售的滞后，在很大程度上阻碍电子书产业的发展。无论是盛大文学这样以内容取胜的企业，还是汉王这样以终端起家的企业，都寄希望于未来通过内容资源的建设实现“长尾”盈利（见表 1）。这也是国内电子书企业最典型的自救举措。

表 1　国内大型电子书内容平台概览（按规模排序）

电子书内容平台	创建时间	承载终端	规模及运营模式特色
盛大文学 “云中书城”	2010. 4	Bambook（锦书）	拥有电子图书约 300 万册，以网络原创小说为主。收费模式为出版方自主定价与 VIP 章节收费相结合
北大方正 “番薯网”	2009. 7	Yambook	拥有电子图书约 60 万册（其中支持 Yambook 的不到 1 万册），以传统图书为主要内容资源。有下载、包月和租阅三种价格模式
中国移动 “无线书城”	2010. 5	大唐 G3； 汉王	拥有电子图书约 15. 4 万册，以传统图书和网络原创小说为主。书城统一定价 3 ~ 7 元，3 元包月阅读
汉王科技 “汉王书城”	2008. 4	汉王电纸书系列	拥有电子图书约 10 万册，以传统图书为主要内容资源。1/3 资源免费，收费内容由出版社自主定价，通常为纸质图书的 1/5 ~ 1/3，一般在 2 ~ 15 元之间
中国电信 “天翼阅读”	2010. 9	定制手机	拥有电子图书约 3 万册，以传统图书为主要内容资源。有按栏目包月、按本和按章节三种收费模式
上海世纪出版集团 “辞海天下”	2010. 3	辞海悦读器	拥有电子图书约 2 万册，以传统图书为主要内容资源。其阅读器中内置《辞海》、《中国文化通志》等资源，书城定价，通常 10 ~ 30 元

盛大文学的“云中书城”是目前国内拥有电子书内容资源最多的平台，其所拥有的电子书远远超过其他几家的总和，藏书量已达300万本，远远高于当当网的5万本藏书量。然而，这也就显示出国内电子书内容资源的主体是网络原创文学，传统图书所占的比例相对较小。

盛大文学除了推出电子阅读器Bambook外，还通过多种方式向移动互联网领域大举推进。至2011年底，云中书城已经推出了iPad客户端、iPhone客户端、Android客户端以及云中书城WAP站，将来还计划推出Symbian客户端应用以及Windows Phone客户端应用。这些应用程序的不断推出，意味着目前国内绝大部分手机用户都将可以通过自己的手机阅读云中书城平台上的图书。此外，盛大文学还通过与联想、掌阅、3G门户、斯凯网络等多方合作，以及向包括百阅、开心网、新浪微博、汉王电纸书、豆丁网、91熊猫看书等在内的多个合作伙伴开放接入，抢占先机，建立其在电子书产业国内市场中的地位。虽然目前盛大的云中书城已成为中国移动手机阅读基地最大的付费内容供应商。但这些举措是否能够实现盛大“内容+终端+平台”的产业结构模式，避免“只见电子不见书”的尴尬，却有待检验。

电子书城和电子内容交易平台的加紧搭建，反映出各大电子书厂商对未来电子书内容市场的期待。汉王同样打造了一个“汉王书城”，并寄希望于让“汉王书城”成为另一个“亚马逊商店”。刘迎建在2011年4月21日的讲话中就表示：“我们未来的商业模式不是靠终端，而是靠平台，这个平台就是汉王书城。”汉王作为国内占有最大市场份额的电子书终端商，虽然内容平台远不及处于第二位的盛大，但其向内容平台的重心倾斜，更标示着国内电子书产业未来的盈利模式逐渐从终端设备转向内容服务平台的大趋势。

四　移动阅读与数字出版零售：电子书产业的未来潜力点

电子书作为继笔记本电脑、手机之后的第三大移动设备，以其特有的需求定位和使用便捷性在大众电子市场占据一席之地。伴随终端技术的逐步成熟、内容市场的日渐丰富，以及无线网络的大范围普及，电子书产业链不断延伸，移动阅读所引领的新趋势带动相关产业布局，数字出版的零售潜藏新的产业增长点。

1. 移动阅读——阅读需求带动电子书产业的大势所趋

无线网络的普及和设备的进一步发展，将使诸如阅读这样的刚性需求更多地转向便携的移动工具，移动阅读的产业前景看好。加之大众文化需求的增长和文化产业政策的倾斜，各个行业都已看到移动阅读的大趋势，纷纷开始布局。

各地区、各行业纷纷建立数字出版基地和移动阅读基地。如建于2010年的中国移动手机阅读基地，在2011年与移动阅读产业链上的各商家大范围开展合作。除了与中国出版集团、盛大、中文在线等35家内容提供商开展合作外，还联合华为、汉王等终端商推出适应各种移动阅读的终端设备。随着政府近年来推出的数字出版创新机制不断深化，上海以电子书产业作为数字出版的杠杆，目前已形成了3个在国内有影响力的电子书内容平台和终端品牌，实现数字出版总产值528亿元。“辞海天下”致力于打造以精品文化内容为主的平台品牌；“新华E店”着力打造图书种类最为齐全的网上新华书店；“云中书城”在进一步完善网络原创文学出版的同时，扩大平台的开放合作，并积极开发版权交易等衍生价值。目前，三大平台的系统建设日渐完善，投送渠道已从PC终端逐渐向苹果iOS终端、谷歌Android终端及电视、手机等其他终端延伸。

可以预见，在各因素的共同作用下，移动阅读将成为电子书产业未来发展中一个最具潜力的领域。电子书产业链上的各方在看到这一潜力后向移动阅读领域进军的过程中，需要冷静分析、思考自身的优势，协同合作，寻求差异化竞争，才能突破现有瓶颈，实现共同盈利。

2. 数字出版零售——艰难但必要的问题

2011年，政府部门给予数字出版大力支持，国家级数字出版基地拔地而起，这不仅给电子书产业带来一项重大的业态转变，而且需要电子书产业更具活力和创新意识，突破市场瓶颈，探索新的商业模式。技术方与出版方的合作只是解决了内容源的问题，真正的难点在于如何激发用户的消费意愿。① 只有电子书用户有内容可买，愿意在电子书终端、平台上购买内容，才能实现电子书产业链的优化，实现电子书销售的长尾效应。不论企业推出多少新概念吸引眼球，都始终不能回避如何争取并留住用户的问题。用户需求是电子书产业的重中之重。

① 《2012年数字出版展望：付费数字阅读好戏在后头》，2012年1月9日《中国新闻出版报》。

在我国，当当网于2010年4月就启动了电子图书的零售，2011年12月又宣布正式上线电子书平台，同时还将推出针对苹果iOS系统和谷歌Android系统终端应用软件。2011年2月中旬，搜狐正式开展网络付费阅读业务，并开放原创频道，利用自身渠道优势资源对文学作品的电子版权进行销售。盛大文学、大佳网、电信运营商等均已开始对其平台上的部分内容进行收费。然而，要想通过数字出版内容赢利，推动产业发展，仍然困难重重。一方面，在我国目前纸质书定价不高，又有大量互联网免费内容可以享用的情况下，读者购买电子书阅读的积极性很难被激发起来；另一方面，由于电子书所涉及的定价、版权、数字版权、版税和各方利益等诸多复杂问题，也为高质量的内容资源管理带来了相当的困难，存在一些真正愿意购买内容的读者找不到所需内容的尴尬。

尽管目前存在相当大的困难，但2011年电子书产业内的一系列举措让我们更清楚地看到，数字出版零售是电子书未来发展的必然。数字阅读的巨大市场潜力在于，让习惯于互联网免费内容的读者愿意出钱购买他们认为有价值的阅读内容。当电子书进入到主流消费市场后，解决数字出版的零售问题就成为电子书销售的重要突破口。

低成本、高速度的无线互联网接入，电子书终端设备的技术更新发展，数字内容技术标准的演变，实力雄厚的企业对数字阅读和出版业的参与度不断提升，以及比前辈更能适应和接受技术演进的新一代读者的成熟，种种条件促使电子书产业在短短的几年内，发生了并正在发生着根本性的改变。2011年，关于电子书产业的讨论似乎总是围绕着一个问题，即如何生存下去？对于电子书这样一个新兴的、风起云涌的产业来说，对于生存的思考，换句话说也是关于持久性的思考，即在混乱中寻求可持续发展的问题。

A Report on E-Book Industry in 2012

Wu Xiaokun　Wu Xinxun

Abstract: Undergoing great changes both in external environment and internal structures, 2011 is a year of transformations for e-book industry. This report explores the latest development in the terminal market, content market and the e-book industrial structures, with the analysis of the relevant obstacles, suggesting that the mobile publishing and e-book content retail will be potential for further development, while sustainability is substantial for e-book industry.

Key Words: E-book; Industrial Development; Terminal Competition; Structural Transformation

B.30

2011 年度中外数字报纸发展报告*

李　珠**

摘　要： 本报告是对2011 年中外数字报纸的发展情况的汇总概括，主要分为两部分：第一部分介绍了西方国家2011 年数字报纸在收费、报纸业务安排、海外拓展以及和其他媒体合作等方面的情况；第二部分则介绍中国的数字报纸2011 年的发展状况，主要是在收费、业务发展、数字内容维权等方面的情形。

关键词： 数字报纸　全媒体新闻　移动采编

一　2011 年国外数字报纸发展情况

2011 年，金融危机对报业的冲击仍在持续，由于纸质报纸的节节败退，各国报业集团大力发展数字化战略。

（一）报业的危机仍在继续

1. 纸质报纸发行量下降

在美国发行量最大的25 家报纸之中，除了7 家之外，其余各家的发行量与上年相比都有所降低。①

---

* 本文为上海市高校人文社会科学重点研究基地、上海市社会科学创新研究基地（吴信训工作室）“新媒体发展”研究课题成果之一，课题主持人为吴信训教授。

** 李珠，博士，上海大学影视学院讲师。

① 新浪传媒：《美国报纸发行量下降电子版销售量均记录在列》，新浪网，2011 年5 月10 日。

日本报纸发行量下滑。2011年5月，日本ABC协会①公布其调查结果显示，日本第一大报《读卖新闻》发行量为993.1万份，该报4月发行量首次跌破1000万份，5月继续下滑，比上年同期减少了8.1万份。第二大报《朝日新闻》5月的发行量为771.4万份，和上年同期相比，丢失了20万份的发行量。②

根据英国发行审计局2011年11月11日发布的数据，《每日电讯报》和《泰晤士报》2011年10月的发行量比上年同期分别下降了7.80%和12.92%，《金融时报》下降了14.14%，《独立报》下降了26.84%，《卫报》下降了16.60%，《每日邮报》的发行量表现尚可，其10月日平均发行量达到2129328份，但和上年同期相比也下降了6.15%。

2. 报业广告收入持续下滑

2011年6月数据显示，该年第一季度，美国报纸广告营收为56亿美元，与上年同期的60亿美元相比下滑7%，同时还创下27年来的最低纪录。③ 实力传播公司（Zenith ptimedia）预计2012年美国的报纸广告收入将比2011年下滑8%，其总收入可能少于2006年经济繁荣期时的一半。④

在英国，旗下拥有多份报纸的Johnston Press公司的收入从五年前的1.315亿英镑（约合2亿美元）下滑到2011年的1600万英镑（约合2496万美元）。⑤

3. 报纸裁员、转让和关闭时有发生

（1）美国

2011年7月21日，美国报业巨头甘尼特（Gannett）宣布裁减700名员工，这是Gannett两年来规模最大的一次裁员。甘尼特曾在2009年7月裁员1400人，此次也是该集团2008年8月以来第四次大规模裁员。

---

① 日本ABC协会（Japan Audit Bureau of Circulations，JABC），即日本报刊发行量核查机构，是监督和调查日本印刷媒体发行量的非营利性组织。它是由广告主、广告公司及报刊媒体单位组合而成的机构，针对印刷媒体发行量进行严格稽核，并发给发行量认证书以证明该刊物发行量，用以规范报刊业的广告经营活动，从而保护广告主、广告公司以及报刊社三方的经济利益。

② 陈言：《日本纸媒告急》，《瞭望东方周刊》2011年第42期。

③ 新浪科技：《一季度美国报纸广告营收同比下滑7%》，新浪网，2011年6月2日。

④ Newspapers'2012 outlook：Bleaker-Ad revenues will continue to shrink，declining 8 percent，By Bill Cromwell，Dec 22，2011，http：//www.medialifemagazine.com/artman2/publish/Newspapers_24/Newspaper-s－2012－outlook-Bleaker.asp.

⑤ Dan Sabbagh：iPads and Kindles force newspapers further away from print，英国，2011年12月25日《卫报》。

由于报纸发行量和广告收入连续三年走低，纽约时报公司2011年12月27日宣布，计划将16家地方报纸以1.43亿美元的价格转让。

（2）英国

英国地方报纸受到的冲击尤为严重，2011年已有31家报纸关闭，其中多数都是免费赠阅的报纸，主要位于约维尔和斯卡伯勒等地。

2011年7月10日，英国发行量最大的报纸之一《世界新闻报》因窃听丑闻出版了最后一期。虽然这家报纸不是因财政因素关闭，但其不择手段的行为方式也在一定程度上反映了英国报界激烈的竞争状态和报纸生存的艰难。

2011年10月20日，《泰晤士报》和《星期日泰晤士报》宣布从其大约1000名全职员工和兼职编辑中裁员150人，两份报纸作出这一举动旨在分别将其编辑成本削减掉15%和12%。

（二）数字报纸的访问量上升，发行量和广告收入增加

1. 美国

2011年6月数据显示，该年第一季度，美国报纸广告营收与上年同期相比下滑7%，但报纸网络版广告营收同比增长11%，至8.08亿美元。

据美国报刊发行量统计所2011年11月1日公布的数据，2011年4~9月间，《纽约时报》数字版工作日的平均发行量略超38万份，周日的发行量为37.2万份。《华尔街日报》数字版工作日的平均发行量为53.7万份。许多报纸数字版的广告收入都有所增长。

2011年10月20日，美国报业协会宣布，2011年9月对报纸网站的日平均访问量较上年同期增加了21%，综合浏览量增加10%。人们花在报纸网站上的总浏览时间增加了11%，来自独立IP地址的访客人数增加了9%。2011年第三季度，报纸网站每月平均吸引1.104亿来自独立IP地址的访客。

2. 英国

英国发行审计局2011年8月公布的数字显示，英国《卫报》网站7月的日访问量达2810046人次，这一数字比6月份上升7.5%。《每日邮报》网站日平均在线流量月度攀升4.36%，至4239304次。与6月份相比，《每日电讯报》网站7月份也创下了日访问量增幅2.28%的纪录，用户达到1965481人次。

《金融时报》的CEO约翰·李尔庭（John Ridding）表示，2011年该报有

30% 的收入来自数字业务。他还预计，数字收入将在今后两三年内超过印刷版。

2011 年英国《卫报》所有的广告收入中有 20% 都来自数字版，而其赞助收入中，也有 55% 来自数字项目。

（三）数字报纸收费继续，逐渐得到读者认可

1. 美国

从 2011 年 3 月 28 日开始，《纽约时报》网站在全美和其他国家正式实施“收费阅读计划”，任何读者每个月都能免费阅读《纽约时报》上刊登的 20 篇文章，但超过 20 篇，就只有签约成为电子订阅读者才能继续浏览。不过，读者通过其他网站发布的链接进入《纽约时报》网站阅读文章将不受上述制度限制。

2011 年 9 月，美国《波士顿环球报》将其大部分内容转移到一个新的网站 BostonGlobe. com，并且从 10 月起在该网站上推行“付费墙”政策，除了主页与章节页面以外，每一页都受到“付费墙”的保护。不过，订阅了印刷版的用户，可以免费访问该网站。另外，社交网站、博客及搜索引擎也不受“付费墙”的限制。

2011 年 10 月 20 日，《纽约时报》公布数据，自 3 月份开始向读者收费以来，其综合浏览量平均下降 11%。到 2011 年第三季度末，该报电子版的付费订阅人数达到 32. 4 万人，而第二季度末是 28. 1 万人。

2011 年 12 月 6 日，《芝加哥太阳报》宣布开始对该报及其姊妹刊物的在线访问用户收费，实施“计量”收费计划管理。由此，《芝加哥太阳报》成为芝加哥商业区两大日报中首个向在线访问进行收费的报纸。《芝加哥论坛报》虽可以进行免费访问，但其母公司——论坛报公司却已经启动了付费系统。

2. 日本

《日本经济新闻》在 2010 年 3 月创立电子版的同时，关闭了免费网站“日经 net”。只要每月付 4000 日元成为电子版的收费会员（若不同时订阅纸质媒体时），就能够阅读所有纸质媒体上刊载的报道。至 2011 年 12 月 19 日，日经电子版收费会员人数达到了 17 万人。

日本朝日新闻社 2011 年 5 月 18 日推出了面向电脑和智能手机发布信息的收

费电子版新闻——《朝日新闻 Digital》。用户可每天 24 小时阅读《朝日新闻》的几乎所有新闻内容和视频等专门制作的素材。该社于 2011 年 10 月 31 日宣布收费版的购买申请人数已经突破 5 万人。全国性报纸中的《读卖新闻》和《每日新闻》，以及地方性报纸中的《中日新闻》，也将各自于 2012 年春步入电子版创刊中。

3. 英国

2010 年，《泰晤士报》启动了颇具风险性的“付费墙”计划。到 2011 年 10 月，该报电子版的订阅者人数已经超过了 11 万人。在此前的三个月中，订阅《泰晤士报》电子版的人数增长了 10%。

《星期日泰晤士报》于 2011 年 12 月 25 日首次出版了一份纯数字版，并且向所有人免费提供，希望借此吸引更多人订阅其数字内容。

《金融时报》2011 年的数字订阅用户达到 26 万人，同比增长 40%，数字版订阅用户每年贡献的收入也达到 180 英镑（约合 281 美元），已经实现盈利。

4. 加拿大

加拿大最大的报纸出版商 Postmedia Network 现在正在潜心发展公司的数字发展战略。2011 年 10 月，该公司宣布，将在全国范围内对它的 38 份日报及地区报纸实施“支付墙”计划。

5. 澳大利亚

新闻集团从 2011 年 10 月起对《澳大利亚人报》（*The Austrilian*）网络版收费。《澳大利亚人报》将采用免费和收费相结合的收费模式。

（四）结构、人员重组，进一步确定数字化战略

2011 年 4 月，全球知名金融资讯提供商汤姆森路透集团（Thomson Reuters）宣布，将进行一系列战略改革，重整新闻管理团队，公司将加强网络以及数字报供应，以扩大路透社影响力。

2011 年 11 月，美国《纽约每日新闻》在裁员的同时进行了人事改组，给了新媒体部分更多的权力。美国第四大报业传媒公司——媒体新闻集团（MediaNews Group）正处于重塑自我作为一个“数字第一”公司的相关阶段。2011 年 9 月，数字媒体老手约翰·佩顿被任命为首席执行官。另外，该集团还与报纸出版公司 Journal Register 联手打造了一个联合数字化公司。2011 年 12 月

27 日，纽约时报公司宣布，将地方报纸业务转让的目的之一在于资产转让将有助于《纽约时报》转型成为一家专注数字化的跨媒体公司。

2011 年 9 月，英国《伦敦标准晚报》、《独立报》和《星期日独立报》开始试图通过合并来继续提高效率。Independent. co. uk 网站和 Standard. co. uk 网站于 2011 年 10 月进行合并，以形成一个独立的数字销售部门。该决定是两大报纸在整个移动及在线平台上进行数字化发展及合作战略规划的一部分。

（五）在数字报纸的基础上开展视频业务

从 2011 年 5 月 23 日开始，《纽约时报》每个月在其网站和其他数字平台上至少推出 100 个视频。这些视频在“纽约电视”（NVTV）上发布首映。它们由《纽约时报》记者精心打造，在很大程度上借鉴了专栏界精英的重现片段。

2011 年 9 月 13 日，《华尔街日报》为扩大其网站视频业务，推出了一款名为“WSJ Live”的最新视频应用程序。该程序可用于 iPad，松下、三星、索尼及其他生产商制造的联网电视，以及 Boxee 和雅虎联网电视平台，并有望不久后在美国在线视频网站 Hulu 上使用。目前，《华尔街日报》在制作直播视频的数量上已遥遥领先于美国其他报刊。

（六）数字报纸推出新举措加强与读者的互动

美国《波士顿环球报》（*The Boston Globe*）2011 年 9 月推出的收费网站 BostonGlobe. com 引入一个被称作“波士顿环球报内幕”的项目，使订阅用户可以访问一些特殊事件，并可与《环球报》内部员工相互交流。此举用来促使读者产生一种“内部会员的感觉”。2011 年 12 月 1 日，《纽约时报》推出了一套全新的评论系统。《时报》将一定时间段内评论持续获得通过的任意读者作为“受信任评论者”，他们可以即时评论，同时评论内容在网站上可以优先展示。这是《时报》评论系统自 2007 年以来的首次升级。

2011 年 10 月，英国《卫报》决定实行一项“开放编辑部”的测试，将编辑部讨论的各项新闻选题在网络和 Twitter 上向读者开放，然后根据与读者的讨论和交流，确定报纸的最终选题。鼓励人们如果有什么想法，可通过 Twitter 与记者和编辑们联系。

（七）图书馆旧报纸的数字化

大英图书馆正在进行将报纸档案数字化的工作，目前已经将400万页、时间跨越300年的报载要闻转换为电子格式，并在2011年12月1日将这些数字化的报纸档案在“British Newspaper Archive”网站上线，这些资料可以远程访问、下载。大英图书馆与Brightsolid的目标是在未来的10年中，完成全部4000万页报纸档案的数字化进程。

二　2011年中国数字报纸发展情况

1. 蜘蛛网数字报刊营销平台上线

2011年1月12日，中国最大的报刊订阅网站蜘蛛网（www. spider. com. cn）宣布其数字报刊营销平台上线。该网分别针对当前主要的移动终端，包括手机、iPad、Pad、电子书、电脑等开发了阅读软件。2011年11月，蜘蛛网自主开发设计的数字阅读应用软件“蜘蛛书报亭”获“2011年度最具贡献奖”。目前，蜘蛛网可提供万余种报刊订阅选择，内容覆盖国内外各种主流报刊甚至一些专业学术类报刊、非邮发刊物。

2. 全媒体一体化平台的建设

2011年8月8日晚，南方报业传媒集团《南方日报》的整体技术平台成功实现全面切换。目前，《南方日报》新闻采编、排版、报纸安全出版流程（DMS）等整套生产流程及9个代印点的输出系统已全面完成切换。结合2011年初建设的全媒体一体化平台，《南方日报》实现了采、编、发、印整套生产流程的一体化，为南方报业传媒集团的全媒体聚合战略提供了一个坚实的基础。

3. “移动采编”系统的使用

2011年3月2日，云南日报报业集团和中国移动云南公司签订“信息化战略合作协议”，共同开发移动新闻采编系统，实现对多媒体（文字、图片、音频、视频）新闻稿件的采集、编辑、传送，可以达到手机发稿、前方记者与后方编辑互动、手机采编和其他发稿手段相统一的目标。

2011年5月19日，河北日报报业集团的“全媒体移动采编”系统启动。

2011年11月2日，中原报业传媒集团与河南移动郑州分公司合作的移动采编系统正式推出。

2011 年 12 月 9 日，由江苏联通有限公司为宜兴日报社量身打造的移动采编系统正式运行。

4. 历史报纸数字化

2011 年 3 月 30 日，点通公司在镇江报业传媒集团历史报纸数字化加工项目中成功中标，此次历史报纸数字化项目的加工内容涵盖 1956 ~ 2006 年期间的《镇江日报》和《京江晚报》的所有报纸。

2011 年 8 月，《舟山日报》、《舟山晚报》历史报纸数字化工程正式启动。项目计划用两年时间，将两报自 1955 年创刊以来到 2001 年间所有纸质报纸进行数字化处理，形成既可供全文检索又可供版面浏览的历史报刊资料库。

2011 年 12 月 14 日，《中国文化报》25 年纸质历史报纸数字化工作启动。

除了上述报纸之外，还有《茂名日报》、《茂名晚报》和《中国日报》等启动历史报纸数字化工作。

5. 数字报纸 iPad 版的版权纠纷

《新京报》的 iPad 版计划在 2011 年 4 月正式上线，但早在 2010 年 8 月，报社就发现 iPad 上运行的一款名为“中文报刊”的软件中未经授权使用了《新京报》的版面和内容，且每日实时更新。为此，新京报社授权下属网络公司派博在线公司向“中文报刊”软件开发者北京迈思奇科技有限公司发函，要求停止侵权。由于该公司不予理会，且持续侵权，新京报社授权下属网络公司将其告上法庭，请求判令迈思奇公司立即停止侵权行为，公开道歉，赔偿经济损失 60.8 万元。2011 年 4 月 25 日，海淀区法院正式开庭审理此案。这是目前已知国内首起针对 iPad 应用的版权诉讼。8 月，北京市海淀区人民法院对此案作出一审判决，判令其停止侵权并赔偿 10 万元。

Development Report of Domestic and Foreign Digital Newspaper in 2011

Li Zhu

Abstract: The report is a summary on the development situation of domestic and foreign digital newspaper in 2010, it's mainly divided into two parts: the first part describes the development status in the field of digital newspaper in western countries in 2010, such as the charge, the newspaper service arrangement, oversea market expanding as well as the cooperation with other media; The second part briefs China's digital newspaper development condition in 2010, mainly in charge, database construction, business development, safeguarding rights of digital contents.

Key Words: Digital Newspaper; All Media News; Mobile Editing

B.31

中外新媒体教育发展报告

高　虹*

摘　要： 本报告回顾了中外新媒体教育的发展历程，从专业设置、课程体系、教材建设、人才培养模式等几个方面介绍了我国新媒体教育的基本特点，并针对新媒体人才供给与行业需求之间存在的错位，给出了人才培养的相关建议。

关键词： 新媒体　教育　发展历程

新媒体的异军突起，促进了高校网络和新媒体专业的发展，同时也对其人才培养提出了新的挑战。新媒体时代的新闻传播教育如何适应形势的需要，这是我们无法回避的新课题。

一　国外新媒体教育管窥

1. 美国的新媒体教育

美国是互联网的发源地，新媒体教育实践也走在世界前列。自 20 世纪 90 年代开始，美国的新闻院校陆续开设新媒体专业课程。其中，威斯康星大学麦迪逊校区新闻与传播学院最早开设电子编辑和制作专业。1994 年，南加州大学新闻系开设了一门同时面向本科生和研究生的 3 个学分的选修课，主要内容涉及上网技巧和如何使用 HTML 语言以及 Photoshop 等软件搭建网站。①

---

* 高虹，浙江工业大学之江学院讲师，上海大学影视学院博士生。本文为上海市高校人文社会科学重点研究基地、上海市社会科学创新研究基地（吴信训工作室）“新媒体发展”研究课题成果之一，课题主持人为吴信训教授。

① 邓建国：《管窥美国新闻传播院校媒介融合课程改革中的经验与教训——以南加州大学新闻系的试错为例》，《新闻大学》2009 年第 1 期。

21世纪以来，网络新闻传播几乎已经成为美国所有新闻传播院校的必修课程。尽管课程名称并不统一，但教学内容基本一致，主要包括网络信息收集，网络新闻写作，网络新闻编辑，网络新闻报道中图像与动画、音频与视频的应用，网站设计，网络受众分析，网络新闻法规与伦理问题，案例分析等。网络新闻传播的教学内容，体现了美国新闻教育的实用主义传统，即重网页设计制作、网络新闻编辑等实务，轻网络传播理论。①

近些年，“媒体融合”（Media Convergence）成为美国新闻界的核心词汇之一。在业界，《纽约时报》、《华尔街日报》、《坦帕论坛报》等报纸率先展开了媒体融合的实践。在学界，美国堪萨斯大学新闻与大众传播学院于1999年，南加州大学新闻系在2002年启动了媒体融合教育计划。② 2003年对美国46所第一梯队的新闻院系的调查发现，多达85%的院系推出了媒介融合的相关课程。

2005年9月，世界上历史最为悠久的新闻学院——美国密苏里大学新闻学院创建了媒体融合专业，旨在培养学生适应日益变化的新媒体环境，利用现有的正在融合的各种平台为受众制作新闻。学院为此花费巨资新建了先进的数字化“未来媒体实验中心”。除了课程学习之外，媒体融合专业的学生还能参与到众多自办媒体中，包括KOMU（美国高校中唯一的商业电视台）、KBIA（公共广播电台）、*The Columbia Missourian*（《哥伦比亚密苏里报》）、MyMissourian. com（“我的密苏里”网站）、Missouri Digital News（密苏里数字新闻）、Vox杂志、*Global Journalist*（《全球记者》杂志）、MOJO Ad（全美最重要的以学生为主体的专业广告服务机构）等。③ 媒体融合专业学生的就业情况良好，他们的起薪比单一媒体专业学生的平均起薪高。

密苏里大学新闻学院在新媒体人才培养方面的探索，引发了国内院校的关注，如上海大学影视与传媒产业研究基地除了聘请该学院未来实验室主任迈克尔·麦金教授为影视学院学生开设“媒介融合传播前沿”讲座以外，还与密苏里新闻学院达成联合培养博士的协议，每年选送博士生去美国进修新媒体课程。

密苏里新闻学院主张学科内部融合，而哥伦比亚大学新闻学院则尝试跨学科

① 匡文波：《美国网络新闻传播教育特点》，《中国记者》2007年第5期。

② 王建磊：《密苏里大学新闻学院媒体融合教育考察记》，《新闻记者》2010年第6期。

③ 陈奕：《美国密苏里新闻学院“融合新闻”专业探析》，《东南传播》2011年第6期。

联合培养新媒体人才。2010 年秋季，哥大新闻学院和工程与应用科学学院联合开设了一个新闻学和计算机科学的双学位硕士项目，录取的学生进行总共五个学期的课程学习，其中大约三个学期在工程学院，两个学期在新闻学院，以此来培养既懂数字媒体技术又有新闻制作技能的新一代专业人才。①

除了密苏里大学和哥伦比亚大学，美国斯坦福大学、西北大学、加州大学伯克利分校、威斯康星大学麦迪逊分校、南加利福尼亚大学的新闻学院均开设有新媒体的本科和研究生专业及相关课程。

2. 其他国家的新媒体教育

英国的伍斯特大学和胡弗汉顿大学在 21 世纪初就建立了先进的数字媒体教学中心，吸引 BBC、BSkyB 等媒体公司与之进行合作。纽卡斯尔大学、伦敦都会大学、朴次茅斯大学等众多大学也开设了数字媒体的讲授式或研究类硕士课程。

澳大利亚的悉尼大学、昆士兰大学，加拿大的西蒙弗雷泽大学，法国的巴黎第八大学等诸多国际知名高校的新闻传播学院都开设有新媒体、多媒体、超媒体或媒介融合专业。

二　我国新媒体教育发展概况

2011 年 6 月 25 日，国务院学位委员会新闻传播学科评议组在北京召开了“新闻传播学研究生培养二级学科目录编写工作会议”，初步确定了四个二级学科目录：新闻学、传播学、广告与媒介经济、广播电视与数字媒体。新媒体的学科地位得到进一步的巩固。

掐指算来，我国的新媒体教育已在摸索中走过了 15 个年头。

1994 年我国正式接入互联网。1995 年开始，国内的传统媒体、政府和企事业单位纷纷组建网站。这一现象引起了教育机构的关注，不少高校开始尝试进行新媒体教育，纷纷在专业设置和课程体系等方面进行了调整。

1. 专业设置

新媒体教学起步较晚，在发展初期，主要是作为新闻学或传播学的一个专业方向而存在，如清华大学在新闻学专业，复旦大学、武汉大学、华中科技大学在

① 匡文波、孙燕青：《美国新媒体专业教育模式分析及对中国的借鉴》，《现代传播》2010 年第 8 期。

传播学专业设置了网络传播方向。经过几年的探索，积累了一定的办学经验后，一些新闻院系迈出了更大的改革步伐，进一步明确了网络及新媒体的专业地位。如北京大学于2004年成立了新媒体与网络传播系，设立了网络传播专业；中国人民大学于2008年增设数字新闻传播专业；中国传媒大学于2010年设立了新媒体与信息网络专业，招收新媒体网络经营方向的本科生。

除了老牌新闻院校，一些地方院校也在积极探索新媒体教学改革，如南京大学金陵学院在2007年成立新传媒系，其中媒体融合作为该系重要的新闻专业方向招收了全国第一批80名本科学生，被称为中国试水媒体融合的“黄埔一期”。2009年金陵学院新传媒系又招收了国内首批掌上媒体专业方向学生。2011年6月，由重庆师范大学与北京“时间碎片”新媒体公司共同筹办的全国首家新媒体学院成立，探索校企合作办学新模式，9月面向全国招生200名。

2. 人才培养层次

从1996年华中科技大学新闻与信息传播学院率先招收22名网络新闻传播专业方向的本科生开始，经过十多年的发展，已形成了“本科—硕士—博士”完整的新媒体人才培养层次。具有新闻传播学一级学科博士点的中国人民大学、复旦大学、中国传媒大学、北京大学、清华大学、武汉大学、华中科技大学、浙江大学、上海大学、华东师范大学、暨南大学、四川大学等都已开始招收新媒体与网络传播方向的博士研究生。近年来，为应对新媒体的挑战，促进高层次人才培养，除了高校和科研院所，一些传媒企业也开始设立博士后科研工作站，如上海文广新闻传媒集团从2006年起招收博士后，研究方向直指媒体最新发展趋势和技术。宁波日报报业集团2008年设立“数字报业实验室项目开发与市场推广”的博士后研究项目。深圳广电集团、山东广电集团2011年招收“三网融合”、“网络视频”等新媒体研究方向的博士后进站。

3. 课程设置

经调研发现，新闻院校新媒体专业（方向）普遍开设的课程有网络传播概论、网络编辑、新媒体导论、网页设计与制作、网站开发管理等。但不同的院校在主干课程或专业课程设置方面各有侧重，主要形成了以下两种培养思路。

（1）以传统新闻学训练为主，以互联网信息传播和应用为辅。

该模式以中国人民大学为代表。人大充分利用其在传统新闻学领域内的强大师资力量和深厚的教学积淀，形成了以新闻学训练为主、新媒体研究为辅的教学风格。以2008年增辟的数字新闻传播专业为例，学科和专业基础课程包括新闻理论、新闻编辑、新闻摄影、广播电视概论、广播电视实务、新闻传播伦理与法规、媒介经营与管理、新闻评论、传播概论、公共关系学概论、高级新闻采访写作、舆论调查原理与方法等，专业核心课程有网络新闻编辑、多媒体信息传播、数字媒体技术应用、新媒体管理、网络互动管理、移动信息传播。① 可以看出，新闻基础训练课程的比重明显大于新媒体课程。

（2）以互联网应用和技能训练为主，以传统新闻学训练为辅。

该模式以武汉大学和华中科技大学为代表。武大、华中科大等综合性大学借助学校独有的技术优势和资源，教育理念侧重于以实务和技术教学为主。武汉大学传播学专业"以新闻学、社会学、信息管理学、计算机科学与技术、通信技术等学科的相关理论和技术为基础，具有文科、工科相交融和实践能力强的特点"。专业课程包括：网络传播技术与应用、网络信息编辑、网页设计与制作、流媒体创作与应用、网络视觉传播、数字媒介工程实践、电子商务与政务、海外新媒体评析、网站策划、网络舆情分析、网络动画设计与制作、网络编程实验等。而华中科技大学传播学专业"文理交叉，强化网络传播知识的学习，培养既拥有系统的传播学与新闻学理论知识，又掌握计算机网络技术、精通网络传播实务的复合型人才"。开设的专业课程有：数字传播技术基础、网站开发与管理、网页设计、数据库原理、网络编辑、网络信息管理、网站跟踪调查、Java程序设计、人机交互技术及应用、网络动画与多媒体设计、网站产品开发、电子商务、计算机游戏基础等。一些技术性特别强的课程与软件学院数字媒体专业共享师资。

4. 教材建设

伴随着新媒体的迅猛发展，西方的一批前沿著作被及时引入国内，如尼葛洛庞帝的《数字化生存》、安德鲁·查德威克的《互联网政治学：国家、公民与新传播技术》、保罗·莱文森的《新新媒介》等，为新媒体研究拓宽了国际视野。2001年5月，滕谦撰写的《网络传播概论》由复旦大学出版社出版，这是我国最早的关于网络传播的教材。此外，具有代表性的教材还有彭兰的《网络传播学》、《网络新闻编辑教程》，匡文波的《网络传播理论与技术》、《手机媒体：新

① 匡文波、孙燕青：《美国新媒体专业教育模式分析及对中国的借鉴》，《现代传播》2010年第8期。

媒体中的新革命》，谢新洲的《网络传播理论与实践》，宫承波的《新媒体概论》，钟瑛的《网络传播法制与伦理》等。这些教材为新闻传媒领域的学生理解新媒体发展的基本规律、基本范畴以及新媒体变革中的相关问题提供了知识积累和路径，为学生掌握、使用新媒体提供了指导。然而，纵览相关教材的主题分布，也折射出新媒体学科建设中重理论而轻实践的阶段性状况。这一状况正随着新媒体教育的不断深化，在各方的共同努力下有所改变。

三 我国新媒体人才培养模式的探索

随着新媒体产业如火如荼的发展，新媒体人才的需求量大增。但国内高校新媒体专业的教学尚处于摸索阶段，毕业生的能力、经验与行业需求有相当大的差距。新媒体人才该如何培养？一些具有代表性的培养模式值得借鉴。

1. 以高校教学为核心，开发创新性实践平台，增强学生动手能力

“宽口径、厚基础、重实践”是被新闻教育界普遍认可的培养模式。为了适应数字技术革命的发展，为新媒体教学提供与新闻实践接轨的技术条件，新闻院校都在加大实验实践教学方面的投入。如中国人民大学新闻学院花费1000万元对实验中心进行数字化提升改造，由北大方正集团提供网络信息发布系统、多媒体数字报纸出版系统等。① 又如上海市高校人文社会科学重点研究基地·上海大学影视与传媒产业研究基地的博士、硕士研究生团队在吴信训教授的指导下，开展了一系列新媒体前沿的相关研究。学生自我创意、制作的短片，在研究基地与上海东方龙新媒体有限公司、中国移动等合作开办的手机电视“财经”频道《职场》栏目中表现突出。这些举措有效增强了学生对新媒体学术前沿动态的敏感，以及切合国际新媒体发展动向和国家发展需求提炼研究课题的能力。

2008年，南京大学金陵学院斥资近700万元，在传媒学院建成“未来”媒体融合实验室，开发基于全媒体资源库的多种媒体业态融合管理系统，使网站、音视频、掌上媒体及传统纸媒通过一体化的管理流程实现多业态、多时段的生产、发布与运营，而不再是过去各自独立的实验室。此外，传媒学院还通

① 蔡雯：《新闻院校如何培养新型的新闻传播人才——由胡锦涛总书记在人民大学新闻学院的谈话引发的思考》，《新闻记者》2010年第10期。

过规划、建设现代快报“我能网”全媒体平台，成为迄今仅有的直接为业界打造媒体融合平台的新闻院系，建立了包括 iPhone 创意实验室在内的掌上媒体实验室、微博实验室等探索性实验室群，在媒体融合领域的科研与教改引起业内广泛关注。

2. 产学研多方合作，助力新媒体人才培养

新世纪以来，我国的新媒体研究日益成熟。2008 年 11 月，南京大学、北京大学、清华大学、中国人民大学、复旦大学、上海大学、华中科技大学、中国传媒大学、暨南大学、厦门大学、武汉大学、浙江大学等高校共同发起成立了中国网络传播学会。同年，中国新媒体传播领域的两个传统会议“中国网络传播学年会”及“新媒体与新思维论坛”合并为“中国新媒体传播学年会”，该年会迄今已举办四届，有力地推动了新媒体理论建设和产业研究。

高校的新媒体教育和科研亦受到地方政府的重视。2009 年，上海市哲学社会科学规划办公室、上海市政府发展研究中心以创新基地/工作室的模式，分别在上海大学和复旦大学成立了“文化繁荣与新媒体发展”上海市社科创新研究基地，并以首席专家的名字对工作室命名。高校还纷纷成立各自的科研机构，如中国传媒大学、北京大学、华中科技大学分别设有新媒体研究院、新媒体营销传播研究中心、网络传播与新媒体发展研究中心等。学者们追踪最前沿的新媒体课题，有意识地把科学研究转化为教育成果，使学生能及时获得最新的新媒体知识，在一定程度上实现了科研与教学的相互促进。

一些高校主动与新闻媒体或科技企业共建新媒体人才实践基地，尝试校企合作培养。如南开大学与日本索浪株式会社、数字好莱坞株式会社签署协议，合作开展数字媒体人才培养和技术研发；深圳大学与深圳市融创天下科技发展有限公司联合共建“新媒体研究中心”；中国传媒大学与新华视讯手机电视台有限公司合作共建新华社手机电视动漫频道等。

2011 年 12 月 6 日，云河新媒体实验室在上海交通大学成立。由上海交大、《上海证券报》、中国证券网、中科软科技股份有限公司四方联合建立的这个新媒体实验室打破高校与传媒行业的界限，将高校在新媒体方面的原创性研究成果，与 IT 企业的软件技术力量和媒体公司的生产经营相结合，实现技术创新、产品研发和人才培养的一站式服务。目前，实验室已在实施的研究项目包括“云制造服务平台关键技术”、“新媒体沟通形态与合作满意度、绩效的关系研究”等国家“863”计划、自然科学基金资助课题。实验室配备了《上海证券报》采用的生产管理软件“Media360全媒体采编平台”，实验室电脑可通过生产管理平台，直接接入到《上海证券报》和中国证券网的数据库，学生不出校门，即可加入到媒体实战工作当中去。实验室基于实战的教学和科研模式，提供了解决学生能力与业界需求脱节的有益尝试。

四 新媒体人才培养建议

我国的新媒体教育发展势头迅猛，但问题也不少。新媒体教育要实现健康发展，培养出符合行业需要的创新型复合型人才，可从以下几个方面着手。

首先，科学规划专业方向，合理调整课程体系。很多院校虽然随大流开设了网络传播或新媒体专业（方向），但目标不明确，依然延续传统新闻学的培养思路，课程体系老化，教学内容严重滞后。应广泛借鉴国外院校的办学经验，充分调研新媒体行业的用人需求，结合学校的实际情况，对新媒体专业课程体系设置、核心课程内容及创新性的教学方式等展开充分论证和探讨。建设多功能、跨媒体、可融合的教学平台，打破课堂教学与实验教学的界限，让更多的实务课程在仿真环境中进行，提高学生的理性思考能力和实战能力。

其次，注重教师的知识重构和能力再造。新闻教育体系正经受着剧烈冲击，从教育理念、知识结构到教学技能，都对教师提出了全新的要求。在美国，新闻院系普遍强调任课教师要有新闻实践背景，而我国不少新闻院校师资及课程学术化倾向严重。鉴于新媒体专业课程较强的实践性和操作性，为了避免理论和实践脱节，提高教学质量，一方面，可以通过制定优惠政策，鼓励教师去一流的新媒体公司见习，如新闻网站、动画制作企业、移动通信公司等，了解行业动态，掌握专业技能；另一方面，可从新媒体行业中聘请优秀的从业人员来校讲授实务课程，将前沿理念和技术传授给学生。

最后，构建继续教育机制。新媒体行业变动频繁，知识技能和职业素养都需要与时俱进，但学生毕业后却很少有机会充电。我国知名的网络编辑门户网站“鞭牛士”（BiaNews）创办的“网编训练营”，是一项纯公益性培训活动，主要培训对象为各大网站的网络编辑，讲授内容既有实操业务，如“网编技能与技巧”、“专题策划和制作”，又包含网络编辑业务拓展，如“网络营销与产品”、

"网站运营与推广"、"公关知识和技巧"，还有职业规划和个人经验方面的分享，其生动、鲜活的内容受到参与者的好评。2008 年 11 月，第 1 期"网编训练营"开幕，迄今已举办了 120 期，为网络编辑的继续教育作出了有益的尝试。但新媒体行业内类似的培训机构和培训项目十分稀缺。新媒体行业知识更新快，职业压力大，从业人员再学习的意愿强烈，如何构建科学有效的继续教育机制，是值得教育主管部门、政府职能部门和相关高校、企业认真思考的问题。

Report on the Development of China's New Media Education

Gao Hong

Abstract: This report reviews the development of domestic and overseas new media education, introduces the basic characteristics of China's new media education, such as major setting, curriculum system, textbook construction and personnel training mode. Then in the light of mismatches between the talents supply and demand in the new media industry, this report provides some suggestions on personnel training.

Key Words: New Media; Education; Development

权威报告　热点资讯　海量资料

当代中国与世界发展的高端智库平台

皮书数据库 www.pishu.com.cn

皮书数据库是专业的社会科学综合学术资源总库，以大型连续性图书皮书系列为基础，整合国内外其他相关资讯构建而成。包含七大子库，涵盖两百多个主题，囊括了十几年间中国与世界经济社会发展报告，覆盖经济、社会、政治、文化、教育、国际问题等多个领域。

皮书数据库以篇章为基本单位，方便用户对皮书内容的阅读需求。用户可进行全文检索，也可对文献题目、内容提要、作者名称、作者单位、关键字等基本信息进行检索，还可对检索到的篇章再作二次筛选，进行在线阅读或下载阅读。智能多维度导航，可使用户根据自己熟知的分类标准进行分类导航筛选，使查找和检索更高效、便捷。

权威的研究报告，独特的调研数据，前沿的热点资讯，皮书数据库已发展成为国内最具影响力的关于中国与世界现实问题研究的成果库和资讯库。

皮书俱乐部会员服务指南

1. 谁能成为皮书俱乐部会员？

- 皮书作者自动成为皮书俱乐部会员；
- 购买皮书产品（纸质图书、电子书、皮书数据库充值卡）的个人用户。

2. 会员可享受的增值服务：

- 免费获赠该纸质图书的电子书；
- 免费获赠皮书数据库100元充值卡；
- 免费定期获赠皮书电子期刊；
- 优先参与各类皮书学术活动；
- 优先享受皮书产品的最新优惠。

（本卡为图书内容的一部分，不购书刮卡，视为盗书）

3. 如何享受皮书俱乐部会员服务？

（1）如何免费获得整本电子书？

购买纸质图书后，将购书信息特别是书后附赠的卡号和密码通过邮件形式发送到pishu@188.com，我们将验证您的信息，通过验证并成功注册后即可获得该本皮书的电子书。

（2）如何获赠皮书数据库100元充值卡？

第1步：刮开附赠卡的密码涂层（左下）；

第2步：登录皮书数据库网站（www.pishu.com.cn），注册成为皮书数据库用户，注册时请提供您的真实信息，以便您获得皮书俱乐部会员服务；

第3步：注册成功后登录，点击进入“会员中心”；

第4步：点击“在线充值”，输入正确的卡号和密码即可使用。

皮书俱乐部会员可享受社会科学文献出版社其他相关免费增值服务

您有任何疑问，均可拨打服务电话：010-59367227　QQ:1924151860

欢迎登录社会科学文献出版社官网(www.ssap.com.cn)和中国皮书网（www.pishu.cn）了解更多信息

“皮书”起源于十七八世纪的英国，主要指官方或社会组织正式发表的重要文件或报告，并多以白皮书命名。在中国，“皮书”这一概念被社会广泛接受，并被成功运作、发展成为一种全新的出版形态，则源于中国社会科学院社会科学文献出版社。

皮书是对中国与世界发展状况和热点问题进行年度监测，以专家和学术的视角，针对某一领域或区域现状与发展态势展开分析和预测，具备权威性、前沿性、原创性、实证性、时效性等特点的连续性公开出版物，由一系列权威研究报告组成。皮书系列是社会科学文献出版社编辑出版的蓝皮书、绿皮书、黄皮书等的统称。

皮书系列的作者以中国社会科学院、著名高校、地方社会科学院的研究人员为主，多为国内一流研究机构的权威专家学者，他们的看法和观点代表了学界对中国与世界的现实和未来最高水平的解读与分析。

自20世纪90年代末推出以经济蓝皮书为开端的皮书系列以来，至今已出版皮书近800部，内容涵盖经济、社会、政法、文化传媒、行业、地方发展、国际形势等领域。皮书系列已成为社会科学文献出版社的著名图书品牌和中国社会科学院的知名学术品牌。

皮书系列在数字出版和国际出版方面也是成就斐然。皮书数据库被评为“2008～2009年度数字出版知名品牌”；经济蓝皮书、社会蓝皮书等十几种皮书每年还由国外知名学术出版机构出版英文版、俄文版、韩文版和日文版，面向全球发行。

经济蓝皮书 BLUE BOOK OF CHINA'S ECONOMY
社会蓝皮书 BLUE BOOK OF CHINA'S SOCIETY
文化蓝皮书 BLUE BOOK OF CHINA'S CULTURE
金融蓝皮书 BLUE BOOK OF FINANCE
法治蓝皮书 BLUE BOOK OF RULE OF LAW
欧洲蓝皮书 BLUE BOOK OF EUROPE
气候变化绿皮书 GREEN BOOK ON CLIMATE CHANGE
西部蓝皮书 BLUE BOOK OF WESTERN REGION OF CHINA
世界经济黄皮书 YELLOW BOOK OF WORLD ECONOMY
SSAP THE CHINESE ACADEMY OF SOCIAL SCIENCES YEARBOOKS ECONOMY
SSAP THE CHINESE ACADEMY OF SOCIAL SCIENCES YEARBOOKS SOCIETY
SSAP THE CHINESE ACADEMY OF SOCIAL SCIENCES YEARBOOKS POPULATION AND LABOR